党的自我革命与纪检监察研究丛书

U0784530

全面从严治党常态化制度化科学化研究

冯颜利 等 著

中国人民大学出版社
·北京·

国家社会科学基金重点项目(11AZD040)结项成果

序 言

办好中国的事情，关键在党，关键在加强党的全面领导。要加强党的全面领导，就要加强党的建设、全面从严治党。2024 年 6 月 27 日，中共中央政治局就健全全面从严治党体系进行第十五次集体学习，习近平总书记强调，要贯彻落实新时代党的建设总要求，进一步健全全面从严治党体系。他指出："党的十八大以来，我们坚定不移推进全面从严治党，取得一系列理论创新、实践创新、制度创新成果，构建起全面从严治党体系，开辟了百年大党自我革命新境界。同时也要看到，党面临的'四大考验'、'四种危险'将长期存在，全面从严治党永远在路上，党的自我革命永远在路上。全党必须永葆'赶考'的清醒和坚定，以健全全面从严治党体系为有效途径，不断把新时代党的建设新的伟大工程推向前进。"① 并强调全面从严治党"要健全上下贯通、执行有力的组织体系"，"要健全固本培元、凝心铸魂的教育体系"，"要健全精准发力、标本兼治的监管体系"，"要健全科学完备、有效管用的制度体系"，"要健全主体明确、要求清晰的责任体系"②。

在二十届中央纪委三次全会上，习近平总书记发表重要讲话，从统筹中华民族伟大复兴战略全局和世界百年未有之大变局的高度，着眼建设什么样的长期执政的马克思主义政党、怎样建设长期执政的马克思主义政党这一重大时代课题，全面总结新时代全面从严治党的新进展、新成效，深刻阐述党的自我革命的重要思想，科学回答我们党为什么要自我革命、为

①② 习近平在中共中央政治局第十五次集体学习时强调 贯彻落实新时代党的建设总要求 进一步健全全面从严治党体系［N］. 人民日报，2024-06-29.

什么能自我革命、怎样推进自我革命等重大问题，明确提出“九个以”的实践要求，对持续发力、纵深推进全面从严治党和反腐败斗争作出了重要战略部署。这次全会提出的“习近平总书记关于党的自我革命的重要思想”，是我们党坚持“两个结合”推进马克思主义理论中国化时代化创新的新成果，是习近平新时代中国特色社会主义思想的新篇章，为新时代新征程深入推进全面从严治党、党风廉政建设和反腐败斗争提供了根本遵循。

党的二十届三中全会继续强调：“要健全全面从严治党体系，切实改进作风，克服形式主义、官僚主义顽疾，持续为基层减负，深入推进党风廉政建设和反腐败斗争，扎实做好巡视工作。要巩固拓展主题教育成果，深化党纪学习教育，维护党的团结统一，不断增强党的创造力、凝聚力、战斗力。”① 以中国式现代化全面推进中国特色社会主义强国建设和中华民族复兴伟业，是新时代新征程党和国家的中心任务。全面从严治党是新时代新征程推进中国式现代化的根本保证。面对当今世界百年变局加速演进带来的外部环境深刻复杂变化，面对国内艰巨繁重的改革发展稳定任务，我们要应对和战胜前进道路上的各种风险和挑战，必须充分发挥全面从严治党的引领和保障作用，把党建设得更加坚强有力，确保党始终成为以中国式现代化全面推进强国建设、民族复兴伟业的坚强领导核心。

在推进全面从严治党的进程中，以习近平同志为核心的党中央不断进行中国式现代化实践探索和理论思考，继承和发展了马克思主义建党学说，形成了关于党的自我革命的丰富思想成果，如坚定理想信念，加强党性修养，从严管党治党，严肃党内政治生活，坚持经常性教育和集中性教育相结合，勇于开展批评和自我批评，加强党内监督，接受人民监督，不断纯洁党的思想、纯洁党的组织、纯洁党的作风、纯洁党的肌体等。在新时代全面从严治党的实践和理论探索中，以习近平同志为核心的党中央不断深化对党的自我革命的认识，积累了丰富实践经验，形成了一系列具有原创性、标志性的新理念新思想新判断。《全面从严治党常态化制度化科

① 中国共产党第二十届中央委员会第三次全体会议文件汇编［M］. 北京：人民出版社，2024：13.

学化研究》，这本书就是从哲学的高度深入研究习近平新时代中国特色社会主义思想，尤其是全面从严治党方面的重要理论成果。

全面从严治党作为中国共产党加强自身建设的重要战略，一直是学术界研究的重点主题之一。学者们致力于阐释全面从严治党的理论基础、内涵、意义以及与中国特色社会主义理论体系的关系，推出全面从严治党的各项政策措施，聚焦全面从严治党在实践中的成效，进行中国全面从严治党与其他国家和地区政党治理的比较研究。但是，从哲学的高度对全面从严治党进行深入的理论提炼和实践分析，是非常重要和必要的，该书取得了相当有价值的研究进展。

《全面从严治党常态化制度化科学化研究》这本书，首先，建立了全面从严治党的宏观理论研究框架，即以理论基础、历史发展、当前形势、概念内涵、实践内容以及面临的挑战和未来推进策略为主要内容的理论分析框架，进一步丰富了全面从严治党的分析理路。具体来说，其研究框架包括全面从严治党在马克思主义理论中的地位、在中国共产党历史发展中的重要性，建党以来党在自身建设方面取得的重要成就和遇到的挑战，以及当前国内外形势对全面从严治党带来的深刻影响，同时面对新时代出现的新问题而提出了全面从严治党新要求新任务。

其次，该书高度提炼了全面从严治党的概念内涵和理论特征，建立起常态化、制度化和科学化三维逻辑体系。在这一体系的统摄下，一方面讨论了全面从严治党的必要性，即确保党的先进性和纯洁性，提升党的领导水平和执政能力；另一方面指出了全面从严治党在实现中华民族伟大复兴的“中国梦”征程中的关键作用，体现了中国共产党加强自身建设，不断提高党的建设科学化水平，以适应新时代的中国式现代化建设新要求和新挑战的决心和行动。

最后，该书富有创见地提出了推进全面从严治党的具体建议和措施，以不断推动党的建设新的伟大工程，确保党始终成为中国特色社会主义伟大事业的坚强领导核心。全书不仅详细论述了在政治建设、思想建设、组织建设、作风建设和反腐倡廉建设等方面的具体实施策略，还提出了结合单位自评与组织考评、定期考评与不定期考评、组织评估与群众评估的多元评估机制，提供了一个全面的评估框架和一系列具体的评估标准与方法，辅之以引用大量案例和数据和实证研究的方式，增强了全书论述的说服力和影响力。

总之，《全面从严治党常态化制度化科学化研究》，是一部较为系统地诠释全面从严治党理论内涵和实践要求的力作，该书从哲学的高度深入研究、系统归纳和全面分析了全面从严治党的核心要义和实践逻辑；着力对习近平新时代中国特色社会主义思想，特别是其全面从严治党方面进行体系化思考和学理化阐述；记录了中国共产党的自我革新和自我提高的不平凡历程。自古以来，得民心者得天下，失民心者失天下。人民群众的支持和拥护是中国共产党长期以来执政的基础，中国共产党成立至今一百多年来，历经风雨，从成立时的几十人到如今发展成九千余万人的世界第一大党，靠的就是广大人民群众的支持和拥护，通过不断全面从严治党，深入联系群众，才能进一步推进党的伟大事业，确保党永葆青春活力、始终走在时代前列。

王伟光

目　录

导论　做忠诚老实干净担当的共产党人

“中国共产党是领导我们事业的核心力量。”① 治国必先治党，治党务必从严。新中国成立以来，从“党要管党”到“从严治党”与党的建设科学化再到“全面从严治党”“全面从严治党永远在路上”②“完善一体推进不敢腐、不能腐、不想腐工作机制”“强化全面从严治党主体责任和监督责任”③，体现了中国共产党建设的演进历程和历史逻辑。20世纪后期，世界上屡屡出现一些长期执政的大党、老党失去执政地位的情况，其中一条重要的原因就是忽视了执政党自身的建设。中国共产党作为我国的执政党，是中国工人阶级的先锋队，是中国人民和中华民族的先锋队，是中国特色社会主义事业的领导核心。进入21世纪以来，我们党不断加强自身建设，将其作为“新的伟大工程”常抓不懈，尤其是党的十八大以来，将全面从严治党作为“四个全面”战略布局之一，为党建常态化、制度化、科学化提出了新的目标要求。当前，我们正在努力实现第二个百年奋斗目标、实现中华民族伟大复兴的中国梦，同时也面临着“四大考验”“四种危险”。中国共产党要完成历史使命、战胜风险挑战，就必须管好党、治好党，确保党始终成为中国特色社会主义事业的坚强领导核心。按照党的十八大、十九大、二十大报告，党的十九届一中、二中、三中、四中、五中、六中全会和党的二十届一中、二中、三中全会精神，特别是习近平总书记提出的全面提高党的建

① 中共中央关于党的百年奋斗重大成就和历史经验的决议［N］. 人民日报，2021-11-17.

② 习近平. 高举中国特色社会主义伟大旗帜　为全面建设社会主义现代化国家而团结奋斗：在中国共产党第二十次全国代表大会上的报告［M］. 北京：人民出版社，2022：64.

③《中共中央关于进一步全面深化改革、推进中国式现代化的决定》辅导读本［M］. 北京：人民出版社，2024：61.

设科学化水平的总体要求，全党要增强紧迫感和责任感，牢牢把握加强党的执政能力建设、先进性和纯洁性建设这条主线，坚持解放思想、改革创新，坚持党要管党、从严治党，全面加强党的政治建设、思想建设、组织建设、作风建设、反腐倡廉建设、制度建设，增强自我净化、自我完善、自我革新、自我提高的能力，建设学习型、服务型、创新型的马克思主义执政党，确保党始终成为中国特色社会主义事业的坚强领导核心。

不断加强自身建设，保持自身肌体健康，是中国共产党在新的历史条件下更好地践行为人民服务的宗旨，不断开创中国特色社会主义建设事业新局面的必然要求，也是应对各种复杂考验，抵御各种不良社会思潮侵袭，始终站在时代前列的必然要求。伟大的事业需要伟大的创造，伟大的事业需要伟大的党。伟大的党一定要由千百万忠诚老实干净担当的先进党员、干部组成。推进党的建设常态化、制度化和科学化，最终要落实到锤炼忠诚老实干净担当的广大党员和干部队伍上。立足21世纪新发展阶段特别是新的世情、国情和党情，历史赋予中国共产党更加崇高的使命和历史责任，我们推进全面从严治党，就是要强调牢固树立“四个意识”，就是要全面严肃党内政治生活，就是要加强廉政文化建设，就是要不断加强制度尤其是监督制度建设，也就是要提高党建常态化制度化科学化水平。实现这样的目标，注定是一个长期的、艰巨的、复杂的系统工程，既要抓当前，也要着眼长远；既要抓局部，也要抓整体；既要治标，更要治本。推进全面从严治党常态化、制度化、科学化，从根本上看就是要立足于做忠诚老实干净担当的共产党人。实践表明，推进党建常态化、制度化、科学化，涉及党建各个方面、各个环节，只有着眼整体，统揽全局，统筹兼顾，相互配套，相互促进，才能促进各项建设全面推进、整体提高。

（一）切实坚定理想信念，有效提升党员、干部的精气神

思想纯洁是马克思主义政党保持自身纯洁性的根本，理想信念坚定是共产

党员的基本标准。重视从思想上建党是马克思主义政党的重要政治优势。理想信念是共产党人的精神支柱、政治灵魂。加强党的思想建设，最根本的就是要坚定理想信念，要切实解决好世界观、人生观、价值观这个“总开关”问题。理想指引人生方向，信念决定事业成败。习近平总书记指出：“理想信念是共产党人精神上的‘钙’，理想信念坚定，骨头就硬，没有理想信念，或理想信念不坚定，精神上就会‘缺钙’，就会得‘软骨病’”①，“就必然导致政治上变质、经济上贪婪、道德上堕落、生活上腐化”②。从严管党治党，首先要坚定党员、干部的理想信念。坚定理想信念就是要坚持共产主义远大理想和中国特色社会主义共同理想，“共产党员特别是党员领导干部要做共产主义远大理想和中国特色社会主义共同理想的坚定信仰者和忠实践行者”③，“坚定的理想信念，必须建立在对马克思主义的深刻理解之上”④。要坚定信仰，就必须认真学习马克思列宁主义、毛泽东思想、邓小平理论、“三个代表”重要思想、科学发展观和习近平新时代中国特色社会主义思想，深入领会这些理论的丰富内涵和核心要义，筑牢理想信念之基。要坚定信仰，就必须认真学习党章党规。党章是管党治党的总章程，每一个党员都应该严格遵守党章党规的要求，严格要求自己，时刻提醒自己，以党章党规为戒律，不断地学习领会以加强党性修养。改革开放以来特别是实行社会主义市场经济以来，一些党员干部经受不住“糖衣炮弹”的袭击，迷失自我，形式主义、官僚主义、享乐主义和奢靡之风盛行，态度生硬，精神空虚，脱离群众。在“四大考验”面前，有的党员、干部意志衰退消沉、精神萎靡不振的现象层出不穷。一些党员、干部理想信念滑坡，在封建迷信中寻找寄托。这些问题表明，党员、干部的理想信念一旦出现问题，自我约束能力就不强，也就会失去作为共产党人的政治本色。针对党内存在的这些不良风气，在新的世情、国情和党情面前，习近平总书记认为，中国共产党的作风建设和反腐倡廉建设只有进行时，没有完成时，他提出了“作风建设永远在路上”“活动收尾绝不是作风建设收场”“全面从严治党永远在路上”“坚决反对‘四风’”

---

① 习近平. 习近平谈治国理政［M］. 北京：外文出版社，2014：414.

② 习近平. 习近平谈治国理政：第 2 卷［M］. 北京：外文出版社，2017：326.

③ 同①23.

④ 同②35.

“党的自我革命永远在路上”等一系列新观点新论断新思想。中国共产党深入开展各项教育活动，都是贯彻落实习近平总书记重要讲话精神的具体措施。

在保持思想纯洁的前提下，党员、干部还要着力提高道德素质，尤其是党员领导干部要不断加强自身道德修养。道德高尚是领导干部做到清正廉洁的基础。习近平总书记要求，“要抓好思想理论建设、抓好党性教育和党性修养、抓好道德建设，教育引导广大党员、干部认真学习和实践马克思列宁主义、毛泽东思想、中国特色社会主义理论体系，牢固树立正确的世界观、权力观、事业观，模范践行社会主义荣辱观”①。营造风清气正的政治生态，首先要从严格党员、干部的政治生活着手，而严格党员、干部的政治生活的前提是加强党员、干部思想意识、道德素质和价值观念的再培养。邓小平指出：“中国共产党员的含意或任务，如果用概括的语言来说，只有两句话：全心全意为人民服务，一切以人民利益作为每一个党员的最高准绳。他的目的是要实现社会主义、共产主义。”②《关于新形势下党内政治生活的若干准则》从新形势和任务出发，吸收了以往党员、干部教育培养的丰富经验，明确要求全体党员、干部特别是高级干部必须增强党的意识，时刻牢记自己的第一身份是党员。增强党的意识，非一日之功，而在于在日常的工作、学习和生活中不断强化党性意识，因为“党性是党员、干部立身、立业、立言、立德的基石，锤炼党性修养是每名党员终身的必修课，也是提高拒腐防变能力的关键”③。全面从严治党最终要落脚于党员、干部理想信念的坚定和党性意识的增强，要落脚于良好政治生态的营造、形成和不断完善。

（二）牢固树立“四个意识”，确保共产党员的先进性

习近平总书记指出：“办好中国的事情，关键在党，关键在坚持党要

① 习近平．习近平谈治国理政［M］．北京：外文出版社，2014：391.

② 邓小平．邓小平文选：第1卷［M］．2版．北京：人民出版社，1994：257.

③《关于新形势下党内政治生活的若干准则》《中国共产党党内监督条例》辅导读本［M］．北京：人民出版社，2016：120.

管党、全面从严治党。”[①]“党要管党，从严治党”，这是我们党的一贯认识和重要方针。党的十八届六中全会明确要求全体党员、干部要牢固树立政治意识、大局意识、核心意识、看齐意识，坚决维护习近平总书记党中央的核心、全党的核心地位，坚决维护党中央权威和集中统一领导，继续推进全面从严治党，共同营造风清气正的政治生态，确保党团结带领人民不断开创中国特色社会主义事业新局面。这实质上鲜明地突出了在当前和今后相当长的一个时期内，推进党的建设的核心目标和内容要求。

牢固树立“四个意识”是保持共产党员先进性的必然要求。政党政治是当今时代的显著特征。政党的先进性一定要通过该党的党员、干部表现出来，而政治上的先进是最基本的考量标准。世界上不同类型的政党，不仅自身组织和目标任务不同，而且建设和发展的理念和路径也有差异。法国政治学家莫里斯·迪韦尔热（Maurice Duverger）把世界政党分为三种描述性的类别，即“群众型”“干部型”“信徒型”。“群众型”政党的主要特征是大众性、开放式，尽可能多地招收成员，西方政党多属此类；“干部型”政党的主要特征是“从积极的政治活动精英人物中选拔成员”和“高度的组织性”，例如中国共产党、印度国大党；“信徒型”政党的主要特征是“组织结构是围绕一个领袖来安排”，例如希特勒纳粹党[②]。显然，“干部型”政党客观上具有更强健的政党治理能力和从严治党的客观需求。从这个意义上说，全面从严治党是中国共产党自身建设的内在必然要求。美国政治学家亨廷顿指出：“一个国家政治稳定的先决条件，与在现代化过程中产生出来的政党制度的质量有关。”[③] 从这个意义上说，中国政治稳定的先决条件毫无疑问是中国共产党的先进性以及严密的组织领导和严格的制度管理。改革开放以来，中国共产党在实践中形成并不断完善的治党理念和方式越来越清晰，管党治党的自觉性不断增强，从“管党”到“治党”再到“全面从严治党”“全面从严治党永远在路上”，体现了马克思主义政党的高度组织性和先进性。中国共产党是世界上人数最多

---

① 习近平. 习近平谈治国理政：第3卷［M］. 北京：外文出版社，2020：188.

② 罗斯金，科德，梅代罗斯，等. 政治科学［M］. 北京：华夏出版社，2001：221.

③ 亨廷顿. 变化社会中的政治秩序［M］. 上海：生活·读书·新知三联书店，1989：388.

的政党和执政党，但党的先进性不是靠人数多来体现的，而是靠党始终代表中国先进生产力的发展要求，代表中国先进文化的前进方向，代表中国最广大人民的根本利益来体现的，这种先进性是内生性与外在性的统一，是历史与现实的统一，是理论与实践的统一。中国共产党的先进性首先体现在思想上始终坚持用发展着的马克思主义武装自身，不断与各种非马克思主义甚至反马克思主义的思想意识做斗争，坚持以中国特色社会主义理想信念为牵引，深度认同和坚持中国特色社会主义的理论自信、道路自信、制度自信和文化自信，不断提高党员、干部的思想政治素质，强化全心全意为人民服务的宗旨意识。这种要求在当前就集中体现在牢固树立“四个意识”之中。全面从严治党，要从严肃政治生活、政治纪律和政治规矩抓起。习近平总书记指出了无视党的政治纪律和政治规矩的“七个有之”①，即搞任人唯亲、排斥异己的有之，搞团团伙伙、拉帮结派的有之，搞匿名诬告、制造谣言的有之，搞收买人心、拉动选票的有之，搞封官许愿、弹冠相庆的有之，搞自行其是、阳奉阴违的有之，搞尾大不掉、妄议中央的也有之。为了力戒上述现象和问题，全体党员、干部要立足于严肃党内政治生活，做忠诚干净担当的党员和干部，遵守党纪党规和政治纪律，严格落实和遵守民主集中制优良传统，把“四个意识”转化为遵守制度和规范的自觉行为。“全体党员、干部必须牢固树立政治意识、大局意识、核心意识、看齐意识，严守党的政治纪律和政治规矩，切实增强政治警觉性和政治鉴别力，在重大政治原则、大是大非问题上要保持理论上的清醒和政治上的坚定，坚决在思想上政治上行动上同以习近平同志为核心的党中央保持高度一致，坚决服从党中央集中统一领导，坚决维护党中央权威。”② 全面从严治党坚持常态化、制度化、科学化，要求党员、干部自觉突出树立“四个意识”，坚定政治立场，自觉增强政治敏锐性和政治鉴别力，自觉服从和服务于中国特色社会主义建设事业的大局，向党的路线方针政策看齐，向党中央的决策部署看齐，自觉维护党中央权威和集中统一领导。

---

① 《关于新形势下党内政治生活的若干准则》《中国共产党党内监督条例》辅导读本［M］. 北京：人民出版社，2016：16.

② 同①120.

树立“四个意识”，要转变那种急风暴雨式的突击性学习教育，转变应急性的思维方式和工作方法，抓平常、抓常规、抓“结合”，重过程、重实效。树立“四个意识”，起于思想认识，终于行动实效。牢固树立“四个意识”是党内政治生活的必然要求，不能只作为标语口号。增强“四个意识”，要求我们将严肃党内政治生活，坚持和发扬实事求是、理论联系实际、密切联系群众、开展批评和自我批评等优良传统与党性意识增强紧密结合，突破以往一定程度上存在的突击性、应急性抓教育学习的做法，将全面从严治党的目标要求和内容任务落实到日常各行各业的各项工作中，将“四个意识”是否牢固树立的检验标准落实到“践行”二字上。无论是“四个意识”的增强，还是党性锻炼，都做到“常态化、制度化、科学化”。牢固树立“四个意识”必须与全面建设社会主义现代化国家、全面深化改革、全面依法治国等重大任务和历史使命结合起来，真正把“全面从严治党”这“一个全面”贯穿到另外“三个全面”的各方面和全过程中。当前，世情、国情、党情不断发生深刻变化，党面临的“四大考验”长期而复杂，面临的“四种危险”尖锐而严峻，我们党要巩固执政地位，实现长期执政，永葆党的先进性和纯洁性，必须不断增强抵御风险和拒腐防变的能力，将“四个意识”的培养作为出发点，将党性锻炼置于全面建设社会主义现代化国家、全面深化改革和全面依法治国进程之中，这本身就是一种“常态化、制度化、科学化”的过程考验。

（三）严肃党内政治生活，营造风清气正的政治生态

“从严治党，首先要从党内政治生活严起。”① 落实全面从严治党目标任务，推动全面从严治党常态化、制度化和科学化，要严肃党内政治生活，营造风清气正的政治生态。习近平总书记指出：“开展党的群众路线教育实践活动，就是要把为民务实清廉的价值追求深深植根于全党同志的思想和行动中，夯实党的执政基础，巩固党的执政地位，增强党的创造力凝聚力战斗

① 习近平．习近平谈治国理政：第2卷［M］．北京：外文出版社，2017：44．

力，使保持党的先进性和纯洁性、巩固党的执政基础和执政地位具有广泛、深厚、可靠的群众基础。”① 党的十八大以来，以习近平同志为核心的党中央身体力行、率先垂范，不仅形成了“四个全面”战略布局，而且以全面从严治党保障其他“三个全面”的实现，这必然促进党内政治生态良性发展，引发党内政治生活展现新气象，“风清气正的党内政治生态不断形成和发展”②，既赢得了党心民心，又开创了党和国家事业的新局面。

严肃党内政治生活，首先要立足于准确把握党内政治生活政治性、时代性、原则性、战斗性的要求，真正严格党内政治生活，重构风清气正的政治生态，使党员干部能够真正成为忠诚老实干净担当的好党员和好干部。严肃党内政治生活，体现党内政治生活的政治性，就是要把加强思想政治建设摆在首位，要永远坚守共产党人的政治灵魂，牢牢把握正确政治方向，严格遵守党的政治纪律，始终坚持党的根本政治立场。严肃党内政治生活，体现时代性，根本在于坚持用当代中国马克思主义武装全党，适应党和人民事业的新发展阶段要求，将党的建设推进到相应阶段，要求全党同志从更好推进中国特色社会主义伟大事业、党的建设新的伟大工程的高度，正确认识党内政治生活与具有许多新的历史特点的伟大斗争的关系，使党内政治生活与新的伟大斗争相适应，与时俱进地丰富和发展党内政治生活的内容和形式。严肃党内政治生活，体现原则性，在于严格按照《关于新形势下党内政治生活的若干准则》提出的十二条标准，坚定理想信念，坚持党的基本路线，坚决维护党中央权威，严明党的政治纪律，保持党同人民群众的血肉联系，坚持民主集中制原则，发扬党内民主和保障党员权利，坚持正确选人用人导向，严格党的组织生活制度，开展批评和自我批评，加强对权力运行的制约和监督，保持清正廉洁的政治本色，把原则贯穿于党内政治生活的全过程和各方面，营造风清气正的政治生态，确保党始终成为中国特色社会主义事业的坚强领导核心。严肃党内政治生活，增强战斗性，首先必须严明党的纪

① 习近平. 习近平谈治国理政［M］. 北京：外文出版社，2014：368.

② 习近平. 高举中国特色社会主义伟大旗帜　为全面建设社会主义现代化国家而团结奋斗：在中国共产党第二十次全国代表大会上的报告［M］. 北京：人民出版社，2022：14.

律，坚持纪律面前一律平等，遵守纪律没有特权，执行纪律没有例外，党内绝不允许存在不受纪律约束的特殊组织和特殊党员，同时，要把批评和自我批评这个武器用好，必须坚持实事求是，讲党性不讲私情，讲真理不讲面子，坚持“团结——批评——团结”，按照“照镜子、正衣冠、洗洗澡、治治病”的要求，严肃认真提意见，满腔热情帮同志，党员、干部必须严于自我剖析，认真整改，在原则问题上必须旗帜鲜明，敢于碰硬，激浊扬清，必须坚决同消极腐败现象做斗争。各级领导干部必须严以修身、严以用权、严以律己，谋事要实、创业要实、做人要实，经得起权力、金钱、美色考验，用党和人民赋予的权力为人民服务。领导干部要做增强党内政治生活政治性、时代性、原则性和战斗性的表率，就要始终坚持“三严三实”，即“严以修身，就是要加强党性修养，坚定理想信念，提升道德境界，追求高尚情操，自觉远离低级趣味，自觉抵制歪风邪气。严以用权，就是要坚持用权为民，按规则、按制度行使权力，把权力关进制度的笼子里，任何时候都不搞特权、不以权谋私。严以律己，就是要心存敬畏、手握戒尺，慎独慎微、勤于自省，遵守党纪国法，做到为政清廉。谋事要实，就是要从实际出发谋划事业和工作，使点子、政策、方案符合实际情况、符合客观规律、符合科学精神，不好高骛远，不脱离实际。创业要实，就是要脚踏实地、真抓实干，敢于担当责任，勇于直面矛盾，善于解决问题，努力创造经得起实践、人民、历史检验的实绩。做人要实，就是要对党、对组织、对人民、对同志忠诚老实，做老实人、说老实话、干老实事，襟怀坦白，公道正派”①。

严肃党内政治生活，还要形成党内政治生活的制度和运行机制，并使制度和运行机制不断科学化。加强党的制度化建设，要突出抓好监督制度、机制的建设和运行。新形势下开展严肃认真的党内政治生活，加强党内监督，既要继承和发扬我们党在长期实践中形成的优良传统和基本规范，又要结合新的形式和任务，在党内政治生活和党内监督的内容范畴、方向目标、原则要求、方法途径等方面与时俱进，推动党内政治生活和党内监督制度化、规范化和程序化。我们要把加强制度建设作为严肃党内政

① 习近平．习近平谈治国理政［M］．北京：外文出版社，2014：381-382.

治生活、营造风清气正的党内政治生态的根本保障。加强党内政治生活制度建设，对于促进党内政治生活正常化、规范化，解决好不经常、不认真、不严肃问题，提高党内政治生活质量、净化党内政治生态，具有重要作用。要坚持和完善已有制度，对党内学习制度、重大问题请示报告制度、党内选举制度、党的代表大会制度、党员权利保障制度、党的组织生活制度等，要不折不扣地落实。要抓紧建立和完善民意调查、容错纠错、权力清单、领导干部个人重大事项报告、领导干部配偶子女从业行为等制度。同时，加大制度执行力度，坚持制度面前人人平等、制度执行没有特权、制度约束没有例外，对于违反党内政治生活制度的行为，要严肃查处，发现一起处理一起，绝不姑息，绝不手软，坚决防止制度成为“稻草人”，防止形成“破窗效应”。坚持和完善党内政治生活制度，最重要的是坚持和完善民主集中制，全党同志都要按照民主集中制办事，各级领导干部特别是主要领导干部要带头执行民主集中制。集体领导和个人分工负责相结合是民主集中制的重要组成部分，是严肃党内政治生活、营造风清气正的政治生态的重要保障。

（四）大力惩治腐败，重塑党内廉政文化环境

“腐败是党长期执政的最大威胁，反腐败是一场输不起也决不能输的重大政治斗争，不得罪成百上千的腐败分子，就要得罪十四亿人民”①，因此，面对党内出现的一部分“毒瘤”，必须要推进全面从严治党常态化、制度化、科学化，始终坚持“打虎”“拍蝇”“猎狐”精准化、高压化、常态化，使腐败分子无藏身之地。面对各种复杂的形势尤其是市场经济所带来的诸多考验，必须筑牢拒腐防变的思想防线和制度防线，着力构建不敢腐、不能腐、不想腐的体制机制，保持党的肌体健康和队伍纯洁，同时，要厚植反腐的“文化土壤”，尤其要大力营造不敢腐、不能腐、不想腐的廉政文化。习近平总书记指出：“深入推进党风廉政建设和反腐败斗争，

---

① 中共中央关于党的百年奋斗重大成就和历史经验的决议［N］. 人民日报，2021-11-17.

需要坚持发扬我们党在反腐倡廉建设长期实践中积累的成功经验，需要积极借鉴世界各国反腐倡廉的有益做法，也需要积极借鉴我国历史上反腐倡廉的宝贵遗产。研究我国反腐倡廉历史，了解我国古代廉政文化，考察我国历史上反腐倡廉的成败得失，可以给人以深刻启迪，有利于我们运用历史智慧推进反腐倡廉建设。”①

作风问题本质上是党性问题。对共产党人来讲，能不能解决好作风问题，是衡量是否信仰马克思列宁主义、是否树立社会主义和共产主义信念、对党和人民是否忠诚的一把十分重要的尺子。作风建设要返璞归真、固本培元。政治生态好，人心就顺、正气就足；政治生态不好，就会人心涣散、弊病丛生。“浇风易渐，淳化难归。”净化政治生态同修复自然生态一样，绝非一朝一夕之功，需要综合施策、协同推进。针对党内存在的不良风气，在新的世情、国情和党情面前，中国共产党的作风建设和反腐倡廉建设只有进行时，没有完成时。“业可进而不可退，气可鼓而不可泄”，全面从严治党永远在路上。坚持中国共产党的领导，是中国特色社会主义最本质的特征与最大政治优势，是改革发展稳定的“压舱石”。坚持党的领导，关键在于加强党的建设。加强党的建设，必须营造一个良好的从政环境，也就是要有一个好的政治生态。营造良好的从政环境，要从各级领导干部首先是高级干部做起。领导干部要坚守正道、弘扬正气，坚持以信念、人格、实干立身；要襟怀坦白、光明磊落，对上对下讲真话、实话；要坚持原则、恪守规矩，严格按党纪国法办事；要严肃纲纪、疾恶如仇，对一切不正之风敢于亮剑；要艰苦奋斗、清正廉洁，正确行使权力，在各种诱惑面前经得起考验。党的十八大以来，我们着力解决管党治党失之于宽、失之于松、失之于软的问题，使不敢腐的震慑作用充分发挥，不能腐、不想腐的效应初步显现，反腐败斗争压倒性态势已经形成并不断巩固。然而，全面从严治党只有进行时，没有完成时。全面从严治党，核心是加强党的领导，基础在全面，关键在严，要害在治。全面从严治党必须首先坚持常

---

① 习近平．习近平谈治国理政［M］．北京：外文出版社，2014：390.

态化，常抓不懈，抓出成效。习近平强调："党的自我革命永远在路上"①，"作风建设永远在路上，永远没有休止符"，"活动收尾绝不是作风建设收场"，"全党要以此为起点，在从严治党上继续探索、不断前进"②。领导干部要秉公用权、廉洁用权，做遵纪守法的模范，同时要坚持原则、敢抓敢管。要坚持正确用人导向，把好干部选出来、用起来，促进能者上、庸者下、劣者汰。其次要制度化，抓住建章立制，立"明规矩"、破"潜规则"，围绕发生的腐败案例，查找漏洞，吸取教训，着重完善党内政治生活等各方面制度，压缩消极腐败现象生存空间，清除消极腐败现象滋生土壤，通过体制机制改革和制度创新促进政治生态不断改善。最后要使常态化、制度化不断科学化，因为我们党员、干部不舒服一点、不自在一点，老百姓的舒适度就好一点、满意度就高一点，对我们党的感觉就好一点、评价就高一点。

（五）突出制度建设，不断完善和发展监督机制

制度化是全面从严治党的关键，是不能腐的基础和前提，也是确保党员、干部做到忠诚老实干净担当的重要条件。邓小平早在 20 世纪 80 年代就强调："领导制度、组织制度问题更带有根本性、全局性、稳定性和长期性。"③ 这充分说明了制度建设的重要性。"建设一个什么样的党、怎样建设党"，始终是一个战略性的大课题。"小智治事，中智治人，大智立法。"关于加强党的制度建设，习近平强调，要通过党的制度体系的健全和完善，带动其他方面的制度建设，为实现国家治理现代化和依法治国提供保障。在全面从严治党的进程中，制度化是关键。制度建设不在于制度有多少，而在于制度的针对性和实效性。习近平总书记强调："制度不在多，而在于精，在于务实管用，突出针对性和指导性。如果空洞乏力，起

---

① 习近平．高举中国特色社会主义伟大旗帜　为全面建设社会主义现代化国家而团结奋斗：在中国共产党第二十次全国代表大会上的报告［M］．北京：人民出版社，2022：64.

② 习近平．在党的群众路线教育实践活动总结大会上的讲话［N］．人民日报，2014-10-09.

③ 邓小平．邓小平文选：第 2 卷［M］．2 版．北京：人民出版社，1994：333.

不到应有的作用，再多的制度也会流于形式。”[1] 不仅如此，习近平总书记认为，制度建设要着眼长期，要形成系统，制度之间要相互支撑和配合。正是沿着这样的思路，从严治党才更加必要和突出。在新的历史条件下，国际国内形势发生了很大变化。我们党面临的执政环境和执政条件发生了很大变化，党面临的“四大考验”“四种危险”是长期的、复杂的、严峻的。要把党内存在的突出矛盾和问题解决好，要有效化解党面临的重大挑战和危险，很重要的一条就是要完善规范、健全制度，扎紧制度的笼子，既使已经发生的突出矛盾和问题得到更加深入有效的解决，又有效防范新的矛盾和问题滋生蔓延、有效防范已经解决的矛盾和问题的反弹复发。

党的十八大以来，党的建设突出政治建设、思想建党、组织建党和作风建党的同时，逐步强化制度治党。以习近平同志为核心的党中央，不仅强调“把权力关进制度的笼子里”“把纪律和规矩挺在前面”，而且明确提出“制度治党”与“依规治党”，抓住了管党治党的要害，体现了创新性、规律性、时代性。新形势下开展严肃认真的党内政治生活，加强党内监督，“既要继承和发扬我们党在长期实践中形成的优良传统和基本规范，又要结合新的形势和任务，在党内政治生活和党内监督的内容范畴、方向目标、原则要求、方法途径等方面与时俱进，推动党内政治生活和党内监督制度化、规范化、程序化”[2]。党的十八届六中全会审议通过《关于新形势下党内政治生活的若干准则》和《中国共产党党内监督条例》，是制度治党与依规治党的又一重要举措，是制度治党与依规治党的重要里程碑。《关于新形势下党内政治生活的若干准则》和《中国共产党党内监督条例》把制度治党与依规治党提到了一个新高度。全面从严治党必须坚持制度化，要着眼于健全和规范制度，严格遵规守纪，把制度的笼子做结实，实现以制度规范党员行为，以制度加强党员干部管理，真正把权力关进制度的笼子里。

推进全面从严治党，必须突出制度治党这个关键，怎样突出这个关

---

① 中共中央纪律检查委员会，中共中央文献研究室．习近平关于党风廉政建设和反腐败斗争论述摘编［M］．北京：中国方正出版社，2015：130．

② 中共中央文献研究室．习近平关于全面从严治党论述摘编［M］．北京：中央文献出版社，2016：44－45．

键？制度治党一方面在于建立健全相关的法律、规章制度，依法依规治党；另一方面在于真正实现从“人管人”到“制度管人”的过渡，宽严结合。要严格教育、严格考核和严格监督干部，使党员干部能够严格执行党的制度、纪律和规定，遵守规矩，自觉按照党的规章制度办事，更好地为人民群众服务。全体党员和干部要严格遵守党章各项规定。全党要牢固树立党章意识，真正把党章作为加强党性修养的根本标准，作为指导党的工作、党内活动、党的建设的根本依据，把党章各项规定落实到行动上、落实到各项事业中。建立健全党内制度体系，要以党章为根本依据；判断各级党组织和党员、干部的表现，要以党章为基本标准；解决党内矛盾，要以党章为根本规则。要加强对遵守党章、执行党章情况的督促、检查，对党章意识不强、不按党章规定办事的要及时提醒，对严重违反党章规定的行为要坚决纠正，全党共同来维护党章的权威性和严肃性。党员领导干部要做学习党章、遵守党章的模范。要认真落实作风建设各项制度，做到有章必循、违规必究。需要注意的是制度本身需要科学合理、务实管用、宽严相济，能解决问题，不能为了监督而监督，不能仅仅做到“多”，更要做到“严”，不能使得党内监督流于形式，而要真正让监督无处不有、无时不在。要通过深化改革，从体制机制层面进一步破题，形成作风建设的制度保障。

全面从严治党实现制度化，还在于形成作风建设的长效机制，需要规制和引导严格的党内政治生活。习近平总书记指出，党的十八大以来党风廉政建设和反腐败斗争取得了新进展，体现在“坚持从中央政治局做起，以上带下，发挥了表率作用；坚持以解决突出问题为切入口，扶正祛邪，取得明显进展；坚决查处腐败案件，坚持‘老虎’、‘苍蝇’一起打，形成了对腐败分子的高压态势；坚持促进权力规范运行，强化监督，加强和改进巡视工作，畅通人民群众举报和监督渠道，得到了广大干部群众积极评价”①，但“全党同志要深刻认识反腐败斗争的长期性、复杂性、艰巨性，以猛药去疴、重典治乱的决心，以刮骨疗毒、壮士断腕的勇气，坚决把党风廉政建设和反腐败斗争进行到底”②。各级党组织要坚持党要管党、从严

---

① 习近平．习近平谈治国理政［M］．北京：外文出版社，2014：393-394.

② 同①394.

治党，认真贯彻执行党章和党内各项制度规定，努力提高党内政治生活的原则性和战斗性。任何一名党员，不论职务高低、资历深浅、成就大小，都必须自觉遵守党内政治生活准则，各级党员领导干部要率先垂范。

“权力导致腐败，绝对权力导致绝对腐败”是英国历史学家阿克顿勋爵的名言。习近平总书记曾引用这句话用以告诫各级党员领导干部要“把权力关进制度的笼子里”。他指出，我们查处的腐败分子中，方方面面的一把手比例不低。这说明，对一把手的监督仍然是一个薄弱环节。由于监督不到位，少数一把手习惯凌驾于组织之上、凌驾于班子集体之上。早在党的八大上，邓小平就指出，我们需要实行党的内部的监督，也需要来自人民群众和党外人士对于我们党的组织和党员的监督。开展党内监督，不仅有内部的自上而下、自下而上和平行监督等相结合的问题，而且还有一个党内监督与党外监督相结合的问题。坚持党内监督与党外监督相结合，不仅是党的建设工作的基本要求，也是党的群众路线的重要实现路径，更是中国共产党领导的多党合作和政治协商制度的重要体现。全面从严治党，必须建构和形成包括党中央统一领导、党委（党组）全面监督、纪律检查机关专责监督和党的工作部门职能监督，以及党的基层组织对党员切实履行义务的监督等要素在内的监督体系和运行机制。这样的监督体系和运行机制应该实现党内监督和人民群众监督相结合，让群众满意成为我们党做好一切工作的价值取向和根本标准，能够顺应时代发展，充分调动人民群众监督的积极性和主动性，能充分发挥新闻媒体的舆论监督作用，能充分发挥民主党派和无党派人士的监督作用。要发挥党员的监督作用，就必须尊重党员的主体地位，保障党员的民主权利。为此，一是要切实保障党员的知情权和参与权，使党员更好地了解和参与党内事务；二是要切实保障监督对象的申辩权、申诉权等相关权利。党的十八届六中全会公报指出，党内监督的重点对象是党的领导机关和领导干部，特别是主要领导干部。要建立健全包括党中央统一领导、党委（党组）全面监督、纪律检查机关专责监督、党的工作部门职能监督、党的基层组织日常监督、党员民主监督在内的党内监督体系。党的中央委员会、中央政治局、中央政治局常务委员会全面领导党内监督工作。党委（党组）在党内监督中负主体责任，书记是第一责任人，党委常委会委员（党组成员）和党委委员在职责范围内履行监督职责。党的各级纪律检查委员会要履行监督执纪问责职责。党的工作部门要加强职责范围内党内监督工作。党的基层组织要监督党员切实履行义务，维护和执行党的纪律。党员要积极行使党员权利，加强对党的领导干部的民主监督。

（六）狠抓党建工作，不断提升党建科学化水平

科学化是检验治党建党水平的基本标准，是“全面从严治党”的价值目标。科学化主要是由规律的质的规定性所决定的。党建科学化的本质内涵就是按照党的建设规律推进党的建设，将党的建设提升到规律的高度来研究和把握，更加自觉地把握和运用马克思主义政党建设规律，研究新情况、解决新问题、创造新经验。党的先进性不是一劳永逸的，党建科学化不是一蹴而就的，实现全面从严治党科学化的目标，根本在于把握科学化这个检验治党建党水平的基本标准，深刻理解它是“全面从严治党”的价值目标。一个政党的建设水平，相当程度上要看这个党在自身建设上是否探索形成了一套规律，是否形成了科学化的标准。

提高党建科学化水平，实现全面从严治党科学化目标，是中国共产党应对各种复杂局面和挑战，勇于探索实践的必然。党的建设是一项长期的系统工程，实现科学治党建党的目标更是永远在路上。科学化是检验治党建党水平的重要标准，是“全面从严治党”的基本准绳。全面从严治党必须坚持常态化、制度化、科学化，必须着眼于提高党建科学化水平。只有在科学化之路上不断前进，党的建设水平和执政能力才能不断提高，才能不断应对各种困难和问题的挑战，才能永立潮头，无往而不胜，才能领导全体人民走好时代给我们提供的新的“长征路”“赶考路”。提高党建科学化水平就是要坚持以科学理论指导党的建设、以科学制度保障党的建设、以科学方法推进党的建设，使党的建设符合科学的性质或状态。

党建科学化不仅是一种理念，而且是党的建设的基本要求，也是工作

指针。不断加强党的自身建设，深入推进全面从严治党，实现科学化目标，必须突出两个全面：

一是内容的全面。首先，要抓好政治建设和思想建设。用马克思主义中国化的最新成果作为指导思想，保持党的整体上和党员个体上的纯洁性。其次，要抓好组织建设。以执政能力建设和先进性建设为主线加强各级党组织建设，保证党始终成为社会主义事业的坚强领导核心。再次，要抓好作风建设，把大兴密切联系群众、求真务实、艰苦奋斗、批评和自我批评之风，保持同人民群众的血肉联系，始终作为党的最大政治优势。最后，要抓好制度建设，建立健全长效机制，不断增强党内生活和党建制度的严密性和科学性。此外，要抓好反腐倡廉建设，始终保持反腐败的高压态势，不断以新成效取信于民。

二是思路和方法的全面。思路上要想全，要把全面建设作为规划部署的基本要求，落实好保持党的纯洁性、先进性的制度和措施。方法上要抓全，始终围绕全面做文章，防止顾此失彼，以全面抓、抓全面防止瘸腿现象；工作掌控上要顾全，多做固强补弱工作，在克服薄弱环节上用力使劲，始终瞄准短板，不断消除短板。总之，要不断“深化党的建设制度改革”①，不断推进全面从严治党常态化制度化科学化。“推进反腐败国家立法，修改监督法，出台反跨境腐败法”②，就是不断推进全面从严治党常态化制度化科学化的具体举措。

---

①《中共中央关于进一步全面深化改革、推进中国式现代化的决定》辅导读本［M］. 北京：人民出版社，2024：59.

② 同①61.

第一章　全面从严治党常态化制度化科学化的重大意义

2014年11月，习近平总书记在福建省调研时提出“协调推进全面建成小康社会、全面深化改革、全面推进依法治国进程”，随后在江苏考察时他又增加“全面从严治党”，提出了“四个全面”，这个科学的战略布局初步成形。2020年10月，随着全面建成小康社会取得决定性进展，党的十九届五中全会对“四个全面”战略布局做出新的表述，将“全面建成小康社会”调整为“全面建设社会主义现代化国家”。虽然“全面从严治党”是习近平总书记在其他“三个全面”之后提出的，但这并不代表“全面从严治党”的重要性和关键地位就低于其他“三个全面”，反而是起到提纲挈领的作用，它可以为其他“三个全面”的实现提供领导主体保障和核心力量支撑，如果失去作为中坚力量的中国共产党的坚强领导，其他“三个全面”就不可能实现，可见其意义之重大。中国共产党是领导中国人民不断开辟和探索中国特色社会主义道路、不断发展我国各方面事业的核心力量和坚强领导，承载着人民的殷勤期待，并肩负着光荣的历史使命和任务。尤其是在新的历史境遇下，“我们必须以更大的决心和勇气抓好党的自身建设，确保党在世界形势深刻变化的历史进程中始终走在时代前列……始终成为全国人民的主心骨……始终成为坚强的领导核心”①。可见，党的核心地位和关键作用无法替代。党内一旦出现问题，将影响社会主义发展的全局和长远之计，关乎全体中国人民的共同福祉。中国共产

① 中共中央文献研究室. 习近平关于全面从严治党论述摘编［M］. 北京：中央文献出版社，2016：3.

党是领导中国人民实现中华民族伟大复兴的核心力量，只有全面从严治党，在理论的学习中和具体的实践锻炼中不断提升执政能力和领导水平，才能更好地领导全体中国人民向这个伟大目标不断迈进。改革开放后，伴随经济社会快速发展而来的是一系列社会问题的不断凸显和社会风险的不断叠加，“事业越前进、越发展，新情况新问题就会越多，面临的风险和挑战就会越多，面对的不可预料的事情就会越多”①。在这种复杂情况下，党必须承担起解决现实问题、克服各种困难挑战、化解社会各种风险危机和矛盾的责任和重担，从加强自身建设做起，推进自身的核心能力建设以提升化解风险、协调社会矛盾、解决现实问题的应对能力。同时，党内也受社会大环境的影响出现了一系列新的问题，部分党员领导干部受到不良社会风气的影响，再加上自身建设的缺乏和忽视，逐渐走上背离人民群众的道路，在金钱利益和美色诱惑下，做起了违法犯罪的事，贪污腐败，公权私用。一方面，他们作为党员的理想和信仰被消磨，手握人民群众赋予的权力反而做起损害人民群众利益的事。因而，加强党的建设也呈现出时不我待之势，全面从严治党迫在眉睫。另一方面，执政党的本性要求中国共产党能够在理论指导和实践层面上不断创新和发展，不断加强党的建设。可见，全面从严治党不仅是时势所趋，更是执政党的本性使然。而如何实现全面从严治党，则成为新的历史条件下摆在我们党面前的关键课题。我们认为，应当至少从三个方面着手，即常态化、制度化和科学化三个方向，全力加强和改进党的建设。通过保持全面从严治党的常态化来保证党时时刻刻都能够注意加强自身建设，始终处于自身的发展和完善中；通过全面从严治党的制度化来提升党的建设的有效性和实际效果，保证有制度可以依据和检验；通过推进科学化的建设来保证党的建设能够系统化、有序化地开展，提高党自身建设的效率，避免在加强党的建设方面做无用功、浪费时间和精力。

---

① 习近平. 习近平谈治国理政［M］. 北京：外文出版社，2014：23.

第一节　全面从严治党常态化制度化科学化的重要性

全面从严治党是我们党提出的重大战略思想，是我们党加强自身建设方面具有前瞻性和现实紧迫性的重要任务。全面从严治党常态化、制度化、科学化的重要性可以具体细化为三个方面来进行阐释，即全面从严治党常态化的重要性、全面从严治党制度化的重要性、全面从严治党科学化的重要性。

第一，全面从严治党常态化对新时代推进党的建设具有全局和长远意义。如果把这项工作当作短暂性的工作，那么它可能只会起到短期的效果和一时的作用，而反腐倡廉、作风建设以及思想建设等都不是能够一蹴而就的，习近平强调："抓长，就是要持久抓、见长效。作风建设，重在持久，必须反复抓。"① 党的各项建设都是如此，必须是常态化的、日常性的任务和工作，只有把全面从严治党纳入日常工作和生活的常态化轨道，才能确保党自身建设的长期性和实效性，保证党的队伍始终能够站在时代的前列、保持自身的先进性和纯洁性。

第二，全面从严治党制度化同样对新时代加强党的建设具有关键意义。目前，在我国政治体制下和党内政治生态下，很多党员处于一种非制度化生存状态，有研究指出了目前中国共产党党内政治生活中非制度化行为的几种表现：在党内正式制度的执行过程中滋生了党内组织生活中的非制度化行为、党内关系中的非制度化行为、党员干部权力行使中的非制度化行为。党员的非制度化生存状态一方面破坏了党内的良好运转秩序和规则制度体系，把党内的规章制度变成一纸空文，另一方面也破坏了党在人民群众心目中的良好形象。总之，非制度化行为把中国封建社会的坏风气和社会的潜规则带进官场和党内，使得正式的制度和规矩变成一纸空文，影响到了党作为执政党的各项职能的履行，破坏了党内各项制度的有效执

---

① 中共中央文献研究室. 习近平关于全面从严治党论述摘编［M］. 北京：中央文献出版社，2016：161.

行。面对党员在现实生活中存在的一系列非制度化行为，必须从党内政治生活着手，规范党员的日常生活行为和政治行为，重塑党内良好政治生态。

第三，全面从严治党科学化对党的建设和党自身的发展具有关键意义。长期以来，党的建设存在着形式化和低效化现象，在进行党员教育活动和组织生活时，往往存在着走形式、走过场的现象，导致党的建设处于低效甚至是停滞状态，而推进全面从严治党的科学化，可以通过采取科学化、系统化的方式和优化路径提升党的建设的效率，使得党的建设的效果更明显。

这是从具体细化的角度对全面从严治党常态化、制度化、科学化重要性进行的阐释。从整体层面上看，全面从严治党常态化、制度化、科学化的重要性具体体现在以下几个方面：

一、能够应对中国共产党长期执政面临的风险和考验，不需要搞多党制

“以习近平同志为核心的党中央旗帜鲜明提出，党的领导是党和国家的根本所在、命脉所在，是全国各族人民的利益所系、命运所系”①。我国是社会主义国家，在社会制度和社会性质上与资本主义国家有着根本的区别，而我国实行的政党制度是党和人民在长期的历史实践中探索而成的，是符合我国实践状况和国情特征的政党制度，即中国共产党领导的多党合作和政治协商制度。党的领导是具有中国特色的政党制度，一方面为我国社会各方面的发展带来了优势和便利，提高了执政的效率和效果，避免了西方资本主义国家多党轮流执政过程中相互扯皮、相互推诿，从而导致执政效率低下的现象，使得全体人民在党的带领下全心全意、团结一致谋发展，共建和谐社会和繁荣的国家。

历史和现实都证明，这种政党制度的独特优越性已经从不同方面显现，历史材料的证明就是中国人民在中国共产党的领导下建立了人民民主专政的国家，真正翻身做主人，并且在党的领导下发展和建设自己的美好

① 中共中央关于党的百年奋斗重大成就和历史经验的决议［N］. 人民日报，2021-11-17.

家园；现实材料的证明则是当前中国综合国力的不断提升、人民生活水平的提高，并且朝着中华民族伟大复兴的伟大目标不断迈进。同时，在政治生活方面，中国共产党领导的多党合作和政治协商制度有助于提高政治民主化水平，给予执政党以外部监督，帮助执政党在外部监督和压力导向下努力提升自身的能力和水平。在决策和制定政策时，参政党提出各种参考意见和对策，防止执政党出现各种疏漏和问题。可见，我国现行的中国共产党领导的多党合作和政治协商制度是符合我国国情、适应历史潮流和现实需要的正确选择。但是与此同时，中国共产党长期执政产生的一些问题已经在不同时期有所体现，如部分党员干部的作风存在问题，进而转化为贪污腐败问题，对党和政府的良好形象的建构造成一定的伤害，对党和群众在长期社会主义建设中形成的相互信任关系造成一定程度的消解；还有一些党员长期忽视自身素质和能力的提升，忽视了在实践锻炼中成长和发展的根本要求，忘记了中国共产党在本质上要通过不断学习和锻炼保持先进性的本质，从而导致自身的整体素质、能力出现下降，不能与时俱进地发展自己，落后于时代和实践发展的要求；还有一部分党员出现了精神懈怠和懒政不作为的状况，由于长期执政，且缺少外在压力机制和内在动力机制，导致在实际工作中庸懒散，心理上不愿意为群众做事，做起工作得过且过，欺上瞒下，执政不作为、从政不担当，遇到困难不解决，对于群众不热心，不能及时有效地应对群众困难、解决现实问题，导致党与群众的关系恶化，群众对党的执政地位产生怀疑和不信任；“一些党组织软弱涣散，一些党员、干部难以受到监督，队伍管理缺位、不到位”① 等。针对这一系列的问题，党必须要加强自身建设，全面从严治党以解决党长期执政产生的问题，从而夯实党治国理政的坚强基础，提升党掌控全局的能力和水平。因而，在新时代推进全面从严治党的常态化、制度化、科学化就是要直面这些问题、有效解决这些问题，再次向中国人民和世界人民证明，中国自身能够应对中国共产党长期执政所面临的风险和考验，不需要向西方发达国家那样搞多党制，中国共产党领导的多党合作和政治协商制

① 中共中央文献研究室．习近平关于全面从严治党论述摘编［M］．北京：中央文献出版社，2016：7．

度是最适合中国的选择，是历史和人民的正确选择。

（1）中国共产党在历史实践中探索符合中国国情的政党制度。

中国共产党执政地位的获取是中国共产党人不懈奋斗的必然结果，是历史和时代发展的必然趋势，也是人民在实践探索中的正确选择。在历史实践的发展中，中国共产党和中国人民共同探索形成了中国共产党领导的多党合作和政治协商制度，我们要不遗余力地坚持和完善这项制度。中国共产党是拥有合法地位的执政党，其他的党派则是与中国共产党通力合作、密切配合进行政治协商的参政党，与中国共产党共同商议国家大事、广泛参与各项政治活动，一方面对共产党形成监督，施加党外的舆论和监督压力；另一方面对共产党提供力量支撑，协助共产党完成各项工作。这种政党制度并不是在短暂时间内形成的，而是在长期斗争和发展中形成的，并且在当代中国政治生活实践中得以不断完善。

第一，探索和奠基阶段。新中国成立之前是执政党的探索和奠基时期。在领导中国人民反对帝国主义侵略的过程中以及反对国内封建主义、资本主义剥削和压迫的过程中，中国共产党通过维护和实现人民群众的利益得到了群众的广泛支持，获得了群众的拥戴和信任，不断建构自身的群众基础，不断巩固自身存在以及后来成为执政党的合法性基础。带领中国人民战胜国外侵略者、打倒国内剥削者，建立全新的国家政权，成为中国共产党执政的前提和基础。中国共产党取得正当的执政地位和资格，这是人民的选择、历史的选择。历史的选择和人民的选择的执政合法性是中国共产党执政的基础。执政党的资格是中国共产党人在领导中国人民进行革命斗争的历史实践中获得的，其执政合法性来源于人民群众在根本上的支持和信任。同时，在新中国成立之前，中国共产党就已经进行了多党合作方面的尝试和探索，并积累了大量的工作经验，这些经验的积累和前期的工作为新中国成立之后建立中国共产党领导的多党合作和政治协商制度奠定了经验基础和党际关系基础。中国共产党进行党际合作开始于1924年第一次国共合作，但是国民党最终背弃了党际合作，发动四一二反革命政变，使得国共合作破裂，中国共产党的第一次党际合作尝试以失败告终。即便如此，国共两党通过这次合作，改变了中国当时军阀割据混战、国家支离破碎的局面，初步实现了国家在形式上的统一，人民群众也因此在一定程度上免受军阀割据、军阀集体剥削和压迫的痛苦，第一次国共合作取得了一定的成果。然而，在党际合作中，中国共产党始终处于被动和受牵制的局面，委曲求全导致后来中国共产党的党员被污蔑和杀害，这也给予我们党深刻的经验教训，认识到必须要建设自己的军事武装力量。后来，在反抗日本侵略的战争过程中，中国共产党积极主动地同包括国民党在内的各个民主党派加强合作与联系，号召建立抗日民族统一战线，从而凝聚全体中国人民的力量反侵略、反压迫。在不懈的努力与推动下，中国共产党实现了与国民党的又一次合作，并且在合作中发挥了积极性与关键性的作用，最终战胜了日本帝国主义。在这个过程中，中国共产党汲取了第一次党际合作失败的教训，保持对军队的绝对领导权，充分发动群众的武装力量，在与国民党的合作中，坚持既合作又斗争的策略，保持自身在各个方面的独立，特别是军事力量方面的独立，对国民党采取既联合又独立的政策，从而维系了党际合作的现实基础，为最终取得抗战胜利巩固了统一战线。中国共产党在此期间表现出来的积极宣传、不遗余力地反侵略举动得到了当时社会上多数民主党派的支持和赞赏，为新中国成立后建立中国共产党领导的多党合作和政治协商制度初步奠定了思想基础。在抗战胜利后，中国共产党还积极推动建立一个多党合作的新的国家政权，毛泽东在抗战胜利前夕党的七大报告中明确指出，要“成立包括更广大范围的各党各派和无党无派代表人物在内的同样是联合性质的民主的正式的政府，领导解放后的全国人民”①。在这里，我们党就已经形成了建立一个各党派联合参与的民主政府的思想和愿望，推动党际合作成为中国共产党倡导建立民主政府的重要方面。随后，党的领导人毛泽东和周恩来参加了重庆谈判，与国民党以及其他党派共同商议建国大计，为实现和平、建设多党合作的国家政权付出了极大的努力。但是，国民党的假和平、实备战阴谋最终被揭穿，中国共产党为建立多党合作政权所做的努力也付诸东流，但是中国共产党倡导各党派合作的思想并未改变，并且延续到新中国成立以后付诸实践。在国民党撕开阴险的面具之后，当时中国存在的各民主党派也

① 毛泽东选集：第3卷［M］. 2版. 北京：人民出版社，1991：1029-1030.

随之陆续转而支持中国共产党，特别是在1946年初重庆召开的政治协商会议上，中国共产党提出的多党合作、和平建国、反对独裁以及建立民主联合政府等主张得到了各民主党派人士的广泛支持和赞誉。国民党不得人心的统治使得其根基进一步松动，再加上战场上的节节败退，使得各民主党派对国民党彻底失去信任，转而支持中国共产党，如1948年1月中国民主同盟就宣布与中国共产党合作。1949年召开的中共七届二中全会将“同党外民主人士长期合作的政策”纳入党的战略中。

第二，建立、发展与曲折阶段。中华人民共和国成立前夕，政治协商会议在北平成功举行，标志着中国共产党执政、各民主党派参政议政的政治协商制度的正式建立。在新中国成立初期的经济社会建设中，各民主党派进行了广泛的政治参与，积极参与和投身到三大改造中以及推动新民主主义社会向社会主义社会过渡的进程中，在这期间积极为执政党建言献策，推动了社会主义民主的发展并提升了执政党的执政效果。党的八大提出了“长期共存，互相监督”的党际合作方针，继续巩固和发展中国共产党领导的多党合作和政治协商制度。在“文化大革命”时期，许多民主党派人士在艰难困苦的条件下，怀着坚定的信念继续同中国共产党保持合作，这也使得多党合作虽然饱受摧残和打击，但是并未被彻底摧毁和取消，也为改革开放新时期我们党继续推进多党合作留下了“星星之火”。

第三，不断完善的历史新阶段。“文化大革命”结束后，国家进入了恢复与发展的新时期，朝向全新的历史方向发展。1978年新的政协会议召开，也预示着中国共产党领导的多党合作和政治协商制度的发展进入新时期。1979年，党更是积极帮助各民主党派组织并召开全国代表大会，从而为中国共产党领导的多党合作和政治协商制度的进一步完善夯实组织基础。1982年，在党的十二大会议中，党提出“长期共存、互相监督、肝胆相照、荣辱与共”的方针，进一步确立了党际合作的原则和方针，明确了多党合作制度实行的总体原则，也标志着党际合作进入了一个全新的阶段。1986年，习仲勋在全国统战工作会议上明确强调：“中国共产党领导的多党派合作和政治协商会议制度是具有中国特色的社会主义政治制度的一个特点和优点。”① 可见，我们党已经开始把中国共产党领导的多党合作和政治协商制度纳入我国政治制度的基本内容中。1987 年党的十三大的召开进一步明确了这一基本政治制度。而 1989 年底颁布的《中共中央关于坚持和完善中国共产党领导的多党合作和政治协商制度的意见》则正式从制度的角度确立了这项基本政治制度，中国共产党领导的多党合作和政治协商制度将在我国长期延续和发展下去。1993 年的宪法修正案更是将这一制度纳入根本大法，使其上升为国家意志。随后的历届党代会都强调要巩固和完善这一基本政治制度，发挥民主党派在中国共产党执政过程中政治参与的重要作用。中国共产党领导的多党合作和政治协商制度也进入了科学化、制度化发展的阶段，特别是党的十六大以来，一系列关于中国共产党领导的多党合作和政治协商制度的文件的颁布，如 2005 年颁布的《中共中央关于进一步加强中国共产党领导的多党合作和政治协商制度建设的意见》等，更是促进了这一政治制度走向完善发展的新时期。党的十七大报告、十八大报告、十九大报告和二十大报告都对中国共产党领导的多党合作和政治协商制度的重要性进行了进一步明确和强调，明确赋予其新的时代内容，不断推动中国共产党领导的多党合作和政治协商制度的与时俱进、时代更新与丰富完善。

从以上三个阶段的发展情况来看，中国共产党领导的多党合作和政治协商制度是历史和人民的双重选择，在曲折和实践中得以完善，这也彰显了我国政治民主制度的不断完善历程。中国共产党领导的多党合作和政治协商制度在发挥其巨大优势的同时，也面临着诸多的困境与挑战。这也是我们党提出要实行全面从严治党的原因所在，只有不断加强党的建设，才能筑牢党长期执政的坚实根基。

（2）中国共产党领导的多党合作和政治协商制度的优势与挑战。

我们党在长期的历史发展中探索出了适合中国政治民主发展的具有中国特色的政党制度，这种制度就是执政党统筹和协调中国各方面事业的发展，各民主党派则是政治参与、为执政党建言献策的重要力量。也就是

① 中共中央统战部，中共中央文献研究室．习仲勋论统一战线［M］．北京：中央文献出版社，2013：469.

说，党不仅是各项事业的领导核心，也是政党制度运转的轴心力量，各民主党派是重要协助力量。这种政党制度的形成适应了我国实践发展的需要，是我们党推进政治民主发展的重要方式之一。一方面，正如习近平强调的："办好中国的事情，关键在党。"[①] 这个政党制度可以保证马克思主义政党在社会主义国家的领导核心地位，保障社会各方面改革与发展处于正确的轨道，从而为建设社会主义社会保驾护航。同时，还可以调动各民主党派的政治参与主动性，发展我国的民主政治制度，为社会的向前发展提供动力支撑和群众基础。但是另一方面，中国共产党长期执政也面临着一定的考验，党的长期执政容易导致党员的思想懈怠和行为懒惰，失去竞争压力和内在发展动力的党员可能会失去前进的动力，致使党自身发展乏力以及国家各项事业发展进入疲软状态。同时，一些党员在缺乏监督和压力的情况下，容易走上背离人民的道路，贪污腐败问题已经影响了我们党长期执政的群众根基和合法性基础，损害了我们党的良好形象。可见，我们需要加强党的建设，防范化解重大风险，推进中国特色社会主义政治制度自我完善和发展。下面将从两个方面对这一制度的利弊进行深入分析。

第一，我国现行的政党制度有其天然的优势。中国共产党领导的多党合作和政治协商制度是富于中国独特内涵的、具有强大优势的政党制度，深深地蕴含着源自内部的天然优势，这种优势主要包括：

首先，它充分地保障了党在各项事业建设和发展中的领导地位和发挥总揽全局、协调各方的作用。党的执政地位是历史和人民双重选择的结果，同时其合法性和合理性也在中国共产党带领中国人民取得辉煌成绩的过程中得以进一步确证。中国共产党作为领导核心的优势就在于，始终发挥总揽全局、协调各方关系和各方利益的领导核心作用。各民主党派接受中国共产党的领导，具有参政党的地位，与中共通力合作，参与执政。这是党和各民主党派的自觉选择和思想共识，也为维护党际和谐关系奠定了基础。中国共产党作为执政党不仅获得了群众的认可，而且也获得了各民主党派的坚决支持。在中国多党合作制度中，中国共产党与各民主党派长

---

① 中共中央文献研究室. 习近平关于全面从严治党论述摘编［M］. 北京：中央文献出版社，2016：12.

期共存、互相监督、肝胆相照、荣辱与共，共同致力于建设中国特色社会主义，在国家政治和社会生活中显示出独特的政治优势和强大的生命力，发挥了不可替代的重大作用。

其次，它有助于推动民主参与，发展全过程人民民主，发展社会主义国家的民主政治，提升党的执政效率。我国人口众多，要想推进国家的民主政治发展，提升公民的政治参与程度，必须要发展出适合国情的渠道和途径，而民主党派的参政议政就为民主的实现提供了相应的渠道。中国的各民主党派不是西方国家所谓的在野党，而是同共产党协同合作、团结一致，共建繁荣国家、和谐社会的亲密友党，它们不存在利益冲突和内在矛盾，可以团结起来，共同为社会主义建设贡献力量，形成强大的合力。当我们党对社会事务和国家大政方针进行决策时，各民主党派可以充分发挥智囊团和人民利益代表的作用，在决策过程中积极贡献智慧，传递来自各方的意见和建议，保证决策结果的合理性和广泛代表性。可见，多党合作可以最大限度地发扬社会主义民主，提升党的执政能力和决策水平。

最后，中国共产党作为执政党，使得我国各项事业的发展与前进都在党的领导下进行，便于集中力量，发挥聚合功能，推动我国各项事业的繁荣发展。中国共产党作为执政党，可以集聚全体社会的力量推动发展，可以领导中国人民全心全意地发展生产力，这也是我国的独有优势，正如马克思在阐释无产阶级政党掌握政权后的历史使命时所指出的："无产阶级将利用自己的政治统治，……并且尽可能快地增加生产力的总量。"① 可见，中国共产党在取得政权之后，就是要带领广大人民群众大力发展生产力，为人民群众谋福利，改变原有的生活面貌。而中国共产党领导的多党合作和政治协商制度可以最大限度地发挥党的社会动员力、坚强领导力、核心凝聚力以及组织力与战斗力，从而领导全体人民齐心协力、团结一致共建美好国家。改革开放40多年来，我国所取得的巨大成就是最直接的体现和证明，在此期间，党领导人民谋发展、搞建设，对经济提速度，对政治促改革，对文化求创新，改变了中国旧社会的落后面貌，推动了中国各

① 马克思，恩格斯. 马克思恩格斯选集：第1卷［M］. 3版. 北京：人民出版社，2012：421.

方面事业的快速发展，并且呈现出蒸蒸日上和欣欣向荣的态势。党作为执政党集中力量办大事的优势可以用几个例子具体说明，如当前我国载人航天工程和高新技术的快速发展，高铁的迅速发展，都是在党的集中领导之下所做的引领时代潮流的正确选择和所办的大事。

第二，党在长期执政的过程中也面临着各种风险和考验。其主要包括：

其一，党的长期执政容易导致党员思想上的懈怠、行为上的懒惰，特别是一些党员干部的思想懈怠和懒政行为，直接延缓了改革与发展的步伐，给国家带来了风险和损失。在长期执政的过程中，由于缺少外在的政党竞争压力以及内在的发展动力，部分党员忘却了我们党的初心和根本要求，失去精神动力，思想上停止不前，行动上平庸懒散。在精神上，部分党员形成了固化的思维和僵化的思想，精神状态明显趋于慵懒。他们失去了对我们党应有的正确认知和历史思考，丧失了党员应有的使命意识，不思考怎么服务于人民群众，而去思考政治升迁和利益的谋取；不去补充思想营养和汲取理论知识，而去学习奉承上级，搞权谋政治，他们信奉“章子不如条子，条子不如面子”，“有关系走遍天下，没关系寸步难行”①，整天揣摩着怎么讨好上级，怎么搞思想斗争，不务正业；不去学习和掌握最新技术和总结经验，而去思考在某工程中获取利益，在某人身上勒索好处。思想上的懈怠导致行为上的懒惰与不作为，在从政过程中，他们不去做有利于实现人民群众利益的事情，而是借机谋取个人的私利，对群众所关注的真实需要和现实问题不关心、不在乎，进而不作为，而对提升自己政绩的事情、能够给自己带来利益和好处的事情则是全心投入、积极作为。然而，在服务群众的过程中，他们则奉行能推则推、能拖则拖、能不为就不为的原则，丧失公仆意识，进而在具体的行为中不主动、不投入、不作为。在实际工作中，他们求稳怕乱，不注重上进，只求稳定，不从群众的意见出发，而是从上级领导个人的意志出发，对上级领导不合时宜的命令和决议，不愿言、不敢言，唯唯诺诺，缺乏建设性意见，胆小怕事

---

① 中共中央文献研究室. 习近平关于全面从严治党论述摘编［M］. 北京：中央文献出版社，2016：28.

“不作为”、“屈从性行为”频现。这种思想懈怠和行为懒惰严重降低了党和人民正在为之奋斗的事业的前进速度和效率，无形中影响了各项事业的发展。

其二，党的长期执政导致党内容易滋生贪污腐败。在长期的执政过程中，“一些潜规则侵入党内，并逐渐流行起来”①，由于内部形成封闭固化的僵化体制和组织制度，外部缺乏强有力的监督，导致部分党员尤其是党的部分领导干部，手握人民赋予的权力而不知珍惜和回馈群众，在长期掌握权力的情况下形成膨胀和浮夸的心理状态，把权力当作自己的私有物品而谋私利，把自己的身份地位当作个人产物而猖狂嚣张，从而酿成贪污腐败的违法犯罪事实，背离了党的宗旨和人民，辜负了党和人民的期待。党的十八大以来，党和人民加速了反腐的步伐，实施多方举措，加强倡廉建设，打倒了一大批“大老虎”，抓住了大量“小老虎”，这些实例都说明党长期执政的潜在威胁就是党内容易滋生贪污腐败。这是因为一方面，作为唯一的执政党，在党的内部，党员干部个人容易滋生“一家独大”的思维，而部分党员干部正是在这种心理的作用下，倚仗着党和人民赋予的权力，贪赃枉法，走上犯罪道路。而另一方面，各民主党派虽然对执政党拥有一定的监督权，但是监督和制约作用较小，也为部分党员贪污腐败提供了间接条件。总之，在党长期执政的前提下，形成了一种内部有恃无恐和外部监督乏力的现实状况，导致党内部容易产生贪污腐败行为，直接威胁党和人民的利益。

其三，党的长期执政容易引起党的执政能力不足、党员自身能力停滞不前的问题。中国共产党的长期执政带来的另一个问题就是容易引起党的执政能力建设方面的松懈和停滞，部分党员思想上松懈，忽视自身能力的提升，也忽视从整体上提升党的执政能力。虽然我们党一直强调要在与时俱进中不断提升党的执政能力和领导水平，但是在实际的操作中，往往存在着走形式、走过场的趋向，实际效果不佳。从根源上看，这与党员思想上的懈怠有密切联系，同对我们党是唯一执政党的认识有着深刻关系，思

① 中共中央文献研究室. 习近平关于全面从严治党论述摘编［M］. 北京：中央文献出版社，2016：27.

想上的放松导致实际工作过程中的能力提升不明显，特别是在改革不断深入推进、社会节奏加快、瞬息万变的网络信息时代，部分党员的个人能力不能紧随时代的步伐，落后于时代的发展，从而导致在处理党和人民交予的各项事务时显得有些力不从心、无能为力。

其四，党在长期执政过程中面临的最大危险是脱离群众。唯物史观认为，群众是历史的创造者，是历史进步的根本动力。群众的信任和支持是一个政党长期执政的根本基础，也是合法性的根本来源。现当代的历史发展也证明，紧密联系群众，与群众形成水乳交融、良好互动的状态是我们党成长、发展、壮大以至成为执政党的根本原因所在。密切联系群众是我们党最大的政治优势，脱离群众是党执政后面临的最大危险。总的来说，脱离群众主要体现在部分党员的生活和工作作风问题上，如官僚主义作风，在中国传统社会“官本位”思想的延续影响下，中国共产党的部分党员干部也深受这种不良传统思想的影响，把自己当作高高在上的官员而不是为人民服务的仆人，“有的领导干部喜欢当家长式的人物，希望别人都唯命是从”①，在现实生活与工作中，在与人民群众打交道的过程中，也摆官架子，严重脱离群众，无形中把自己与群众隔离在两个世界中，导致群众对党和政府产生不信任和质疑。这种思想和行为的形成既是由于受到不良传统思想的影响，也与党员的惰性和既定心理优势有关，忘却了群众基础的重要性。再如部分党员的形式主义作风，在为人民群众做事和服务的过程中往往是走形式，摆摆样子让上级看，不能真真切切地为群众做真事、办实事，走形式的作风会让群众对党产生疏离感，进而对党产生怀疑。脱离群众还可能进一步演化成党执政的合法性问题，没有群众的支持与信赖，失去强有力的群众基础，党执政的合法性必然遭受质疑，合法性基础会被不断消解。

其五，党的长期执政容易造成部分党员的骄横心理，在心理层面上忽视民主党派的重要作用，把民主党派仅仅当作摆设，当作投票和选举的工具，而在具体的执政过程中，忽略参政党的意见和建议，不注重从它们那

---

① 中共中央文献研究室．习近平关于全面从严治党论述摘编［M］．北京：中央文献出版社，2016：26.

里获得有效的信息和群众的声音，最终导致民主的缺失和退化。当然，我们要客观看待这些问题，理性认识和客观分析问题的根源所在，着手解决问题而不是停留在问题表面上。当前，在推进全面从严治党过程中，要坚信我们党一定能够有效地解决这些问题，从容应对党在执政过程中面临的多种风险。

（3）全面从严治党的常态化、制度化、科学化能够防范和应对党长期执政面临的风险和考验。

正是因为党长期执政存在着各种各样的风险，会引起各种现实问题，所以全面从严治党的目标和要求被提上日程，全面从严治党能够有效地防范和化解各种潜在风险，帮助解决各种执政问题，提升我们党执政的科学性和效率性。

第一，面对部分党员干部思想懈怠和不作为的现象，通过常态化的建设，推动党内长期监督机制的形成，建立党内长期有效的提醒和警示机制，而“批评和自我批评是清除党内政治灰尘和政治微生物的有力武器”①，通过批评和自我批评可以让党员干部时刻都能保持清醒的认识，牢记党员的义务与责任，践行党员的本职工作，在工作中坚持党性原则，保持党的为民初心，成为党的形象的直接展示者。同时，通过常态化、持久性地教育和提醒，让党员干部斗志昂扬，切忌思想松懈和行动乏力，从而帮助党员干部形成勇于实践和敢于拼搏的思想风貌。在实际工作中，不仅仅考虑自己的政绩和上级的意志，更重要的是考虑群众切实利益的维护与实现。建立常态化的监督机制，防止党员干部出现思想松懈和行为懒惰情况，对党员干部实施实时的、动态的教育和提醒，使之保持警醒的状态，在为人民服务中积极作为、发挥作用，从而塑造和树立党的良好形象。

第二，面对我们党长期执政少数党员干部贪污和腐败问题，加强全面从严治党的常态化、制度化、科学化建设可以有效地预防、终止和查处相应的问题，以预防为主、终止为辅、查处为重点，全面推动党内的反腐倡廉建设。在党内建立常态化的监督和反腐机制，有助于时刻提醒党员干

① 中共中央文献研究室．习近平关于全面从严治党论述摘编［M］．北京：中央文献出版社，2016：27.

部，让他们对反腐倡廉局势有正确的认知和判断，消除他们的侥幸心理和腐败心理。通过长期有效的监督，可以有效地预防党员干部的贪污和腐败，做到经常性地提醒、经常性地查处，形成强大的心理攻势和反腐高压。还可以通过相应的各项制度的建立，确保从制度层面有规可依，让党员干部用规章制度约束自己的行为，把思想预防和依规治理结合起来，使得党员干部不敢腐、不能腐、不想腐，即一方面是党员干部在长期的制度规制下和教育下，不敢腐败或失去腐败的念想和意愿，不愿意铤而走险，走上贪污腐败之路；另一方面则是在常态化的监督下和制度化的规约下，党员干部失去了腐败的途径，失去钻漏洞的可能性而不能腐，从而保持党员的纯洁性。

第三，针对部分党员干部失去提升自身能力的动力的问题，可以通过在党内建立长期有效的常态化学习机制加以解决。通过科学化和系统化的学习，"自觉按党提出的标准要求自己、磨练自己、提高自己"[①]，进而提升党员的个人能力和整体素养，经常性和常态化的学习活动可以帮助党员补充知识营养，学习党的最新理论成果和施政纲领，在学习中提升自己的理论功底，同时，鼓励党员干部积极把理论知识的学习与实际工作结合起来，在实践中锻炼自己的操作能力，实现理论知识能力和实践能力的互相促进和互相融合。

第四，面对脱离群众的风险，可以通过建立常态化、制度化的党群联系部门或开展促进党群联系的经常性的活动来实现密切党群联系的目标。一些党员干部在实际工作中忽视群众基础对巩固党执政根基的根本性作用，不去维护人民群众的现实利益，却在有意和无意中侵占和损害之；不去为群众提供优质的服务，而是让群众为自己服务；不去想怎么帮助群众，而是想着怎么实现自己的政治升迁。这些现象都导致了党与群众之间关系的疏离，群众对党的执政产生不信任，为此，必须要在党和群众之间搭建日常性的联系机制，让每一个党员干部都能在与群众的交流和沟通中体会群众的需要，这种联系机制应该是常态化的，而不是短暂性的；应该

① 中共中央文献研究室．习近平关于全面从严治党论述摘编［M］．北京：中央文献出版社，2016：34.

是有具体内容的，而不是形式主义的。同时，还应用具体的制度为这种党群联系机制提供制度保障，以使其长期有效地运行。而且还要用科学化的方式保证这种联系机制能够取得预期的效果，如对这种长期联系的工作进行经常性的总结，探索其运行和发展的规律，采取科学有效的组织形式保障联系活动的有效开展等。

第五，针对忽视或淡化民主党派的地位和作用的问题，可以通过在党内建立常态化的联系制度，即在相应的政府职能部门中设立相应的机构，通过制定相关的制度落实下来，以实现民主党派人士的民主权利和各项职能。要建立相应的投票表决制度以及意见传递机制，保证民主党派人士在政府政策制定中切实发挥有效的作用。

总之，党执政过程中所面临的各种风险和考验，都是新时代我们党加强全面从严治党所要关注和应对的课题，为此，就应不遗余力地保障全面从严治党的常态化运行、制度化开展和科学化推进，维持全面从严治党的长期性开展和持久性运行，推进全面从严治党的制度化和规则化建设，开辟全面从严治党的科学化和系统化途径。

二、保持党的先进性、提高党的执政能力和领导水平

新时代，推动全面从严治党的另一个重要课题就是要保持中国共产党作为执政党的先进性，提高党领导中国特色社会主义事业前进与发展的全局掌控力、统领力等方面的执政能力，以及增强党总揽全局、协调各方的领导水平。

中国共产党是有着科学理论作为指导的政党，因而首先在思想上就处于领先地位，“只有理论上清醒才能有政治上清醒”[①]，马克思主义不仅为我们提供了科学的认识世界和解释世界的理论知识和科学方法，也为我们从事改变世界的实践活动提供了正确的方法论指导。马克思主义执政党，在思想上的先进性意味着在实践过程中也要处于领导地位，这也可以从共产党人在全世界范围内的成功的革命实践得以证实。什么是党的先进性？

① 中共中央文献研究室. 习近平关于全面从严治党论述摘编［M］. 北京：中央文献出版社，2016：62.

所谓先进性，是先行、先导、先锋的意思，指一事物比较其他事物确立起来的长处和优势，用形象的话来说，即“走在前列”。党的先进性主要体现在党是先进阶级代表、党代表的范围具有广泛性、党能够始终保持自己的时代性等三个方面，正如“三个代表”重要思想所倡导的，是中国先进生产力、中国先进文化和中国最广大人民的根本利益的集中代表。与此同时，还要把党的能力建设当作日常性工作来抓，这是党能够长期执政必备的核心要素。党只有在时代的前进中始终加强自身执政能力的建设和领导水平的建设，才能维系执政党地位。党的执政能力建设和领导水平的提升包括党自身各方面的建设，就是党在执政的过程中，能够始终制定合适的纲领以引领社会发展与前进，能够领导人民制定适当的法律和制度以规范群众的日常生活秩序、维系社会稳定繁荣，能够采取科学有效的领导和工作方式以动员全社会的力量共同进行国家与社会的治理等。

因而，加强党的执政能力建设，就是要从思想上、组织上、作风上、制度上全面提升党依法执政的能力和领导人民群众共同建设社会主义国家政治、经济、文化、社会和生态文明等各方面的水平。要想在经济发展新常态下继续保持党的先进性，不断提升党统筹规划、谋划全局的能力，就要实现全面从严治党，推动党的建设全面开展。

（1）始终保持党的先进性是马克思主义政党的内在本质要求。

新时代推进全面从严治党的常态化、制度化、科学化的重要性体现在它能够为我们党始终保持自身的先进性提供帮助和现实路径，而始终保持党的先进性是党实现长期治国理政的根本要求，不同时期的马克思主义代表人物都对此进行了明确的阐述。

第一，马克思主义创始人对共产党的性质和历史使命进行了初步的探索。《共产党宣言》明确指出：“在实践方面，共产党人是各国工人政党中最坚决的、始终起推动作用的部分；在理论方面，他们胜过其余无产阶级群众的地方在于他们了解无产阶级运动的条件、进程和一般结果。”① 也就是说，共产党人是革命的最果断的推动力量，是工人阶级推动革命事业的

---

① 马克思，恩格斯．马克思恩格斯选集：第 1 卷［M］．3 版．北京：人民出版社，2012：413.

代表者，坚决的革命性彰显了共产党的先进性。而且，共产党人还在思想上具有先进性，他们能够从容地领导无产阶级的革命运动，以科学的理论为指导，对革命的条件、过程和结果进行预测和分析，从而为保证革命顺利进行和朝正确的方向发展奠定基础。同时，共产党人“为着工人阶级的最近目的和利益而奋斗，但是他们在当前的运动中同时还坚持着运动的未来”①。在这里，马克思和恩格斯指出了共产党作为工人阶级的先进代表，代表着革命的未来和方向，它的目标就是要在运动中实现和维护这个阶级的现实利益。在论及共产党的组织建设时，马克思还指出，“组织本身是完全民主的，它的各委员会由选举产生并随时可以罢免，仅这一点就已堵塞了任何要求独裁的密谋狂的道路”②。可见，党的先进性也需要党拥有良好的组织建设，而在党的组织建设中既要倡导民主的原则，又要强调组织的纪律保障，总之，只有集中力量，共产党才能办大事；只有民主参与，才能保证做正确的事和人民欢迎的事。由于历史条件的限制，马克思和恩格斯并未形成比较系统的关于共产党先进性的思想，只是在理论工作和实践斗争中零散地进行了相关论述。

第二，列宁在领导建立俄国共产党的实践工作中，结合自己的理论工作，对保持俄国共产党的先进性进行了相关探索。首先，列宁认为共产党具有先锋队的天然属性，无产阶级是最先进的阶级，是革命最彻底的阶级，而共产党则是这一先进阶级的核心，是由这一先进阶级中的先进成员构成的，“党是阶级的先进觉悟阶层，是阶级的先锋队”③，“党是阶级的先进部队，是阶级的领导者和组织者，是整个运动及其根本和主要目的的代表”④。可见，在他看来，共产党是由无产阶级队伍中的先进分子组成的，是作为阶级的先锋队形式存在的，是无产阶级整体利益的代表，更是无产阶级革命运动的倡导者和引领者。其次，在列宁看来，因为有了先进的、科学的理论指导，共产党的先进性进一步彰显。“只有以先进理论为指南

---

① 马克思，恩格斯．马克思恩格斯书信选集［M］．北京：人民出版社，1962：521.

② 马克思，恩格斯．马克思恩格斯选集：第 4 卷［M］．3 版．北京：人民出版社，2012：207.

③ 列宁．列宁全集：第 24 卷［M］．2 版增订版．北京：人民出版社，2017：38.

④ 列宁．列宁全集：第 10 卷［M］．2 版增订版．北京：人民出版社，2017：1.

的党，才能实现先锋战士的作用。”① 可见，在他看来，作为先锋队，共产党理应拥有先进的理论作为指导，而这个先进的理论就是马克思主义。理论指导实践，只有在思想上坚持以先进的理论作为指导，才能在革命的实践活动中引领前进的正确方向，发挥先锋队的作用。最后，列宁也强调加强共产党的组织建设，只有建立合理的组织形式，形成科学的组织结构，才能更好地发挥先锋队的作用。“党应当是组织的总和……使作为阶级的先进部队的党成为尽量有组织的”②。显然，列宁认为党有组织、有秩序可以提高党作为整体的战斗力。在强调加强组织建设的同时，列宁还认为，要提高党员的整体素质和能力，只有高素质的党员队伍，才能保障党的整体质量，从而保证党的先进性。“世界上只有我们这样的执政党，即革命工人阶级的党，才不追求党员数量的增加，而注重党员质量的提高和清洗‘混进党里来的人’。”③ 可见，列宁对党员的质量非常重视，明确指出党员质量对于党的先进性维系的关键作用，对于始终保持党的领导地位的重要性，强调党员质量而不是数量的做法的效果也在革命的实践中得以展现。同时，在列宁看来，党的先进性还直接体现在与群众的紧密联系中，失去人民群众的支持和信任，党的先进性是无法体现的，“先锋队应该在实际上淹没在群众中……不是形象化地、象征性地同群众一起前进，而是真正地同群众一起前进”④。党与人民群众的关系应当是真真切切地融为一体，而不是做形式、象征性地与人民群众交往，党的先进性体现在与人民群众的紧密联系中，体现在人民群众对党的广泛支持和充分信任上。由以上论述可知，列宁对于党的先进性的诸多论述可以给我们当前加强党的先进性建设以一定的启示和帮助。

第三，中国历届党和国家领导人也对党的先进性建设做了重要的探索。首先，毛泽东在领导中国共产党进行革命斗争和社会主义建设的不同时期就对加强党的先进性建设做了相关论述。毛泽东重视从思想上建党，

① 列宁. 列宁选集：第 1 卷［M］. 3 版修订版. 北京：人民出版社，2012：312.
② 同①471.
③ 列宁. 列宁全集：第 37 卷［M］. 2 版增订版. 北京：人民出版社，2017：217.
④ 列宁. 列宁全集：第 9 卷［M］. 2 版增订版. 北京：人民出版社，2017：260.

强调维系党的先进性的核心在此，思想先于行动，只有以科学的思想作为指导，才能保证实践行动的正确性。在各种思想杂糅传播的时代，只有首先保证共产党员思想上的一致性，保证共产党员有共同的科学指导思想，才能保证共产党作为一个整体采取共同的行动，最大限度地集聚力量。为此，毛泽东经常在各类场合鼓励党员要主动学习，运用马克思主义丰富自己的思想世界和精神内涵，指导自己的实践工作。毛泽东重视从思想上建党还体现在对党员作风问题的关注上，毛泽东在多个场合强调要改进党的作风，在延安时期，毛泽东撰写了《整顿党的作风》一文，在文中提道："反对主观主义以整顿学风，反对宗派主义以整顿党风，反对党八股以整顿文风"①。可见，在毛泽东看来，需要通过反对各种思想作风问题，来保障党的先进性。同时，毛泽东认为，群众是党的根基所在，因而党的先进性在根本上体现在服务群众的现实生活实践中，他明确指出："共产党是为民族、为人民谋利益的政党"②。党正在进行的和即将进行的所有工作，都是为人民谋福祉，一旦脱离人民，背离人民的期待，党的先进性也就失去了。为维护党的先进性，还要注重从每一个党员出发，提升每一个党员的先进性，党员个人组成了党的整体，整体的先进性需要具体落实到个人身上，党员的先进性表现集合起来就会展现为党的集体的先进性。毛泽东认为，首先应该从党员的选拔和入党方面注重提升党员的质量。在党员的教育和培育方面，毛泽东认为，应当帮助党员树立理想和信仰，从而确保党员的先进性。在实践中，党员个人的先进性则直接体现在党员在工作与生活中具有的榜样和模范作用上，毛泽东指出："共产党员……应在各方面起其先锋的模范的作用。"③ 党员的先锋模范作用可以直接展现党的先进性，体现出党作为人民利益代表的先锋队作用。党的先进性还需要可靠的组织保障，即维护党组织的团结性，只有团结统一的党才能最大限度地彰显先锋队的作用，如果组织涣散，那么党的先进性就无法作为一个整体而展现出来，毛泽东强调："在党内，在革命队伍内，我们有一条方针，就

① 毛泽东选集：第3卷［M］. 2版. 北京：人民出版社，1991：812.

② 同①809.

③ 毛泽东选集：第2卷［M］. 2版. 北京：人民出版社，1991：521.

是团结，在原则基础上的团结。”① 在他看来，团结是党要坚持的重要方针，团结可以提升党作为整体对外的战斗力，并且增强党作为一个整体的凝聚力，从而维系党的先进性，而党内的团结可以通过“团结——批评——团结”的方式展开，在团结中批评和指正错误之处，从而达到更加团结的目的。

其次，邓小平在改革开放进程中，也对我们党的先进性建设做了相关论述。邓小平也强调思想建党对于党的先进性建设的基础地位，如果没有科学的理论作为指导，党的先进性就无法得到保障，他多次强调“老祖宗不能丢”，马克思主义和毛泽东思想都是共产党人的宝贵精神财富，必须在改革开放的实践中加以坚持和弘扬，正如习近平总书记所指出的，“毛泽东思想活的灵魂是贯穿其中的立场、观点、方法……我们要坚持和运用好毛泽东思想活的灵魂，把我们党建设好”②。正是因为毛泽东思想蕴含丰富的智慧和能量，邓小平才强调对其进行坚持和发展。邓小平一贯重视用科学理论武装全党，尤其是在重大历史转折关头，更是强调要总结经验教训、重新学习。只有这样，才能不断加强我们工作中的原则性、系统性、预见性和创造性，防止有的同志在日益复杂的斗争中迷失方向。可见，在邓小平看来，先进的理论指导是保持党的各方面先进性的思想灵魂。在科学的理论指导下，共产党人要在思想上坚定信仰，从而保持昂扬斗志，邓小平指出：“我们共产党人的最高理想是实现共产主义，在不同历史阶段又有代表那个阶段最广大人民利益的奋斗纲领。”③ 信仰坚定可以给予党员精神力量支撑，从而自觉保持自身先进性。然而，先进性不仅体现在坚定的理想和信仰上，还体现在始终为人民群众谋利益的执政过程中，正如邓小平所说的：“中国共产党员的含意或任务，……只有两句话：全心全意为人民服务，一切以人民利益作为每一个党员的最高准绳。”④ 如果不能代表群众的利益，党的执政合法性基础就会丧失，就没有先进性可言。

---

① 中共中央文献研究室．毛泽东文集：第 3 卷［M］．北京：人民出版社，1996：300.
② 习近平．习近平谈治国理政［M］．北京：外文出版社，2014：25.
③ 邓小平．邓小平文选：第 3 卷［M］．北京：人民出版社，1993：190.
④ 邓小平．邓小平文选：第 1 卷［M］．2 版．北京：人民出版社，1994：257.

因而，只有在全心全意为群众服务的过程中，实现和维护群众的现实利益，才能诠释党的先进性的含义，才能展现党的先进性面貌。为了使党始终具有先进性，邓小平还强调从长效化的制度建设着力，加强党的各方面具体制度建设，以制度建党保障党的先进性的持久化，其中最重要的就是民主集中制，既要发挥民主，又要集中领导，使得党的各项工作效率最大化的同时保障民主性和广泛代表性。1979 年后，在邓小平的倡导下，党内一系列制度，如干部制度、党组制度等得以建立和完善，这些制度的建立和完善为保持党的先进性奠定了制度基础。另外，邓小平还强调组织建设，完善党的各种组织机构和人事任命制度，要求实现党员干部队伍的“四化”建设，通过党员干部的革命化建设提升党员干部坚定社会主义道路的革命热情；通过党员干部的年轻化建设为党员干部的整体队伍注入新鲜的活力，巩固党员干部队伍的后备力量；通过党员干部的知识化建设提升党员干部的知识文化水平和道德知识素养；通过党员干部的专业化建设增强党员干部的专业能力，从而提升党员干部服务社会的工作能力，提高工作效率。

在邓小平看来，作风建设更是关系到党能否长期执政的事情，他十分强调党员对我们党长期以来形成的优良传统作风的继承和弘扬，包括实事求是的思想作风，密切党群关系的行为作风，艰苦奋斗的工作作风。邓小平还对党内容易出现的官僚主义作风、主观主义作风进行了批判，提醒党员干部时刻警戒忽视实际情况和失去群众支持的危险。

再次，江泽民在实际工作中也多次强调加强党的先进性建设，其中最具代表性的就是他根据实际情况和现实要求提出的“三个代表”重要思想，这一理论创新进一步丰富了执政党建设的理论，这是对建设什么样的党、怎样建设党的时代课题的科学回应，也是我们党在建党理论上的重要创新。“三个代表”重要思想的三方面内容也是我们党先进性的集中体现和关键要求。

其一，代表中国先进生产力的发展要求。我们党作为革命政党和先锋队，本身就代表着对资本主义的批判与取缔，代表着生产力发展的要求和方向，这是我们党先进性的根本体现，同时“解放和发展社会生产力是中国特色社会主义的根本任务”①，党执政必须要把握这个根本任务。

其二，代表中国先进文化的前进方向是我们党的先进性在文化发展方面的展现。我们党只有引领和把握文化发展的正确方向，才能在思想上给群众以正确的指引，才能把握群众思想、精神领域的正确方向，为群众改善生活和实现自我发展提供良好的文化氛围。

其三，代表中国最广大人民的根本利益，这是我们党的本质要求。背离群众的根本利益诉求，就背离了社会主义的本质要求，也就失去了执政的根基，从而失去先进性的合法性基础，“三个代表”重要思想为我们党的建设增添了当代内涵。

胡锦涛紧跟时代步伐，在指出“三个代表”重要思想是我们党新时期加强先进性建设的主线的同时，进一步强调党的先进性建设所具有的重要时代意义。胡锦涛强调，先进性是马克思主义政党的根本特征，是马克思主义政党的生命所系、力量所在，是决定党的前途命运的根本性问题。可见，在胡锦涛看来，党的先进性建设是党的性质使然、是党的生命所在、是党的永恒课题和长期任务。同时，对于党的先进性建设要不断增添当代内涵，使其在时代的要求下进行。

总之，党的先进性建设是在历史实践中具体变化的和动态发展的，因而要把先进性建设归于时代发展的要求下，胡锦涛就曾在党的先进性建设专题报告会上指出，党的先进性的发展始终是会随着我们的社会的形势与任务的不断变化而丰富发展的。同时，党的先进性建设还应该落实到每一个党员的先进性建设上来，通过党员的先进性建设来提升作为整体的党的先进性，通过党员在实践中的先进性表现来充分展现党的先进性，“党员是党的肌体的细胞和党的活动的主体，党员队伍的先进性是党的先进性的重要基础”②。可见，在胡锦涛看来，党员个人的先进性表现和行为是党整体的先进性的基础和保障。因此，党的先进性建设要贯穿到每一个党员的实际工作中，体现到党的科学、依法执政过程中，体现到党引领先进生产

① 习近平．习近平谈治国理政［M］．北京：外文出版社，2014：13.

② 中共中央文献研究室．十六大以来重要文献选编：下［M］．北京：中央文献出版社，2008：529.

力发展、社会主义民主政治建设、先进文化建设中，体现到推进和谐社会的建设和推动人的全面发展中，从而使我们党领导建设的中国特色社会主义事业的方方面面、各个领域都能体现党的先进性。可见，胡锦涛在前人的基础上，进一步从理论和实践层面赋予党的先进性建设以时代内容。

最后，党的十八大以来，在继承前人经验的基础上，以习近平同志为核心的党中央矢志不渝地在理论和实践层面实现党的先进性建设的双重推进。在理论上，推进党的先进性建设，为其增添新的时代内涵，不断推进全面从严治党的创新性理论主张；在实践上，坚定不移地推进党的先进性建设，如陆续实施的党的群众路线教育实践活动、“三严三实”专题教育、“两学一做”学习教育、“不忘初心、牢记使命”主题教育、党史学习教育、学习贯彻习近平新时代中国特色社会主义思想主题教育、党纪学习教育等。尤其是全面从严治党理论的提出，它是新时代关于党的建设理论的突破性创新，推动全面从严治党的常态化、制度化、科学化建设是我们党在新的历史时期始终保持党的先进性的根本途径和现实要求。

习近平总书记在党的二十大报告中指出：“我们党作为世界上最大的马克思主义执政党，要始终赢得人民拥护、巩固长期执政地位，必须时刻保持解决大党独有难题的清醒和坚定。经过十八大以来全面从严治党，我们解决了党内许多突出问题，但党面临的执政考验、改革开放考验、市场经济考验、外部环境考验将长期存在，精神懈怠危险、能力不足危险、脱离群众危险、消极腐败危险将长期存在。全党必须牢记，全面从严治党永远在路上，党的自我革命永远在路上，决不能有松劲歇脚、疲劳厌战的情绪，必须持之以恒推进全面从严治党，深入推进新时代党的建设新的伟大工程，以党的自我革命引领社会革命。”①

（2）加强执政能力建设、提升领导水平是我们党执政以来历史经验总结的现实要求。

前文已经对党的执政能力的主要内容和建设的主要方面进行了概括性

① 习近平. 高举中国特色社会主义伟大旗帜　为全面建设社会主义现代化国家而团结奋斗：在中国共产党第二十次全国代表大会上的报告［M］. 北京：人民出版社，2022：63-64.

的叙述，而在新的历史时期，从严治党的课题被摆上时代舞台，其目的就是加强党的执政能力建设和提升领导水平，这是我们党对党建的经验和规律归纳、梳理的结果，也是我们党在新时代维护执政地位、实现统筹领导的现实需要。

第一，加强党的执政能力建设、提升党的领导水平是对我们党执政以来历史经验总结的结果，也是我们党面临新的历史实践状况所做出的现实调整。自从成为执政党以来，中国共产党已经在中国执政 70 多年，在这 70 多年中，党也积累了大量的执政经验和党建经验，而其中的重要一条就是要不断加强党的执政能力建设，提升党统领社会主义事业全局的领导水平，从而巩固执政地位，以获得群众的长期认可和信赖。在新中国成立到改革开放期间，我们的党加强执政能力建设和提升领导水平经历了繁荣和挫折两个阶段。

新中国成立初期，我国进入过渡时期，我们党正处于角色和地位转型的适应时期，但是党的执政能力和领导水平在此期间得到了迅速的提升，执政经验也不断积累，三大改造的顺利完成就是现实的例证。在这段时间内，党提高执政能力和领导水平的方式和路径主要体现在以下几个方面：

首先，加强理论学习，提升党员群体的知识水平和理论功底，保证探索社会主义建设的各项工作能够在正确的理论指导下进行。毛泽东针对执政后党的历史任务的变化，从事关新政权能不能站住脚的高度，反复号召全党加强学习，迅速提高理论政策水平和学会管理经济建设。毛泽东认为，对于当时党所面临的全新的执政环境，唯有不断学习，完善各方面不足之处，才能切实提高党统筹规划、谋划全局的执政能力，从而实现有效的领导。特别是新中国成立初期，毛泽东强调党内的领导干部要集中学习经济治理方面的理论和政策，这是我们党以前不擅长的领域，但是执政后，我们党必须要快速适应，领导全国人民改变经济发展落后的旧面貌，搞好经济社会各方面建设，改善人民生活。当时，毛泽东还强调要学习马克思主义的辩证法思想，从而更好地推进实践工作。

其次，不断加强对党员干部的实践锻炼，鼓励党员干部积极投身经济发展与社会建设的第一线。毛泽东在新中国成立初期针对党员干部的学习问题提出要坚持调查研究，深入到群众日常生产生活中去，在实践锻炼中积累工作经验，从而提高党的执政能力。在毛泽东的倡导下，各级党员干部纷纷投身社会主义建设前线，深入群众的工作和生产实际中去，向群众学习，在实际调查中总结和积累经验。

再次，注重党的政策、方针、策略、方法的制定和运用。“政策和策略是党的生命”①。可见，政策制定的正确与否关系党在一段时间内的工作方向和工作内容是否正确，而策略和方法的运用是否恰当则关系到实际工作的效果，关系到能否集中力量把政策落实下去。

复次，加强党的制度化建设，通过制度保障能力提升。毛泽东在新中国成立初期推动一系列制度的建立，如多党合作制度的建立，就是要借助民主党派参政议政和监督职能的履行，有效地帮助党提升执政能力。一方面，在制定各项政策时提供有效的建议和意见，帮助提升党领导制定的各项政策的科学性和合理性；另一方面，从党外对党实施监督，监督和帮助党内同志克服不良作风，防止腐败事件的产生，从而避免党出现能力退化和水平降低的危险。

最后，在现实问题的解决和应对中，帮助党员干部提升判断力和解决问题的能力。如在应对朝鲜战争的问题时，党通过科学决策，做出了正确的决定；在应对苏中关系变化时，党做出了正确选择；等等。

改革开放以来，党建进入了一个全新的阶段，国内的改革和对外的开放使得我国各方面事业都面临着一个崭新的环境，我们党的执政环境也因此而改变。一方面，改革开放使得经济社会发展进入快车道，为我国生产力的解放和发展注入了动力，给我们党执政能力的提升提供了机遇，使得我们党可以在新环境下大展拳脚，在引领小康社会的建设中巩固执政地位，提升领导水平。另一方面，大环境的变化使得国外的新事物涌入中国，特别是市场经济体制的引入，使得国内各方面发展都发生巨大变化，对我们党治国理政提出了新的挑战，党执政经受着新的考验和新的困境。在这种复杂的境遇下，我们党着重从以下几个方面入手抓党建：

其一，坚持解释世界的理论创新和改变世界的实践探索双向同行，在

---

① 毛泽东选集：第4卷［M］. 2版. 北京：人民出版社，1991：1298.

不断推动指导思想更新的同时，也深入改革的实践探索，保证党在理论指导与实践能力两个方面上都不断提升。在思想上，我们党始终以与时俱进的中国化的马克思主义为指导，并且不断推动理论创新与时代同步，保证理论上的先进性，从而保障党的能力建设能够有正确的理论指导。在此期间，创新发展着的最新理论成果指导着党的执政实践，可以保证党在执政过程中坚持正确的方向、制定科学的政策、采取正确的方法，从而保障执政实践的科学性。

在实践中，我们党在探索改革的进程中大胆革新，敢于承担历史的重任，勇于开拓新的发展方向，采取一系列改革措施推动社会主义各项事业的繁荣发展，实现和维护群众的现实利益，如推进经济制度的市场化改革、推进国有企业的改革等，充分彰显了我们党在实践中不断积累经验、提升自身执政能力和执政水平的努力和尝试。

其二，坚持执政为民，不断在推进发展的历史进程中维护人民群众的利益。自从实施改革开放政策后，党把经济建设作为第一要务，以发展生产力为核心，重点加强党领导群众发展社会生产、提高生活水平的能力和建设，提升应对和解决复杂经济问题的水平，提升自身在复杂的国际环境中推进中国各项事业发展的判断力、领导力、决策力和执行力。以发展生产力为核心、实现人民群众利益为根本来提升党的各方面能力和领导水平，是我们党的本质要求，也是党自身发展的根本路径。

其三，从领导和执政方式维度提升党的执政能力，实现领导方式的创新与发展。如果党的领导和执政方式不恰当，会引起群众的逆反心理和反抗情绪，削弱党的执政基础。改革开放后，党不断在实践中把握和归纳执政经验与执政规律，改善和转变党的领导和执政方式，实现执政方式向科学化、民主化和法治化方向转化，使党的领导和执政方式更加科学合理，在涉及党的重大决策和政策制定时，都采取民主化形式和手段推进，通过合理和法定程序来实现领导和执政。

其四，注重对共产党员进行常提常醒的作风教育和思想教育。党员是党的肌体的细胞，党员的个人素质和能力一定程度上彰显了党的领导能力和水平。正如习近平所指出的："反对腐败、建设廉洁政治，保持党的肌体健康，始终是我们党一贯坚持的鲜明政治立场。”① 因而，必须通过加强党员的能力建设来实现党的整体能力的提升。改革开放后，我们党一方面根除党内的部分“毒瘤”，把贪污腐败分子从党的队伍中剔除，保证党的队伍的纯洁性，从而为党的执政能力的提升提供风清气正的党内环境。特别是党的十八大以来，我们党加大反腐力度，清除一批“毒瘤”。另一方面，“从严治党不能只当口号喊，必须体现到党组织和党员、干部一切工作和活动中”②。通过党员个人能力和道德素养的提升来实现党的整体执政能力的提升，我们党通过不断开展教育活动来保证党员思想和行为上的与时俱进。总之，改革开放后，面对新的时代背景和历史特征，我们党不断提升自身把握全局、统筹协调的能力，带领中国人民取得了辉煌的成绩和伟大的成就。

第二，总结党执政的历史和实践经验，可以看出，党的执政能力和领导水平的提升可以从以下几个方面着手去做：

其一，在思想方面，既要坚持马克思主义的科学原理，又要以同中国实际相结合的马克思主义中国化时代化的最新成果为指导，这样才能保证党的各项政策的制定、路线和方针的实施能够科学化、合理化。另外，不断推进党的指导思想的创新和发展也是重要方面，如果失去理论的创新，便会在实践引领过程中出现乏力的情况。

其二，在组织建设方面，要建立科学合理的党的组织机构，构建健全的组织体系、组织方式，只有合理有序的组织体系和组织方式，才能最大化党的各项工作的效率，促进党更好地为群众服务，从而提升党统筹各方的领导能力和水平。

其三，在制度建设方面，要从党内制度的制定和实施着手，使各项工作的开展和实施有明确的制度依据，实现依规治党，在制度的规范和约束下实现党内治理和党外工作的规范化和科学化。制度建设包括党的根本制度、具体制度、领导体制和工作机制三个层次，要着手从这三个层次加强

---

① 习近平．习近平谈治国理政［M］．北京：外文出版社，2014：16．

② 中共中央文献研究室．习近平关于全面从严治党论述摘编［M］．北京：中央文献出版社，2016：8．

建设。党的根本制度包括党的全国代表大会制度和党的各级代表大会制度；党的具体制度包括反腐倡廉制度、人才选拔制度等；党的领导体制和工作机制是指对党的根本制度和具体制度的协调、选择形成的体制机制。

其四，在政治生活方面，一方面党要发扬民主制度，将各民主党派纳入合法、合理参政的轨道，保障政策制定时具有充分的代表性、民主性和科学性。另一方面，始终要以人民群众的利益为党执政的根本评判标准，只有从根本上围绕群众利益开展工作，才能切实保障党的能力建设沿着正确的方向推进。

其五，在引领经济发展方面，党要切实加强领导经济建设和发展生产力的能力建设，提高应对各种错综复杂情境和解决各方面问题、化解社会风险的能力。

其六，在党员队伍建设方面，党的执政能力和领导水平的提升需要具体体现在每一个党员身上，因而，只有从每一个党员的发展着手，通过系统的学习和各项活动的开展提高党员的知识素养和实践能力，更新党员队伍组成，使其更加年轻、更加专业、知识素养更高，才能更好地促进党的执政能力的全面提升。从党员的作风方面来看，一方面，要通过教育活动和严格的监督活动，让党员干部保持作风上的风清气正，避免官僚主义、享乐主义等作风问题的出现；另一方面，要通过不断铲除党内“毒瘤”的方式，把贪污腐败分子从党的队伍中剔除，保证党的队伍的纯洁性，为执政能力的提升营造良好的党内环境。

总之，对于当前我们党面临的各种新情况和新问题，只有充分借鉴历史经验，进行能力建设，提升党应对各种社会风险、解决社会矛盾和发展中遇到的问题的能力，才能不断夯实党治国理政的合法性和合理性基础，带领人民共建繁荣国家与和谐社会。习近平在新的历史时期，紧扣时代脉搏、把握时代规律、响应时代呼声，呼吁和倡导全面从严治党，就是要求我们不遗余力地实现全面从严治党的常态化运行、制度化开展和科学化发展，自觉维系党的先进性，“使管党治党真正从宽松软走向严紧硬”①，在

① 中共中央文献研究室. 习近平关于全面从严治党论述摘编［M］. 北京：中央文献出版社，2016：12.

实践的发展中提升党的各项能力。正如习近平总书记在党的二十大报告中所强调指出的："我们深入推进全面从严治党，坚持打铁必须自身硬，从制定和落实中央八项规定开局破题，提出和落实新时代党的建设总要求，以党的政治建设统领党的建设各项工作，坚持思想建党和制度治党同向发力，严肃党内政治生活，持续开展党内集中教育，提出和坚持新时代党的组织路线，突出政治标准选贤任能，加强政治巡视，形成比较完善的党内法规体系，推动全党坚定理想信念、严密组织体系、严明纪律规矩。我们持之以恒正风肃纪，以钉钉子精神纠治'四风'，反对特权思想和特权现象，坚决整治群众身边的不正之风和腐败问题，刹住了一些长期没有刹住的歪风，纠治了一些多年未除的顽瘴痼疾。"①

（3）全面从严治党的常态化、制度化、科学化为保持党的先进性、提升党的执政能力和领导水平提供现实路径。

习近平总书记在新的历史条件和时代状况下，提出了全面从严治党的要求，就是要更加强调党的建设，保持党的先进性，不断提升党统筹规划、谋划全局的执政能力，而推进全面从严治党的常态化、制度化、科学化则为实现这一目标提供了现实路径。在这里，笔者从以下三个方面分别阐述全面从严治党的常态化、制度化、科学化对于党的先进性建设和提升党的执政能力与领导水平的重要作用。

首先，全面从严治党的常态化为党的先进性建设和执政能力的提升提供了长效化的实现机制，使得党的先进性保持、执政能力和领导水平提高拥有稳定、持续、长久的实现路径保障。

其一，在思想方面，全面从严治党的常态化可以保证党内学习和教育的长期化和持久性，保证党员能够常学常新，保持常态化的学习状态，从而在思想上既继承了经典马克思主义的基本原理，又学习和应用了中国化的马克思主义，从而保证了党在各项政策的制定、路线和方针的实施中能够保持科学化、合理化。可见，不断推进党员的实践学习和思想更新是马克思主义政党维系自身先进性、提升自身治国理政能力的重要方面，如果

① 习近平．高举中国特色社会主义伟大旗帜　为全面建设社会主义现代化国家而团结奋斗：在中国共产党第二十次全国代表大会上的报告［M］．北京：人民出版社，2022：13.

不能以与时俱进的最新理论成果为指导，党在引领实践过程中就可能处于落后状态，从而导致执政乏力。

其二，在组织建设方面，全面从严治党的常态化可以帮助实现党的组织机构建设的常态化，在经常性的组织建设中，完善组织体系和组织方式，从而为提升党的各项工作的组织效率奠定组织基础，实现有效率地为人民服务，提升党统筹规划、谋划全局的能力和水平。

其三，在制度建设方面，全面从严治党的常态化可以推动制度的建立、实施和执行的常态化，规范党员的日常生活和工作行为，保持党内的纪律性和规范性，从而为党的各项工作的开展提供长期有效的制度保障。实现依规治党，在制度制约下实现党内治理的科学化，保证党在党内治理和党外工作中的先进性，促进党的各项能力建设。

其四，在弘扬政治民主方面，全面从严治党的常态化一方面可以发扬党的民主制度，使民主党派可以常态化地、经常性地参政议政，从而保障党制定的各项路线、方针、政策能够在充分的讨论和商议下形成，充分地代表民意，巩固党的群众基础；另一方面还可以保证党的人民性，常态化的从严治党为党内倾听人民的心声开辟了常态化的路径，只有民主的充分彰显和民意的集中表达才能体现党的先进性和高超领导水平。

其五，在引领经济发展方面，全面从严治党的常态化可以让党员时刻保持头脑的清醒，加强学习和能力建设，提升驾驭经济发展全局的能力、应对发展中出现的各类问题的能力、化解来自国内外金融风险的能力，最终提升党领导全体人民从事社会主义国家经济建设的领导力和执政能力。

其六，在党员队伍建设方面，党的先进性和执政能力体现为一个个共产党员的先锋模范带头作用和出色的工作能力，全面从严治党的常态化就是把每一个党员都纳入常态化的教育与管理中，在教育与管理中提升每一个党员的知识、能力与素质，在他们的日常工作中彰显我们党的先进性，展现共产党人的杰出工作能力。

其七，从党员的作风方面来看，习近平指出："批评和自我批评是清除党内政治灰尘和政治微生物的有力武器。”① 常态化的批评和自我批评机制有助于党员时刻处于思想清醒状态和行为守规状态。推动全面从严治党常态化运行就是要建立长期有效的作风监督和教育机制，进行经常性的、纳入日常生活的作风教育，同时，实施常态化的监督，通过人民的实时监督、党内的长期监督、党外民主党派的常态监督使得党员能够在教育与监督的结合中保持良好的执政作风和生活作风。对于反腐倡廉建设，全面从严治党常态化就是要实现多方位、广视角、全天候的监督和反腐，把反腐纳入常态化的工作中，做到反腐永远处于进行中、不间断，与此同时，还要广泛开展相关思想教育活动，防患于未然，使得广大党员失去腐败胆量、丧失腐败途径、丢弃腐败想法，从作风和反腐倡廉两个方面着手构筑党的先进性的底线。

其次，全面从严治党的制度化为党的各方面建设提供了可供遵循的制度保障。通过制度的有效制定，保证党在制度的规约下开展各项工作，能够程序化地实施执政行为，从而保障党的各项工作的透明、高效，使得党的先进性维系、执政能力和领导水平提高拥有各项制度保障。

其一，在思想方面，全面从严治党的制度化可以在制度层面为我们党确立科学的指导思想，从而从制度层面维护其合法性，并且通过一系列全面从严治党的相关制度的制定，将党员坚定理想信念和学习科学指导思想的行为纳入制度化轨道，从而为党在思想上保持先进性提供制度保障。

其二，在党的组织建设方面，“要建立健全相关制度，用制度管权管事管人”②。全面从严治党的制度化可以保障党的各项组织程序有规可依，保障党在制度的规约下进行各项组织建设。健全的组织体系、组织方式的构建，都需要有科学的制度为依据，组织建设制度化可以最大限度地提高组织效率，使组织工作有规可依，从而使得各组织部门职责明确、分工合理，避免相互扯皮的低效组织工作。另外，制度化建设可以保障党的组织

① 中共中央文献研究室. 习近平关于全面从严治党论述摘编 [M]. 北京：中央文献出版社，2016：27.

② 同①110.

生活的合理、有序开展，提高组织生活的质量。

其三，要保证在制度规约下有序地开展党的各项工作，实现依规治党，在制度的规范下实现党内治理和党领导各项工作开展的规范化和科学化。制度建设包括党的领导制度、党的民主制度、党的各项具体制度等方面，党的领导制度主要是指党的领导工作和活动的规则和程序，如党的代表大会制度等；党的民主制度有党内民主制度和党外的多党合作制度等；党的各项具体制度有反腐倡廉制度、人才选拔制度等。

其四，在政治方面，全面从严治党的制度化一方面可以把党的各项民主参与形式制度化，让党员在规范的程序下进行民主参与，同时，将各民主党派参政议政的途径纳入制度化轨道，保障民主党派参政活动的科学性和程序性。另一方面，可以把实现人民群众利益的各项工作纳入制度化轨道，通过具体制度的制定，如规范党和群众联系的制度，从而保障为人民服务能够在制度的指导下进行，避免出现各种乱象和不作为，最终提升党为人民服务的能力。

其五，在经济方面，全面从严治党的制度化可以通过制度的制定，切实规范党领导经济建设和生产力发展的各项行为，提高党应对经济领域内各项复杂问题的能力，制度的建立可以为其提供规范的操作程序，也可以为解决问题和应对风险提供制度化保障。

其六，在党员队伍建设方面，全面从严治党的制度化可以为党员的教育和发展提供可遵循的制度，以制度的形式确保党员系统学习和各项活动的顺利开展，从而为提高党员的知识素养和实践能力提供制度保障。

其七，在党员的作风建设方面，制度建设是确保党内政治生态纯洁、党员作风良好和远离腐败的长期有效的根本保障，全面从严治党的制度化就是为党内各项建设提供制度保障。一方面，通过制度保障党内教育活动和监督活动的长期实施，让党员干部保持作风上的风清气正状态；另一方面，通过制度的制定保障清除党内的“毒瘤”，保证党的队伍的思想纯洁和行动先进。

最后，全面从严治党的科学化可以提高党的执政效率，使我们党把握执政规律，进而提升执政能力并完善执政方式。胡锦涛就曾强调，要“以科学的思想、科学的制度、科学的方法领导中国特色社会主义事业”①。可见，实现科学化发展是党建的重要内容，它对于我们党的执政能力建设、保持党的先进性具有关键性的意义。

其一，在思想建设方面，全面从严治党的科学化要求我们党能够始终坚持以科学的理论作为指导，这就要求我们党以不断发展和创新的科学理论为指导，以中国特色社会主义理论为引领，从而不断提升党的理论运用力和理论创新力，在实践中推进理论创新，赋予理论以新鲜内容，理论创新力也是能力建设的重要内容。全面从严治党的科学化为党在理论方面的创新提供了动力和基础，为党联系实际和国情推动理论创新创造了条件。在此基础上，才能保证党执政过程中领导制定的各项政策、路线和方针的科学化、合理化。

其二，在组织建设方面，全面从严治党的科学化可以帮助提升党的组织建设的科学化水平，构建更有效率的组织结构和组织形式，保障党组织工作效率的提升和先进性的维系。推进党的组织建设的科学化，要科学认识和破解组织建设中存在的问题，推动改革与创新，保持党组织的生机与活力，如强化党的顶层设计，加强党组织的上下协调和联动等；还要强化党组织的民主公开运行机制建设，着力推进党组织建设的开放与互动，建立透明的组织信息公开制度，积极运用新媒体技术加强组织建设；同时要构建合理合法的组织建设制度体系，从组织制度的整体规划着手，细化各项具体组织制度。

其三，在制度建设方面，全面从严治党的科学化要求党内各项制度的制定都必须进行科学的前期调研、论证，保证党内各项制度的合理性，从而保障制度后期执行的可靠性。同时，要保障制度执行和实施的科学性，就要从程序着手，规范制度的实施流程，保证制度实施的合理性。

其四，在领导政治和经济建设方面，全面从严治党的科学化要求党在政治建设中充分发扬党的民主制度，在法律制度的规约下，把党与人民紧

---

① 中共中央文献研究室. 十六大以来重要文献选编：中［M］. 北京：中央文献出版社，2006：275.

密联结起来，同时，要明确党的领导核心作用。在党领导的政策制定中，要切实保障政策制定和决策的科学性，充分展现党在领导民主政治发展方面的能力。同时，党在引领我国经济与社会前进的过程中，要维护党的经济政策的连续性和科学性，从而保障经济发展的稳定性，自觉学习和运用科学的经济理论，指导现实的经济工作，推动社会经济的繁荣发展，维护人民群众的经济利益。

其五，在党员队伍建设方面，全面从严治党的科学化要求党内设置科学、合理的人才引进、流动和升迁制度，实现人尽其才，保障人才的科学、合理安排和运用，从而最大化地提升党的各项工作的效率。同时，还要通过系统化的培训和教育，提升党员的知识素养和能力水平，使得党员队伍在年龄上更为年轻、在知识素养上更加丰富、在专业能力上更加出色。另外，还要"用纪律管住全体党员"①。

其六，从党员的作风方面来看，全面从严治党的科学化要求实现作风建设和反腐倡廉建设经常化、有效化、规范化，一方面，对于作风建设而言，要求创新载体，推动作风教育的日常化、高效化发展；完善各项制度体制；发扬党内外的民主，为作风建设提供适宜的党内外环境；强化领导干部的模范作用。另一方面，对反腐倡廉而言，加强科学化建设应当从理论建设的创新上，自觉以科学的理论为指导进行反腐倡廉的实践，总结实战经验，把握反腐规律；还要创新工作理念，加强腐败治理的制度体系建设，制定完善的制度，为反腐倡廉保驾护航；还需要注意运用新科技和自媒体途径收集信息进行反腐败斗争，推动反腐倡廉方法和路径的创新和突破。

总之，在新的历史时期，推动全面从严治党的常态化、制度化、科学化建设有助于从思想上、组织上、制度上、党员队伍上、政治与经济方面、作风建设方面和反腐倡廉等多层面促进党自身的建设与发展，为我们党在新的历史时期始终保持先进性奠定基础，是党提升自身能力和水平的关键举措。

---

① 中共中央文献研究室．习近平关于全面从严治党论述摘编［M］．北京：中央文献出版社，2016：114．

三、切实推进全面从严治党常态化制度化科学化新的伟大工程

全面从严治党是习近平总书记根据时代变化的特征、党的建设的新状况，总结我们党的建设的历史经验，把握党的建设的规律而提出的加强我们党的建设的创新性思想，是作为“四个全面”最后一部分提出的，其重要性和关键作用不言而喻。这也是党的十八大以来以习近平同志为核心的党中央推进党的建设的阶段性总结，全面从严治党在短时期内不可能完成，是一项因时而变、因势而为的动态历史任务，会随着历史时期的不断转换和实践特征的不断改变而与时俱进，可谓任重而道远，是我们党新的伟大工程。

党的十八届六中全会明确指出，在新的历史时期要推进“党的建设新的伟大工程”，落实到具体执行上，就是要不遗余力地保障全面从严治党的常态化运行、制度化开展和科学化发展，这项伟大的工程对于党领导全国人民团结一致建设社会主义、实现中华民族伟大复兴具有重要意义。

（1）推进党的建设的伟大工程是我们党的一贯作风。

我们党自成立以来就十分注重从思想、组织、作风等各方面加强党自身的建设，这也是中国共产党人的内在精神品质和优良传统，是我们党不断巩固执政党地位的重要因素。作为一项系统的、复杂的涉及多层面内容的，而且还会随着历史的发展和时代条件的转换不断被赋予时代内容的工作，我们党的历届领导人都将其定位为一项伟大的工程。党的十八大以来，习近平也提出了要把党的建设新的伟大工程推向前进，他指出：“形势的发展、事业的开拓、人民的期待，都要求我们以改革创新精神全面推进党的建设新的伟大工程。”① 在党的历届最高领导人看来，推进党的建设从来就不是一项简单的工作，也不是一蹴而就的，而是一项长期的、持久的、不断更新的伟大工程，会随着中国共产党党员人数的增加、党内条件的变化以及党面对的时代特征和外部环境的改变而不断具有新的具体内

---

① 中共中央文献研究室．习近平关于全面从严治党论述摘编［M］．北京：中央文献出版社，2016：3.

容，全面从严治党这项伟大工程是永远处于进行时的未完成工程，这项工程永远处于动态变化和不断发展的进行时中。

最先提出党的建设的“伟大工程”的是毛泽东，他在《〈共产党人〉发刊词》一文中明确指出：“为了中国革命的胜利，迫切地需要建设这样一个党，建设这样一个党的主观客观条件也已经大体具备，这件伟大的工程也正在进行之中。”① 之所以把党的建设定义为一项伟大的工程，其一是因为当时中国所面临的严峻和险恶的环境，党的成长和发展必须要同一切外部邪恶势力做斗争，必须要战胜诸多的艰难困苦，才能完成建设一直充满活力的革命的共产党的任务。其二是因为党代表着中国的未来和方向，要建设一个引领中国未来的大党，具有重大的历史和现实意义，其建设的过程必然也是复杂的，需要长期有效的各方面协同建设，党的建设不是单项的，而是要让党组织分布覆盖全国地域，与党员的数量大发展和质量大提高紧密结合，把政治建设、思想建设、组织建设紧密结合，党的建设是有着多方面内容的综合性党的建设，因而这项任务是繁重的，也是光荣而伟大的。

在这里毛泽东也表达了另外两层意思：首先，党的建设不是在无条件的情况下进行的，而是主客观条件已经基本成熟，需要加强党的建设；其次，党的建设处于进行之中，说明不是从现在开始，而是从以前就已经开始了，而且这项伟大工程永远都会处于动态变化发展的进行时中。邓小平则沿着毛泽东的思路，矢志不渝地推进这项伟大工程，在新的历史时期和时代下，他适时地提出了党的建设的新目标和新要求，指出：“把我们党建设成为有战斗力的马克思主义政党，成为领导全国人民进行社会主义物质文明和精神文明建设的坚强核心。”② 可见，在全新的历史环境下，党的建设的伟大工程又有了新的时代内容和发展要求，这项伟大工程是不可能完成的工程，是一项处于不断建设和发展中的工程。

邓小平还注重从制度方面建党，强调党的制度建设对于党的发展的重要作用，“领导制度、组织制度问题更带有根本性、全局性、稳定性和长

① 毛泽东选集：第2卷［M］. 2版. 北京：人民出版社，1991：602.

② 邓小平. 邓小平文选：第3卷［M］. 北京：人民出版社，1993：39.

期性”①。邓小平深刻地认识到党的制度建设对于党的长远发展的关键作用，这是对党内出现的问题，尤其是“文化大革命”时期各项制度遭到破坏的反思和经验总结，是对历史教训的深刻反思和现实纠正。江泽民从世纪之交的新的历史状况出发，把党的建设这一伟大工程推向了一个新的阶段，针对当时出现的各种新变化，他明确指出了党的建设“新的伟大工程”这个命题，强调要以“三个代表”重要思想为要求，全力推进这项“新的伟大工程”。在2001年中国共产党成立80周年大会上，江泽民指出：“我们必须继续围绕在新的历史条件下建设一个什么样的党和怎样建设党这个基本问题，……全面推进党的建设新的伟大工程。”② 这个新的伟大工程在新时期主要围绕的两个课题就是一方面要着力提高党的执政能力和领导水平，另一方面要提高党的拒腐防变和抵御各项风险的能力。在此基础上，把“三个代表”重要思想作为总体目标，实现党各项能力的全面提升。胡锦涛则是在江泽民奠定的基础上，不遗余力地推动党的建设新的伟大工程全面贯彻与落实，胡锦涛根据时代的发展要求和我们党自身建设的实际情况，第一次明确提出了党的先进性建设思想，着力抓住党的先进性建设这个根本，围绕加强党的执政能力建设这个重点，大力加强党的思想建设、组织建设、作风建设和制度建设，开创了推进党的建设新的伟大工程的新思路，使党的建设新的伟大工程呈现出活力迸发、全面推进的新局面。胡锦涛明确提出要全力以赴地继续推进这项新的伟大工程，并且着眼于实际情况的变化，着手从理论层面为新的伟大工程明确方向和提供指引，提出党的建设新的时代课题，即加强党的先进性建设，此举开拓了党的建设的新视野，明确了党的建设的新要求。同时，胡锦涛还提出了新的命题，即“以改革创新精神全面推进党的建设新的伟大工程”，以创新性的内涵和时代的要求丰富新时期党建的内容，改革创新是时代精神诉求，而把改革创新与党的建设结合起来，则体现了胡锦涛深刻把握时代特征和实践条件，全面推进党的建设的睿智眼光和聪慧才智。

党的十八大以来，以习近平同志为核心的党中央，沿着我们党历届领

① 邓小平．邓小平文选：第2卷［M］．2版．北京：人民出版社，1994：333.
② 江泽民．江泽民文选：第3卷［M］．北京：人民出版社，2006：272.

导人在党的建设方面开辟的道路，矢志不渝地推进党的建设新的伟大工程，推动党的各方面建设，“以党的自我革命引领社会革命”①，健全全面从严治党体系，以提升党的执政能力和领导水平以及维系党的先进性为主要内容，全面系统地推动党的建设，促进党的建设各方面事业的发展。同时，以此为基础，结合新的历史境遇，创新性地提出和诠释全面从严治党的目标和要求。推动全面从严治党的常态化、制度化、科学化是我们党的建设新的伟大工程的关键举措。

习近平总书记在党的二十大报告中强调指出：“经过不懈努力，党找到了自我革命这一跳出治乱兴衰历史周期率的第二个答案，自我净化、自我完善、自我革新、自我提高能力显著增强，管党治党宽松软状况得到根本扭转，风清气正的党内政治生态不断形成和发展，确保党永远不变质、不变色、不变味。”②

（2）全面从严治党常态化、制度化、科学化新的伟大工程的主要内容。

党的十八届六中全会全面论述了在新的历史时期如何推进全面从严治党常态化、制度化、科学化新的伟大工程，并且做出了全新的战略部署，我们可以从以下两方面着手分析和理解全面从严治党常态化、制度化、科学化这一新的伟大工程的主要内容。

首先，全面从严治党中的“全面”强调的是全方位、多层面、多维度加强党的建设，包括思想、组织、制度、政治生活、作风、反腐倡廉等各个方面，全会公报也做了详细深入的论述。

其一，在规范党员党内政治生活方面，“必须以党章为根本遵循，……着力维护党中央权威、保证党的团结统一、保持党的先进性和纯洁性”③。对于党内政治生活而言，要严格依照党章和党的各项规矩办事，提升党员参与政治生活的规矩性和纪律性。同时，全会还强调要贯彻民主集中制的要求，坚决维护党中央在全党和全国人民中的权威，服从上级的

---

① 习近平．高举中国特色社会主义伟大旗帜　为全面建设社会主义现代化国家而团结奋斗：在中国共产党第二十次全国代表大会上的报告［M］．北京：人民出版社，2022：64.

② 同①14.

③ 中共中央党史和文献研究院．十八大以来重要文献选编：下［M］．北京：中央文献出版社，2018：419-420.

安排，但党内也应当弘扬党的民主作风，在做党内决策时要充分倾听来自各方的声音、充分吸收具有建设性的观点和想法，营造一种既有集中又有民主的局面。规范党内政治生活的重点对象是党内的主要领导干部，他们具有带头示范的作用，只有他们带头遵守党的各项政治规矩，严守党的政治纪律，其他党员才会在模范的带头作用下遵守各项要求。

其二，在党带领群众进行经济建设方面，“必须全面贯彻执行党的基本路线，把以经济建设为中心同坚持四项基本原则、坚持改革开放这两个基本点统一于中国特色社会主义伟大实践”①。党的基本路线是符合现实国情的发展路线，是必须始终坚守的路线，也是巩固党执政基础的关键，这条路线是“党和国家的生命线、人民的幸福线”，关系到党长期执政的稳定性，关系到实现共同富裕的目标。因此，党必须时刻贯彻这条路线，把发展社会生产力与和谐社会作为第一要务。另外，党员干部“要始终为人民掌好权、用好权。要牢固树立群众观点，倾听群众呼声，反映群众意愿，集中群众智慧，忠实地贯彻执行党的群众路线，努力使我们制定和实施的各项方针政策和措施更好地体现人民群众的利益。要始终与人民群众同呼吸、共命运、心连心，牢记群众利益无小事的道理，时刻把群众的安危冷暖挂在心上，为群众诚心诚意办实事”②。群众是我们党的坚强后盾和强大支撑，切实维护和实现群众的利益是党领导建设社会主义的根本目标。

其三，在党的思想建设方面，党员要坚定理想信念和信仰。“共产主义远大理想和中国特色社会主义共同理想，是中国共产党人的精神支柱和政治灵魂，也是保持党的团结统一的思想基础。”③ 共产党员要坚守这两个理想，以理想指导自己的实践。共产党员还要坚定自己的科学信仰，不断学习和补充马克思主义的理论来指导自己的实践工作，在学习和实践中不断提升自身的党性修养和思想道德修养。在当前情况下，党员要从道路、

---

① 中共中央党史和文献研究院．十八大以来重要文献选编：下［M］．北京：中央文献出版社，2018：422.

② 中共中央文献研究室．十六大以来重要文献选编：中［M］．北京：中央文献出版社，2006：624.

③ 习近平．习近平谈治国理政：第 3 卷［M］．北京：外文出版社，2020：49.

理论、制度、文化四个方面全面树立自信，踏踏实实走好当前的道路，认认真真学习党的理论知识，勤勤恳恳不断推动党和国家各项制度的丰富和完善，弘扬和传播中华优秀传统文化、革命文化和社会主义先进文化。

其四，在党的组织建设方面，必须坚持党的组织原则。一方面，要“坚决维护党中央权威、保证全党令行禁止”①。维护党中央在党内的权威，有助于提升党的整体凝聚力，保证党作为一个整体的行为的一致性和团结性，还可以提高党的执政效率。保证全党令行禁止可以把党中央制定的各项政策快速地落实和贯彻，最快地停止党内同志的一些不恰当做法和行为，对于党中央禁止的行为坚决不做。另一方面，在党内生活中，还要充分发扬党内民主，“任何党组织和个人都不得压制党内民主、破坏党内民主”②。党的各级组织在做决策时，要通过党内民主渠道吸收和接纳党员的意见和建议。要为党内民主的实现创造各种有利条件，为党员权利的维护和党员义务的履行提供民主的政治氛围。另外，在党内开展长期有效的组织生活，不仅是组织制度的程序要求，也是我们党重要的教育和管理方式。在良好的长期有效的组织生活中，可以通过组织生活发扬党的民主，促进党员同志之间的交流和学习，增强党内的团结和凝聚力，还可以通过组织生活开展党员教育和学习活动，提升党员的知识素养和实践能力。

其五，在党的纪律建设方面，要严明党的各项纪律和规则制度，“必须严明党的纪律，把纪律挺在前面，用铁的纪律从严治党”③。党内不允许有特殊人群的存在，在纪律面前党员人人平等，谁违纪，谁就要受相应的惩罚，任何党员都要保证在党的纪律约束下开展各项工作。同时，还要保证党的纪律和规则制度能够得到较好的执行，保证令行禁止，党内不允许存在非制度化的生存状况，更不允许存在违反规章制度的行为。要实现“立明规则，破潜规则，必须在党内形成弘扬正气的大气候”④。

---

① 中共中央党史和文献研究院. 十八大以来重要文献选编：下［M］. 北京：中央文献出版社，2018：584.

② 同①430.

③ 同①425.

④ 中共中央文献研究室. 习近平关于全面从严治党论述摘编［M］. 北京：中央文献出版社，2016：29.

其六，在党员的培育、提拔、选用上，要坚持科学选拔、唯才是用，提升党的队伍的整体素质。“坚持德才兼备、以德为先，坚持五湖四海、任人唯贤”①。党员干部的选拔和任用要坚持党一贯的任用原则，拒绝各种任人唯亲、拉关系、走后门的行为，同时，要对官场的一系列不规范行为进行严厉的打击和严肃的管理，追究不规范行为的当事人和参与者的相关责任。在党员的日常生活和工作中，要倡导批评和自我批评的行为，这一方面对于每个党员自身有促进和帮助的作用，帮助党员及时发现和纠正错误，提高自身的能力和素质，另一方面对于党的整体来说有净化的作用，可以及时有效地避免某些错误行为的延续，避免给党和群众带来损失。

其七，在作风建设方面，要从党章着手，以党章为党员行为的底线，在学习和遵守党章中形成良好的作风，坚决治理党内存在的不良作风问题，抓紧党的作风建设。因此，还要重视党内外监督的重要作用，“必须加强对领导干部的监督……完善权力运行制约和监督机制，……必须在宪法法律范围内活动”②。可见，监督党执政权力的行使过程可以保证权力在合法、合理的范围内运用，避免部分党员干部以权谋私、滥用权力，以及权钱交易现象的产生。在党内监督中要“依规依纪进行，强化自上而下的组织监督，改进自下而上的民主监督，发挥同级相互监督作用”③。党内监督不仅要强调自上而下的监督，还要重视和强调党的组织内自下而上的常态化监督，以及同级各部门和人员之间的日常化监督，使监督行为在党内无时无刻不存在，使相互监督、上下级监督成为一种常态。当然，对于党内外的各种举报和反映的问题，更要严肃调查和处理。对于党内存在的和隐藏的腐败问题，“必须筑牢拒腐防变的思想防线和制度防线，着力构建不敢腐、不能腐、不想腐的体制机制”④。一方面从思想上帮助党员干部树立正确的思想认识，提高党员干部拒绝腐败的自觉意识，营造遵守党风廉政各项制度的良好党内氛围。另一方面从制度上筑牢防腐战线，用制度约

---

① 中共中央党史和文献研究院. 十八大以来重要文献选编：下［M］. 北京：中央文献出版社，2018：432.

② 同①436.

③ 同①440.

④ 同①438.

束党员的腐败行为。同时，还要扩大人民群众的监督权，利用群众的力量进行反腐斗争。

总之，实现全面从严治党的常态化运行、制度化开展和科学化发展作为新的伟大工程，首先体现在全面上，要从全方位、多层面、多维度加强党的建设，推进党执政能力的整体提升和先进性的继续保持。

其次，全面从严治党中的“从严”是指“做到真管真严、敢管敢严、长管长严”①，具体体现为“三严三实”的内容和要求。

其一，严以修身强调党员在工作和生活中能够不断加强自身的理论知识学习、思想道德修养和实践能力锻炼，在教育与实践活动中提高党员的党性修养和思想道德修养。

其二，严以用权强调党员干部在使用权力时，要实现权责一致，使用权力就要承担相应的责任，因而在使用权力的时候要充分考虑，不能滥用权力。同时要把权力置于党内外各界人士的监督之下，做到对人民群众负责，权为民所用。

其三，严以律己要求党员在党内政治生活中，严格依照党的各项纪律和制度要求自己，约束自己的言论和行为，在党言党，严禁出现各种妄议中央、非议党的行为。

其四，谋事要实，是指党的一切工作都应当从现实情况出发，制定方针、政策和进行决策时，要充分考虑实际情况，进行详细的调研工作和详尽的分析论证，充分吸纳各方的意见和建议。

其五，创业要实要求提高执行力和执政效率，敢于创新、创业，真抓实干创业绩，做出一番大事业。

其六，做人要实要求每一个党员在生活中和工作中要老老实实做人，不能做两面人，不能对上级阿谀奉承、油头滑面，而且“党内决不能搞封建依附那一套”②，而是要对党组织忠诚，对人民群众诚实。可见，“从严”要求体现了我们党新的伟大工程的新特征。

---

① 习近平. 习近平谈治国理政：第 2 卷［M］. 北京：外文出版社，2017：44.

② 中共中央文献研究室. 习近平关于全面从严治党论述摘编［M］. 北京：中央文献出版社，2016：26.

最后，全面从严治党中的“治党”是指新时代全面推进政党治理。党要管党治党是一项党的治理和整顿活动，是党的建设的一个重要组成部分。党的建设与党的治理逻辑上是种属关系。党的治理具有更为强烈的问题导向，是对党的建设过程中所出现的新情况的自我审视和新问题的自觉整改，是党的组织再造和组织更新活动。显然，全面从严治党开辟了政党治理的新境界，政党治理与党的建设之间存在着包含与被包含的关系，政党治理属于党的建设的重要内容，但又不同于党的建设，政党治理侧重于以问题为导向。要借助政党治理的理念更新和方式转换，推动党的建设达到新的历史高度，全面从严治党当然以政党治理规律的运用作为内在的发展路向。也就是说，推动政党治理是新时代全面从严治党的必然要求，而推进政党治理要着重从党员主体互动治理、党组织主体网络化治理、遵循法律的形式要件和实质要件进行治理，在方法和价值上谋求治党的善治之道。

第二节　全面从严治党常态化制度化科学化的紧迫性

党的十八大以来，国内外局势发生了显著的变化，我们党面临着新的执政环境和执政目标。

一方面，从国际层面来看，2008年国际金融危机后，资本主义国家发展遭遇瓶颈，进入经济发展的式微时期，这为中国经济在世界范围内的发展提供了机遇。而同时，美国在重返亚太战略目标的推动下，遏制中国的步伐进一步加快，利用日本和韩国等国制约中国经济发展的意图已经十分明朗，中国在全世界范围内遭到了美国等发达资本主义国家的全面狙击，给我国经济发展的对外开放带来了极大的挑战。另外，发达资本主义国家利用互联网、经济和文化活动进行意识形态渗透的力度也在加大，我国思想文化领域的安全也遭受严重威胁。

另一方面，从国内层面来看，深化改革进入了全新的阶段，改革中的各种问题、矛盾和社会风险日益突出。随着我国经济发展进入了中高速增长、结构调整的经济新常态阶段，我国经济社会发展也进入了转型期和关键期。同时，“一带一路”倡议应时而出并逐步推进，也使得新的机遇和挑战同时存在。在新的历史时期，我们党长期执政和施政也面临着来自各方的压力，有新的执政目标和执政任务，习近平顺应时代要求、把握时代特征提出了全面从严治党的目标和要求，推进全面从严治党是我们党在新的历史时期应对国内外各种风险、挑战和问题的重要保障。

一、党应对国际环境新变化的迫切需要

党的十八大以来，国际环境和形势发生了变化，一方面，随着2008年国际金融经济危机后发达资本主义国家经济发展的普遍衰退，它们的国际影响力也因此降低，中国的经济则受经济危机的影响较小，从而为中国在国际领域内影响力的广泛提升和话语权的增强提供了重要的机遇。中国面临前所未有的机遇，在中国共产党的领导下积极推动“一带一路”倡议的实施与建设，提高中国的经济影响力和对外开放程度，从而引领世界经济发展的新潮流。另一方面，发达资本主义国家仍然在国际领域占据优势地位，开始遏制中国发展，从军事威胁、政治高压到经济压制，再到思想入侵，无所不用，这给中国的社会稳定、持续发展带来了巨大的潜在威胁，中国面临着巨大的社会风险。在此国际背景下，党要想带领全体中国人民克服困难、战胜风险，抓住各种机遇促发展，就必须要推进全面从严治党以加强党自身各方面的建设，锻造一个核心凝聚力较强的党的领导集体，从而提升党应对各种风险、抓住机遇的执政能力和领导水平。

（1）应对国际政治经济局势新变化新格局的现实要求。

习近平指出：“和平与发展仍然是时代主题，同时全球治理体系深刻变革，不同制度模式、发展道路深层较量和博弈。”① 邓小平对时代主题的判断依然有效，当前各国人民的主流意愿依然是要和平与促发展，虽然局部地区仍然存在战争的风险，但是从世界整体范围来看，各国追求和平与发展的主旋律长期之内不会变，这也是当前我们面对的国际大环境和大背

---

① 中共中央宣传部. 习近平总书记系列重要讲话读本（2016年版）[M]. 北京：学习出版社，2016：42.

景。但是，伴随科技的发展和局势的改变，我们党执政不得不面对新挑战，当前已经进入了全球化交往的时代，世界整体格局也随之变动，为应对时代局势的变化，党唯有从加强自身建设着手，不断推动执政能力的提升和执政方式的改变，才能适应国际环境变化的要求，全面从严治党势在必行，正如习近平所指出的："进行具有许多新的历史特点的伟大斗争，实现党的十八大确定的各项目标任务，关键在党，关键在人。"[①] 可见，当前形势下，引领各项事业建设、发展和前进的关键是党，党作为领导核心肩负着重要的历史使命和时代责任，因而，只有党不断根据国内外局势的变化，调整和发展自身，在自身的完善和发展中引领整个中国走向前进，才能巩固党治国理政的根基。

当前政治经济发展的局势变化主要体现在以下方面：首先，资本主义国家受到2008年国际金融危机的影响，经济大幅衰退，呈现出萎靡和衰落之势。而与此相反，我国受影响较小，一直保持较为稳定的发展态势，在彼消我长的情况下，中国的国际影响力逐渐提升，这为我国进一步对外开放发展提供了机遇。党近年来也一直着力推进中国对外开放的深度发展，如人类命运共同体理念的提出、"一带一路"倡议的推动与实施，都体现了党在把握时代机遇、全面推进对外开放方面的睿智决策。这就要求我们党加强自身建设，推进全面从严治党以充分发挥党在把握国际机遇方面的能力与领导力，从而推进社会主义建设。

其次，发达资本主义国家对中国的经济遏制、政治恐吓和军事威胁不断增强。伴随中国经济的迅速发展，发达资本主义国家感受到了来自中国的强大压力，进而采取各种措施限制和阻止中国的壮大与发展。在经济上，对中国产品的进出口采取多种限制措施，贸易保护主义悄然抬头，除此之外，对中国经济的限制还体现在多个方面，如在全球范围内对中国企业和产品的打压与排挤等。在政治上，美国着力推进重返亚太战略，和中国的周边国家积极联盟，向中国施加政治压力，实现政治上对中国的牵制和打压。在军事上，美国进行军事介入，保持军事上对中国的高压之势，

---

① 中共中央文献研究室．习近平关于全面从严治党论述摘编［M］．北京：中央文献出版社，2016：121.

威胁中国国家安全。发达资本主义国家在经济、政治和军事上的一系列举动，体现了它们对中国发展的担忧和焦虑。如果不积极应对，中国将面临极大的威胁和危险。而党作为领导核心，应从自身着手，全面从严治党以提升抵御风险和抗压的能力，提高统筹规划、谋划全局、从容应对的能力和水平。

最后，资本主义国家试图通过各种方式捣乱社会主义中国的内部秩序和社会稳定，包括支持分裂势力，给予他们经费支持和政治上的声援。可见，资本主义国家见不得社会主义中国进行的和谐有序的经济社会发展，试图通过各种手段从我国内部制造混乱和问题。在思想上，资本主义国家通过文化活动和经济交往活动以及互联网途径不断向我国社会成员输入资本主义的价值观念、思维方式和行为习惯，试图通过影响我国人民思想领域的健康发展，造成我国社会发展中的现实冲突和社会矛盾，从而阻挠我国的发展。在现实行为上，通过支持分裂势力，试图对我国实施分裂行为，从而达到削弱我国综合国力的目的。

总之，国际政治经济局势的新变化对中国共产党的执政提出了新挑战，也给其执政提供了新机遇，在此情况下，全面从严治党势在必行，实现全面从严治党已成应然之举。

（2）树立中国共产党良好国际形象的必然要求。

中国共产党是中国的执政党，党在国际舞台上展现出来的形象直接关系到中国在世界人民心中的地位和印象，关系到国外人民怎么看中国。因而，中国共产党树立良好的国际形象是全球化交往时代的必然要求，而要实现这一目标，就要首先从党自身着手，加强党自身形象的塑造与建构，实现全面从严治党则为其提供了现实路径。

政党形象是政党在其成员及民众心目中的综合感知和整体印象。塑造政党形象，需要把加强政党内部建设与增强政党外部影响统一起来。这主要是对政党形象在国内层面的阐释，是政党形象的国内内涵。但通过对这个内涵的阐释我们也可以总结出政党形象的国际内涵，政党对外则代表着一个国家和这个国家的民族，因而，政党的对外形象关涉国际社会对这个国家和这个国家的民族的评价、认同和信任。简单来说，政党的国际形象就是指一个政党在国际社会及世界人民心目中的综合认知、判断和整体印象。一个政党的国际形象能够影响到世界上其他国家的人民对这个政党所代表的国家的看法、印象、判断、评价与信任。

政党的国际形象主要受两方面因素的影响，一个是客观因素，一个是主观因素，即一方面是政党在实际工作中所展现出来的实际能力，通过实际能力和各方面工作展现出来的形象；另一方面则是政党通过主观塑造、构建和政治宣传、传播所展现出来的形象。从上面的论述中，我们也可以得知，政党形象的塑造需要把加强政党内部建设与增强政党外部影响统一起来，也就是说一个政党如果要想在国际上展现出良好的形象，就必须从两个方面着手，一个方面就是党要从自身做起，不断加强自身建设，使自身的各方面能力和综合素质得以提升，这是硬实力；另一方面就是在网络迅速发展的今天，要紧随时代潮流，通过积极的政治传播和对外形象建构，塑造良好的政党形象。新时代力推全面从严治党就是要通过党自身的建设，一方面，消除对党的形象的负面影响，如对贪污腐败问题严肃查处和从严治理，对党内存在的其他问题及时解决；另一方面，则是通过提升党的各方面能力，展现党在中国特色社会主义建设中的领导力和凝聚力，塑造党的正面形象。同时，中国共产党对外代表中国，因而全面从严治党的推进在此意义上提升了中国的国际形象。要通过提升党的形象来提升中国在国际范围内的国家形象，为中国的发展营造良好的国际环境。

（3）实施“一带一路”倡议的现实需要。

在新的历史时期，为扩大对外开放、推动世界范围内的和平与发展，党深刻把握时代特征和发展规律，适时地提出“一带一路”倡议，它是共产党人智慧的结晶，也是党对时代特征和发展规律的深刻把握。

一方面，“一带一路”倡议联结中国、中亚、西亚和欧洲，是“文明互鉴、互相尊重、合作共赢”的发展倡议。中国共产党充分考虑到部分发达国家对中国经济发展实施的海上封锁，便以中国古代的丝绸之路为原版，积极开拓海陆相结合的经济发展新路径，拓展中国发展的战略空间和多重场域，提出了“一带一路”倡议。在此背景下，部分发达国家出于自身利益的考量，并不希望中国发展强大，担心这会破坏它们主导制定的国际经济政治旧秩序，威胁它们的既得利益，必然会对“一带一路”倡议进行阻挠，制造外部麻烦，面对这些外部麻烦，必须要在坚强的领导核心的带领下积极应对和解决，中国共产党无疑就是这个坚强的领导核心。而领导核心要领导中国人民应对这些外部麻烦，就必须首先加强自身建设，提升自己应对复杂矛盾、解决各种问题、化解各类外部风险的领导力和执行力，实现全面从严治党的常态化运行、制度化开展和科学化发展就是要实现这些目标。另一方面，“一带一路”倡议的全面推进与实施需要各方相互协调和各种建设的协同推进，不是提出来一整套理论和路线就结束了。例如，在推进“一带一路”倡议的过程中，需要各种物质基础设施的保障，包括港口、公路和铁路等，还要努力解决语言和文化差异造成的沟通方面的问题，努力实现资源的共享与信息的畅通，保持各国之间有效的沟通与积极的谈判等，这些都需要有一个掌控全局的领导者，以引领和协调各方，统筹推进实施。中国共产党作为“一带一路”倡议的倡导者，作为领导中国人民推进“一带一路”建设的核心力量，必然要承担起这个责任和任务，这对中国共产党的执政能力及领导、协调和工作能力提出了深刻的要求，新时代推进全面从严治党就是要为提升这些方面的能力提供有效路径、开辟现实道路。

二、党应对国内环境新变化的现实需要

党的十八大以来，在以习近平同志为核心的党中央的带领下，我国在经济社会等各个领域取得了一系列突破与进展，但是社会问题和风险矛盾也不断累积和叠加。随着改革的不断推进，我国经济社会的发展逐步迈入经济中高速增长、经济结构优化调整、产业发展转型的经济新常态阶段。

在经济新常态下，中国共产党执政迎来了推动中国各方面发展的新机遇，也正面临着一系列新风险和新困难，如改革开放以来长期累积叠加的社会风险，经济发展面临降速威胁等，这一系列问题给中国共产党执政带来了巨大的压力和挑战。习近平指出：“人民群众反映强烈的党内突出问题得不到解决，那我们党迟早会失去执政资格，不可避免被历史淘汰。”①

① 习近平．习近平谈治国理政：第2卷［M］．北京：外文出版社，2017：43．

这是习总书记对现实的深刻理解和对形势的准确判断。同时，在新时代，我们党也承担着新的具体的历史任务，如生态文明和美丽中国建设、推进全面依法治国等。面对这些新机遇和新任务，我们党必须要加强自身各方面的能力建设，保证党有能力、有毅力解决这些问题和化解矛盾；避免党内出现严重的贪污腐败，从而损毁党的形象，降低党的权威，削弱党在人民心中的地位。党只有不遗余力地实现全面从严治党的常态化运行、制度化开展和科学化发展，才能应对社会风险，把握各种发展机遇，完成各项历史使命。

（1）经济新常态下化解各种社会矛盾和风险的现实需要。

党是各项事业的领导核心和坚强力量，也是问题的解决者、矛盾的协调者和风险的化解者，肩负着重要的时代责任。因而，加强党自身的建设，实现全面从严治党的常态化运行、制度化开展和科学化发展是现实发展的必然要求。在经济新常态背景下，各种社会问题、矛盾和风险呈现出了新的变化和新的特征。

第一，在经济发展方面，市场经济的长期发展导致我国的贫富差距、地区差距、城乡差距不断拉大，社会不公平现象不断加剧社会矛盾、激化社会冲突。同时，市场经济带来了社会道德的败坏和伦理的失范，市场经济下的个人主义和功利主义思想严重破坏了集体主义的原则，在这些思想的影响下，个别企业为了赚取利润，发展重污染产业，制造环境污染，为一己私利损害他人和社会的利益，这些问题和困难都是党治国理政面临的难题和困扰。但是，习近平强调指出，“改革发展稳定任务越繁重，我们越要加强和改善党的领导”①。只有坚持党的领导，改善党的领导，这些困难和问题才能得以解决，改革的历史重任才能一步一步完成。

第二，在政治与文化发展方面，发展社会主义民主是党的一贯追求和人民的期盼，民主不是一蹴而就的，而是需要在发展中不断摸索，在探索中寻找切实有效的民主途径。当前，我国民主政治虽然获得了长足的进步，但是依然存在着公民政治参与热情和积极性不高的现象，在一些基层民主的尝试中，出现了贿选、拉选票的现象，这些都需要中国共产党在执

① 习近平．习近平谈治国理政［M］．北京：外文出版社，2014：68.

政的过程中加强全面从严治党加以解决。在我国的文化发展中，虽然社会主义先进文化欣欣向荣，哲学社会科学在马克思主义理论的指引下也呈现繁荣之势，但是一方面，社会上的低俗文化也在夹缝中得以生存和发展，文化发展的低俗倾向使人民群众的思想被腐蚀并容易走向堕落，严重影响了人民群众思想领域和精神文明领域的健康发展，这些现实问题都亟须党加紧治理；另一方面，更为严重的是，作为文化研究、文化传承、文化创新与发展的重要依托，学术界也出现了腐败现象，出现了各种有违学术道德的现象，这也是我们党面临的重要问题，需要在党的集中领导下加以解决。

第三，在网络自媒体发展方面，网络自媒体是当今时代的潮流，网络自媒体在给我们生活带来方便的同时，也给党带来了一系列的治理难题和困境。如网络舆论的监管问题，一些敌对分子在网络上散布污蔑党和社会主义的言论，发布反社会、反人类的言论，还有一些别有用心的人制造和利用网络舆论攻击党、攻击人民，引导网络舆论向社会现实的行为转化，制造社会混乱、激化群体矛盾、引起社会冲突等。再如西方资本主义国家利用网络进行的意识形态渗透，消解社会主义意识形态在人民群众思想中的主导地位，制造思想混乱，扭曲我国人民群众的价值观。如此种种，都体现了网络自媒体发展中的种种乱象和突出问题，为此，党需要不断加强自身的治理，提升解决问题的能力，以应对各方的挑战。

总之，在经济新常态境遇下，我们党执政面临着多重困境、各种社会问题和矛盾，正如习近平所指出的："各族人民大团结的力量，是克服各种困难、战胜风险挑战的决定性因素。"① 而把各族人民团结在一起的正是中国共产党，党作为中坚力量和协调者，时刻把团结各族人民作为重要的考量，也正是因为如此，各项事业才能欣欣向荣、繁荣发展。

（2）应对"四大考验"和"四种危险"的现实需要。

进入新的历史阶段，我们党长期执政也面临着自身发展方面亟须解决的问题，胡锦涛明确提出了我们党执政面临的"四大考验"和"四种危险"，而习近平进一步强调我们党必须正视和解决这些问题，习近平指出，

---

① 中共中央宣传部. 习近平总书记系列重要讲话读本（2016 年版）［M］. 北京：学习出版社，2016：12.

“党面临的长期执政考验、改革开放考验、市场经济考验、外部环境考验具有长期性和复杂性，党面临的精神懈怠危险、能力不足危险、脱离群众危险、消极腐败危险具有尖锐性和严峻性”[①]。针对这“四大考验”和“四种危险”，我们党需要实现全面从严治党的常态化运行、制度化开展和科学化发展，从而应对风险考验，化解困难危险。

一方面，针对“四大考验”问题，主要是我们党新时代加强自身建设所面对的外部挑战。长期执政的考验主要是党如何在长期执政中维护和夯实执政基础，保障执政合法性和合理性。改革开放的考验是指我们党实施对内改革以及对外开放政策所带来的一系列需要解决的问题和矛盾。市场经济的考验是指我们党如何把握市场经济发展大局，运用市场经济规律促发展的考验。外部环境的考验主要是我们党面临的国际环境和周边环境日趋复杂严峻。这些都是在时代和局势的变迁中形成的对党的适应和调整能力的考验，也是党要想实现长期有效执政不得不面临的考验，要通过实现全面从严治党的常态化运行、制度化开展和科学化发展加强应对和解决，不断夯实党治国理政的现实基础，维护党的先进性；不断引领和推进深化改革和对外开放，为人民谋利益；不断改革市场经济体制，完善市场经济发展中的各项制度；不断抵抗外部势力的侵袭，应对外部施加的压力。

另一方面，针对“四种危险”问题，主要是新时代下党内的状况关系到我们党执政地位的是否稳固。首先，精神懈怠的危险主要是指部分党员在工作和生活中理想和信念不坚固，在现实的种种诱惑面前丧失共产党员应有的坚定信仰。不注重及时学习和补充精神营养，导致理论素质低下、思想道德修养不足。同时，精神懈怠还引起了行为上的懒散，部分党员在服务人民群众的过程中，消极回应，甚至不作为。其次，能力不足的危险。党的执政能力是要随着时代的发展而不断在学习和实践中锻炼的，不是天然形成的，然而一些党员干部不注重各方面专业知识的学习，在实践中也不注意锻炼和提升自己的领导能力和动手能力，导致能力长期停滞不前，随着时代的发展，以至于无法胜任本职工作，不能很好地为人民服务。再次，脱离群众的危险。一路走来，党不断发展壮大，在人民与历史

---

① 习近平．习近平谈治国理政：第 3 卷［M］．北京：外文出版社，2020：222.

的双重选择下成为执政党，其最根本的经验之一就是与群众为伍，紧密联系群众，在群众的广泛支持和信任中开展各项工作，这也是一个又一个目标不断实现所倚仗的法宝。然而，党执政以来，部分党员由于长期执政产生了惰性心理，忘记了我们党的本质和初衷，忽略了与人民群众的紧密联系。习近平明确指出："得民心者得天下，失民心者失天下，人民拥护和支持是党执政的最牢固根基。人心向背关系党的生死存亡。"① 人民群众是党执政的根本依赖，是党执政的力量之源，也是党执政的归宿与目的，必须要时刻注意同群众紧密相连，向群众学习实践经验，与群众深入沟通，倾听人民的心声和诉求，满足群众的合理需求。最后，消极腐败的危险。正如习近平所指出的："这些年，一些干部包括一些相当高层次的领导干部因违犯党纪国法落马，我们很痛心。"② 一些党员的贪污腐败问题让我们触目惊心，表明了党内确实存在贪污腐败的问题。这些问题事关党的生死存亡，这也是党的十八大以来党中央一直强力保持反腐高压态势的原因，如果腐败问题不能解决，党的执政根基就会动摇，人民群众就会对党产生怀疑和不信任，甚至是反对。因此，党在长期执政条件下，要高度重视滋生腐败的危险性和严重性，如果腐败得不到有效惩治，党就会丧失人民群众的信任和支持。必须要长期保持警醒和审慎状态，以思想教育为主，以各方措施为基础，以高压反腐为保障，建立反腐的长效机制。

（3）全面推进"四个全面"战略布局和落实新发展理念的要求。

在经济新常态下，我们党深刻把握历史趋势和发展要求，适时地提出了"四个全面"战略布局和新发展理念的要求，前者是我国经济新常态时期发展的新布局和新规划，也是党制定的战略新任务和新目标；后者则是我国经济新常态时期经济社会发展的理念指导和原则向导。全面从严治党是战略布局的一个关键组成部分，对推进其他"三个全面"的实施和实现具有重要的意义和关键的作用。新发展理念是党为适应时代的发展需要提出的创新性发展理念，是对发展现状的深刻洞察，是对发展经验和规律的

---

① 习近平．习近平谈治国理政［M］．北京：外文出版社，2014：368．

② 习近平．在党的群众路线教育实践活动总结大会上的讲话［M］．北京：人民出版社，2014：22．

全面总结和理论提升，是经济新常态下我们党引领经济社会发展的理念指导和原则遵循。实现“四个全面”战略布局的目标和落实新发展理念的要求都是我们党在新的历史时期的重要历史任务，因而，要从党的自身建设着手，全面从严治党以推进各方面事业的前进与发展，在科学发展理念的指引下，实现重要战略目标。

全面从严治党是战略布局整体的关键一环，关系到党能否凝聚民心、整合资源，事关能否完成中华民族伟大复兴和建成社会主义现代化强国的使命。可见，在推进其他“三个全面”的伟大征程中，全面从严治党都必须处于在场状态，它是贯穿改革与发展全过程的关键举措。对于全面建成小康社会后全面建设社会主义现代化国家，这是我们党提出的新发展目标，是党为群众描绘的美好愿景，因而需要凝聚全体党员的才智与能力，全力以赴去实现，不能出现理论指导和前进方向上的错误与偏差，更不能在实践中出现低效率的建设与发展，同时，还需要在党的领导下革除社会弊病，营造和谐稳定的社会氛围。对于全面深化改革而言，这是实践发展的必然趋势，改革一刻也不能停止，只有在改革中才能激发生产力发展中的活力因素和动力机制，才能把各项事业推向前进与发展，而中国共产党的领导是保证改革方向正确和为人民利益服务的根本依赖。同时，改革是一项复杂的工程，如果没有党长期以来培育的一大批优秀人才，是不可能完成的，全面从严治党就是要使党成为改革深入推进的领导者，成为破除改革中各种障碍的执行者，成为勇于自我革命、自我突破创新的改革者。对于全面依法治国而言，全面从严治党有助于提升党员的能力素质，塑造良好的依法治国氛围，党的素质能力是能否全面依法治国的关键因素。党是全面依法治国的推进者和践行主体，只有全面从严治党才能引领依法治国的全面实施和更好落实。

新发展理念是党的十八届五中全会首次提出的创新性发展理念，其贯彻落实需要坚强领导核心与实践主体，需要在党的统筹规划和全面布局之下进行，全面从严治党尤其关键。贯彻落实新发展理念，要求推进全面从严治党，这是时代的要求，也是由马克思主义先进政党的本质决定的。全面从严治党不仅从政治上、思想上和组织上为党的执政夯实基础，还为治国理政的创新实践提供支撑。其关键作用主要体现在，为新发展理念的贯彻落实提供领导力量、良好的政治资源支持，并营造良好的社会舆论氛围，凝聚广泛社会共识、汇集群众力量。而落实到每一个具体的发展理念上，则体现在以下方面：对于创新发展而言，党是推动各方面创新的主体和领导力量，如各方面的理论创新、科技创新等，全面从严治党可以通过提升党员队伍的整体素质和质量为创新提供主体支撑。对于协调发展而言，促进我国不同地区的协调发展、城市与农村地区的协调发展以及不同社会群体的协调发展，都需要党在统一领导和全局规划中予以实现，全面从严治党通过提升党的领导能力和工作能力实现对各方发展的协调作用。对于绿色发展而言，我们党在十七大以来的发展中陆续提出了生态文明的理念和美丽中国的理论，为绿色发展提供了一系列理论指导，并在实践中带领群众制定了一系列生态文明建设的法律法规和具体的规章制度，全面从严治党可以通过理论创新和制度制定为绿色发展提供理论指导。对于开放发展而言，实现对外开放发展是我们党改革开放以来一直秉持的主张，我国企业和经济文化发展的"走出去"战略也收获了一定的成效，党还提出了"一带一路"倡议，为我国经济的发展提供了新动力、开辟了新空间，这些非凡成绩都是在党的正确领导下、人民的共同努力中形成的，推进全面从严治党可以为实现开放发展提供核心领导力量。对于共享发展而言，我国社会性质在本质上要求实现共享发展，马克思主义执政党的本质要求中国共产党不遗余力地推进共享发展和共同富裕，而落实到具体实践中，就需要中国共产党在执政中坚决维护和落实各项共享发展的政策，如实现精准扶贫、推进教育和基础设施的公平等。保证新发展理念贯彻落实，是新发展阶段下检验我们党的先进性的一个尺度，也是考量我们党所有工作的重要标准。

综上，全面从严治党不仅是新时代我们党完成战略布局的关键举措，还是贯彻新发展理念的重要支撑，为"四个全面"战略布局的构建和新发展理念的实施提供了领导力量、理论支撑和实践主体。

三、新时代全面从严治党常态化制度化科学化的战略需要

在新的历史境遇下，全面从严治党的党建任务和战略要求被提上日

程，这是以习近平同志为核心的党中央在对党的执政形势和执政考验进行深刻研判的基础上、在对党长期执政的历史经验和发展传统进行科学总结的基础上、在科学把握党的执政理念和执政规律的基础上进行的战略决策和战略部署。有学者指出，全面从严治党是对党在新形势下所面临的突出危险与考验所做出的战略举措，还是党进行自我能力提升和完善的常态化举措。同时，全面从严治党的目标指向就是通过政党治理净化政治生态，巩固中国共产党的执政地位。全面从严治党是党在新的历史时期所做出的关于党的建设的战略决策，也是党面向未来对党的建设的战略部署，实现全面从严治党的常态化运行、制度化开展和科学化发展是我们党在新时代的战略需要。

（1）丰富和完善中国特色社会主义党建理论的战略要求。

推进各方面理论与时俱进和不断创新是我们党的优良传统，从我们党的第一代中央领导集体开始，就已经形成了不断推动党建理论随时代更新和转换的优良传统，我们党的建设理论不断得以更新并补充时代内涵，从而为我们党自身的建设，也为我们党始终保持先进性、走在时代的前列奠定理论基础并提供思想指导。毫无疑问，新时代全面从严治党的要求和目标是时代的产物，也是在继承党的原有建设理论的基础上，对其进行补充和改造而形成的重大创新。可以说，全面从严治党是马克思主义建党学说的再创造。习近平在实践的发展中充实了全面从严治党许多新的内容，提出了大量关于全面从严治党的新论述和新见解，是对马克思主义建党学说的新发展，初步构成了一个较为完整的体系，丰富和发展了马克思主义的建党学说。可见，推动全面从严治党常态化、制度化、科学化是丰富和完善中国特色社会主义党建理论的战略要求，是党在新时代加强党建的新使命。

（2）构建彰显本色、始终维护群众利益的马克思主义政党的战略需要。

中国共产党是以马克思主义为指导思想和信仰的执政党。作为马克思主义执政党，中国共产党的终极历史使命就是带领中国人民建设并最终建成社会主义现代化强国，实现共产主义社会，而现实实践中的价值追求则是始终维护和实现群众的利益，促进人的全面自由发展。而推进全面从严治党常态化、制度化、科学化就是为了实现这一目标和价值追求，就是要构建彰显本色、始终维护群众利益的马克思主义政党，这是共产党长期执政的战略需要。当前，中国共产党党内存在着一系列问题需要解决，在长期执政的背景下，一些党员不仅没有全心全意为人民服务，没有努力为群众创造现实利益，反而暗自与人民为敌，成为党内的蛀虫，以人民赋予的权力、执政党的名义，谋取私人利益，损害群众利益。这些问题严重损害党的形象、透支党的信誉、损毁党的合法性基础，倘若任其发展，党和国家的各项事业都将非常危险。习近平对党内存在的问题进行了深刻的剖析，主要有四点：一是思想多元化和复杂化发展导致思想统一不易；二是党组织管理和监督不易；三是党内存在思想问题和利益矛盾；四是党内政治生活中非制度化行为广泛存在①。问题的存在是推进全面从严治党实施的动力，党必须要切实解决这些影响党的凝聚力、党作为整体的战斗力和党的形象的关键问题，坚决拔除寄生于党的健康肌体上的“毒瘤”，治病树、扶歪树、拔烂树，从而保障党始终是先进性的代表、是我国各项事业的坚强领导核心。同时，除了党内面临的一系列问题亟须解决外，我们党还承担着一系列历史重任和时代责任，如推进市场经济的改革和完善、抵御国内外敌对势力的攻击与颠覆行为等，这些时代问题都要求我们党能够从自身的建设做起，从实现全面从严治党以提升党的执政能力、应对和解决各种复杂局面和问题的能力着手，切实在维护党的先进性中解决各种问题，化解各类社会风险和矛盾，从而彰显执政党的本色，推动全面从严治党得以实施和落实。

（3）维系和巩固党长期执政基础和领导核心地位的战略举措。

党的执政地位和领导角色不是与生俱来的，也不是自诩的，更不是强行获得的，而是党在领导中国人民进行艰苦的革命斗争过程中确立的，是得到群众的首肯和支持的。同时，党的执政地位也在党领导人民群众建设社会主义国家的过程中得以巩固和强化。可见，党的执政地位和领导核心

① 中共中央文献研究室．习近平关于全面从严治党论述摘编［M］．北京：中央文献出版社，2016：7.

地位是自身在革命、建设与改革的历史进程中通过努力争取得来的，也是党的执政能力被人民群众认可的结果，群众的支持、信任和认可是中国共产党长期执政的基础和依靠。党的领导地位由《中华人民共和国宪法》确立，受宪法保护，是历史和人民的选择。全面从严治党常态化、制度化、科学化就是为进一步实现巩固党的执政基础、维系党的领导核心地位而做出的战略举措。

但改革开放以来特别是进入21世纪以来，我们党内出现了一系列的问题，动摇了党的执政根基，党的领导核心地位也遭受质疑，“改革开放以后，……由于一度出现管党不力、治党不严问题，有些党员、干部政治信仰出现严重危机，一些地方和部门选人用人风气不正，形式主义、官僚主义、享乐主义和奢靡之风盛行，特权思想和特权现象较为普遍存在。特别是搞任人唯亲、排斥异己的有之，搞团团伙伙、拉帮结派的有之，搞匿名诬告、制造谣言的有之，搞收买人心、拉动选票的有之，搞封官许愿、弹冠相庆的有之，搞自行其是、阳奉阴违的有之，搞尾大不掉、妄议中央的也有之，政治问题和经济问题相互交织，贪腐程度触目惊心”①。当前，社会主义事业的发展需要加强和完善党的领导，充分发挥党在各项事业中统筹规划、谋划全局的领导核心作用。全面推进从严治党，就是要切实加强党的思想建设、组织建设、作风建设、反腐倡廉建设和制度建设，坚持标准从严、要求从严、落实从严，把党建设成为更加坚强的领导核心，为全面深化改革提供坚强的组织保证和政治保证，从而进一步提升党在人民群众心目中的地位和认同度，巩固党治国理政的群众基础。

① 中共中央关于党的百年奋斗重大成就和历史经验的决议［N］. 人民日报，2021-11-17.

第二章　全面从严治党常态化制度化科学化的内涵与主要内容

全面从严治党是以习近平同志为核心的党中央把马克思主义政党的建设理论同中国具体实际相结合而提出来的创新性理论成果。2014 年 10 月，习近平总书记在“从严治党”的基础上提出了“全面推进从严治党”的战略部署。当年的 12 月他进一步提出了“全面建成小康社会、全面深化改革、全面推进依法治国、全面从严治党”的“四个全面”战略布局，将党的建设、国家建设和民族复兴理论作为治国理政的整体思想有机地联系起来，从而开启了关于党的建设的理论与实践新的战略发展。

全面从严治党是中国共产党在中华民族伟大复兴中国梦的社会主义现代化建设这一新的历史条件下，对于党的建设在理论与实践上的有益探索和规律性认识。全面从严治党是一个不断探索发展的过程，不是一朝一夕的事情。正如习近平总书记所说，既不能一蹴而就，也不能一劳永逸，需要坚持全面从严不动摇，常抓不懈。全面从严治党必须常态化、制度化和科学化，从根本上达到党要管党、从严治党的目标，保持党的先进性和纯洁性，永葆党的青春与活力。

全面从严治党是党的建设的根本保障和现实路径。深入探究和严格把握当今多元化复杂化的国际国内新形势下全面从严治党的本质内涵与主要内容，对于全面提高党的建设水平，协调推进“四个全面”战略布局，带领人民走向中华民族伟大复兴、实现中国梦具有非常重要的意义。

第一节 全面从严治党常态化制度化科学化的概念界说

全面从严治党是历史赋予中国共产党的伟大任务。习近平总书记在《全面贯彻落实党的十八大精神要突出抓好六个方面工作》中，强调了新形势下党的自身建设对于发展中国特色社会主义现代化建设的重要意义。习近平总书记提出："新形势下，我们党的自身建设面临一系列新情况新问题新挑战，落实党要管党、从严治党的任务比以往任何时候都更为繁重、更为紧迫。我们必须以更大的决心和勇气抓好党的自身建设，确保党在世界形势深刻变化的历史进程中始终走在时代前列，在应对国内外各种风险和考验的历史进程中始终成为全国人民的主心骨，在发展中国特色社会主义的历史进程中始终成为坚强的领导核心。"①

中国特色社会主义最本质的特征是中国共产党领导，要办好中国的事情首先要办好中国共产党的事情。全面从严治党就是要把党的事情办好。办好党的事情的核心就是要把党建设好。习近平总书记强调："全面从严治党，是我们党在新形势下进行具有许多新的历史特点的伟大斗争的根本保证。"② 如何正确深刻全面地理解"全面从严治党"，是实践全面从严治党的思想条件和理论准备。

一、全面从严治党的概念界说

（1）全面从严治党的深刻内涵。

"全面从严治党"是习近平总书记在实现"两个一百年"奋斗目标、实现中华民族伟大复兴的中国梦进程的关键时期提出来的对党建理论的创新成果，其实质是从理论的高度和实践的广度上进一步以高标准严要求全面保持和发展党的先进性和纯洁性，以求全面提高党的领导水平和执政能

---

① 中共中央文献研究室. 习近平关于全面从严治党论述摘编［M］. 北京：中央文献出版社，2016：3.

② 同①9.

力，全面增强党的自我净化、自我完善、自我革新、自我提高的能力，由此确保党始终成为中国特色社会主义事业的坚强领导核心。

全面从严治党，简单地说，就是在党的建设上，既要“治理”，又要“从严”，还要“全面”。习近平总书记明确指出：“全面从严治党，核心是加强党的领导，基础在全面，关键在严，要害在治。”① 在逻辑上，治理、从严和全面是合取关系，这三个方面既是党的建设的发展途径，也是党的建设的发展规范，其目的是保证党的先进性和纯洁性不变色，确保我党始终成为中国特色社会主义现代化建设的坚强领导核心。从党建理论的历史发展来看，是对从严治党的新的历史关键阶段的战略布局。因而全面从严治党可以从“全面、从严、治理”三个方面讨论其理论内涵。

“全面从严治党”首先要强调其全面性。“全面从严治党”的全面性，“就是管全党、治全党，面向八千七百多万党员、四百三十多万个党组织，覆盖党的建设各个领域、各个方面、各个部门，重点是抓住‘关键少数’”②。概括起来说，全面从严治党的“全面”是多维度、全方位、全领域和全时间覆盖。所谓多维度、全方位、全领域和全时间覆盖，从组织上说，就是党的各级党委组织都要积极主动地抓好党的建设，而且不仅各级党委及其书记要抓党建工作，相关部门和全体普通党员也要积极监督配合各级组织抓好党建工作，形成全体组织和全部党员干部一起抓党建工作的全面格局。从内容上说，全面性就是不仅要抓好组织建党，还要抓好政治建设、思想理论建党、组织建党和制度治党，做到党的政治建设、思想建设、组织建设、作风建设、制度建设和反腐倡廉建设的“六位一体”。从时间上说，全面性体现为“全面从严治党”是党的建设中的一个永恒主题，需要持续性和常态化。

全面从严治党的“从严”，就是“真管真严、敢管敢严、长管长严”③。全面从严治党必须要有严格的态度、严格的标准、严格的规范、严格的尺度和足够的力度。严格的态度就是全面从严治党必须在思想上认真严肃，在行动上严谨负责，把“讲认真”贯彻到党建事业的方方面面，做到真管

①②③　中共中央文献研究室．习近平关于全面从严治党论述摘编［M］．北京：中央文献出版社，2016：11.

真严、敢管敢严、长管长严。严格的标准、严格的规范就是说在党的建设中要严格遵照党章及各类党内法规，用制度纪律来规范和约束各级党员干部的思想行为，严格制度治党。严格的尺度和足够的力度就是指在党的建设中必须以党的纪律和国家法律作为党的建设的尺度依据。各级党委和党员干部都需要把党的纪律和国家法律作为行为规范，把执行党纪和执行国法结合起来，要有“猛药去疴、重典治乱的决心”和“刮骨疗毒、壮士断腕的勇气”来加强党的建设，做到既敢管也敢严。

全面从严治党的“治理”，就是要说明全面从严治党如何“治”的问题，表现为主体与客体、制度与规范以及过程与目标之间的关系，“就是从党中央到省市县党委，从中央部委、国家机关部门党组（党委）到基层党支部，都要肩负起主体责任，党委书记要把抓好党建当作分内之事、必须担当的职责；各级纪委要担负起监督责任，敢于瞪眼黑脸，勇于执纪问责”①。全面从严治党的“治理”主体首先是党的组织及其成员，也包括人民群众的监督力量，即全面从严治党还必须依靠人民群众。“治理”的目标对象即客体包括全体党员，要强调普通党员和领导干部在党的纪律和国家法律面前人人平等。党的纪律规范是党要管党和党内治理的重要依据，要善于制定并运用党内纪律规范实行党的管理建设。目标与结果就是要说明全面从严治党的建设需要关注有效性，强调全面从严治党需要将目标建设与过程建设结合起来，使得党的建设既有高效率，也有高效益。

（2）全面性。

全面从严治党的“全面性”要求在党的建设的理论与实践中实现全领域、全方位、全时间和多维度全覆盖。全面性是全面从严治党的理论新维度，是在党的建设理论历史上从“从严治党”到“全面从严治党”的理论和实践跨越的关键要素。

习近平总书记指出：“从严治党不能只当口号喊，必须体现到党组织和党员、干部一切工作和活动中。改进作风是从严治党的重要内容，但不

① 中共中央文献研究室．习近平关于全面从严治党论述摘编［M］．北京：中央文献出版社，2016：11-12.

是全部内容。”① 全面从严治党的“全面性”主要体现在如下几个方面：

一是实现了党的建设内容在全领域上的覆盖，即既包括党的思想建设、组织建设、制度建设，也包括党的政治建设、作风建设和反腐倡廉建设，从而能够发挥覆盖党建内容全部领域的合力，推动全面从严治党战略的顺利实施。

二是全面从严治党主体上的全方位覆盖，既包括党的各级组织单位，也包括全体党员干部。从发起责任主体上看，以总书记为代表的中国共产党中央委员会无疑是主要发起责任主体；从落实责任主体上看，党的各级党组织及主要负责人无疑是落实责任主体；从追责主体上看，党的各级党组织的主要负责人无疑是第一追责主体；从监督责任主体上看，党的各级纪律监察部门、全体党员群众是全面从严治党的监督责任主体。

三是全面从严治党持续性上的全时间覆盖，“全面从严治党永远在路上”。要保持党的先进性和纯洁性，全面从严治党必须常抓不懈，实现从严治党的常态化与制度化。全面从严治党不是我们推进党的建设的阶段性举措，而是具有长远性和长期性的战略部署。从现实来看，全面从严治党业已成为中国共产党加强自身建设的新常态。

四是全面从严治党治理依据的多维度全覆盖，这里的多维度既有理论的维度又有实践的维度，既有历史的维度又有现实的维度，既有党的规章制度的维度又有国家法律法规的维度。党规党纪是全面从严治党最基本的治理依据。作为党的一分子，党员必须遵守党的纪律、党内法规，这是每个党员应尽的义务。另外，包括中国共产党在内的所有组织和个体都必须在宪法和法律许可的范围内活动，党员干部更应带头遵法守纪，因此，宪法和法律无疑是全面从严治党的根本依据。

习近平总书记指出，全面从严治党是同党和人民的事业紧密联系在一起的，党和人民的事业发展到什么阶段，全面从严治党就要跟进到什么阶段②。全面从严治党的全面性与严格性是统一的，全面从严治党就要求坚

① 中共中央文献研究室．习近平关于全面从严治党论述摘编［M］．北京：中央文献出版社，2016：8.

② 同①13.

持严格性，把“严”的要求贯穿管党治党全过程。

（3）严格性。

“从严”是我们做好一切工作的前提与保障。在党的十八届六中全会第二次全体会议上，习近平总书记进一步具体而全面地说明了全面从严治党的严格性要求，“我们坚持问题导向，主要从以下几个方面推进全面从严治党。一是抓思想从严……二是抓管党从严……三是抓执纪从严……四是抓治吏从严”①。因此，全面从严治党具有严格性，就是指在政治思想态度、规范、标准、尺度等方面要严格，并且加大力度。严格政治思想态度就是强调从思想上建党要认真严肃，坚定党员干部的共产主义理想信念，不断加强理论学习和理论创新，以党性教育引导党员干部自觉加强党性修养，认真践行社会主义核心价值观，真正做到共产主义理想信念的坚定纯洁。

严格规范与严格标准就是要求各级党委组织和党员干部严格遵照党章党纪以及各类党内法规，通过严格制度来规范和约束党的组织和党员干部的言行。严格尺度和加大力度就是把党纪国法作为全面从严治党的标准依据，把严格执法与合理执法结合起来，既要有“猛药去疴、重典治乱的决心”，又要有“刮骨疗毒、壮士断腕的勇气”来处理解决各种问题。要真正做到“全面从严”。“全面从严”就是要以严肃认真负责的态度全面地思考问题，制定相应的规章制度、纪律要求并认真贯彻执行下去。“全面从严”就是要严格规矩，让规章制度、纪律要求成为不可触碰的“高压线”，最终使“遵党纪、守国法”成为每个党员干部的自觉状态。

全面从严治党的“严格性”要求党内规章制度、纪律要求必须严格实施执行。全面从严治党靠教育，也靠制度，必须坚持思想建党和制度治党紧密结合、刚柔相济。全面从严治党的要求是实现党的建设治理，党内规章制度建设的目的就是通过严格实施、从严执纪来实现党内政治生活的有效治理。没有严格实施，制度规范就不能发挥作用，权力就不能被关进制度的笼子里。

---

① 中共中央文献研究室．习近平关于全面从严治党论述摘编［M］．北京：中央文献出版社，2016：16-17.

严格实施首先要严格落实党内规章制度的主体监督责任，真正有机构、有专门责任人依照党内规章制度敢抓敢管权力腐败与各种违纪作风问题，真正使党内纪律规矩成为带电的“高压线”，而不是吓人的“纸老虎”。在党内监督执纪方面，纪检监察部门以往主要关注涉案金额上百万元乃至上千万元、够得上移送司法机关的腐败案件。党的十八大以来，党内执纪方式创新，注重抓早抓小，纪检监察部门一般收到举报就会核实，并与被举报人谈话，提醒他们以此为戒；对违纪者按其违纪程度不同给予恰当处分，惩前毖后，把很多问题扼杀在了萌芽状态。

在完善党内监督方面，首先要监督检查党内执行党的路线、方针、政策和决议的情况，同时要监督检查党内作风纪律方面的情况。当然，在这方面还有较长的路要走，需要在实践中不断探索，制定出一套科学合理的问责机制，坚持有责必问、问责必严，实现问责常态化，确保党章党纪党规执行到位。

在从严执纪与问责方面，需要关注的新问题是主体责任落实是否到位，对于那些在位不作为的党员领导干部，需要严格实行问责制。全面从严治党必须把严肃党内政治生活作为实施载体，党要管党必须从党内政治生活管起，从严治党必须从党内政治生活严起，要明确把规范党内政治生活作为全党的一项重要任务。

（4）思想建党与制度治党的全面“治理”。

全面从严治党的“要害在治”。在“全面从严治党”战略中，习近平总书记特别强调“思想建党和制度治党”相结合，这不仅是对从严治党思想的新发展，而且是对马克思主义建党治党学说的创新。

党的建设既要政治建党、思想建党、组织建党，更需要通过制度治党来落到实处。政治建党、思想建党、组织建党和制度治党相结合是对马克思主义建党治党学说的创新发展。马克思、恩格斯在创建第一个马克思主义政党的过程中，把政治建党放在首位。在《共产党宣言》中，马克思、恩格斯认为，共产党区别于其他政党的特征就是有科学理论的指导。他们要求共产党掌握科学社会主义理论，并同其他非社会主义思想划清界限。列宁在领导第一个马克思主义执政党的过程中，创造性地发展了马克思主义建党学说，强调共产党在思想上的先进性。一方面，共产党是以马克思主义理论武装起来的工人阶级先锋队，代表整个工人阶级的根本利益；另一方面，共产党又是以马克思主义理论武装起来的政党，具有思想上的先进性。习近平总书记提出的“制度治党”丰富和发展了党的建设理论，在“全面从严治党”的全面性上发展到一个新的高度。

全面从严治党是一项长期、复杂的系统工程，要在政治、思想、组织、作风、反腐倡廉、制度建设上“从严”，并持之以恒，常抓不懈。习近平总书记指出：“我们共产党人的忧患意识，就是忧党、忧国、忧民意识，这是一种责任，更是一种担当。要深刻认识党面临的执政考验、改革开放考验、市场经济考验、外部环境考验的长期性和复杂性，深刻认识党面临的精神懈怠危险、能力不足危险、脱离群众危险、消极腐败危险的尖锐性和严峻性，深刻认识增强自我净化、自我完善、自我革新、自我提高能力的重要性和紧迫性，坚持底线思维，做到居安思危。”① 面对这样的考验，解决党在新的历史条件下所面临的问题与挑战需要坚持全面从严治党。“全面从严治党”的最终目标就是要把中国共产党锻造成中国特色社会主义事业的坚强领导核心。中国共产党作为中国的执政党，担负着中华民族伟大复兴的历史重任，担负着实现最广大人民群众根本利益的历史使命。因此，全面从严治党不是阶段性举措，而是要长期坚持的战略选择。

只有通过全面从严治党，不断加强党的执政能力建设，提高党的建设科学化水平，才能使我们党发挥总揽全局、协调各方的领导核心作用，完成国家、民族与人民赋予的历史使命。

二、全面从严治党常态化的概念界说

（1）常态化的含义。

全面从严治党是一项长期的任务。所谓“常态化”，是指要把全面从严治党的各项工作作为党建日常工作的有机组成部分。习近平总书记在党

---

① 中共中央文献研究室．习近平关于全面从严治党论述摘编［M］．北京：中央文献出版社，2016：5-6.

的二十大报告中指出："全党必须牢记，全面从严治党永远在路上，党的自我革命永远在路上，决不能有松劲歇脚、疲劳厌战的情绪，必须持之以恒推进全面从严治党"，要"把握作风建设地区性、行业性、阶段性特点，抓住普遍发生、反复出现的问题深化整治，推进作风建设常态化长效化"①。全面从严治党不仅在当前需要深入开展专项集中整治，通过党的各类理想信念教育和实践活动教育等以集中解决党内存在的明显而突出的矛盾问题，而且是一项需要长期坚持的常态化治理活动，通过持续性经常性的教育活动使党员干部自觉加强自身的理想信念和思想道德教育，在实践中形成思想自觉和行为自觉。

习近平总书记深刻地指出："要注重把继承传统和改革创新结合起来，把总结自身经验和借鉴世界其他政党经验结合起来，增强从严治党的系统性、预见性、创造性、实效性，使从严治党的一切努力都集中到增强党自我净化、自我完善、自我革新、自我提高能力上来，集中到提高党的领导能力和执政能力、保持和发展党的先进性和纯洁性上来。"② 历史经验表明，不管是集中式专项治理活动还是持续性常态化治理，都是全面从严治党的实施途径与措施手段，两种治理方式相辅相成、相得益彰，共同构成全面从严治党的有效手段和强大动力，通过思想建党与制度治党的常态化治理来实现全面从严治党，可以有效地提高党的领导能力和执政能力、保持和发展党的先进性和纯洁性。

（2）全面从严治党常态化的具体内涵。

党的十八大以来，党的建设在"全面从严治党"战略方针的指导下出现了一些新的特点。其主要内容包括：

第一，全面从严治党逐步实现制度化、规范化，通过制度规范实行"坚持把纪律挺在前面"。"截至 2024 年 3 月，全党现行有效党内法规共 3 890 部。其中，党中央制定的中央党内法规 211 部，中央纪律检查委员会以及党中央工作机关制定的部委党内法规 202 部，省、自治区、直辖市

① 习近平. 高举中国特色社会主义伟大旗帜　为全面建设社会主义现代化国家而团结奋斗：在中国共产党第二十次全国代表大会上的报告［M］. 北京：人民出版社，2022：64，68.

② 中共中央文献研究室. 习近平关于全面从严治党论述摘编［M］. 北京：中央文献出版社，2016：7-8.

党委制定的地方党内法规 3 467 部。”[①] 这表明，党的十八大以来，党的建设实现了制度化与规范化建设的重大发展，党内规章制度建设已经进入可持续发展的常态化轨道。

第二，党在规章制度建设方面实现了与国家法律法规的分离，党规严于法。由于历史的原因，以前党的建设在制度规范上不够完善，尤其是没有将党内治理与国家管理在法律依据上区别开，即对党员的言行进行党内管理的时候往往根据国家法律进行处理，其结果是将党员需要遵守党的政治纪律与公民需要遵守国家法律二者混为一谈，实际上降低了党员的先进性和纯洁性要求。

国家的宪法与法律是政府治国理政的法律依据，其规范的对象是中华人民共和国的全体公民。宪法和法律强调的是公民的法律权利、义务和责任。而中国共产党党内的各种纪律规章制度是管党治党的“党规党纪”，规范的对象是全体党员，强调的是党员在党内政治生活中的政治权利、义务和责任。由于管党治党的思想理论建设滞后以及党内规章制度的建设不完善，以前的管党治党往往套用国家法律进行规范，由此产生的一个严重的副作用就是党的政治纪律没有受到应有的重视，导致党员不违法就无法受到有效管理，党内的政治生活没有纪律规矩，也就不能实现规范化，管党治党往往退守至法律防线，使得党员实际上没有体现出先锋模范作用。由于只有严重违纪违法才会受到惩处，多数党员都不把纪律和规矩当回事。

党的十八大以来，党内制度建设开始全面清除党内法规中套用国家法律规章制度的相关内容，党在治国理政与党的治理方面开始区分不同类别的规范。习近平总书记明确提出：“坚持思想建党和制度治党紧密结合。从严治党靠教育，也靠制度，二者一柔一刚，要同向发力、同时发力。”[②]《中国共产党纪律处分条例》明确列出了党内对于六大纪律的规范要求，明确架设了党内纪律“高压线”，把党的纪律规范作为党员干部和党的组织政治生活的严格标准，从制度上保障了“全面从严治党”能够落到实处。

---

① 张劲. 持之以恒推进依规治党：新时代党内法规制度建设［J］. 党建，2024（6）.

② 中共中央文献研究室. 习近平关于全面从严治党论述摘编［M］. 北京：中央文献出版社，2016：104.

第三，全面从严治党既强调制度治党也强调思想建党。从思想上建党是党的政治传统和政治优势。习近平总书记形象地指出："崇高信仰、坚定信念不会自发产生。要炼就'金刚不坏之身'，必须用科学理论武装头脑，不断培植我们的精神家园。对领导干部特别是高级干部来说，要把系统掌握马克思主义基本理论作为看家本领。"① 只有从思想上坚定对马克思主义的信仰，才能够坚持正确的政治方向，才能够自觉地抵制各种腐朽思想的侵蚀，经受住各种风险和困难的考验，永葆共产党员的政治本色。

党的十八大以来，"中共中央八项规定"、《中国共产党纪律处分条例》、《关于在县处级以上领导干部中开展"三严三实"专题教育方案》以及《中国共产党廉洁自律准则》等党内纪律规范的颁布，充分体现了思想建党与制度治党并重、对党的治理标本兼顾的"全面从严治党"原则精神，将党建制度创新推进到一个新常态阶段。

全面从严治党是在新的历史特征条件下提出来的，其常态化的具体内涵包括：

第一，党的理想信念思想教育常态化。党的政治理想教育既包括中国特色社会主义共同理想，也包括共产主义远大理想。习近平总书记在《关于坚持和发展中国特色社会主义的几个问题》中指出："要教育引导广大党员、干部把践行中国特色社会主义共同理想和坚定共产主义远大理想统一起来，做到虔诚而执着、至信而深厚。"② 思想是行动的先导，学习是进步的阶梯。全面从严治党要常态化必须通过具体的政治生活实践活动开展。政治生活的实践活动体现了马克思主义的辩证唯物主义实践特征，通过具体的政治生活实践活动来培育和践行社会主义核心价值观是理想信念思想教育的重要内容，更是全面从严治党对党员提出的新要求，是党员干部履职尽责的新标准。理想信念思想教育与培育践行社会主义核心价值观能否落到实处，关键在于党的各级组织和党员干部的思想认识、政治意识是否到位，而形成正确的思想认识需要坚持常态化政治思想教育。

---

① 中共中央文献研究室．习近平关于全面从严治党论述摘编［M］．北京：中央文献出版社，2016：61.

② 同①59.

常态化政治思想教育使广大党员把学习作为一种习惯、责任和追求，认真学习贯彻党的十八大以来的党中央精神，深入学习领会习近平总书记系列重要讲话精神，紧紧围绕协调推进“四个全面”战略布局，增强严守党的政治纪律和政治规矩的自觉性、坚定性，坚定对马克思主义的信仰、对共产主义和社会主义的信念、对党和人民的忠诚，确保在思想上、政治上、行动上始终与党中央保持高度一致，使党员干部做到修身律己、做事用权的常态化，增强政治自觉、思想自觉和行动自觉的常态化要求，以正反两方面典型为鉴，从各种严重违纪违法案件中吸取教训并引以为戒，净化自我、完善自我、提高自我。

第二，遵守党的规章制度纪律常态化。没有规矩，不成方圆，党员就必须执行党的纪律。党的政治生活有着严密的组织性和纪律性要求，遵章守纪既是党员党性原则的具体体现，是对全体党员的刚性要求，也是营造风清气正的政治生态的现实需要和培育坚定的共产主义理想信念的历史需要。习近平总书记指出：“遵守党的政治纪律，最核心的，就是坚持党的领导，坚持党的基本理论、基本路线、基本纲领、基本经验、基本要求，同党中央保持高度一致，自觉维护中央权威。”① 党的各级组织需要在规章制度纪律的建设执行上常态化，全体党员也要在党的政治生活中注意遵守党的规章制度纪律的常态化要求。通过规章制度的建设和完善，加强党对各级组织和全体党员的领导，保证党的政治纪律得到遵守执行，确保各级组织和全体党员对党的忠诚。遵章守纪不仅是党员自律能力的体现，而且是其境界和修养的彰显。遵守党的规章制度纪律常态化作为党的各级组织和全体党员的思想守则、价值追求和人生信条，需要贯穿到实际工作和日常生活中去，落细落小落实，真正做到内化于心、外化于行，做到遵守党的规章制度纪律的自觉自为。

第三，全面从严治党的监督检查常态化。推进全面从严治党常态化，需要形成全员、全过程、全方位的监督检查机制，做到监督检查常态化。一是完善组织监督机制。针对一些党员干部作风漂浮、纪律松弛、为政不

---

① 中共中央文献研究室．习近平关于全面从严治党论述摘编［M］．北京：中央文献出版社，2016：96．

廉、为政不为等问题，要定期开展监督检查，给党员干部戴上“紧箍咒”，使其不敢懈怠、不敢失职、不敢滥权，真正做到把权力关进制度的笼子里。二是完善群众监督机制。群众监督最直观、最有效。要充分调动群众的积极性，强化群众监督意识，营造良好的监督氛围，确保有问题能够及时发现，避免熟视无睹、执行走偏现象。三是完善舆论监督机制。舆论监督具有公开性、即时性、广泛性等特点。应完善舆论监督机制，将党的政治生活实践置于有效的舆论监督之下，“十目所视、十手所指”，从而能够切实地增强全体党员的事业心和责任感。

全面从严治党的常态化要求建立和实现从严治党的常态化机制，主要包括：

其一，党内政治生活常态化机制。习近平总书记指出：“大家要带头遵守党的组织原则和党内政治生活准则，懂规矩，守纪律。”① 要担当起全面从严治党的责任，首先要实现民主生活会的常态化：“严肃党内生活，最根本的是认真执行党的民主集中制，着力解决发扬民主不够、正确集中不够、开展批评不够、严肃纪律不够等问题。……要发扬党内民主，营造民主讨论的良好氛围，鼓励讲真话、讲实话、讲心里话，允许不同意见碰撞和争论，同时善于进行正确集中，防止议而不决、决而不行。”② 民主集中制是我们党在长期的革命、建设和改革的实践中形成的优良传统，是有效地增强党的生机与活力的传家武器。新的形势下，要做到严肃党内政治生活，就是要坚持批评和自我批评等优良作风，并结合社会发展的现实赋予其新的时代内涵。通过党内政治生活常态化机制建设来改变过去相当长一段时间以来的，一些单位部门把民主当作党内政治生活的摆设，把批评和自我批评当作党员之间的相互表扬、彼此吹捧的形式主义作风，做到相互批评不看地位身份，做到“排汗疗毒、治病救人”。自我批评要开诚布公，深入剖析问题产生的根源。同时还要注意既要民主又要集中，在体制机制上把握好民主与集中的合理尺度，真正落实好民主集中制。

---

① 中共中央文献研究室. 习近平关于全面从严治党论述摘编［M］. 北京：中央文献出版社，2016：23.

② 同①23-24.

其二，党内生活作风建设常态化机制。要把党建设成为一个强有力的执政党，需要增强党内生活的政治性、原则性、战斗性。党员的作风建设靠自律，更离不开他律。党内生活需要坚持发扬批评和自我批评的优良作风，“批评和自我批评是清除党内政治灰尘和政治微生物的有力武器，必须以整风精神严格党内生活，着力提高领导班子发现和解决自身问题的能力”①。还要充分发挥他律的作用，这是党员干部保持优良作风的重要保障，也是推进作风建设实现常态化的重要环节。对党员干部的监督制约要确保常态化，不能只是一阵风，也不能一时松一时紧，而是要始终绷紧党内政治生活中监督制约这根弦，让虚心接受监督，特别是能沉下心来接受人民群众“逆耳忠言”的领导干部成为主流，成为一种常态化。

三、全面从严治党制度化的概念界说

所谓全面从严治党的制度化，就是党的建设要通过制度建设获得保障。习近平总书记提出：“严肃党内政治生活，必须把纪律规矩立起来、严起来。要对现有的制度规定进行梳理，该修订的修订，该补充的补充，该新建的新建，让党内政治生活有规可依、有章可循。”② 中国共产党自1921年成立以来，一直强调从严治党。全面从严治党中的“从严”是严要求、严手段、严措施，更主要的是突出强调制度的严格性。习近平总书记明确指出：“要建立健全相关制度，用制度管权管事管人。要突出重点，重在管用有效，全方位扎紧制度笼子，更多用制度治党、管权、治吏。”③“坚持制度治党、依规治党，以党章为根本，以民主集中制为核心，完善党内法规制度体系，增强党内法规权威性和执行力，形成坚持真理、修正错误，发现问题、纠正偏差的机制。”④ 严格的制度是各级党组织和党员必须共同遵守的规范，也是我们管好党员干部的根本准则，是建设和营造党

---

① 中共中央文献研究室. 习近平关于全面从严治党论述摘编［M］. 北京：中央文献出版社，2016：27.

② 同①41.

③ 同①110.

④ 习近平. 高举中国特色社会主义伟大旗帜　为全面建设社会主义现代化国家而团结奋斗：在中国共产党第二十次全国代表大会上的报告［M］. 北京：人民出版社，2022：65-66.

内良好政治生态和社会主义现代化建设的有力武器。

党的十八届四中全会明确提出了要依法执政。依法执政既要求党依据宪法法律治国理政，也要求党依据党内法规管党治党。在全面推进依法治国和国家治理体系与治理能力现代化的时代背景下，通过制度化、规范化实现全面从严治党已经成为当前社会主义现代化建设进程中的重要任务和关键环节。

全面从严治党需要把规范化、制度化的制度治党基本理念和精神内核贯彻到党的自身建设实践中去。制度治党具有两个方面的重要内容：其一是党的组织和政治活动必须在宪法和法律的范围内进行；其二是党必须通过加强自身的制度建设和规范建设、完善自己的制度来实现党内生活的民主化、法治化。党的十八大以来，以习近平同志为核心的党中央提出要提高党的科学执政、民主执政和依法执政水平，完善党的领导体制和执政方式。国家法律和党内法规的建设力度不断加强、修订频率不断加快，充分体现了习近平总书记有计划有步骤地统筹推进管党治党制度化、规范化、程序化、法治化的新理念和新要求。

以法律法规为依据从严管党治党既是党执政经验的历史总结，又是全面推进依法治国、建设法治中国的时代需要。党的十八届四中全会明确指出了党的领导是中国特色社会主义现代化建设进程中最本质的特征。习近平总书记强调了依法执政的重要意义："我们要增强依法执政意识，坚持以法治的理念、法治的体制、法治的程序开展工作，改进党的领导方式和执政方式，推进依法执政制度化、规范化、程序化。"①

全面从严治党的科学化只能通过制度化实现。作为中国特色社会主义事业的领导核心，居于执政地位的中国共产党本身是依法治国的举足轻重的主体和客体。因此，在法治中国视域下的依法依规从严管党治党需要树立依法治国和依法依规从严管党治党的法治思维，实现国家法治文明与政党法治文明的共生共长。中国共产党作为马克思主义的政党，需要保持自身的先进性，才能作为坚持党的领导的科学基础。政党的先进性不是与生俱来的，而是在自我变革和自身建设的过程中不断增强和

① 习近平. 习近平谈治国理政：第 2 卷［M］. 北京：外文出版社，2017：120.

提升先进性，唯有不断适应形势的发展和变化，才能获得广泛而深厚的合法性基础。

如何从严治党以保持党的先进性和纯洁性，一直是马克思主义经典作家探索的重大理论和实践课题。在国际共产主义运动史上，针对巴枯宁无政府主义、拉萨尔机会主义和蒲鲁东小资产阶级社会主义思潮对无产阶级政党的影响和冲击，马克思曾经尖锐地指出必须绝对保持党的纪律，否则将一事无成。新中国成立以来，中国共产党在如何加强自身建设方面积累了宝贵经验，但由于对社会主义建设理论准备不足，对社会主义法治地位和作用认识的偏颇，片面强调以群众运动方式整风整党，法制建设不仅没有得到应有的重视，反而错误地被当作资产阶级的东西受到批判，轻视和否定民主法治的思潮使得党的建设和社会主义发展走了一段弯路。

党的十八届四中全会强调，依法执政既要求党依据宪法法律治国理政，也要求党依据党内法规管党治党。必须坚持党领导立法、保证执法、支持司法、带头守法，把依法治国基本方略同依法执政基本方式统一起来。同时，首次把形成完善的党内法规体系纳入中国特色社会主义法治建设六大体系之中，这是管党治党法治化的重大战略部署。在《关于〈中共中央关于全面推进依法治国若干重大问题的决定〉的说明》中，习近平总书记强调了党内法规是对全体党员的要求。全面推进依法治国，要求全体党员干部既必须遵守国家法律法规，更强调遵守党内纪律规章制度。这为构建全面从严治党新常态指明了清晰的法治路径。

构建全面从严治党的常态化是一项因素众多、规模庞大、结构复杂、功能综合的系统工程，首要的就是通过培育法治信仰，树立法治思维，取得实效。由于历史的原因，少数党员干部法治信仰缺失、法治思维淡薄，提高党员干部运用法治的思维和能力显得尤为重要。要树立合法性思维，无论是谋划改革思路、设计改革方案，还是制订改革举措，都必须严格遵循法律规则和法定程序，在法治框架内进行，符合法律规定和要求。有权必有责，用权必监督，建立领导干部终身追责制度，倒逼领导干部依法决策、终身履责。法治的核心功能在于维护公平和正义，改革的价值取向也在于追求公平、公正、合理。无论是体制机制创新还是利益关系调整，都应始终坚持法律面前人人平等，弘扬正气、伸张正义，充分体现权利公平、机会公平、规则公平。法治既是对权力的规范，也是对责任的强调。改革的着力点就是实现权力和责任的统一，真正做到有权必有责，违法必追究，失职必问责，侵权要赔偿。改革实质上是通过制度设计，重新配置和调整权力，形成科学有效的权力运行机制和监督制约体系，而法治的要义是限制权力，防止滥用。建设法治政府必须以规范和约束公权力为重点，加大监督力度，让权力在宪法法律范围内运行。

不断完善党内法规制度体系，实现党内法规与国家法律的有机衔接。要进一步提高党内法规的立法技术，使其在制度设计、制定程序、规范内容、制定技术等方面与国家立法配合衔接；适时将党内法规中成熟的直接规范公权力运行的制度规定经过法定程序上升为国家法律；修改完善《关于党内政治生活的若干准则》为《关于新形势下党内政治生活的若干准则》，用批评和自我批评这个有力武器，提高党内政治生活的政治性、原则性和战斗性；持续深入改进作风，形成作风建设的长效机制，抓紧制定出台党员干部道德行为准则，增强监督和考核的可操作性；把党的十八大以来在作风建设上的成功经验与做法上升为制度、细化为规则，制定《中国共产党党员领导干部廉洁从政若干准则》，对党员领导干部廉洁从政、改进作风提出明确而具体的要求；落实党风廉政建设和反腐败工作的主体责任和监督责任，修订完善《关于实行党风廉政建设责任制的规定》；善于用法治思维和法治方式反对腐败，制定违纪案件审查的程序性法规，加强反腐败国家立法；完善党内惩戒制度体系，修订和完善《中国共产党纪律处分条例》，提高依法依纪惩治腐败的能力。

作为党的意志的集中体现，党内的纪律规章制度必须成为对党员的一种强制性规定。党的纪律必须进一步严起来，要严明党的政治纪律和组织纪律，持续保持高压态势，增强惩治的严厉性，让党员不得不严起来。要坚决贯彻违纪必究的原则，增强党内制度规范的威慑力。这样，才能切实保证党内制度规范的严肃性和威慑力，提高中国共产党治党管党的能力。

广大党员尤其是党员干部必须严格遵守党内制度规范，自觉按照相关要求行事，若违背了党内制度规范，那么，无论其权力大小和地位高低，都必须一律平等地受到相应的惩罚。与此同时，还要加强纪检工作，发挥纪委在防腐反腐中的重要作用，积极开展监督检查，对违反党规的行为果断追责，构建从严治党新常态。

制度治党的关键体现在制度执行力上。制度执行力的强弱直接关系到制度治党的成败。制度执行力强，就能推进制度的落地生根，发挥出制度的监督和制约作用。反之，制度执行力弱，制度执行就难以推进，制度就会出现悬空，再完备的制度也不能发挥应有的作用。纵观近些年出现的一些地方和部门党员干部违规违纪的案例，其症结并非完全出自制度本身，制度执行力也问题重重，制度执行过软过散，使制度本身具有的刚性软化了，变成了毫无约束力的"橡皮筋"，要解决这些问题，就要落实到制度治党上来，通过增强各级领导干部的制度执行力，体现制度的刚性和硬度，把制度真正当作"硬约束"。

全面从严治党要重视落实责任，不断增强领导干部管党治党的责任意识。历史和现实都说明，什么时候责任明确、责任到位，什么时候就能推进党风建设的发展，营造风清正气的良好氛围。什么时候责任模糊，不愿承担责任，什么时候就会出现作风不彰，不良作风就会不断蔓延。因此，建构全面从严治党责任机制就成为作风建设常态化的现实课题。

四、全面从严治党科学化的概念界说

全面从严治党既要制度化又要科学化。科学化与制度化是辩证统一的，通过科学化建设制度化，通过制度化不断科学化。

所谓科学，就是主体正确反映客观事物的本质及其运动变化发展的规律性的系统知识。一般地说，科学具有客观性、系统性、理论性、可验证性等特征。而科学化就是要使实践过程中对对象的改造和建设符合科学规律，也就是实践过程和状态要具有规律性。党的建设理论与实践的科学化就是使党的建设发展符合政党发展科学规律的过程，是把有关政党的科学原理外化于中国共产党建设发展的实践进程中。

党的建设科学化，本质上是要求党的活动符合政党活动的规律。这里的规律，既包括作为马克思主义政党的特殊规律，也包括作为一般政党的普遍规律，因此党的建设科学化既需要立足于中国国情，也需要具有世界眼光。中国共产党首先是作为一个共产主义的组织政党而存在的，具有政党的一般属性，即以取得政权为目标，具有组织政府、利益综合、政治社会化、政治录用、政治动员等政党的一般功能，同时也具有政党的一般性组织结构。如果忽视政党的一般规律，过于强调中国共产党的历史特殊性，就不利于党的建设科学化，就容易把自己的经验神圣化，故步自封，难以有改革创新精神，难以借鉴其他政党的宝贵经验。世界上自有政党以来，其发生、发展已经具有了几百年的历史，在政党建设方面必然有一些宝贵经验值得我们借鉴。同样，如果只强调一般性，忽视中国共产党的特殊性，盲目照搬国外的政党模式和制度，就会偏离中国特色社会主义发展道路。认识和运用党的建设的规律，推进党的建设的科学化，必须运用马克思主义的基本理论，正确处理共性与个性、普遍性与特殊性的关系。

党的制度建设是党的建设的重要组成部分和重要保证。党的十八大明确强调“要把制度建设摆在突出位置”。新时代推进全面从严治党，全面提高党的建设科学化水平，最根本的就是要严格遵循执政党建设规律，建立健全以党章为核心、以民主集中制为原则、由一系列相互联系的具体制度组成的逻辑清晰、结构合理、科学有效的党内制度体系，并强化制度执行，推进制度治党科学化。正如习近平总书记引用《吕氏春秋》所强调的：“欲知平直，则必准绳；欲知方圆，则必规矩。”①

党的十八届四中全会指出，把党的领导贯彻到依法治国全过程和各方面，是我国社会主义法治建设的一条基本经验。习近平总书记在党的二十大报告中指出：“经过不懈努力，党找到了自我革命这一跳出治乱兴衰历史周期率的第二个答案，自我净化、自我完善、自我革新、自我提高能力显著增强，管党治党宽松软状况得到根本扭转，风清气正的党内政治生态不断形成和发展，确保党永远不变质、不变色、不变味。”② 我国宪法确立

① 习近平．习近平谈治国理政：第2卷［M］．北京：外文出版社，2017：151.

② 习近平．高举中国特色社会主义伟大旗帜　为全面建设社会主义现代化国家而团结奋斗：在中国共产党第二十次全国代表大会上的报告［M］．北京：人民出版社，2022：14.

了中国共产党的领导地位。坚持党的领导，是社会主义法治的根本要求，是党和国家的根本所在、命脉所在，是全国各族人民的利益所系、幸福所系，是全面推进依法治国的题中应有之义。作为中国特色社会主义事业的领导核心，中国共产党本身是依法治国的举足轻重的主体和客体。因此，在法治中国视域下的依法依规管党治党需要树立依法治国和依法依规管党治党的法治思维，实现国家法治文明与政党法治文明的共生共长。

五、常态化制度化科学化的“三位一体”

全面从严治党的党的建设理论要求，在党的建设过程中需要强调全面从严治党的常态化、制度化、科学化“三位一体”，常态化、制度化、科学化是密切联系的有机整体。其中，常态化是全面从严治党的持续性要求，制度化是全面从严治党的关键保障，科学化是全面从严治党的依据和目标。

世界政党发展史也表明，科学制度在政党建设中具有特殊作用，不依靠制度建设而依靠别的方式来加强党的建设，不仅成本过高、代价昂贵，而且风险大，难以从根本上起作用。综观国际共产主义运动的历史，各社会主义国家执政党建设最大的教训是制度的缺失。回顾我党建设的历史，制度建设始终是党的建设的重要内容。邓小平在总结新中国成立以来的历史经验时指出，我们过去发生的各种错误同组织制度、工作制度方面的问题密切相关。这些方面的制度如果好，可以使坏人无法任意横行；如果不好，则会使好人无法充分做好事，甚至会走向反面。胡锦涛在讲话中特别强调，建设好、管理好一个有几千万党员的大党，制度更带有根本性、全局性、稳定性、长期性。推进制度化、规范化、程序化，也是提高党的建设科学化水平的内在要求。党的建设科学化，就是党的建设走上科学化轨道的状态与过程。它重在通过一系列科学理论、科学制度、科学方法的运用，努力使党的建设体现时代性、把握规律性、富于创造性，以切实推进党的建设新的伟大工程和完善党的建设总体布局。

习近平总书记提出的“全面从严治党”的党的建设思想创新发展了关于马克思主义政党的建设理论。全面从严治党既坚持了马克思主义从严治党的理论原则，而且把从严治党上升到巩固党的执政地位的高度。习近平总书记强调，“从严”是我们做好一切工作的重要保障，并明确指出了不能全面从严治党的危险性。他提出，党的执政地位和领导地位并不是自然而然就能长期保持下去的，不管党、不抓党就有可能出现问题甚至出大问题，结果不只是党的事业不能成功，还有亡党亡国的危险。

中国共产党历来重视党的建设。毛泽东在领导中国革命和建设的过程中，特别重视思想建设，历来把思想建党放在首位。他善于同党内存在的各种非无产阶级思想展开斗争，用马克思主义思想观点教育广大党员，在实践中形成了党的思想建设、组织建设、作风建设“三位一体”的党建格局。邓小平在领导改革开放的过程中，逐步认识到制度建设的重要性，认为忽视制度保障，党的很多工作会遭受损失。因此，他在党的十三大谈到党的建设时，提出要加强党的制度建设。之后党的历次代表大会都强调开展反腐倡廉斗争，只是一直把反腐倡廉作为作风建设的一部分。随着反腐倡廉形势日益严峻，党的十七大报告首次提出反腐倡廉建设，凸显反腐的重要性。至此，思想建设、组织建设、作风建设、反腐倡廉建设和制度建设“五位一体”的党建新格局基本形成。这一党建思想既继承了马克思主义建党思想，又与时俱进、创新发展了马克思主义政党的建设理论。

习近平总书记第一次将政治立党、思想建党和制度治党结合起来，创新发展了马克思主义建党治党学说。从毛泽东确立的“三位一体”到习近平确立的“六位一体”党建格局的演变，表明党已经充分认识到六个方面建设的重要性，并在党的建设实践中大力推进“六大建设”。习近平总书记在党的群众路线教育实践活动总结大会上指出，要“坚持思想建党和制度治党紧密结合”，首次把制度建设提升到制度治党的高度，充分表明党对制度建设的高度重视，突出制度建设的重要性。同时，首次提出思想建党和制度治党要结合起来，说明两者相互配合的重大意义。习近平总书记的从思想上建党、靠制度治党的思想，创造性地丰富和发展了马克思主义建党治党学说，是党加强自身建设、保持党的先进性和纯洁性的宝贵经验和重要结论。习近平总书记明确提出了加强纪律建设常态化、制度化、科学化的四个方面的要求："一是要健全完善制度，以党章为根本遵循，本着于法周延、于事有效的原则，制定新的法规制度，完善已有的法规制度，废止不适应的法规制度，健全党内规则体系，扎紧党纪党规的笼子。二是要深入开展纪律教育，加强学习宣传教育，使党员、干部增强纪律意识，把党章党规党纪刻印在心上，形成尊崇党章、遵守党纪的良好习惯。三是要狠抓执纪监督，以纪律为尺子衡量党员、干部的行为，对违纪问题发现一起就查处一起，提高纪律执行力，维护纪律严肃性。四是要养成纪律自觉，教育引导广大党员、干部特别是领导干部严格按党章标准要求自己，知边界、明底线，把他律要求转化为内在追求，自觉以身作则，发挥表率作用。"①

全面从严治党需要靠思想和制度两方面的约束，需要坚定的理想信念和高度的党性修养作为保证。"全面从严治党"意味着从严治党全面覆盖，不留空白。思想建党为全面从严治党提供了思想保证。第一，全面从严治党需要广大党员、干部提高认识，充分认识全面从严治党的重要性和紧迫性、长期性和持久性，在思想上做好充分准备，从而实现对全面从严治党稳步扎实地推进。第二，全面从严治党需要用马克思主义理论和中国特色社会主义理论教育广大党员、干部，不断培育我们的精神家园，真正做到思想建党，为全面从严治党奠定思想基础。第三，全面从严治党需要培育坚定的理想信念，使广大党员、干部站得高、望得远，通过理想信念坚定立场，才能够遇到困难不消沉、身处逆境不动摇，才能够经受住各种风险和考验，自觉抵制各种侵蚀，永葆共产党人的政治本色，从而增强全面从严治党的自觉性。第四，全面从严治党需要增强广大党员、干部的党性修养，培育党员、干部高尚的道德情操，从源头上正本清源、固本培元，从而为全面从严治党提供持久的内在动力。

全面从严治党需要靠制度约束提供保障。第一，全面从严治党需要以法治思维和改革精神建立完备的制度体系。党的建设的各个方面都需要有针对性地制定完备、科学、务实的制度体系，对权力进行规范和约束，为

① 中共中央文献研究室. 习近平关于全面从严治党论述摘编［M］. 北京：中央文献出版社，2016：115.

全面从严治党提供保障。第二，全面从严治党需要树立制度的严肃性和权威性。用刚性制度确定党和国家的治理规则，以强制手段规范广大党员干部的行为，增强他律的硬约束，确保制度面前人人平等，从而保证全面从严治党的实效性。第三，全面从严治党需要增强制度信仰和执行力。制度是治本之策，制度制定下来之后，最重要的就是人的执行。同样的制度由不同的人来执行，可能会有不同的效果。重视从制度机制上解决问题，提高人们对制度的尊重，从而实现全面从严治党的制度化、常态化。

构建政治立党、思想建党与制度治党的良性互动。思想建党是首位，是制度治党的前提和基础。思想建党是马克思主义政党建设之源，它决定着党的建设的性质和方向。加强思想建党才能保证制度治党的正确方向，为制度治党制定科学合理、规范严密的制度体系创造前提和奠定基础，对制度治党起到引领作用。制度治党是思想建党的有力保障。思想教育需要制度来系统化和规范化，思想建党的经验和成果需要制度来凝练和巩固。加强以党章为根本的党的制度体系建设，强化制度的执行力，将为思想建党提供坚强保障。

政治立党、思想建党和制度治党相互配合才能取得实效。政治立党、思想建党和制度治党相互联系、相互促进、相辅相成，才能共同构成全面从严治党的有力举措。推进全面从严治党，既要靠教育，也要靠制度。要坚持把思想建党摆在首位，把制度治党贯穿始终。思想教育要结合落实制度规定来进行。要使加强制度治党的过程成为加强政治立党和思想建党的过程，也要使加强政治立党、思想建党的过程成为加强制度治党的过程，从而形成党的建设新常态，把“全面从严治党”真正落到实处。

加强和规范党内政治生活是推进制度治党科学化的重要目标。推进制度治党科学化有利于实现党内政治生活的制度化。制度化是党内政治生活有效开展的前提。学习教育、组织管理、党内监督、民主生活会、组织生活会等党内政治生活开展的每一个环节，都需要相应的制度予以保障。

因此，推进制度治党科学化，在党内制定科学合理的制度规范，形成全面有效的制度体系，能够为党内政治生活的正常运行提供制度依据和保障，能够为各项具体活动的开展提供良好的制度环境，实现党内政治生活有规可依，有利于对党内政治生活进行组织动员和有效监督，促进党的政治生活的健康发展；有利于党和国家正确路线、方针和政策的贯彻和落实，维护党中央权威，保证全党令行禁止；有利于维护党内的团结和统一，不断提高党的凝聚力和战斗力。

推进制度治党科学化有利于实现党内政治生活的民主化。党内民主是党的生命，是党内政治生活积极健康的基础。党内决策、执行、监督等工作必须执行党章党规确定的民主原则和程序，任何党组织和个人都不得压制党内民主、破坏党内民主。因此，推进制度治党科学化，通过坚持和完善党内民主各项制度，能够保障党内民主程序的正常运行和民主功能的有效发挥，有利于尊重党员主体地位，落实党员知情权、参与权、选举权、监督权，保障全体党员平等享有党章规定的党员权利、履行党章规定的党员义务；有利于畅通党员参与讨论党内事务的途径，既能拓宽党员表达意见的渠道，营造党内民主讨论的政治氛围，又能发挥民主决策的优势，提高决策的科学性和针对性；有利于推进党务公开，强化党内民主监督，以党内民主推动人民民主，不断优化党内的政治生态。

推进制度治党科学化有利于实现党内政治生活的规范化。党内政治生活不是无序和随意的，而是要在一定的制度规定、制度引导和制度约束所形成的制度合力中不断被规范的。规范性是党内政治生活发挥组织、管理、教育党员功能的重要保证，也是新形势下加强党内政治生活的重要目标。党内政治生活中存在的种种问题，其形成大多是因为缺乏制度合力而造成党内政治生活不规范。因此，推进制度治党科学化，构建相互协调、相互贯通，具有系统性、权威性和可操作性的党内制度体系，能够通过党内政治生活的制度规定，规范其导向和内容；通过增强制度制定的科学性和运行的有效性，严明党的政治纪律和政治规矩，形成制度合力，规范其过程和形式，有利于增强党内政治生活的政治性、时代性、原则性、战斗性，增强党自我净化、自我完善、自我革新、自我提高的能力，在全党形成既有集中又有民主、既有纪律又有自由、既有统一意志又有个人心情舒畅和生动活泼的政治局面。

实现党内制度设计的“三个统一”是推进制度治党科学化的基本要

求。制度的科学有效是制度治党科学化的前提。习近平总书记指出，不管建立和完善什么制度，都要本着于法周延、于事简便的原则，注重实体性规范和保障性规范的结合和配套，确保针对性、操作性、指导性强。因此，制度设计能否兼具科学性与实用性，适应新形势下全面从严治党的要求，是制度治党能否实现科学化的首要问题。

优化党内制度体系是推进制度治党科学化的实践路径。要实现制度治党科学化，靠的不仅是单个制度发挥作用，更需要形成科学的制度体系，不仅要重视制度制定，而且要强化制度执行。新形势下，在参与国际竞争、发展社会主义市场经济和全面深化改革的背景下推进全面从严治党，必须消除传统政治思想中的“人治”等错误观念，树立制度意识，优化制度体系，用科学有效的制度，保障党和国家的各项事业平稳有序发展。

第二节　全面从严治党常态化制度化科学化的本质内涵

抓好党的建设，全面从严治党，是实现党的十八大确定的各项目标任务、实现第二个百年奋斗目标、实现中华民族伟大复兴中国梦的根本保障。习近平总书记指出：“我们党担负着团结带领人民全面建成小康社会、推进社会主义现代化、实现中华民族伟大复兴的重任。……治国必先治党，治党务必从严。”①

全面从严治党需要常态化、制度化和科学化建设发展。中国共产党是一个拥有 9 800 多万（截至 2022 年底）党员的社会主义大国的执政党，在当今复杂的国际国内政治局面下必然面临着各种各样的执政风险和处理现实政治问题的考验。因此党要管党、党要治党的党建任务比过去任何时候都更加繁重、更加艰巨和复杂。在推进全面从严治党的过程中必然会面临各种各样的现实问题与困难，这就要求党的建设必须以开拓创新的精神，破除各种障碍，以全面从严治党常态化、制度化和科学化建设去开辟全面

① 习近平. 习近平谈治国理政［M］. 北京：外文出版社，2014：14.

从严治党的全新路径。

一、探寻马克思主义执政党建设的科学规律

全面从严治党是以习近平同志为核心的党中央把马克思主义执政党的建设理论同中国具体实际相结合提出的关于社会主义执政党建设的创新性理论成果。它是在特定历史条件下中国共产党人对按什么样的目标、原则、规律和价值取向进行“党要管党、从严治党”的积极探索和规律性认识。深入探究全面从严治党的落实路径、逻辑结构和价值取向，探讨马克思主义执政党建设的科学规律，对推动党的建设具有重要的理论价值和现实意义。

习近平总书记指出，从严治党有其自身规律。党的十八大以来，习近平总书记在关于全面从严治党的系列重要讲话中，明确提出了探索全面从严治党的规律性问题，要求深刻揭示全面从严治党的内在规律。全面深刻地理解全面从严治党思想的理论内涵、科学地遵循运用这些内在规律对认识和把握治国理政规律、开创全面从严治党新局面的理论探讨和实践探索具有重大的现实意义。

善于认识和把握规律，按规律办事，是马克思主义的基本特征和本质要求。全面从严治党同其他事物一样，也有其自身建设发展的规律。我们党在长期管党治党实践中积累了丰富的经验，对于全面从严治党的规律性有了一些认识。从严治党是党加强自身建设发展的一贯要求和优良传统。中国共产党成立以来，正是因为我们党始终把党的建设放在重要位置，从严管党治党，才能够始终保持先进性和纯洁性，才能够团结带领全国各族人民不断取得革命、建设和改革事业的伟大胜利。党的十八大以来，我们党进一步深化了对新形势下全面从严治党的规律性认识，在实践中能够更加自觉地运用认识到的规律。

坚定理想信念是全面从严治党的核心和关键。坚定理想信念对于加强党的建设具有根本性意义和不可估量的作用。习近平总书记指出：“坚定理想信念，坚守共产党人精神追求，始终是共产党人安身立命的根本。”①

① 习近平．习近平谈治国理政［M］．北京：外文出版社，2014：15.

习近平总书记形象地将理想信念比喻为精神之“钙”，正因为有坚定的理想信念，我们党才具有战无不胜、攻无不克的强大力量。现实生活中，一些党员干部出现问题，归根到底是理想信念出了问题。

全面从严治党，必须要牢牢抓住坚定共产主义理想信念这个核心和关键。坚定理性信念既要有精神修养，又要落实在工作实践之中。“革命理想高于天。没有远大理想，不是合格的共产党员；离开现实工作而空谈远大理想，也不是合格的共产党员。”① 全面从严治党要抓住思想理论建设这个根本，不断加强党员干部的理论武装和理论创新学习。理想信念的坚定来自思想理论的坚定。当前坚定理想信念，就要“深入学习马克思列宁主义、毛泽东思想、邓小平理论、‘三个代表’重要思想、科学发展观，深入学习党的十八大以来党中央治国理政新理念新思想新战略，让真理武装我们的头脑，让真理指引我们的理想，让真理坚定我们的信仰”②；就要深入学习贯彻落实习近平新时代中国特色社会主义思想，真正做到既有坚定的理想信念，又能够落实在现实工作之中。在新的历史条件下，坚定理想信念不是一件容易的事，要抓住党性教育这个核心，教育引导党员干部自觉加强党性修养，挺起共产党人的精神脊梁。每个党员都要坚持让理想信念的火炬照亮前行的路，保持正确的前进方向。

坚持政治立党、思想建党和制度治党紧密结合，同向发力、同时发力。重视从思想上建党，是我们党的显著特点和巨大优势。坚持制度治党，是我们党对自身建设正反两方面经验教训的深刻总结，也是时代的要求。国家要依法治国，执政党要靠制度治党，这是现代治理的铁律。在新形势下，我们要树立法治思维，认认真真抓制度建设，努力形成一整套科学完备的制度体系，把党的一切活动置于制度规范之中，并不断增强制度执行力。要把思想建党和制度治党紧密结合起来，通过思想建党使党在思想理论上不断保持生机活力，解决党员干部理想信念、价值追求方面的问题；通过制度治党解决行为规范、约束监督问题，以强制手段规范党员干部的行为。实践证明，制度治党离不开科学思想的引领，否则就会迷失方

---

① 习近平．习近平谈治国理政［M］．北京：外文出版社，2014：23.

② 习近平．习近平谈治国理政：第2卷［M］．北京：外文出版社，2017：50.

向、成效不彰。“崇高信仰、坚定信念不会自我产生。要炼就‘金刚不坏之身’，必须用科学理论武装头脑，不断培植我们的精神家园。对领导干部特别是高级干部来说，要把系统掌握马克思主义基本理论作为看家本领。”① 政治立党、思想建党的成果和保持要靠制度治党来保障和巩固，否则就难以为继，不能落地生根。坚持政治立党、思想建党和制度治党紧密结合，全面从严治党必将展现新的面貌、显示巨大的威力。

紧紧抓住领导干部这个“关键少数”，坚持从严治党首先从严治吏。历史和现实都告诉我们，党要管党，首先是管好干部；从严治党，关键是从严治吏。党员干部特别是各级领导干部是治国理政的骨干力量，对他们理应有更严格的要求。全面从严治党，必须把从严要求贯穿到干部队伍建设的全过程和各方面。要严格干部选拔标准，真正把那些信念坚定、为民服务、勤政务实、敢于担当、清正廉洁的干部选准用好；严格干部选拔程序，紧密结合干部工作实际，形成系统完备、科学规范、有效管用、简便易行的制度机制；切实加强对领导干部的监督，特别是对“一把手”的监督；始终保持惩治腐败的高压态势，坚决查处领导干部违纪违法案件，使干部心有所畏、言有所戒、行有所止。在从严管理的同时，完善干部激励机制，把对干部的严格要求和激励关心结合起来，充分调动广大干部爱岗敬业、干事创业的积极性。

严肃党内政治生活，营造良好政治生态。通过严格的党内政治生活来抵制各种政治灰尘和腐朽思想的侵蚀，是我们党的优良传统。实践证明，党内政治生活是党组织教育管理党员和党员进行党性锻炼的主要平台，有利于营造良好政治生态。政治生态主要是指政治生活的环境和状态，尤其是指从政环境。实践证明，政治生态良好，风清气正，就会出干部、出人才；政治生态恶化，潜规则盛行，就会毁干部、毁事业。营造良好的政治生态，主要应从这几个方面着力：一是提高党内政治生活的政治性、原则性、战斗性，党内政治生活不能随意化、平淡化，更不能庸俗化。二是严肃党的纪律，特别是严肃政治纪律和组织纪律，全党必须坚持“四个服

---

① 中共中央文献研究室．习近平关于全面从严治党论述摘编［M］．北京：中央文献出版社，2016：61.

从”，自觉维护党中央权威。三是形成民主、团结、和谐的上下级关系和人际关系，绝不能搞团团伙伙、帮帮派派，绝不能搞庸俗的人身依附。四是用好批评和自我批评这个武器，开展积极健康的思想斗争。

依靠自身力量和人民群众的监督帮助解决自身问题。我们党是一个善于依靠自身力量和人民群众的监督帮助解决自身问题，坚持真理、修正错误，始终走在时代前列的马克思主义政党。党的十八大以来开展的党的群众路线教育实践活动，继承和发扬以往相关活动的成功经验，根据新的形势任务要求进行创新，取得了明显的成效，是党依靠自身力量和人民群众的监督帮助解决自身问题的一次成功实践。人民是党的力量源泉，群众满意是党做好一切工作的价值取向和根本标准。全面从严治党，必须紧紧依靠人民，发挥人民的监督作用，让人民支持和帮助我们从严治党。这个优势是我们党独有的，运用和发挥好这个优势，党就会始终保持生机活力，团结带领人民战胜前进道路上的任何困难和挑战。

增强管党治党意识，落实全面从严治党责任。经过这些年的努力，各级都建立了党建工作责任制。然而，一些领导干部认为抓党建比抓发展要虚、要空，不容易出成绩。还有一些人认为，在发展社会主义市场经济的条件下，治党过严会束缚手脚、影响活力。这些认识都是错误的。正如习近平总书记所指出的：“如果我们党弱了、散了、垮了，其他政绩又有什么意义呢?”落实全面从严治党责任，首先是各级各部门党委（党组）要树立正确的政绩观，把抓好党建作为最大的政绩，强化党建主业意识，树立抓好党建是本职、不抓党建是失职的理念，对全面从严治党工作主动担责、认真履责、扎实尽责，坚持党建工作和中心工作一起谋划、一起部署、一起考核。各级各部门党委（党组）主要负责人对党建工作要亲自抓、负总责，班子其他成员要切实落实党建工作责任和工作部署，以良好的工作作风和实实在在的党建工作业绩凝聚智慧力量、赢得群众信任、推动事业发展。

二、倡导马克思主义执政党的价值取向和行动原则

全面从严治党的党建思想彰显和倡导了作为马克思主义执政党的价值

取向和行动原则。执政党的价值取向和行动原则就是在执政过程中体现出来的价值取向和行动原则。作为马克思主义政党，中国共产党在执政中始终强调和坚持共产主义理想的阶级立场和革命立场。

全面从严治党所倡导的价值取向，概括起来说，就是以人民的根本利益为核心，以保持党的先进性、纯洁性为目的，以巩固党的执政地位、带领全国人民实现中华民族伟大复兴的中国梦为目标。

马克思主义是为以无产阶级为核心的占人口绝大多数的广大人民群众争取自身解放的革命理论，共产主义的理想信念就是以实现最广大人民群众的利益为根本目的。马克思和恩格斯早在《共产党宣言》这一纲领性文件中就已经对共产党的价值取向做出了明确的以无产阶级利益为标准的表述："共产党人强调和坚持整个无产阶级共同的不分民族的利益。"这一表述强调了共产党与无产阶级利益的完全一致性，即共产党没有任何同整个无产阶级的利益不同的特殊利益。这样的表述明确了共产党的劳动阶级立场和价值取向，为共产党作为执政党的价值取向和行为原则奠定了基础。

《中国共产党章程》明确指出："坚持全心全意为人民服务。党除了工人阶级和最广大人民群众的利益，没有自己特殊的利益。党在任何时候都把群众利益放在第一位，同群众同甘共苦，保持最密切的联系，坚持权为民所用、情为民所系、利为民所谋，不允许任何党员脱离群众，凌驾于群众之上。"作为以马克思主义为理论指导建立起来的中国共产党是以实现最广大人民的根本利益作为其价值取向的，这是由马克思主义政党的特征和马克思主义唯物史观的要求所决定的。一方面，马克思主义政党来自人民，植根于人民，服务于人民。在任何情况下，必须坚持与广大人民群众同呼吸共命运的阶级立场，必须坚持全心全意为人民服务的宗旨，必须坚持人民群众才是真正的历史创造者的历史唯物主义观点。另一方面，唯物史观既强调社会存在对社会意识的决定作用，也强调人民群众的历史选择在历史发展中的决定作用。这也是区分马克思主义政党和以唯心主义为指导的非马克思主义政党，包括资产阶级政党和其他政党的一个重要标准。

《中国共产党章程》对党的宗旨的表达也是对中国共产党历代领导人坚持共产党理想信念的集中表达的高度概括。毛泽东指出："全心全意地为人民服务，一刻也不脱离群众；一切从人民的利益出发，而不是从个人或小集团的利益出发；向人民负责和向党的领导机关负责的一致性；这些就是我们的出发点。”① 邓小平提出：“全心全意为人民服务，一切以人民利益作为每一个党员的最高准绳。”② 江泽民也指出：“我们共产党人全部工作的出发点和归宿，都是为人民谋利益。这是我们的立党之本、执政之基。”③

习近平总书记明确提出：“我的执政理念，概括起来说就是：为人民服务，担当起该担当的责任。”习近平总书记的执政理念既是对共产党价值取向的继承和发展，同时还将这一价值取向现实化为行动原则，具体地说就是实现中华民族伟大复兴中国梦的社会主义现代化建设行动目标、“四个全面”战略布局的行动指南和践行社会主义核心价值观的实践要求。

习近平总书记深刻指出：“全党同志要把人民放在心中最高位置，坚持全心全意为人民服务的根本宗旨，实现好、维护好、发展好最广大人民根本利益，把人民拥护不拥护、赞成不赞成、高兴不高兴、答应不答应作为衡量一切工作得失的根本标准，使我们党始终拥有不竭的力量源泉。”④坚信党的根基在人民、党的力量在人民，坚持一切为了人民、一切依靠人民，充分发挥广大人民群众的积极性、主动性、创造性，不断把为人民造福事业推向前进，把人民对美好生活的向往看作党的奋斗目标，是马克思主义政党先进性、纯洁性的体现和要求。要做好为人民造福的事业，关键在党。坚持人民利益的价值取向，对于马克思主义执政理念的转变和创新具有重大意义。坚持人民利益至上的价值取向和行动原则，一方面，有利于提高坚持以唯物史观作为马克思主义执政理念的哲学依据的自觉性和坚定性，坚持马克思主义的指导地位。另一方面，有利于在执政理念的创新过程中始终保持正确的方向和拥有前进的动力，因为符合人民的利益，也就是与社会发展的规律和历史潮流相一致，自然也就会得到广大人民群众的拥护，就会无往而不胜。人民至上体现了中国共产党的先进性、纯洁

① 毛泽东选集：第3卷［M］. 2版. 北京：人民出版社，1991：1094-1095.

② 邓小平. 邓小平文选：第1卷［M］. 2版. 北京：人民出版社，1994：257.

③ 江泽民. 江泽民文选：第2卷［M］. 北京：人民出版社，2006：365.

④ 习近平. 习近平谈治国理政：第2卷［M］. 北京：外文出版社，2017：40.

性，是中国共产党作为执政党的合法性来源。正是在这样的理论背景下，习近平总书记提出全面从严治党。

全面从严治党以保持党的先进性、纯洁性为目的。先进性是马克思主义政党的本质特征，客观上要求党代表人类社会的前进方向，推动经济社会发展。保持和发展党的先进性、纯洁性是党的建设过程中首先要解决的两个基本问题。先进性追求事业辉煌，纯洁性追求自身健康。没有辉煌的事业，党的先进性就不能体现出来。没有党的纯洁性，党就会逐步丧失全心全意为人民服务的宗旨和共产主义目标，也就谈不上伟大的事业。加强党的纯洁性建设，最终还是为了保证和支持党造就伟大的事业，追求和发展党的先进性。党的先进性是具体的、历史的，如果党不能领导人民推动社会主义现代化建设事业的顺利发展，偏离了全心全意为人民服务的根本宗旨，党的先进性就无从谈起。从这个意义上说，全面从严治党的核心是要追求和发展我们党的先进性。

全面从严治党成为实现党的宗旨和目标的根本保障，是体现党的价值取向和行动原则的必然途径。没有通过严格纪律和复杂斗争锻炼出来的党，没有为全体劳动人民所信赖的党，没有善于考察群众情绪和影响群众情绪的党，就不能带领人民取得斗争的胜利。这就要求将党的执政能力、执政地位和全心全意为人民服务的宗旨密切联系起来，“全面从严”是我们党能够做好一切工作的重要保障。共产党人最讲“认真”二字，讲认真也就必然要讲严格。习近平总书记强调了全面从严治党对于党的执政地位和领导地位的重要性，他说：“党的执政地位和领导地位并不是自然而然就能长期保持下去的，不管党、不抓党就有可能出问题甚至出大问题，结果不只是党的事业不能成功，还有亡党亡国的危险。”[①] 他坚持从巩固党的执政地位的大局看问题，指出了全面从严治党是体现价值取向和行动原则的保障。

全面从严治党，将党的建设内容从虚转实。党的建设工作如果没有实际工作为依托，就是虚的，其结果就是管党治党的意识和责任不明确。习

---

① 习近平. 在党的群众路线教育实践活动总结大会上的讲话［M］. 北京：人民出版社，2014：13.

近平总书记强调，“各级党委要把从严治党责任承担好、落实好，……把每条战线、每个领域、每个环节的党建工作抓具体、抓深入”。落实管党治党的责任，增强管党治党的意识，凝心聚力，保证改革开放各项工作的扎实顺利展开。从严治党的全面性落实到具体工作中，不再是一个抽象的概念，而是实实在在的具体行动。这种由虚到实的转变，凸显了我们党的建设理论的新突破。2016 年 10 月，党的十八届六中全会以全面从严治党为主题，审议通过了《关于新形势下党内政治生活的若干准则》和《中国共产党党内监督条例》，将全面从严治党细化为明确的规范要求，将行动原则进行了具体落实，以巩固党的执政基础和执政地位为基点。政党的利益就是夺取政权并掌握政权。与其他非无产阶级执政党不同的是，中国共产党的利益是要在长期执政条件下巩固执政基础和执政地位。这个特点决定了中国共产党巩固执政基础和执政地位会变得异常复杂和艰巨。这就需要中国共产党坚持全面从严治党，不断提高领导水平和执政水平，提高拒腐防变能力。习近平总书记在谈到作风建设时语重心长地指出，得民心者得天下，失民心者失天下，人民的拥护和支持是我们党执政的最牢固根基。

全面从严治党，不是在推动发展方面把党束缚住，而是要解决如何转变粗放型发展方式，解决在守纪律、讲规矩、靠法治的条件下学会推动科学发展，善于推动科学发展和深化改革，不断提高推动发展、改革和法治的能力。这是全面从严治党阶段对追求和发展党的先进性的全新要求。中国共产党人必须牢记党全心全意为人民服务的宗旨，将这一宗旨明确为党的价值取向和行动原则，通过全面从严治党保持党的先进性。先进性具有时代性，对于马克思主义政党来说，每个时代都要追求和实现每个时代的先进性，无数个先进性之和，才能成为党的历史先进性。在全面从严治党阶段，我们必须在坚持“四个全面”协调推进中追求和发展党的先进性，勇于探索，大胆创新，努力提高自身能力。

全面建成小康社会是到建党一百年必须要实现的宏伟战略目标。全面深化改革、全面依法治国、全面从严治党是实现这一宏伟战略目标的三大具体战略举措。我国已经全面建成小康社会，实现这个目标是实现中华民族伟大复兴中国梦的关键一步。要接续推动发展，转变发展方式，实施创新驱动战略，造就全民创业、万众创新的发展态势，就必须继续全面从严治党。全面从严治党，就是以最严肃的科学态度、最严明的纪律规矩、最严格的自我治理，大力推进党的先进性、纯洁性建设。全面从严治党，归根到底就是为了始终保持党的先进性和纯洁性，使党永远立于不败之地。

三、把握党的建设走上科学化轨道的状态与过程

深入理解全面从严治党的常态化、制度化和科学化的本质内涵有利于把握党的建设走上科学化轨道的状态与过程。

党的十八大报告明确提出，“以改革创新精神全面推进党的建设新的伟大工程，全面提高党的建设科学化水平”。党的十八大以来，以习近平同志为核心的党中央立足于党的思想建设、组织建设、作风建设、反腐倡廉建设和制度建设，从“五位一体”到“六位一体”党建格局，扎实推进全面从严治党，开辟了管党治党的新境界。“全面从严治党”既是对党的十八大以来党的建设经验的深刻总结，也是应对当前党的建设面临的严峻形势的必然要求。

在党的建设科学化轨道新常态下，“全面从严治党”已初步形成了独特的经验。其一是通过严格理想信念教育，做好政治引领。党的十八大以来，党中央提出好干部的五条标准，即信念坚定、为民服务、勤政务实、敢于担当、清正廉洁。其中，理想信念是根本，是当代好干部的第一标准，是“总开关”。习近平总书记强调全面从严管党治党的首要任务就是坚定党员干部的理想信念。“坚定理想信念，切实解决好世界观、人生观、价值观这个‘总开关’问题。”共产党人的理想信念就是对马克思主义的信仰，对社会主义和共产主义的信念，这是共产党人安身立命的根本，是共产党人的政治灵魂，是共产党人经受住任何考验的精神支柱。

其二是狠抓作风建设。严格理想信念教育的目的就是要让共产党人精神上的“钙”充足，骨头硬起来，这样才能牢固树立宗旨意识，才能顺利推进中国特色社会主义事业的发展，保证党的肌体健康发展。“工作作风上的问题绝对不是小事，如果不坚决纠正不良风气，任其发展下去，就会

像一座无形的墙把我们党和人民群众隔开，我们党就会失去根基、失去血脉、失去力量。”党的十八大以来，习近平总书记提出了以中央八项规定的具体行动原则作为实践工作的切入点，以踏石留印、抓铁有痕的劲头狠抓作风建设，使党员干部在思想上、行为上逐步摆脱“亚健康”状态，成功开启了党的建设新篇章。作风建设成为一种常态，成为根治“亚健康”的重要手段。

其三是规范管党治党制度，构建长效机制。制度化是科学化发展的体现。制度管根本，制度建设是“全面从严治党”的重要保障，是科学化管党治党的关键。纵观历史可以发现，腐败问题和“四风”问题具有顽固性和反复性，解决这些问题不可能一蹴而就、毕其功于一役，必须坚持常态化管理，经常抓和长期抓，“既要立足当前、切实解决群众反映强烈的突出问题，又要着眼长远、建立健全促进党员、干部坚持为民务实清廉的长效机制”，用制度规范人，用纪律约束人，用法律制约人，把科学的制度设计、严格的制度执行、有力的监察惩处结合起来，体现制度的权威和效力，让党风政风带动社风民风，在全社会形成风清气正的环境。

其四是严格权力运行监督，织密权力的“铁笼子”。把科学的制度设计、严格的制度执行、有力的监察惩处结合起来，就是要构建严格的权力运行监督机制。习近平总书记特别重视制度机制建设，反复强调健全权力运行制约和监督体系，把权力关进制度的笼子里。近年来，党内发生的严重违纪违法案件，性质恶劣，影响极坏。面对这样的局面，习近平总书记从国家战略层面进行顶层设计，既坚决查处领导干部违纪违法案件，又切实纠正和解决发生在群众身边的不正之风和腐败问题。同时注重制度反腐，让权力在阳光下运行，建立健全惩治和预防腐败体系，坚持标本兼治，惩防并举，注重预防，以改革精神加强反腐败体制机制创新和制度保障，运用法治思维完善制度体系和权力运行监督机制，以刚性规定和严格的执行力织密权力的“铁笼子”，从而保证权力运行的规范化、制度化。

全面从严治党的科学化发展路径，既需要政党、国家与社会的空间关照，也需要党内生活规范、思想道德观念培育、干部队伍科学管理、党的制度改革创新、主体责任落实和党规党纪制度的权威性提升等要素联动，走一条思想教育与制度建设紧密结合、联动发展，科学管党与从严治党有机统一的新路子。推进全面从严治党必须加强对党员干部的思想道德教育，强化理论武装头脑，使党员干部拥有正确的政治立场，成为践行社会主义核心价值观的模范。

全面从严治党的科学化发展路径需要通过制度化有序规范党内生活，营造民主、平等、和谐并充满活力的党内政治生态。严肃、科学的党内生活有利于党的团结统一，有利于促进党的健康发展。规范党内生活应从四个方面入手。首先，要严格执行党内生活的相关规章制度。通过学习党内生活的相关规章制度，明确党内生活的具体要求与操作规程，把党内生活准则坚持下去。其次，要始终坚持民主集中制原则，充分发扬党内民主，充分尊重党员的主体地位，保障党员的基本权利。再次，要充分利用好批评和自我批评这一武器，从而使党内存在的政治灰尘得以清除，党员干部存在的问题得以有效解决。最后，要创新党内生活方式方法。要在改革开放实践基础上，结合时代发展变化情况，总结相关经验教训，使其更能符合党员实际，满足党员需求。

全面从严治党的关键是管好党员干部，特别是领导干部。习近平总书记明确指出："我们国家要出问题主要出在共产党内，我们党要出问题主要出在干部身上。"加强对党员干部尤其是领导干部的科学管理就成为全面从严治党的关键。党员干部的科学管理应突出两个着力点：一是严格党员干部的作风管理。党员干部的作风代表着党的形象，必须严格执行党的纪律，坚持从严的标准要求，使党员干部把良好作风内化为信念，外化为习惯。二是破解党员干部监督难题。党员干部监督难题的破解需要在监督对象、内容、方式、主体等方面进行改革与创新。在对象上，强化对党政"一把手"的重点监督，破解过去重点不突出的难题；在内容上，突出"重大问题决策、重要干部任免、重大项目投资决策、大额资金使用"方面的监督，破解事无巨细、顾此失彼的难题；在方式上，创新监督方式，破解方式方法陈旧的难题；在主体上，发挥党员群众的作用，破解党员群众主体缺失的难题。

全面从严治党，党的制度建设是根本，是依托。科学的制度体系可以使全面从严治党具有规范性、长期性和稳定性。没有科学的制度体系为依托与支撑的全面从严治党是无法推进的，更谈不上治党成效。党的制度建设的改革与创新的主要着力点为：推进党的制度建设的顶层设计，建立一套完整科学的制度体系。这一套完整科学的制度体系应包括实体性制度、程序性制度和保障性制度三个层面。实体性制度可以保证全面从严治党有规可依。

中国共产党的历史就是一部从严治党的历史，坚持党要管党、从严治党是马克思主义建党学说的重要原则，是全面加强党的建设的重要内容。伴随着世情与国情的发展变化，我国的发展呈现出了一系列新的阶段性特征，立足于新的时代背景，从严治党所面临的发展环境、发展条件也发生了诸多新变化。具体而言，全面从严治党科学化发展，就是党的建设与党的治理要立足于新的发展背景与发展条件，通过制度化、规范化有序推进，不断进入新的、更高的发展阶段的历史进程。

第三节　全面从严治党常态化制度化科学化的主要内容

全面从严治党常态化、制度化、科学化是适应新时代特别是当前党的建设的根本目标和任务要求，对“严”的体现和对“治”的落实，是一项长期、艰巨的系统工程。因此，它本身包含着丰富的内容。在党的建设中，政治建设和制度建设一头一尾结合，中间是思想建设、组织建设、作风建设、反腐倡廉建设，政治建设、制度治党贯穿始终。组织建设、作风建设和反腐倡廉建设既相互联系、相互作用，又内含着政治建设、思想建设和制度治党。遵循“常态化、制度化、科学化”的要求，立足于“全面”和“从严”的根本，务实推进党的建设新的伟大工程，是真正落实“全面从严治党”的根本要求。

一、政治建设常态化制度化科学化

党的政治建设是党的根本建设，是马克思主义政党保持先进性、纯洁性、革命性的必然要求。当前，世情、国情和党情不断发生深刻变化，党面临的“四大考验”长期而复杂，面临的“四种危险”尖锐而严峻，党只有通过加强政治建设，不断增强抵御风险和拒腐防变能力，才能永葆先进性和纯洁性，才能巩固执政地位，实现长期执政。按照“全面从严治党”的目标要求，推进党的反腐倡廉建设，要立足于实现常态化、制度化、科学化。

政治建设是保证党员具有高度政治觉悟、坚定正确政治方向、维护党的团结、促进国家发展的重要使命。当前，进一步加强党的政治建设，首先要求广大党员旗帜鲜明地讲政治，全党要服从以习近平同志为核心的党中央领导，要积极执行党中央的部署决策。进入新时代以来，为切实加强党的政治建设，我们加大了反腐力度。反腐倡廉建设常态化就是要将反腐倡廉作为长期坚持的一项工作，要将反腐倡廉建设融入中国特色社会主义建设的各方面和全过程。“党风廉政建设和反腐败斗争是一项长期的、复杂的、艰巨的任务。反腐倡廉必须常抓不懈，拒腐防变必须警钟长鸣，关键就在‘常’、‘长’二字，一个是要经常抓，一个是要长期抓。”① 具体来看，主要是抓好这几个方面的常态化工作：一是经常性地加强对党员、干部的思想道德教育。思想是行动的指南。思想的纯净和道德的高尚是一个好党员、好干部的基本标准。反腐倡廉建设从思想道德抓起具有基础性作用。我们要教育引导广大党员、干部坚定理想信念、坚守共产党人的精神家园，不断夯实党员领导干部廉洁从政的思想道德基础，筑牢拒腐防变的思想道德防线。“要抓好思想理论建设、抓好党性教育和党性修养、抓好道德建设，教育引导广大党员、干部认真学习和实践马克思列宁主义、毛泽东思想、中国特色社会主义理论体系，牢固树立正确的世界观、权力观、事业观，模范践行社会主义荣辱观，以理论上的坚定保证行动上的坚定，以思想上的清醒保证用权上的清醒，不断增强宗旨意识，始终保持共产党人的高尚品格和廉洁操守。”② 要积极引导广大党员进一步增强“四个意识”，严肃党内政治生活，严明党的政治纪律和政治规矩，切实增强党

① 习近平．习近平谈治国理政［M］．北京：外文出版社，2014：386.

② 同①391.

的创造力、凝聚力和战斗力。二是固本培元，加强廉政文化建设，营造风清气正的廉政文化，实现廉政文化育人经常化。廉政文化是规范政治生活和构建优良政治生态的道德基础和文化基础。在古代，“廉”为官德，“政”者“正”也，“廉政”的含义与“廉正”相同。“廉正”的本意为刚直、方正、正直。显然，廉政文化是以廉政为核心所形成的文化元素的集合体。廉政文化体现的是以政治清廉为基本目标和价值取向的道德原则和价值标准。虽然在不同的历史时期，政治清廉的内涵有别，但是从总体上看，它们都体现和反映了一定阶级和国家在政治体系和结构方面的有效运转和各种利益关系的有效协调，以此为基础的文化体现了促进政治良性发展、社会各方面关系和谐的思想理念和价值导向，也反映了社会运行中各利益主体活动遵循的原则和规范。因此，以廉政文化为基础构建的政治生活和政治生态总体上呈现了一种积极向上的风貌和社会和谐的局面。习近平总书记指出：“积极借鉴我国历史上优秀廉政文化，不断提高党的领导水平和执政水平、提高拒腐防变和抵御风险能力，确保党始终成为中国特色社会主义事业的坚强领导核心。”① 事实上，文化对人的熏陶感染是最经常的，是一种潜移默化的过程。我们不仅要借鉴和吸收我国历史上优秀的廉政文化，而且要学习国外优秀的廉政文化，要大力加强反腐倡廉教育和廉政文化建设，以充满正气和正能量的廉政文化抵御各种消极腐败思想，抵御包括“四风”在内的各种歪风邪气。三是制度反腐经常化、全程化。反腐倡廉，关键是要健全权力运行制约和监督体系，要让人民监督权力，让权力在阳光下运行，真正把权力关进制度的笼子里。反腐倡廉必须常抓不懈，拒腐防变必须警钟长鸣，要坚持“老虎”“苍蝇”一起打，保持惩治腐败的高压态势，做到有案必查、有腐必惩，切实维护人民合法权益，努力做到“干部清正、政府清廉、政治清明”②。要通过制度建设，巩固全面从严治党的成果，使管党治党不断从“宽松软”走向“严紧硬”，切实增强党的自我净化、自我完善、自我革新、自我提高能力，确保党始终是中国特色社会主义事业的坚强领导核心。

---

① 习近平．习近平谈治国理政［M］．北京：外文出版社，2014：390．

② 同①392．

二、思想建设常态化制度化科学化

唯物史观告诉我们：社会存在决定社会意识，社会意识反映和反作用于社会存在。思想观念作为一种重要的意识形式，无论对个人还是对群体，都具有十分重要的作用。马克思早在1843年所写的《〈黑格尔法哲学批判〉导言》中就指出：“哲学把无产阶级当做自己的物质武器，同样，无产阶级也把哲学当做自己的精神武器；思想的闪电一旦彻底击中这块素朴的人民园地，德国人就会解放成为人。”① 现代社会，政党政治是一种基本的政治现象。政党作为一种为实现特定目标而组织起来的政治组织，自身建设和管理的情况决定着其生存发展状况。然而，并非所有的政党都有符合社会发展要求的先进的思想作为指导，是否重视从思想上建党和管党，往往体现着一个政党是否有长远的理想和目标，也决定着这个政党是否具有先进性和生命力。思想是行动的指南。列宁指出：“只有以先进理论为指南的党，才能实现先进战士的作用。”② 实践证明，思想建党具有先导性，关系到该政党意志的坚定性，引领着该政党凝聚力和战斗力的形成。一般说来，无产阶级政党都非常重视思想建党，因为它的奋斗目标是共产主义社会理想，它的任务是要推翻一切剥削阶级，实现无产阶级专政，实现和维护最广大人民的根本利益，最终实现全人类的解放，这样的远大目标和艰巨任务决定着这样的政党必须要以先进思想——发展着的马克思主义为指导，自始至终重视思想建党。习近平总书记曾明确指出：“如果管党不力、治党不严，人民群众反映强烈的党内突出问题得不到解决，那我们党迟早会失去执政资格，不可避免被历史淘汰。”③

中国共产党作为中国工人阶级的先锋队、中国人民和中华民族的先锋队，首先体现在用马克思主义武装自身上，在思想上保持先进性和纯洁性。在过去的革命战争年代和和平建设时期，我们党始终重视思想建

---

① 马克思，恩格斯．马克思恩格斯选集：第1卷［M］．3版．北京：人民出版社，2012：16.

② 列宁．列宁选集：第1卷［M］．3版修订版．北京：人民出版社，2012：312.

③ 习近平．习近平谈治国理政：第2卷［M］．北京：外文出版社，2017：43.

党，十分重视保持党员、干部思想上的先进性和纯洁性，通过运用在我们党自身建设中形成的思想政治教育这一优良传统和政治优势，尤其是在不同时期适应不同的发展目标和形势任务要求，进行不同主题的思想教育活动，肃清思想认识上的错误，扭转和纠正认识偏差，保持思想认识上的科学性和先进性。思想建党不仅本身具有先导性，关联和制约着党的其他方面建设，还直接影响到党在不同历史阶段路线、方针、政策的制定和执行。进一步说，思想建党本身影响到党员、干部自身的能力和素质，比如党员、干部的先锋模范作用、基础组织的战斗堡垒作用、党中央的领导核心作用等，因此，党的思想建设首先需要以发展着的马克思主义为指导，只有这样才能保证思想建党的根本原则和根本方向不动摇。

第一，思想建设的重要性和突出特点要求我们突破以往一定程度上存在的应急性、突击性教育特征，推进思想建党的常态化，使党员、干部的认识水平和为人民服务的能力不断提高。在过去的革命战争年代和和平建设时期，我们往往以各个特定时期的目标任务和形势发展的要求来强调和突出对党员、干部进行某些主题的思想教育活动。这些活动从整体上说取得了显著的成效，推动了其他方面的发展，但在一些领域和某些时段也一定程度上存在“一阵风”“走过场”的问题，学习教育同学习、工作和生活分离，各搞一套，这大大影响了思想教育活动的效果。事实上，思想建党不落地，就会成为“上不沾天，下不接地”的“空对空”的说教，这就难以保证思想建党的效果。总结以往政治立党、思想建党的“得”与“失”，我们应该看到，政治立党、思想建党也要有具体的目标任务和实现机制，否则就会成为一盘散沙。简单说来，政治立党、思想建党的常态化，就是要将政治立党、思想建党贯穿到党员、干部学习、工作和生活的各方面和全过程，要使党员、干部的自我学习和思想认识的提高“平常化”，不搞突击性的“短、平、快”，而是着眼于抓“常规”，在“平常”中见成效，着眼于日常的学习教育，形成习惯，形成机制，让党员、干部自觉学习，让思想上的学习教育成为党内政治生活的重要内容，全方位、全过程实现思想理论武装。习近平强调：“坚持全面从严治党，一定要用好思想建党这个传家宝，抓好思想教育这个根本。”① 推进全面从严治党，就是要强化理论武装，将政治思想教育内化为习惯，通过常抓不懈的思想教育，筑牢党员、干部对共产主义的理想信念。世界观、人生观、价值观是共产党员思想认识的“总开关”，如果不拧紧这个“总开关”，那么信仰迷失、宗旨意识淡漠将变得不可避免。当前，“必须把对马克思主义的信仰、对社会主义和共产主义的信念作为毕生追求，在改造客观世界的同时不断改造主观世界”②。只有确保广大党员、干部拧紧思想“阀门”，推进全面从严治党才能有基础、有保障。

第二，思想建设必须常抓不懈，这就要求我们以制度化为基本准绳，推进建章立制，形成思想教育的制度规范，保障思想建党不走形式、不落空。制度治党要靠政治思想来引领，否则就会偏离正确的方向，政治立党、思想建党要靠制度治党来保障，否则就会难以深入持续。当前，在全面从严治党的实践中，必须将政治立党、思想建党与制度治党统一起来，使三者相互作用、相得益彰。众所周知，注重思想建党是中国共产党的优良传统和政治优势。在以往的革命战争年代和和平建设时期，在政治立党、思想建党方面，我们做出了许多探索，也取得了显著成效。但是，在今天的现实社会背景下，特别是在社会主义市场经济条件下，趋利性、应急性、实用性等往往成为人们参加各种活动的重要考虑因素。人们在物质利益的影响下，容易轻视思想认识方面的意义和价值。社会急剧变革所带来的“四大考验”和“四种危险”，本身要求我们的党员、干部进一步筑牢思想基础，坚定理想信念，这就需要不断加强思想建设，但同时人们容易在这些风险和考验面前放松思想上的学习和教育，这无疑会形成一个“矛盾”。事实上，解决这个“矛盾”的根本方法就是推进政治立党、思想建党走向制度化。所谓政治立党、思想建党的制度化，就是说要以思想政治上的纯洁和政治立场上的可靠作为突出目标，将传统思想教育的经验提升为制度总结和机制创新，同时，也引入现代政党制度建设的先进理念和

① 《2015全国两会文件学习读本》编写组. 2015全国两会文件学习读本［M］. 北京：人民出版社，2015：135.

② 中共中央党史和文献研究院. 十八大以来重要文献选编：下［M］. 北京：中央文献出版社，2018：420.

成功做法，将思想教育的要求和做法通过建章立制形成规范，使思想建党不再成为一时的应急措施，而成为保障党员、干部思想觉悟不断提高和政治立场坚定的根本手段。当前，为了解决党所面临的一系列问题，必须通过建章立制，切实强化管党治党的力度。党的十八届六中全会审议通过的《关于新形势下党内政治生活的若干准则》《中国共产党党内监督条例》就是规范党内政治生活、加强党内监督的创制成果，是思想建党制度化的最新成果。思想建党和制度治党正如习近平总书记所总结的那样，一柔一刚，同时同向发力，互为过程，形成合力。两者都不能偏废，不管是思想建党还是制度治党，既治标也治本。在政治立党、思想建党和制度治党的关系中，“一方面，思想建党影响、规定、引领着制度治党的方向，贯穿于制度治党的全过程。制度有人来制定，也要有人来执行，思想的认识对制度的执行保障至关重要。离开思想建设和思想教育，人们在基本问题上就达不成共识，制度难以制定，即便制定也难以坚持下去。另一方面，制度治党是思想建党的硬约束，思想建设需要制度落实作保障。制度治党在思想建党引领下，解决如何建设党、管好党、治好党的问题，对思想建党具有不可缺少的支撑和保障作用。思想影响力要想转化为约束力，就必须引导制度对党员的行为起刚性规范作用，也就是要发挥制度治党对思想建党的支撑和保障作用”①。

第三，思想建设必须高标准、严要求，这就要求我们以科学化为重要标尺，推进思想教育和学习更加科学有效。习近平指出：“历史使命越光荣，奋斗目标越宏伟，执政环境越复杂，我们就越要增强忧患意识，越要从严治党”②。中国共产党的执政地位不是一劳永逸的，能不能长期执政，取决于很多主观和客观条件，其中最主要的就是中国共产党是否具有引领时代发展的执政能力和水平。那么，执政能力和水平如何确保呢？在现代政党政治的今天，管党治党不是关起门来“干自家的事”，而是要直面复杂多变的国际形势和十分艰巨的国内建设任务，在新的世情、国情和党情

① 郭广银. 中国特色社会主义创新发展的探索与研究・2017［M］. 北京：人民出版社，2018：339.

② 习近平. 在党的群众路线教育实践活动总结大会上的讲话［M］. 北京：人民出版社，2014：12-13.

面前，推进党的思想建设，使之更加适应时代的要求和治国理政的需要，体现科学化的目标和方向。所谓思想建党的科学化，不是一般地讨论党的建设的各方面科学不科学，而是聚焦于特定的历史任务和现实要求，探讨党员、干部的思想教育是否符合科学化的标尺，是否遵循思想教育的规律性。一方面，我们要遵循现代政党政治和政治生态治理的一般规律，始终以马克思主义科学理论作为推进党的思想建设的根本指导。具体而言，就是要使党员、干部的思想教育遵循规律，形成自觉，体现思想认识和观念上的“固本强基”，牢固树立执政党应有的先进的执政理念和掌握管党治党的先进的、科学的方法和手段。另一方面，思想建党的科学化要体现在发展目标上，服务于党执政兴国的整个过程，富于规律性，体现时代性和科学性。总之，一个政党如何发展，首先要看它用什么思想做指导，同时，也要看到这种思想指导在教育方面是否体现出促进政党科学化发展的根本方向。如果我们始终能够科学认识马克思主义，坚持以科学的、发展着的马克思主义为指导，遵循思想教育的一般规律和特殊规律，从根本上坚持马克思主义的立场、观点和方法，我们党的政治建设、思想建设就能体现出旺盛的生命力和强大的凝聚力，党的政治思想建设就能生机勃勃。习近平指出：“领导干部学习，要正确把握学习的方向。忽视了马克思主义所指引的方向，学习就容易陷入盲目状态甚至误入歧途，就容易在错综复杂的形势中无所适从，就难以抵御各种错误思潮。没有正确方向，不仅学不到有益的知识，还很容易被一些天花乱坠、脱离实际甚至荒唐可笑、极其错误的东西所迷惑、所俘虏。”① 因此，立足新时代新任务和思想建设的新实际，我们以全面从严治党为根本标准，推进思想建党体现科学性价值和目标要求，符合科学化特征，就必须着眼于新的实践和不断出现的问题。“不论是新问题还是老问题，不论是长期存在的老问题还是改变了表现形式的老问题，要认识好、解决好，唯一的途径就是增强我们自己的本领，增强本领就要加强学习”②。只有在学习中提升本领，才能不断提高领导水平、增强执政能力，这样的学习教育才是科学有

① 习近平．习近平谈治国理政［M］．北京：外文出版社，2014：406.

② 同①402.

效的。

三、组织建设常态化制度化科学化

中国共产党是中国特色社会主义建设事业的领导核心，办好中国的事情关键在党。中国共产党领导是中国特色社会主义最本质的特征，是中国特色社会主义制度的最大优势。中国共产党是一个由 9 800 多万名党员和 500 多万个基层党组织构成的集体。要发挥好党员、干部的先锋模范作用和基础组织的战斗堡垒作用，只有依靠不断加强组织建设。适应新的形势和任务的需要，推动组织建设常态化、制度化、科学化，就成为党自身建设的重要方向和目标之一，成为中国共产党始终领导和带领全体人民全面推进中国特色社会主义事业，实现中国梦的根本保证。

党的组织建设是我们党形成强大凝聚力、向心力和执行力，科学制定并有效落实党的路线、方针、政策的根本保证。党的组织建设主要涉及这几个方面的内容：一是党的组织原则和组织纪律的不断加强。这是几乎任何一个政治组织都会涉及的内容。对无产阶级政党而言，党的组织原则和组织纪律是管全体、管根本的。在革命战争年代，党的组织原则和组织纪律往往关系到自身的生死存亡。在和平建设时期，党的组织原则和组织纪律也关系着党的领导力和执行力，关系到整个社会主义建设事业全局，最终也关系到党自身的生死存亡。我们党从成立之日起，就鲜明地提出了严格的组织原则和组织纪律，并以此组织和领导全体党员、干部进行艰苦卓绝的斗争，确保了党组织成为一个坚强的集体，成为一个个战斗堡垒。二是党的干部选拔、任用与教育管理的有效。在过去的革命战争年代，党在干部的选拔、任用和教育管理方面不断探索，形成了诸多好的做法和经验，确保一大批德才兼备的党员、干部脱颖而出，成为中国特色社会主义建设事业不断推进的中坚力量，为中国特色社会主义建设事业不断开创新局面提供了重要保证。当前，党的干部制度建设面临许多新的挑战，进一步加强党的组织建设，推进党的干部的选拔、任用和教育管理更加制度化和科学化，是党的组织建设十分重要的方面。三是党内组织生活建设。这是党的十八届六中全会重点要解决和推进的方面。党内组织生活是否健康，直接关系到党的肌体是否健康，关系到党的凝聚力和战斗力的形成，关系到党在人民群众心中的地位和影响，关系到党的全心全意为人民服务的宗旨是否能够真正得到落实。四是党的集中统一领导和党的权威的形成。坚持党的领导，首先是坚持党中央集中统一领导；维护党的权威，首先是维护党中央的权威。这是组织建设所要着力解决的重要问题。党的十八届六中全会通过的《关于新形势下党内政治生活的若干准则》明确提出坚决维护党中央权威这一政治要求，是对马克思主义建党学说的深刻揭示，是对中国共产党长期实践形成的优良传统和独特优势的科学总结，对开创治国理政新局面具有十分重要的作用。维护党中央权威是全面从严治党的根本前提。确立一个坚强有力、有权威的党中央领导集体，是推进党的建设新的伟大工程的关键所在。

党的组织建设常态化就是要按照“全面从严治党”的根本要求，实现党的组织建设经常抓，抓“常态”，常抓不懈。以增强党组织的凝聚力、战斗力，形成集中统一领导为基本方向，整体、全面和全过程地将组织建设与思想建设、作风建设等紧密结合起来，将党的组织建设与全面建设社会主义现代化国家、全面深化改革和全面依法治国紧密结合起来，抓全面，抓过程，抓平常。要通过严肃党内政治生活，严格党的干部选拔与任用制度，严格党的组织原则和组织纪律，保证党中央的集中统一领导，使党始终成为中国特色社会主义的坚强领导核心。具体而言，第一，在严肃党内政治生活方面，要不断增强党员、干部关于党的意识，强化责任落实，抓紧抓好抓实党内政治生活各方面制度规范的落实。第二，在严格党的干部选拔与任用方面，要严格遵守党的干部政策，坚持公开、公平、公正的选人用人的基本原则，坚持德才兼备的用人导向，确保党的各级组织成为坚强的战斗堡垒。第三，在严格党的组织原则和组织纪律方面，要明确要求，要反复讲，要将组织原则和组织纪律作为开展工作的重要保证，贯穿到日常学习和工作的各方面和全过程，实现遵守组织原则和组织纪律“全天候”“零容忍”。第四，在增强组织权威方面，要不断增强“四个意识”，坚持“四个服从”。牢固树立政治意识、大局意识、核心意识、看齐意识，是维护党中央权威、维护党的领导核心的重要思想基础，也是《关于新形势下党内政治生活的若干准则》提出的明确要求。这就要求我们“要把对党忠诚作为共产党员必须坚守的生命线和立身之本，在任何时候、任何情况下都保持清醒政治头脑和政治本色，严守党的政治纪律和政治规矩，站在党和国家大局上想问题、看问题，始终在思想上政治上行动上同以习近平同志为核心的党中央保持高度一致”[①]。党中央的权威，必须依靠民主集中制、依靠党的各个组织和全体党员来维护。《关于新形势下党内政治生活的若干准则》明确重申党章规定，强调必须坚持党员个人服从党的组织，少数服从多数，下级组织服从上级组织，全党各个组织和全体党员服从党的全国人民代表大会和中央委员会。这“四个服从”，是正确处理党内各种关系的基本准则，也是政治生活的基本准则，是我们做到从严治党抓常规、抓过程、抓实效，落实经常性、全面性和全过程的重要保证。“坚决维护党中央权威、保证全党令行禁止，是党和国家前途命运所系，是全国各族人民根本利益所在”[②]。维护党中央权威首先要守纪律、讲规矩，为此，要不断增强政治意识、大局意识、核心意识、看齐意识，坚决维护以习近平同志为核心的党中央权威和集中统一领导。我们看到，党的十八大以来，在一系列新的伟大斗争实践中，习近平已经成为党中央的核心、全党的核心。明确习近平的核心地位，有助于确立中央权威，是顺应党心军心民意和时代发展的必然。在贯彻党的路线、方针、政策的过程中，各部门和各地方要坚决贯彻党中央的决策部署，始终不渝地维护以习近平同志为核心的党中央权威，确保中央政令畅通。

党的组织建设制度化就是要通过建章立制，建立健全组织管理和组织生活的制度规范和制度机制，确保组织运行制度化，实现组织生活的制度化和规范化。在组织建设制度化方面，我们一方面要看到，在我党长期的革命和建设实践中，已经探索形成了一系列有效管用的制度规范，比如民

① 《关于新形势下党内政治生活的若干准则》《中国共产党党内监督条例》辅导读本［M］. 北京：人民出版社，2016：76.

② 中共中央党史和文献研究院. 十八大以来重要文献选编：下［M］. 北京：中央文献出版社，2018：423-424.

主集中制原则，这些制度规范需要扎扎实实地坚持，认认真真地贯彻落实。另一方面，一些制度规范需要结合新的实践进行修改和完善，比如党的十八届六中全会通过的《关于新形势下党内政治生活的若干准则》和《中国共产党党内监督条例》等。此外，还有一些具体的制度规范需要结合实践，在党的不同层级的组织中具体实施。从整体上看，按照“全面从严治党”的目标要求，当前需要突出加强党内政治生活的制度化和规范化。《关于新形势下党内政治生活的若干准则》专章阐明“严格党的组织生活制度”，强调“必须坚持党的组织生活各项制度，创新方式方法，增强党的组织生活活力”。从本质上看，严格党的组织生活制度是严格党内政治生活的基础和载体，没有组织生活的制度化和规范化，政治生活就难以真正“严起来”。“没有严格的党的组织生活，党员的教育管理监督，党的路线方针政策和上级党组织决议的贯彻落实，党的工作任务的传达推进，党员先锋模范作用和党组织战斗堡垒作用的发挥，都将失去依托和载体。”① 事实上，当前党的组织生活在总体较好的情况下，也有不容乐观的现象和问题，存在不经常、不规范、不严肃、随意化、庸俗化、平淡化的问题。这就要求我们要更加突出抓好组织生活的制度化和规范化。着眼于“全面从严治党”的要求，要重点突出坚持好“三会一课”制度、民主生活会和组织生活会制度、谈心谈话制度、民主评议党员制度、请示报告制度等。习近平指出：“民主集中制、党内组织生活制度等党的组织制度都非常重要，必须严格执行。各级领导班子和领导干部都要严格执行请示报告制度。要切实加强组织管理，引导党员、干部正确对待组织的问题，言行一致、表里如一，讲真话，讲实话，讲心里话，接受党组织教育和监督。要切实执行组织纪律，不能搞特殊、有例外，各级党组织要敢抓敢管，使纪律真正成为带电的高压线。”②

党的组织建设科学化就是要遵循政党组织建设的一般规律和中国共产党组织建设的特殊规律，体现于在新时代从严治党所面临的形势和艰巨任

---

① 《关于新形势下党内政治生活的若干准则》《中国共产党党内监督条例》辅导读本［M］. 北京：人民出版社，2016：124.

② 习近平. 习近平谈治国理政［M］. 北京：外文出版社，2014：396.

务的情况下如何提高党组织的凝聚力和战斗力，切实增强党领导社会主义建设事业全局的能力和执政兴国的水平。“全面从严治党”是提高党的执政能力和执政水平的需要。“党的形象和威望、党的创造力凝聚力战斗力不仅直接关系党的命运，而且直接关系国家的命运、人民的命运、民族的命运。”[①] 党的组织建设具有很强的思想性、政治性和原则性，也富有规律性。我们只有遵循执政党建设的一般规律，结合当前党在领导人民进行社会主义建设的过程中积累的经验，总结提炼出组织建设的规律，才能更好地实现组织建设的“自觉”，也才能在新的形势和任务面前大胆摸索和创新，使组织建设提升到一个新的水平。新时代提高党的建设科学化水平，最根本的就是实现理论、制度和方法的科学化，用科学化的理论指导党的建设，用规范化的制度保障党的建设，用现代化的方法推进党的建设。

四、制度治党常态化制度化科学化

执政党要靠制度治党，这是现代治理的铁律。邓小平曾说：“制度好可以使坏人无法任意横行，制度不好可以使好人无法充分做好事，甚至会走向反面。”[②] 党的十八大以来，针对制度体系尚存在不完善、不健全、不适应、不配套的问题，党中央强调要通过制度建构来“着力解决管党治党失之于宽、失之于松、失之于软的问题”[③]。习近平强调：“要把党内存在的突出矛盾和问题解决好，要有效化解党面临的重大挑战和危险，很重要的一条就是要完善规范、健全制度，扎紧制度的笼子”[④]。党的十八大以来，随着《中国共产党廉洁自律准则》《中国共产党纪律处分条例》《中国共产党问责条例》《关于新形势下党内政治生活的若干准则》《中国共产党党内监督条例》等一系列管党治党制度规范的颁布实施，全面从严治党正

① 习近平．在党的群众路线教育实践活动总结大会上的讲话［M］．北京：人民出版社，2014：12.

② 邓小平．邓小平文选：第 2 卷［M］．2 版．北京：人民出版社，1994：333.

③ 习近平．习近平谈治国理政：第 2 卷［M］．北京：外文出版社，2017：161.

④ 中共中央党史和文献研究院．十八大以来重要文献选编：下［M］．北京：中央文献出版社，2018：409-410.

式步入了制度治党的新常态阶段，而扎紧制度的笼子、强化制度约束正是这一新阶段的鲜明特征。按照“全面从严治党”的本质特征和基本要求，真正实现制度管党治党，就必须体现在常态化、制度化和科学化三个方面。

制度治党常态化本质上就是要将管党治党从“人治”上升到“法治”，这里的“法”包括党内“法”和国家“法”两个层面。从当前党的建设面临的现实和迫切需要解决的问题来看，推进全面从严治党尤其要注意抓好以规治党的常态化。党纪国法是全面从严治党的根本指导、根本保证，按规治党是基本要求，这里的“规”首先是党章，然后是党纪，还有国法，以及我们党长期形成的优良传统和做法，前三个层面组成规章制度，四个层面加起来才是规矩。所以在很多情况下，规矩和规章制度可以视为同样的内容，同等对待。依规治党可以放大到“规矩”，主要的内容还是规章制度。规章制度、规矩和道德之间有重叠的部分，因为这些均源于社会生活的需要，源于党的建设的必然要求，同时，又是相互渗透的。很多规章制度体现了思想道德的要求，蕴含价值取向和精神。党内“法”或者规矩就是包括党章在内的党自我管理的各种条例、各种政治纪律和政治规矩。国家“法”或者规矩则是在党的领导下通过全国人民代表大会和地方各级人民代表大会制定的法律以及政府相关部门颁布的各种规章条例等。换句话说，从严治党，第一个层次是要建立健全并严格落实党管理自身党员、干部的各种制度和规范。第二个层次是要求全体党员、干部与所有公民一样遵守所有法律法规。在第一个层次上，首先，要严肃党内政治生活，贯穿民主集中制原则，进一步增强党的组织生活制度的政治性和严肃性，努力在党内形成人人遵守组织生活制度、人人执行组织生活制度的良好氛围，使我党在自身建设和发展中形成的制度机制能够有效运转。其次，要让遵守党的组织原则和组织纪律成为对党员和干部的基本要求，让他们在工作和学习中自觉地坚持和实践。再次，要切实健全和发挥好党内监督制度机制，让党员、干部的“问题”发现和解决于萌芽阶段。最后，要自觉增强“四个意识”，自觉贯穿“四个服从”等基本要求，坚决维护党中央权威，维护党的领导核心。

制度治党制度化就是指以制度管党治党不能停留在习惯性层面，不能靠领导人的意志或者依据某一时期特定的形式和任务，而是要形成一套制度规范，只有这样才能保证制度治党的常态化和科学化。2014 年 10 月，习近平总书记在党的群众路线教育实践活动总结大会上强调指出，必须坚持思想建党和制度治党紧密结合。立足当前，我们需要抓好这几个方面的工作：一是抓紧清理和完善党在长期的自我建设和完善过程中所形成的制度规范，对已经非常成熟并长期执行的制度一定要强化到管党治党的全方位和全过程，比如民主集中制，它不仅是一般的议事制度，而且是我党的组织原则，需要坚决贯彻执行，形成坚持民主集中制原则的管理规定和办法；对还需要进一步健全和完善的一些制度规范，也要适时提炼和上升为管党治党的“规章制度”，比如党内监督、民主监督等方面的一些规章制度，需要进一步提升其影响力，形成长效监督机制；对一些过去比较有效的制度规范，在新的形势和任务面前需要修订的，要及时修订和完善，比如 2016 年党的十八届六中全会审议通过的《关于新形势下党内政治生活的若干准则》就是对党的纪律规定的修订和完善。总而言之，要让制度治党成为自觉、成为常态、成为根本，就不仅要完善制度本身，而且要形成相应的执行和管理办法，形成长效机制，唯有如此，制度治党才能成为党自身落实“全面”和“从严”的要求，实现全面从严的保障。

制度治党科学化就是指要有科学有效的制度管党治党，而且运用这样的制度规范本身也要符合管党治党的规律，要体现出管党治党科学化水平的稳步提高。“法与时转则治，治与时宜则有功。”一方面，新形势下落实制度治党，既要坚持过去行之有效的制度和规定，也要结合新的时代特点与时俱进，拿出新的办法和规定。从一定意义上说，用于“治党”的制度规范是否科学不应该成为问题。但是，事实上，虽然制度具有稳定性，管长期，管根本，但是并非所有的制度规范都一成不变，相反，要适应形势和目标任务要求不断健全和完善，比如党的十八届六中全会审议通过的《关于新形势下党内政治生活的若干准则》，就是适应新的形势发展需要而形成的。习近平在《关于〈关于新形势下党内政治生活的若干准则〉和〈中国共产党党内监督条例〉的说明》中指出：“为什么还要制定一个新准则呢？党中央的考虑是，一九八〇年准则虽然至今仍然具有重要指导意义，但由于这个准则针对的是当时的历史条件和主要矛盾，现在党内出现的一些突出矛盾和问题当时尚未遇到，而当时比较突出的一些矛盾和问题现在已经不突出了。党的十八大和修订通过的党章以及党的十八届三中、四中、五中全会对新形势下严肃党内政治生活有关问题作出了明确规定，但比较原则，需要具体化。改革开放以来特别是近年来制定的一系列党内法规和规范性文件，不少涉及规范党内政治生活问题，但比较分散，需要系统化。”① 因此，制度治党一方面需要解决制度机制不断适应新的形势和任务进行修订和完善的问题，有的方面需要制定新的制度规范。另一方面，制度治党科学化需要我们清楚地认识到，制度治党本身在于“严”字当头，内在要求富于规律性。现实生活中，很多人认为，制度本身是“死”的，人是“活”的，制度也要变通执行。但是如果任意变通，就会让制度成为“稻草人”，“破窗效应”就会被仿效。因此，不认真落实制度的这种认识是不利于坚持好制度治党的初衷和目标的。我们首先要做到“严”字当头，严格遵循和执行制度规定，防止出现在制度治党的过程中变相“废弃”制度，让制度成为“稻草人”的现象和问题。习近平指出：“要防止和克服地方和部门保护主义、本位主义、决不允许‘上有政策、下有对策’，决不允许有令不行、有禁不止，决不允许在贯彻执行中央决策部署上打折扣、做选择、搞变通。”② 同时，我们也要看到，制度治党不是制度越多越好，关键在于制度要适应新的实际，能够解决问题，能够管用并且得到严格执行。习近平指出：“新的历史条件下，国际国内形势发生了很大变化，我们党面临的执政环境和执政条件发生了很大变化，党面临的‘四大考验’、‘四种危险’是长期的、复杂的、严峻的。要把党内存在的突出矛盾和问题解决好，要有效化解党面临的重大挑战和危险，很重要的一条就是要完善规范、健全制度，扎紧制度的笼子，既使已经发生的突出矛盾和问题得到更加深入有效的解决，又有效防范新的矛盾和问题滋

① 中共中央党史和文献研究院. 十八大以来重要文献选编：下［M］. 北京：中央文献出版社，2018：415.

② 习近平. 习近平谈治国理政［M］. 北京：外文出版社，2014：386.

生蔓延、有效防范已经解决的矛盾和问题反弹复发。”①

五、党的建设落实到发展经济、改善民生方面的制度化科学化

中国共产党的宗旨是全心全意为人民服务。在革命战争年代，党的宗旨集中体现在党领导人民群众推翻剥削阶级统治，建立人民政权，实现人民当家作主，实现和维护人民的政治、经济和文化权益的努力之中。在和平建设时期，党的宗旨集中体现在带领全体人民建设社会主义，实现好、维护好人民群众的根本利益之中。这个宗旨体现和反映了中国共产党的阶级本质，也体现和反映了我们党与人民群众的血肉联系。从这个意义上说，党成立以来的一切努力以及党不断加强自身建设，使自身始终成为中国先进生产力的代表、中国先进文化前进方向的代表和中国最广大人民根本利益的代表，始终成为中国特色社会主义的领导核心，都是为了实践全心全意为人民服务的宗旨。在当下推进全面建设社会主义现代化国家、全面深化改革、全面依法治国的进程中，全面从严治党是根本保证，而全面从严治党的根本在于保障这“三个全面”，集中体现在党领导中国特色社会主义建设，发展经济、改善民生等方面的努力中，因为这本身是党的宗旨的集中体现。

党的建设落实到发展经济、改善民生方面的制度化在于将21世纪以来特别是党的十六大以来党在领导人民推进小康社会建设、积极构建社会主义和谐社会、按照科学发展观的要求努力实现经济社会协调发展、大力发展经济、积极改善民生的过程中积累起来的经验和典型做法，上升到制度的层面，使发展经济、改善民生的努力更加制度化和规范化。进入21世纪以来，我国经济社会发展遇到了一些新的问题，呈现出一些新的特征。党的十六大以来，以胡锦涛为主要代表的中国共产党人明确提出科学发展观，积极推进社会主义和谐社会建设，把发展经济与改善民生紧密联系起来，采取了一系列措施，不仅保持了经济的稳定发展，而且使广大人民群众有了更多的获得感。2004年3月10日，在中央人口资源环境工作座谈

---

① 中共中央党史和文献研究院. 十八大以来重要文献选编：下［M］. 北京：中央文献出版社，2018：409-410.

会上，胡锦涛阐述了科学发展观的科学内涵和基本要求，认为“坚持以人为本，就是要以实现人的全面发展为目标，从人民群众的根本利益出发谋发展、促发展，不断满足人民群众日益增长的物质文化需要，切实保障人民群众的经济、政治和文化权益，让发展的成果惠及全体人民。全面发展，就是要以经济建设为中心，全面推进经济、政治、文化建设，实现经济发展和社会全面进步。协调发展，就是要统筹城乡发展、统筹区域发展、统筹经济社会发展、统筹人与自然和谐发展、统筹国内发展和对外开放，推进生产力和生产关系、经济基础和上层建筑相协调。推进经济、政治、文化建设的各个环节、各个方面相协调。可持续发展，就是要促进人与自然的和谐，实现经济发展和人口、资源、环境相协调，坚持走生产发展、生活富裕、生态良好的文明发展道路，保证一代接一代地永续发展”①。经过 10 多年的努力，我国经济发展、民生改善的成效举世瞩目，有目共睹。在这个过程中，党的先进性教育、科学发展观学习、创先争优紧锣密鼓地开展。正是有了党的建设的不断推进，才保证了这一系列成果的取得，民生改善的成效才十分显著，才使人民群众获得了更多实惠。党的十八大以来，我们推进经济发展和民生改善的努力进一步取得成效，同时，党的群众路线教育实践活动、“三严三实”专题教育、“两学一做”学习教育、“不忘初心、牢记使命”主题教育、党史学习教育等活动深入持久开展，尤其是以习近平同志为核心的党中央明确提出“全面从严治党”的战略要求，与全面建成小康社会、全面深化改革、全面依法治国一起形成了“四个全面”战略布局。由此可见，正是由于党的建设不断加强，保证了经济发展和民生改善，或者说党的建设适应了发展经济和改善民生的要求，保证了全体党员和党的干部真正心怀群众、心系群众，践行全心全意为人民服务的宗旨。总结党的建设与发展经济和改善民生之间的紧密关系和相互促进关系，需要将这种经验和方法提升到制度的层面，以保证这种良性互动关系，最终确保党始终代表人民群众的根本利益。

党的建设落实到发展经济和改善民生方面的科学化就是要通过不断

---

① 中共中央文献研究室. 十六大以来重要文献选编：上［M］. 北京：中央文献出版社，2005：850.

加强党的建设，实施“全面从严治党”，不断提高党治国理政的水平，实现国家治理现代化，更好地实现发展经济和改善民生的协调互进。如何实现党的建设与发展经济和改善民生之间的良性互动，并且探索其内在的规律，这是习近平思考得比较多的问题。习近平在《切实把思想统一到党的十八届三中全会精神上来》的讲话中指出：“怎样治理社会主义社会这样全新的社会，在以往的世界社会主义中没有解决得很好。马克思、恩格斯没有遇到全面治理一个社会主义国家的实践，他们关于未来社会的原理很多是预测性的；列宁在俄国十月革命后不久就过世了，没来得及深入探索这个问题；苏联在这个问题上进行了探索，取得了一些实践经验，但也犯下了严重错误，没有解决这个问题。我们党在全国执政以后，不断探索这个问题”，“也发生了严重曲折”①。2014 年 2 月 17 日，习近平在省部级主要领导干部学习贯彻十八届三中全会精神全面深化改革专题研讨班上发表了题为《不断提高运用中国特色社会主义制度有效治理国家的能力》的讲话，其中明确指出：“我国今天的国家治理体系，是在我国历史传承、文化传统、经济社会发展的基础上长期发展、渐进改进、内生性演化的结果。我国国家治理体系需要改进和完善，但怎么改、怎么完善，我们要有主张、有定力。中华民族是一个兼容并蓄、海纳百川的民族，在漫长历史进程中，不断学习他人的好东西，把他人的好东西化成我们自己的东西，这才形成我们的民族特色”②。由此可见，习近平思考和探索推进国家治理现代化，其出发点在于更好地实现党领导人民建设好、治理好人民自己的国家，体现党和人民之间的血肉联系，更好地保障和落实民生改善的方方面面，让老百姓受益。与此同时，习近平将党的建设推进到“全面从严治党”的新阶段，本身是与全面建成小康社会、全面深化改革、全面依法治国融为一体的，或者说，一体化的思维和“四个全面”战略的整体性构想本身就体现了党的建设融入发展经济、改善民生的内在规律性。全面建成小康社会、全面深化改革、全面依法治国本质上就是发展经济和改善民生，而根本保障在于全面从严治党。全面

① 习近平. 习近平谈治国理政［M］. 北京：外文出版社，2014：91.

② 同①105-106.

从严治党本质上是为了保证党有能力、有水平地领导全体人民加快社会主义建设，实现“三个全面”，最终实现中国梦。因此，以习近平同志为核心的党中央全面推进从严治党的进程本身必然是努力发展经济和改善民生的进程，这是一种内在的自然规律。

第三章　全面从严治党常态化制度化科学化的实践、成就与经验

我们党作为一个有 9 800 多万名党员、500 多万个党组织的党，作为一个在有着 14 亿多人口的大国长期执政的党，党的建设关系重大、牵动全局。“党和人民事业发展到什么阶段，党的建设就要推进到什么阶段。这是加强党的建设必须把握的基本规律。”① 中国共产党成立百余年来，始终发挥着中流砥柱和领导核心的重要作用，领导中国人民进行社会主义革命、建设和改革，取得了一系列伟大胜利，开创了中国特色社会主义道路。中国共产党历史作用的发挥、领导地位的形成，不仅取决于党在成就伟大事业时的革命性与战斗性，更取决于党始终重视保持自身的先进性和纯洁性。从党的成立到党的二十大，中国社会主义伟大事业不断前进，党的建设也不断取得新的成就。当前，全面从严治党常态化、制度化、科学化的长效机制已经形成，为建成社会主义现代化强国和实现中华民族伟大复兴的中国梦，做好了政治准备、思想准备和组织准备。全面从严治党，政治建设是首要前提，思想教育是根本、从严治吏是重点、作风建设是主题、制度建设是关键。全面从严治党常态化、制度化、科学化长效机制的形成，是 1935 年遵义会议召开以来党的历代中央领导集体将马克思主义理论与社会主义革命斗争和政权建设实践相结合，不断与时俱进的创新发展成果。

---

① 习近平．习近平谈治国理政：第 2 卷［M］．北京：外文出版社，2017：43．

第一节　全面从严治党常态化制度化科学化的伟大实践

面对不同的世情、国情和党情，党的历代中央领导集体全面从严治党的理论、举措和成就各有不同，但都是在科学继承前一阶段成就的基础上不断发展，都在朝着更加常态化、制度化和科学化的方向不断发展。从1926年《关于坚决清洗贪污腐化分子的通告》的发布，到2015年以来《中国共产党廉洁自律准则》《中国共产党纪律处分条例》《中国共产党问责条例》的相继颁发；从新中国成立初期以“三反”“五反”为代表的发动群众反腐到近年来以“红通”为代表的国际合作反腐，中国共产党推动全面从严治党常态化、制度化和科学化建设，取得了显著的进步。回顾党的历代中央领导集体全面从严治党的成功经验，有助于继续推进全面从严治党常态化、制度化和科学化建设创新理论、实施新的举措、取得新的成就、积累新的经验。

一、建党初期对全面从严治党的探索

近代中国的仁人志士尝试了很多救国方案，但都以失败告终，从知识分子到普通百姓，都对当时的政权失望透顶，“见那横征暴敛的政府，嚣张跋扈的军人，结党营私的政客，敲剥朘削的财主，在那里肆无忌惮的吸取小民的膏血。收入分配的不均平”①；资产阶级发起的护国、护法运动，丝毫没有改变国家命运②。腐败问题，不仅损害了革命政党自身的凝聚力、战斗力，也让他们失去了人民的信任和支持。正当人们为政权腐败而感到痛苦和失望时，中国共产党成立了，中国革命出现了新的转机。与封建主义和资本主义不同的是，社会主义主张“谋社会中最大多数的最大幸福，实行将一切生产机关归为公有，共同生产共同消费”③。正是在“谋社会中

---

① 陶孟和. 贫穷与人口问题［J］. 新青年，1920（4）.

② 陈独秀. 二十七年以来国民运动中所得教训［J］. 新青年，1924（4）.

③ 李达. 讨论社会主义并质梁任公［J］. 江汉论坛，1979（1）.

最大多数的最大幸福”理想信念的驱动下，中国共产党凝聚人民群众，开展社会主义革命，并最终取得胜利。尽管没有像样的政权，但是从建党初期，共产党就实行了严格的治党举措，从根本上端正了共产党发展的方向。

（1）在党的纲领和制度中明确作风要求。

中国共产党的目的，“是要组织无产阶级，用阶级斗争的手段，建立劳农专政的政治，铲除私有财产制度”。在党的纲领和章程中，从一开始就把“全心全意为人民服务”作为根本宗旨，把建立为最大多数人的利益服务而不是为少数人服务的政权作为奋斗目标。围绕这一宗旨和目标，对党员的理想信念和行为规范提出了很多具体的要求，《中国共产党第一个纲领》规定：“地方委员会的财务、活动和政策，应受中央执行委员会的监督。”①《关于共产党的组织章程决议案》提出：“党的一切运动都必须深入到广大的群众里面去。”② 除此之外，建党初期，共产党还出台了《关于议会行动的决议案》《关于坚决清洗贪污腐化分子的通告》等一系列制度文件，对党风建设提出了比较详细的要求，也为落实党风举措提供了制度依据。

（2）在革命实践中严肃纪律。

共产党早期的革命运动以工人斗争为主，在组织工人罢工的过程中，成立专门的代表大会来强化监督、成立贪污受贿惩办机构，同时处理贪污舞弊、渎职犯罪等行为，积极预防和惩治腐败现象。在与国民党开展党际合作的过程中，不仅要求自身廉洁革命，还成立共同的纪检机构，与国民党共同监督贪腐行为，共同防治党员干部堕落；为防止党员腐败堕落或脱离群众，对共产党员担任公职有严格限制，“凡党员若不经中央执行委员会之特许，不得为任何资本阶级的国家之政务官”③。这样的要求，就明确宣示共产党与其他党派存在明显的差别：共产党员是不能升官发财的，这与当时党派林立，政党成为政客私产的混乱局面形成鲜明的对比。共产党

---

① 中共中央文献研究室，中央档案馆. 建党以来重要文献选编（1921—1949）：第 1 册［M］. 北京：中央文献出版社，2011：2.

② 同①162.

③ 同①274.

拥有纪律严明的优势，不仅深得国民党信赖，帮助国民党顺利实现改组，在大革命中出色地发动群众支持革命，同时也在革命中锻炼了自身领导能力，壮大了革命队伍。

（3）重视思想教育的重要作用。

《中国共产党第一个决议》明确要求："党应在工会里灌输阶级斗争的精神……任何出版物，无论是中央的或地方的，均不得刊登违背党的原则、政策和决议的文章。"① 1924 年 5 月，中国共产党扩大执行委员会通过的《党内组织及宣传教育问题议决案》要求："中央的各部之中应当特别注意宣传部和工农部。……中央宣传部应当在党报上加重党内教育的工作，并且指导马克思主义研究会……党内教育的问题非常重要，而且要急于设立党校养成指导人才。再则政治宣传亦急于有全国的进行规划。"② 中国共产党能在复杂严酷的斗争中得以幸存并发展壮大，与党对思想教育工作的重视密不可分。1929 年 12 月，中国共产党红军第四军第九次代表大会（古田会议）通过的《中国共产党红军第四军第九次代表大会决议案》专列"党内教育问题"，其中指出："红军党内最迫切的问题，要算是教育的问题。为了红军的健全与扩大，为了斗争任务之能够负荷，都要从党内教育做起。……有计划地进行党内教育，纠正过去之无计划的听其自然的状态，是党的重要任务之一。"③

（4）在工农政权中开展反腐倡廉。

土地革命战争时期，中国共产党在以中华苏维埃中央政府为代表的工农民主专政政权中，开展卓有成效的反腐倡廉建设。一是在中央苏区"反对贪污浪费的现象"。主要包括依法严肃处理中央和地方贪污腐败重大案件；发布《中央工农检察人民委员部训令第二号——关于检查苏维埃政府机关和地方武装中的阶级异己分子及贪污腐化动摇消极分子问题》等规章，推进制度建设。二是在中央苏区"反对官僚主义的领导"。组建工农

① 中共中央文献研究室，中央档案馆．建党以来重要文献选编（1921—1949）：第 1 册［M］．北京：中央文献出版社，2011：4-5.

② 中共中央文献研究室，中央档案馆．建党以来重要文献选编（1921—1949）：第 2 册［M］．北京：中央文献出版社，2011：74.

③ 中共中央文献研究室．毛泽东文集：第 1 卷［M］．北京：人民出版社，1993：94.

检察部，对政府进行监督，对官僚主义和贪腐分子进行审判；推行苏维埃民主化，密切政府和群众的联系，发动群众反官僚主义。三是在闽浙赣、川鄂湘黔等革命根据地同步开展反腐倡廉建设。正是通过一系列的党风纪律建设活动，坚持教育与惩治相结合，才在总体上保证了党的先进性和纯洁性，保证了军队和政权的革命性，最终实现“星星之火，可以燎原”的胜利态势。

(5) 推进纪检机构和制度建设。

党的纲领和章程中大公无私的理念，党的制度和规章中严格的党风要求，党领导的革命运动中严肃纪律的举措，保证了党员队伍的纯洁性和革命性，使得共产党能够在残酷的斗争中幸存并发展壮大。1927 年，中共五大还成立了中央监察委员会，作为专门的纪检机构，初步建立了党委与监委互相监督的工作机制，有效地防止了权力滥用和贪污腐败等消极行为对党的侵蚀。立足于人民民主专政政权反腐倡廉的举措和经验，党建制度化机制取得重要进展：1928 年党的六大选举产生“中央审查委员会”，重点开展党内财务监督；1931 年成立苏维埃政府“中央工农检察人民委员部”和各级政府“工农检察部”，对中央和地方政府进行监察；1932—1934 年，先后成立群众性监察组织“突击队”“轻骑队”“工农通信员”“群众法庭”，发挥群众监督功能，先后成立“财政审查委员会”“审计处”“审计委员会”，中央到地方的审计监督制度基本形成；1934 年成立“中央党务委员会”，专职党内纪律检查。此外，还颁布了《怎样检举贪污浪费》《中共中央关于干部问题的决议》《工农检查处问题的决议案》《中华苏维埃共和国中央政府执行委员会审计条例》等系列党风廉政建设的制度规章，为全面从严治党常态化、制度化和科学化奠定了基础。

建党初期，共产党的力量还很薄弱，革命斗争经验也很不足，这一时期的革命事业，时常受到“左”和右思想倾向的干扰，犯急躁冒进、斗争扩大化等错误，难免影响党风廉政建设。但是，为了加强党的建设和革命事业，从严治党的要求是始终没有变的，常态化、制度化和科学化的努力也没有停止。共产党从一开始就把作风纪律建设作为重要工作，使得共产党能应付复杂的政治局面，逐步扩大自身影响力，并且形成相对完整的治党理念、制度、举措，为党建的常态化、制度化、科学化探索了有益经验。在社会主义伟大事业开端之时，就切实加强党风廉政建设，从一开始就套上“紧箍咒”，这是革命事业取得成功的重要保证。党在后来各个历史时期的党风廉政建设，都能从这一时期党风纪律建设的经验教训中受到启发。

二、以毛泽东同志为主要代表的中国共产党人的党建实践

以1935年遵义会议召开确立以毛泽东同志为核心的党中央领导集体的正确领导为起点，直到1976年“文化大革命”结束，党的第一代中央领导集体领导中国人民赢得抗日战争、解放战争的胜利，建立了新中国；新中国成立后进行社会主义改造和社会主义建设，为社会主义现代化奠定了基础。正是由于中国共产党的坚强领导才取得如此丰功伟绩，而党的坚强领导能力则源于自身建设的不断加强。“既要革命，就要有一个革命党。没有一个革命的党，没有一个按照马克思列宁主义的革命理论和革命风格建立起来的革命党，就不可能领导工人阶级和广大人民群众战胜帝国主义及其走狗。”① 对于如何通过党风廉政建设保持先进性和纯洁性，党的第一代中央领导集体积累了丰富的经验。新中国成立前后，共产党所面临的形势和任务不同，党风廉政建设的要求和重点也不相同，但从严治党的理念是一致的。

（1）通过理论教育加强思想建设。

只有革命的理论，才能成就革命的政党。“指导一个伟大的革命运动的政党，如果没有革命理论，没有历史知识，没有对于实际运动的深刻的了解，要取得胜利是不可能的。”② 中国共产党人不仅要以马列主义基本原理为指导，还要善于将这些理论与中国实践相结合，以新的理论成果为指导。毛泽东先后发表了《中国共产党在民族战争中的地位》《中国革命和中国共产党》《学习和时局》《为人民服务》等著名理论文章，形成了科学

---

① 毛泽东选集：第4卷［M］. 2版. 北京：人民出版社，1991：1357.

② 毛泽东选集：第2卷［M］. 2版. 北京：人民出版社，1991：533.

的党建理论，为党的思想建设提供了丰富的理论资源。《中国共产党中央委员会关于建国以来党的若干历史问题的决议》在肯定毛泽东的党建经验时指出："他特别着重于从思想上建设党，提出党员不但要在组织上入党，而且要在思想上入党，经常注意以无产阶级思想改造和克服各种非无产阶级思想。"① 毛泽东多次强调，共产党不是随随便便就能加入的，加入之后也是不能放松学习的。以毛泽东同志为核心的党的第一代中央领导集体所领导的共产党，在持续不断的先进理论教育的基础上，成长为革命性和战斗力都很强的领导核心。

注重思想理论教育，是党的建设过程中所采取的最重要的举措。对党员进行理论教育，不仅要有先进的理论，也要有科学的方法。毛泽东指出，人民群众才是历史的创造者，共产党只有甘当人民的"公仆"，才能获得源源不断的支持力量。因此，对全党进行思想理论教育的核心和目的，就是树立"全心全意为人民服务"的根本宗旨。毛泽东围绕"全心全意为人民服务"进行过许多具体而深入的理论阐发。在《在陕甘宁边区参议会的演说》中，毛泽东宣示道："共产党是为民族、为人民谋利益的政党，它本身决无私利可图。它应该受人民的监督，而决不应该违背人民的意旨。它的党员应该站在民众之中，而决不应该站在民众之上。"② 在《为人民服务》中，毛泽东指出："我们的共产党和共产党所领导的八路军、新四军，是革命的队伍。我们这个队伍完全是为着解放人民的，是彻底地为人民的利益工作的。"③ 全心全意为人民服务，自觉地把人民群众的利益作为党的奋斗目标，人民才会全心全意拥护党所领导的革命和建设事业。理想信念教育总是同榜样教育相联系的，陕甘宁边区政府时期的张思德、白求恩，新中国成立后的雷锋、焦裕禄等模范人物，为全党树立了学习的榜样。一面严惩各种违法乱纪行为，一面树立积极正面的榜样，成为开展思想政治教育的成功经验。

---

① 中共中央文献研究室. 三中全会以来重要文献选编：下［M］. 北京：人民出版社，1982：832.

② 毛泽东选集：第3卷［M］. 2版. 北京：人民出版社，1991：809.

③ 同②1004.

（2）通过整风运动加强作风建设。

在共产党成立初期，“左”倾教条主义对党的成长造成了危害；抗战初期，右倾思想和宗派主义束缚了革命的手脚。此外，部分高级干部盲目听信共产国际的领导。这些情况，严重地阻碍了党的健康成长和革命事业的顺利开展。毛泽东认为，这些错误思想的根源在于未能了解中国的实际情况，未能将马克思主义与中国革命客观规律相结合。因此，必须通过整风运动来加强党的自身建设。《中国共产党中央委员会关于建国以来党的若干历史问题的决议》指出：“他针对历史上党内斗争中存在过的‘残酷斗争、无情打击’的‘左’倾错误，提出‘惩前毖后、治病救人’的正确方针，强调在党内斗争中要达到既弄清思想又团结同志的目的。”① 延安整风有三个基本任务：反对主观主义以整顿学风，反对宗派主义以整顿党风，反对党八股以整顿文风。整风运动的着力点在学风和文风，落脚点在党风。在《反对主观主义和宗派主义》中，毛泽东明确提出了“党风”概念；在《论联合政府》中，他完整阐述党的作风的三个方面：“理论和实践相结合的作风，和人民群众紧密地联系在一起的作风以及自我批评的作风。”② 毛泽东还在《反对自由主义》《改造我们的学习》《整顿党的作风》《反对党八股》等文章中，就如何加强党的作风建设进行了详细阐释。延安整风运动，确立了全党实事求是的思想路线，使党达到了空前的团结，党员干部的思想素质得到极大提高。整风运动也成为共产党开展党风建设的重要经验。通过历次具有针对性、时效性、科学性的整风运动，形成了共产党独特鲜明的党风，《中国共产党中央委员会关于建国以来党的若干历史问题的决议》高度评价以毛泽东同志为核心的党的第一代中央领导集体的党风理论和实践：“他指出，理论和实践相结合的作风，和人民群众紧密地联系在一起的作风，以及自我批评的作风，是中国共产党区别于其他任何政党的显著标志。”③ 良好的党风，也是共产党战胜所有敌人，取得社会主义胜利的根本原因。

---

① 中共中央文献研究室．三中全会以来重要文献选编：下［M］．北京：人民出版社，1982：832．

② 毛泽东选集：第3卷［M］．2版．北京：人民出版社，1991：1094．

③ 同①．

党风建设不是一劳永逸的，也不是一蹴而就的。作为执政党领导社会主义建设，面临更大的挑战，也需要更强的能力，党的作风要求丝毫不能放松，在进北京前夕，毛泽东就强调："务必继续地保持谦虚谨慎、不骄不躁的作风，务必继续地保持艰苦奋斗的作风。"① 从党员个人要求来讲，"一切加入我们党的人，必须认真学习马克思列宁主义、毛泽东思想，……在入党以前和以后，更须学习，并进行思想上的改造。他们必须抛弃原来的阶级立场，站在无产阶级的立场上，克服自己的主观主义、个人主义、宗派主义等倾向。……这就是我们党的建设上特别重大的问题和重大的特点"②。作为加强自身建设的成功经验，新中国成立之后，在党的第一代中央领导集体的部署下，分别开展了 1950 年的整风运动、1951 年至 1954 年的整党运动、1957 年的开门整风运动，这几次整风运动顺应了时代形势对党的要求，保证了社会主义政权的稳定，保持了党的先进性和纯洁性，总体上是成功的。《中国共产党中央委员会关于建国以来党的若干历史问题的决议》指出，毛泽东"创造了在全党通过批评与自我批评进行马克思列宁主义思想教育的整风形式"③。总体来讲，通过整风运动来加强党风建设，是党的第一代中央领导集体从实践中摸索出来的党建成功经验，为全面从严治党常态化、制度化和科学化发展提供了有益的启发。

(3) 通过严管干部加强组织建设。

党员干部是社会主义成败的关键。"指导伟大的革命，要有伟大的党，要有许多最好的干部。"④ "中国共产党是在一个几万万人的大民族中领导伟大革命斗争的党，没有多数才德兼备的领导干部，是不能完成其历史任务的。"⑤ 社会主义革命和建设事业，要以共产党为领导核心，党的领导能力就体现在从事实际工作的党员干部身上。在革命战争年代，干部要有身先士卒、敢于冲锋、能打胜仗的能力，在和平建设时期，干部又要学会领

① 中共中央文献研究室. 十六大以来重要文献选编：上［M］. 北京：中央文献出版社，2005：257.

② 刘少奇选集：上卷［M］. 北京：人民出版社，1981：326-327.

③ 中共中央文献研究室. 三中全会以来重要文献选编：下［M］. 北京：人民出版社，1982：832.

④ 毛泽东选集：第 1 卷［M］. 2 版. 北京：人民出版社，1991：277.

⑤ 毛泽东选集：第 2 卷［M］. 2 版. 北京：人民出版社，1991：526.

导政治、经济和文化建设，成为社会主义建设事业的专家。“要在几十年内，努力改变我国在经济上和科学文化上的落后状况，迅速达到世界上的先进水平。为了实现这个伟大的目标，决定一切的是要有干部”。人民群众是历史的主体，党员干部是人民群众的主心骨，是社会主义事业的推动者。因此，党员干部的素质和能力，在很大程度上决定了社会主义事业的成败。党员干部不仅业务能力要强，思想理论水平也要高，才能驾驭复杂的局面。毛泽东指出，党员干部一方面要努力学习马克思主义，提高理论素养，又要“努力精通技术和业务，使自己成为内行，又红又专”①。党员干部的素质和能力不是天生的，而是来自实践锻炼和理论学习。毛泽东热爱学习，广泛吸纳古今中外的智慧来指导革命和建设，是终身学习和理论联系实际的典范。对党员干部，他也提出了严格的要求，领导成立了党校、抗大等专门学习机构，还亲自给党员干部和各级学员授课，提高他们的能力和素质。

以“德才兼备”要求干部，以“任人唯贤”选拔干部。党员干部一方面要团结群众，凝聚智慧，一方面要执行决策，引领方向。他们代表着党的形象，是党最值得倚重的力量。毛泽东经常强调，要把德才兼备作为干部的标准，“共产党员无论何时何地都不应以个人利益放在第一位，而应以个人利益服从于民族和人民群众的利益。因此，自私自利，消极怠工，贪污腐化，风头主义等等，是最可鄙的；而大公无私，积极努力，克己奉公，埋头苦干的精神，才是可尊敬的”②。在干部的选拔中，毛泽东批判“任人唯亲”的狭隘、错误路线，主张“任人唯贤”的正确路线，强调干部选拔培养的公道和正派标准。对于犯错误的干部，并不是简单地处罚了事，而是主张“惩前毖后，治病救人”，给干部以改过自新、为人民服务的机会。与事发之后的惩治相比，毛泽东更注重预防，主张在组织的教育帮助下开展“批评和自我批评”，自我主动学习。在党的第一代中央领导集体的领导之下，各条战线上的党员干部能够很好地发挥领头羊的作用。在艰苦的革命战争年代，很多优秀人才投奔中国共产党，参加中国革命；

---

① 中共中央文献研究室．毛泽东文集：第7卷［M］．北京：人民出版社，1999：309.

② 毛泽东选集：第2卷［M］．2版．北京：人民出版社，1991：522.

新中国成立之后，众多的党员干部及时实现身份和能力的转变，由领导革命斗争到领导经济建设，巩固了新生的社会主义政权。这些成就的取得，与党的第一代中央领导集体严格的干部选拔和培养机制是分不开的。

（4）通过严明纪律加强制度建设。

一是严明纪律。以毛泽东同志为核心的党的第一代中央领导集体非常重视党的纪律建设，将其视为加强党的团结统一和落实政治路线的根本保证。“既使一般党员能遵守纪律，又使一般党员能监督党的领袖人物也一起遵守纪律”①。共产党密切联系群众的政治优势，革命斗争取得胜利，都可以归功于党的纪律建设。用严格的纪律武装党员干部的头脑，将严格的纪律融入生产生活的各个环节，是党的纪律教育工作取得成功的重要经验。这些思想在《关于健全党委制》《党委会的工作方法》等篇章中都有体现。毛泽东在中共中央扩大的六届六中全会上首次提出了著名的“四个服从”，即个人服从组织、少数服从多数、下级服从上级、全党服从中央，并于中共七大时写入党章；1949 年，中央出台了《关于成立中央及各级党的纪律检查委员会的决定》，建立从中央到地方完整的纪律检查体制；党的八大通过的新党章，对群众路线、民主集中制、集体领导、党内外监督等方面都做了新的严格规定，以应对由革命党转为执政党所带来的变化。这些都体现了中国共产党为应对地位和环境的变化而重视自身建设的主动性、积极性。1952 年，新中国第一部反腐法律《中华人民共和国惩治贪污条例》公布。除此之外，党的各级监察委员会等纪检机构相继成立，《国家公务员暂行条例》等制度相继出台，党的各项工作如何运行，党员应该如何开展工作，基本做到有章可循，为共产党开展党风廉政建设奠定了扎实的制度基础和组织基础。

二是严惩违纪。延安时期担任中央组织部部长的陈云亲自处理刘力功违纪案件后，专门发文教育全党遵守纪律的重要性，“究竟一个共产党员在党分配工作时有些什么权利和义务呢？只有说明自己意见的权利，只有在党决定以后无条件地执行决议的义务。除此之外，决不能增加一点权

① 毛泽东选集：第 2 卷［M］. 2 版. 北京：人民出版社，1991：528.

利，也决不能附加一个条件，否则就违犯了党的纪律”[①]。只有得到严格执行的制度才能发挥长久的约束力。无论是新中国成立前还是新中国成立后，共产党对于违法乱纪的党员绝不姑息手软。新中国成立之初，中共中央正式下发《关于实行精兵简政、增产节约、反对贪污、反对浪费和反对官僚主义的决定》，开展“三反”“五反”运动，又查处了刘青山、张子善严重贪污盗窃国家资财案等重大案件，树立了党的权威，净化了党的队伍，赢得了社会各界的尊重和支持，使得党的各项事业得以顺利开展。

与严明纪律和严惩违纪相伴随的，还有落实在日常生产生活中的廉洁风尚的引导和勤俭节约举措的施行。为了保持各级党组织精干高效的能力和廉洁务实的作风，共产党在延安时期开展了较长时期的“精兵简政”，取得良好的效果，毛泽东将之视为改造我们的机关主义、官僚主义、形式主义的对症药。同时，发布《陕甘宁边区施政纲领》《陕甘宁边区财政厅为颁发 1945 年度财政开支的规定与供给标准的通知》等相关规定，要求各级政府厉行勤俭节约，倡导“自己动手，丰衣足食”，同时对干部和公职人员的薪资做出具体规定，消除特权和腐败产生的土壤。“厉行廉洁政治，严惩公务人员之贪污行为……实行俸以养廉原则，保障一切公务人员及其家属必需的物质生活及充分的文化娱乐生活。”[②] 在延安时期，毛泽东、朱德等领导，以及徐特立、谢觉哉等革命先辈，都是勤俭节约的典范，整个抗日根据地呈现出风清气正的大好局面，因此成为全国热血青年向往的圣地。毛泽东对共产党的清廉和国民党的腐败做过形象的对比：“利用抗战发国难财，官吏即商人，贪污成风，廉耻扫地，这是国民党区域的特色之一。艰苦奋斗，以身作则，工作之外，还要生产，奖励廉洁，禁绝贪污，这是中国解放区的特色之一。”[③] 新中国成立之后，共产党延续了这些良好风尚和有效举措，将之应用到新中国的经济建设中去，凝聚了全党和全国人民的力量，推进社会主义建设。

---

① 陈云．陈云文选：第 1 卷［M］．北京：人民出版社，1995：125.

② 中共中央文献研究室．毛泽东文集：第 2 卷［M］．北京：人民出版社，1993：335.

③ 毛泽东选集：第 3 卷［M］．2 版．北京：人民出版社，1991：1048.

在《〈共产党人〉发刊词》中，毛泽东第一次明确提出统一战线、武装斗争、党的建设是中国革命的三个法宝。事实上，党的建设，尤其是党风廉政建设，对于党的生死存亡，对于革命的成败和社会主义事业的兴衰，始终起到至关重要的决定作用。因此，党的建设不仅是社会主义革命的法宝，也是社会主义建设的重要法宝。以毛泽东同志为核心的党的第一代中央领导集体，提出了全面从严治党的基本理论，树立了全面从严治党的根本理念，构建了全面从严治党的制度框架，形成了中国共产党自身建设的基本经验。可以说，以毛泽东同志为核心的党的第一代中央领导集体，为全面从严治党的常态化、制度化和科学化建设奠定了扎实的基础。

三、以邓小平同志为主要代表的中国共产党人的党建实践

改革开放以来，特别是社会主义市场经济的发展，带来了中国经济、政治、文化和社会生活面貌的巨变。伴随经济社会迅速发展的同时，资产阶级自由化思潮也侵蚀着社会主义的健康肌体，在党员干部中出现了贪污受贿、以权谋私的不正之风，出现了严重脱离群众、损害群众利益的危险现象。同时，东欧剧变、苏联解体暴露出了所涉国家的共产党在执政过程中的严重腐败问题。这些问题，引起了以邓小平同志为核心的党的第二代中央领导集体的反思，由此开启了党的建设新的伟大工程，为全面从严治党常态化、制度化和科学化做出了重要贡献。从 1977 年到 1992 年的 15 年间，中国共产党所面临的国际国内局势的复杂性，社会主义建设的艰巨性，决定了党的建设的重要性。正是由于党的建设新的伟大工程的实施，全面从严治党常态化、制度化和科学化取得重大进展，保证了党的先进性和纯洁性，领导改革开放事业取得成功，成功开创了中国特色社会主义事业。

（1）以“艰苦奋斗”为主题进行思想教育。

要求党员保持艰苦奋斗的优秀传统，是邓小平一贯的立场和主张。早在新中国成立之初，邓小平就对党员干部提出要求：“全体干部必须从长远利益出发，坚决克服享乐思想倾向，反对铺张浪费，一切为了克服困难

与发展生产。所有同志必须保持与发扬艰苦奋斗的光荣传统，以批评与自我批评的精神认真检讨，困难是完全可以克服的。”① 东欧剧变、苏联解体警示我们，共产党员一旦失去对共产主义的信仰，就会非常危险，从社会层面来讲，在文化多元化、信仰多元化潮流的冲击下，全社会容易出现信仰动摇、道德滑坡的现象；从政治层面来讲，为激发经济发展活力，党员干部掌控的审批权力和能够调动的资源增多，为滋生权钱交易、贪污腐败提供了温床；从文化层面来讲，改革开放后，资本主义社会盛行的个人主义、享乐主义思潮涌入我国，封建社会残余的官僚主义、宗派主义沉渣泛起。这些不良思潮的蔓延，直接导致1989年的严重政治风波。面对国内自由化思潮泛滥和东欧剧变带来的恶劣影响，邓小平指出，改革开放以来，“我们最大的失误是在教育方面，思想政治工作薄弱了”。具体来讲，“在经济得到可喜发展、人民生活水平得到改善的情况下，没有告诉人民，包括共产党员在内，应该保持艰苦奋斗的传统”。

邓小平认为，艰苦奋斗的传统是反腐败在思想政治防线上的一个总开关。只有对全党全国人民进行艰苦奋斗传统的教育，才能对抗腐败现象对党的健康肌体的侵蚀。“经济建设这一手我们搞得相当有成绩，形势喜人，这是我们国家的成功。但风气如果坏下去，经济搞成功又有什么意义？会在另一方面变质，反过来影响整个经济变质，发展下去会形成贪污、盗窃、贿赂横行的世界。”② 对全党进行艰苦奋斗传统的教育，就是要践行共产党全心全意为人民服务的根本宗旨，就是要切实履行重建密切联系群众的优良作风。为了深入推进新时期的思想政治教育，党的第二代中央领导集体提出了社会主义精神文明建设的任务。“所谓精神文明，不但是指教育、科学、文化（这是完全必要的），而且是指共产主义的思想、理想、信念、道德、纪律，革命的立场和原则，人与人的同志式关系，等等。”邓小平强调：“要教育全党同志发扬大公无私、服从大局、艰苦奋斗、廉洁奉公的精神，坚持共产主义思想和共产主义道德。我们要建设的社会主

---

① 中共中央文献研究室．邓小平文集（一九四九——一九七四年）：上卷［M］．北京：人民出版社，2014：41．

② 邓小平．邓小平文选：第3卷［M］．北京：人民出版社，1993：154．

义国家，不但要有高度的物质文明，而且要有高度的精神文明。……没有这种精神文明，没有共产主义思想，没有共产主义道德，怎么能建设社会主义?”① 1983年党的十二届二中全会通过的《中共中央关于整党的决定》提出统一思想、整顿作风、加强纪律、纯洁组织等四个目标，以艰苦奋斗为主题的思想政治教育是实现这些目标的思想前提和重要手段。

（2）以“取信于民”为目标严惩贪污腐败。

邓小平一贯强调，共产党所有成就的取得，都来自人民群众的信任和支持。为什么能够得到他们的信任，是因为“党员站在人民群众之中，而不是站在群众之外，更不是站在群众之上，所以群众认为党员是他们最忠实的好朋友”②。20世纪80年代中后期以来，党的高级领导特权化，普通干部贪污腐败，基层党组织与民对立的矛盾越发严重，引起了邓小平的警觉。他指出：“腐败的事情，一抓就能抓到重要的案件，就是我们往往下不了手。这就会丧失人心，使人们以为我们在包庇腐败。这个关我们必须过，要兑现。是一就是一，是二就是二，该怎么处理就怎么处理，一定要取信于民。”③“取信于民”，是共产党执政的力量之源和奋斗目标。党在任何时候，都要把取信于民作为执政兴国的目标。1989年严重政治风波之后，邓小平进一步意识到：“这次出这样的乱子，其中一个原因，是由于腐败现象的滋生，使一部分群众对党和政府丧失了信心。”④ 党员干部的贪污腐败问题，已经严重地影响到了党的形象，影响了群众对党的信任。因此，对于党员干部的贪污腐败问题的处理，一定要从严从重从快，“处理要及时，一般地要严，不能松松垮垮，不能处理太轻了”⑤，只有从严从重从快地处理贪污腐败等违法乱纪问题，才能重获群众的信任，重塑党的形象。

邓小平站在“取信于民”的高度来严肃惩治党员干部的贪污腐败问

① 邓小平．邓小平文选：第2卷［M］．2版．北京：人民出版社，1994：367.

② 中共中央文献研究室．邓小平文集（一九四九——一九七四年）：上卷［M］．北京：人民出版社，2014：258.

③ 邓小平．邓小平文选：第3卷［M］．北京：人民出版社，1993：297.

④ 同③300.

⑤ 同①403.

题。对于党的生存来讲，如果反腐不力，就会丧失民心，就会自我解体。“要整好我们的党，实现我们的战略目标，不惩治腐败，特别是党内的高层的腐败现象，确实有失败的危险”①。对于党员个人来讲，严惩腐败不仅可以挽救一些处在危险边缘、违纪程度不严重的干部，还可以给广大党员敲响警钟。在南方谈话时，邓小平继续谈道：“事实证明，共产党能够消灭丑恶的东西。在整个改革开放过程中都要反对腐败。对干部和共产党员来说，廉政建设要作为大事来抓。”② 惩治腐败不是一时之举，也不是针对个人之举，而是一项长期的党建举措，要贯穿改革开放的全过程。“开放、搞活，必然带来一些不好的东西，不对付它，就会走到邪路上去。所以，开放、搞活政策延续多久，端正党风的工作就得干多久，纠正不正之风、打击犯罪活动就得干多久，这是一项长期的工作，要贯穿在整个改革过程之中，这样才能保证我们开放、搞活政策的正确执行。”③ 在以邓小平同志为核心的党的第二代中央领导集体任内，一大批曾经有功于党和国家，却在改革开放过程中贪污腐败或违法乱纪的高级领导或家属受到严厉打击，有效地遏制了腐败现象的蔓延。正是由于邓小平等人很早就意识到严惩腐败的重要性并强力推进反腐建设，才在苏联和东欧各国等社会主义国家因思想混乱和贪污腐败发生动乱之时，保证了国家政权的稳定。

（3）以制约监督为重点加强制度建设。

反思“文化大革命”以来的曲折历史，“我们过去发生的各种错误，固然与某些领导人的思想、作风有关，但是组织制度、工作制度方面的问题更重要。这些方面的制度好可以使坏人无法任意横行，制度不好可以使好人无法充分做好事，甚至会走向反面”④。邓小平认为，党员脱离群众、腐化变质，并不完全是党员个人的责任，没有制止党员变坏的制度也是重要原因。改革开放以来，人民群众的物质生活向上了，精神生活却向下了。这需要从党风中寻找根源，党风是社会风气好坏的关键。也就是说，共产党是整个社会的表率，党员干部特别是高级领导又是全党的表率。因

① 邓小平．邓小平文选：第3卷［M］．北京：人民出版社，1993：313.

② 同①379.

③ 同①164.

④ 邓小平．邓小平文选：第2卷［M］．2版．北京：人民出版社，1994：333.

此，“为了整顿党风，搞好民风，先要从我们高级干部整起”①。整党不能是突击式的、运动式的，而必须建立长效机制。“我们这么大一个国家，怎样才能团结起来、组织起来呢？一靠理想，二靠纪律。组织起来就有力量。没有理想，没有纪律，就会像旧中国那样一盘散沙”。崇高理想的树立，需要进行以艰苦奋斗为主题的思想政治教育，而纪律的威严，则需要在严格执行党纪法规中来体现。“谁也不能违反党章党纪，不管谁违反，都要受到纪律处分，也不许任何人干扰党纪的执行，不许任何违反党纪的人逍遥于纪律制裁之外。只有真正坚决地做到了这些，才能彻底解决搞特权和违法乱纪的问题。”② 只有完善的制度、严明的纪律，才能防止不法分子钻空子。加强制度建设，依靠制度建党，成为党的第二代中央领导集体非常重视的问题。

党的十一届三中全会以来，纪检监察机关迅速恢复工作，并把加强制度建设作为重点工作来推进，取得了重要进展。1979 年 1 月，中央纪委第一次全体会议召开，明确了维护党规党法、搞好党风的中心任务；1979 年 4 月，出台《关于迅速建立健全各级纪律检查机构的意见》；1983 年 3 月，出台《关于健全党的纪律检查系统加强纪检队伍建设的暂行规定》。这些规定的出台，为党的纪律检查工作奠定了组织和制度基础。为了制止党政机关和干部经商办公司等阶段性的不良风气，党中央和国务院及时出台规定予以制止。《关于严禁党政机关和党政干部经商、办企业的决定》等文件的出台，配合经济领域大案要案的严肃处理，有效遏制了党和国家干部腐败的行为。到了 20 世纪 80 年代末 90 年代初，党政监督制约机制得到进一步完善。1990 年《中华人民共和国行政监察条例》、1990 年《中共中央纪律检查委员会关于共产党员在经济方面违法违纪党纪处分的若干规定（试行）》等规定先后出台，这些规定以监督、制约为重点，紧守党的制度建设和组织建设中的薄弱环节，从源头上消除滋生腐败的土壤。正因为如此，在 1992 年的南方谈话中，邓小平才意味深长地总结道：“对干部和共

① 邓小平．邓小平文选：第 2 卷［M］．2 版．北京：人民出版社，1994：219.
② 同①332.

产党员来说，廉政建设要作为大事来抓。还是要靠法制，搞法制靠得住些。”① 事实表明，不仅治理腐败需要靠制度，预防腐败更要靠制度。党的第二代中央领导集体，普遍经历过艰苦复杂的革命斗争，经历过曲折的十年“文革”动乱，深知在法制不健全的情况下“人治”的重大危害，因此特别重视制度建设。

党中央还把党的思想建设和作风建设与制度建设结合起来协同推进。1987 年《中央纪委关于共产党员要模范地遵守职业道德的通知》、1989 年《中共中央纪律检查委员会关于共产党员违反社会主义道德党纪处分的若干规定（试行）》，对党员的职业道德、社会公德、个人品德等方面提出了高要求；1989 年《中共中央关于进一步治理整顿和深化改革的决定》、1990 年《中共中央关于加强党同人民群众联系的决定》等文件的出台，对党员的工作作风提出了明确要求。党的制度建设的内容，囊括了党员思想、作风、工作、生活等诸多方面，基本构筑起了约束权力的“笼子”，无论哪一方面的行为规范，都有严格的党纪法规的约束。在党的制度建设中，最重要的成就，就是注重预防、监督和制约。注重预防，加强思想政治教育和艰苦奋斗的传统教育，肃清贪污腐败消极思想；注重监督，防患于未然，让权力在阳光下运行，让违法乱纪行为被发现、被制止于萌芽状态，不至于对党和国家造成大的影响；强调对权力进行制约，不让权力过大、过强，避免权力的滥用，消除官僚主义产生的土壤。

（4）按“四化标准”加强干部队伍建设。

保持干部队伍的革命化、年轻化，是保持党和国家持久活力的长远大计，而干部队伍的知识化和专业化，则有利于新的形势下改革开放各项工作的顺利推进。重新担任党和国家的主要领导职务后，邓小平不断反思“文革”发生的原因，也在思考如何通过制度变革加强干部队伍建设。“从党和国家的领导制度、干部制度方面来说，主要的弊端就是官僚主义现象，权力过分集中的现象，家长制现象，干部领导职务终身制现象和形形色色的特权现象。”② 这五大弊端的存在，导致政令不畅通，行政效率低

① 邓小平．邓小平文选：第 3 卷［M］．北京：人民出版社，1993：379.
② 邓小平．邓小平文选：第 2 卷［M］．2 版．北京：人民出版社，1994：327.

下，延缓了改革的进度。党的政策由干部来执行，党的形象由干部来代表。因此改善党的领导，改革党的制度，还得从干部身上入手。“关键是要健全干部的选举、招考、任免、考核、弹劾、转换制度，对各级各类领导干部（包括选举产生、委任和聘用的）职务的任期，以及离休、退休，要按照不同情况，作出适当的、明确的规定。”[①] 党员干部的考核、任用、管理、教育，必须建立科学化、长期化的制度。“领导制度、组织制度问题更带有根本性、全局性、稳定性和长期性。”[②] 一方面要解放思想，破除干部使用的陈旧观念，让年轻人脱颖而出；一方面又要严格要求，为年轻干部的成长制定规范，确立准则。

什么样的党员干部才是合格的？邓小平从多个角度提出过具体的要求，“要按照‘革命化、年轻化、知识化、专业化’的标准，选拔德才兼备的人进班子。我们说党的基本路线要管一百年，要长治久安，就要靠这一条。真正关系到大局的是这个事”[③]。这是邓小平对干部队伍能力素质的要求。在1985年，邓小平在连续几次讲话中提出，要年轻一代“面向现代化，面向世界，面向未来”，努力做有理想、有道德、有文化、有纪律的一代新人。这不仅是对青少年的要求，也是对党员干部的要求。邓小平认为，党风是社会风气好坏的关键，要求群众做到的，党员必须先做到。对于党员干部来讲，在改革开放大潮的冲击中能够坚定信仰、坚守立场，是非常重要的。要求党员干部“有理想、有道德、有文化、有纪律”是对党员提出的更高的思想政治素质的要求。综合来看，“革命化、年轻化、知识化、专业化”是对党员的业务能力要求，“有理想、有道德、有文化、有纪律”是对党员的思想政治要求。邓小平尤其强调党员干部的道德素质，“没有这种精神文明，没有共产主义思想，没有共产主义道德，怎么能建设社会主义？党和政府愈是实行各项经济改革和对外开放的政策，党员尤其是党的高级负责干部，就愈要高度重视、愈要身体力行共产主义思想和共产主义道德。否则，我们自己在精神上解除了武装，还怎么能教育

① 邓小平. 邓小平文选：第2卷［M］. 2版. 北京：人民出版社，1994：331.

② 同①333.

③ 邓小平. 邓小平文选：第3卷［M］. 北京：人民出版社，1993：380.

青年，还怎么能领导国家和人民建设社会主义！”① 具备良好能力素质和道德素质的党员，才有可能领导社会主义事业取得成功，才有可能引领整个社会形成好的风尚。

对党员干部提出“四化”要求，与改革开放对专业化人才的需求和发展高新科技的重视是分不开的。“四化”干部的培养，也要落实在教育和科技工作中。邓小平非常重视教育和科技，“文革”结束不久，就陆续做出了恢复高考和召开科学技术大会等影响深远的重大决定。在改革开放带来的机遇和挑战中，教育和科技工作得到前所未有的加强。1982 年，邓小平指出，“搞好教育和科学工作，我看这是关键。没有人才不行，没有知识不行”。1985 年，他又强调：“改革经济体制，最重要的、我最关心的，是人才。改革科技体制，我最关心的，还是人才。”优秀的党员干部，总是从千千万万的群众中脱颖而出的，总是在改革和开放事业中锻炼出来的。通过发展教育和科技事业，不仅培养了千千万万的“四有”青年，也培养了作为社会主义事业骨干力量的党员干部。20 世纪 90 年代确立的科教兴国和人才强国战略，就是以此为基础的。

（5）以“废除终身制”为契机推进领导制度改革。

20 世纪 60 年代初期，邓小平就意识到党员干部“能上不能下”的弊端，他在《执政党的干部问题》中批评道：“多少年来，我们对干部就是包下来，能上不能下。现在看来，副作用很大。”到了改革开放初期，这个副作用尤其明显。由于拨乱反正、平反冤假错案的及时进行，大批老干部、民主人士重新获得政治生命，走上领导岗位。在承担改革开放和社会主义现代化建设繁重任务的同时，他们由于整体年龄偏大、思想老化、领导方式陈旧等原因而力不从心，不能很好地适应经济社会发展需要，在形式上也造成“机构多、层次多、副职多、闲职多”的现象，年轻干部没有机会、没有舞台，不能正常发挥自身才能、做出贡献。1982 年，邓小平在中央顾问委员会第一次全体会议上指出：“我们干部老化的情况不说十分严重，至少有九分半严重。这个问题不解决，我们的国家、我们的党就缺

---

① 邓小平. 邓小平文选：第 2 卷［M］. 2 版. 北京：人民出版社，1994：367.

乏活力。”由此可见，解决干部新老交替问题，建立适应新形势的领导制度已经迫在眉睫。以邓小平等领导人主动辞职为表率，完善了干部领导职务退休制，有力推动了党的领导制度改革，为全面从严治党常态化、制度化和科学化开辟了新的路径，积累了新的经验。

改革开放之初，邓小平就指出：“现在我们搞四个现代化，急需培养、选拔一大批合格的人才。这是一个新课题，也是对老同志和高级干部提出的一个责任，就是要认真选好接班人。”为了解决这个问题，邓小平亲自做出表率并且积极推动领导制度改革。1982 年 2 月《中共中央关于建立老干部退休制度的决定》指出，通过老干部离休退休和退居二线制度妥善处理干部新旧交替问题，“关系我们党兴旺发达，国家长治久安，社会主义现代化建设宏伟事业能够顺利实现”。其中规定，担任中央、国家机关正副部长的年龄分别不得超过 65 岁、60 岁，担任司局长的不超过 60 岁。为免去相关干部的后顾之忧，特别规定离休退休的老干部“基本政治待遇不变，生活待遇还要略为从优”。1982 年宪法明确规定，国家主席、副主席，总理、副总理、国务委员每届任期五年，连续任职不超两届。1982 年 4 月，《国务院关于老干部离职休养制度的几项规定》出台，为落实上述规定制定了具体的执行规范。1982 年 9 月，党的十二大通过的新党章规定：“党的各级领导干部……他们的职务都不是终身的……。年龄和健康状况不适宜于继续担任工作的干部，应当按照国家的规定，或者离职休养，或者退休。”根据新党章的规定，选举出了中央顾问委员会，为提携年轻人和老干部完全退休做准备。1989 年党的十三届五中全会通过《中国共产党十三届五中全会关于同意邓小平同志辞去中共中央军事委员会主席职务的决定》，长期作为党、政、军重要领导人的邓小平逐步完全退出领导岗位，为完善干部领导职务退休制做出了贡献，其他老干部也紧随其后，顺利实现了新老干部的交替。更为重要的是，建立了新老干部交替的制度。

长期以来，“我们的各级领导机关，都管了很多不该管、管不好、管不了的事”，这是由权力过分集中，权责不明确导致的，“权力过分集中的现象，……不适当地、不加分析地把一切权力集中于党委，党委的权力又往往集中于几个书记”，“党的一元化领导，往往因此而变成了个人领导”。改革开放之后，党的中心任务已经发生显著变化，社会主义建设的任务极为繁重复杂，权力过分集中，越来越不能适应社会主义事业的发展。作为新时期从严治党的一个重要党内法规文件，《中国共产党廉洁自律准则》全面恢复和进一步发扬了党的优良传统和作风，健全党的民主生活，维护党的集中统一，巩固了党的团结。结合党内其他的规定及要求，对领导职务任职年龄、年限的规定，给领导干部戴上了“紧箍咒”，消除他们揽权、贪权、行使特权的机会，减少官僚主义和贪污腐败现象产生的机会。除此之外，在 20 世纪 80 年代初开始实行的政治体制改革中，其中一个重点，就是把各级党委中集体领导和个人分工负责相结合的制度落到实处，改变以往权力过于集中、领导过于专断的“一元化领导”现象，充分调动各级党员干部的积极性，激发经济社会发展各个领域各种因素的活力。这是全面从严治党科学化的典型例证。

（6）以消除“特殊化”为重点严抓作风建设。

1979 年，邓小平集中批评干部特殊化问题。在他看来，干部搞特殊化“不单是一个党风问题，而且形成了一种社会风气，成了一个社会问题”，这个问题如果得不到制止，“这样就要脱离群众，脱离干部，甚至腐蚀自己的子女和家庭，把风气带坏了，官僚主义也无法克服”。邓小平认为，党员干部特殊化问题，不仅是个人修养的问题，还关乎全党的形象，甚至是党的安危。“人民群众（包括党员、干部）普遍地对特殊化现象（包括走后门）不满意，一些别有用心的人利用这个问题闹事。‘西单墙’和混在上访人员中的少数坏人就是利用这个东西。……人们对这些现象很敏感。”① 具体来讲，“如果党的领导干部自己不严格要求自己，不遵守党纪国法，违反党的原则，闹派性，搞特殊化，走后门，铺张浪费，损公利私，不与群众同甘苦，不实行吃苦在先、享受在后，不服从组织决定，不接受群众监督，甚至对批评自己的人实行打击报复，怎么能指望他们改造社会风气呢!”党的领导干部不能带好头，普通党员就会效仿，党的风气变差了，社会风气也就跟着堕落了。

---

① 邓小平. 邓小平文选：第 2 卷［M］. 2 版. 北京：人民出版社，1994：216-217.

作风建设的关键，是发扬党的优良传统。“我们必须恢复和发扬党的艰苦朴素、密切联系群众的优良传统。”① 这两个优良传统，是党在社会主义革命、建设和改革过程中形成的成功经验，同时也是共产党开展工作的优势条件。搞好党风建设，关乎社会制度的性质和社会风气的好坏，“只有搞好党风，才能转变社会风气，才能坚持四项基本原则”。在党的各种优良风气中，最重要的就是密切联系群众的优良传统。共产党的力量来源于人民群众的支持，“我们的历史经验是，越是困难的时候，越要关心群众。只要你关心群众，同群众打成一片，不仅不搞特殊化，而且同群众一块吃苦，任何问题都容易解决，任何困难都能够克服”。面对改革开放的复杂局势，更要发扬这个优良传统。其中，党员干部必须起到带头作用，“现在需要全国的干部，首先是高级干部起模范带头作用，把我们党的艰苦朴素、密切联系群众的传统作风很好地恢复起来，坚持下去。……不要‘做官当老爷’，要反对‘衙门作风’，这是毛泽东同志的一些根本的思想观点，现在我们还是应该按照这些思想观点去办事”。党员干部，特别是高级领导干部，是党风建设的关键少数，是消除特殊化的首要对象。对全党进行优良传统教育，辅之以严格的纪律要求，消除领导干部的特殊化现象，改进党的工作作风，重塑党的光辉形象，最终能够团结人民群众投身于火热的改革开放和社会主义现代化建设事业中来。

四、以江泽民同志为主要代表的中国共产党人的党建实践

“从严治党，是我们党的优良传统和宝贵经验，也是我们党的一贯方针。坚定不移地贯彻好这个方针，是保持党的先进性和纯洁性，增强党的凝聚力和战斗力的重要保证。”② 从 1992 年到 2004 年，国际政治经济局势发生急剧变化，社会主义事业因东欧剧变、苏联解体而严重受挫，经济全球化的深度和广度进一步扩展，国际竞争日趋激烈。世界范围内的政治动荡、

---

① 邓小平. 邓小平文选：第 2 卷 [M]. 2 版. 北京：人民出版社，1994：217.

② 中共中央文献研究室. 十五大以来重要文献选编：中 [M]. 北京：人民出版社，2001：1105.

经济竞争和文化冲突也影响到我国政治、经济和思想领域的正常秩序。特别是苏联解体后，美国依靠明显的经济和军事优势向我国发动公开或隐蔽的颠覆活动。从国内来讲，改革开放向纵深推进和社会主义市场经济体制顺利建立，经济社会各方面发生了显著变化，如何通过发展满足人民群众的物质文化需求？如何领导复杂局势中的中国特色社会主义建设？与此同时，党的历史方位发生明显变化，党的中心任务变成了领导人民掌握全国政权并长期执政，以及在对外开放和发展社会主义市场经济条件下领导社会主义建设。复杂的国内外形势，对党的执政能力提出了更为严格的要求，而始终保持党的先进性和纯洁性，则是确保党的领导事业成功的关键。“治国必先治党，治党务必从严。”党的第三代中央领导集体审时度势，继续推进党的建设新的伟大工程，创新了党的建设新的理论和举措，在全面从严治党常态化、制度化和科学化方面取得了明显的成效。

（1）明确从严治党的目标。

江泽民认为，中国共产党是领导全国各族人民建设有中国特色的社会主义的坚强核心，这是共产党为承担领导改革开放和社会主义现代化事业所应当确立的党建目标。为了发挥坚强领导核心的作用，中国共产党“必须在理论上更加成熟，思想上更加统一，政治上更加坚强，内部更加团结，同群众的关系更加亲密”①。1993 年 6 月，他强调要“把党建设成领导社会主义现代化建设的更加坚强的领导核心”作为党建工作的主题。为此，要努力提高党的执政水平和领导水平，关键在于“进一步增强党组织自身的凝聚力、对广大群众的吸引力、在改革和建设中的战斗力”②，“更加坚强的领导核心”成为党的第三代中央领导集体对党的建设设定的新的目标。把“更加坚强的领导核心”确立为目标，是把党在历史上的优良传统与党所承担的时代使命结合起来的科学定位。回顾历史，社会主义革命、建设和改革的光辉历程说明：中国共产党是中国工人阶级的先锋队，同时是中国人民和中华民族的先锋队。立足现实、展望未来，中国共产党是中国特色

① 中共中央文献研究室．十三大以来重要文献选编：中［M］．北京：人民出版社，1991：805.

② 中共中央文献研究室．十四大以来重要文献选编：上［M］．北京：人民出版社，1996：329.

社会主义事业的领导核心。正因为如此，在党的十六大报告中，江泽民指出，“中国共产党是中国工人阶级的先锋队，同时是中国人民和中华民族的先锋队，是中国特色社会主义事业的领导核心”①。这同时也是党建目标的高度凝练。在党的十六大报告中，江泽民又提出：“通过锲而不舍的努力，保证我们党始终是中国工人阶级的先锋队，同时是中国人民和中华民族的先锋队，始终是中国特色社会主义事业的领导核心，始终代表中国先进生产力的发展要求，代表中国先进文化的前进方向，代表中国最广大人民的根本利益。”②

（2）深化党风建设的内涵。

东欧剧变、苏联解体的惨痛教训给我们敲响了警钟，引起了中国共产党的反思，如果执政党不搞好自身建设，终将被人民抛弃。邓小平在南方谈话中警示全党：“中国要出问题，还是出在共产党内部。”③ 以江泽民同志为核心的党的第三代中央领导集体从一开始就面临严峻的党建形势。要搞好共产党自身的建设，要保持社会主义事业持续稳定健康发展，党风建设是关键。江泽民指出：“党的作风是党的形象，是党的性质、宗旨、纲领、路线的重要体现，是党的创造力、凝聚力、战斗力的重要内容。我们党是以全心全意为人民服务为宗旨的马克思主义政党，是一个领导着有十二亿多人口的发展中大国的大党，是一个带领人民建设有中国特色社会主义的执政党，党的作风状况关系党的生死存亡，关系国家的前途命运。”④党的作风，既有继承前人的优良传统的方面，也有来自现实与时俱进的方面。党的第一代中央领导集体总结了“理论和实践相结合的作风，和人民群众紧密联系在一起的作风，以及自我批评的作风”；党的第二代中央领导集体进一步发展为“群众路线、实事求是、批评与自我批评、谦虚谨慎、戒骄戒躁、艰苦奋斗”等作风。

---

① 中共中央文献研究室. 十六大以来重要文献选编：上［M］. 北京：中央文献出版社，2005：45.

② 同①38.

③ 中共中央文献研究室. 邓小平思想年谱（1975—1997）［M］. 北京：中央文献出版社，1998：462.

④ 江泽民. 江泽民文选：第3卷［M］. 北京：人民出版社，2006：323.

党的第三代中央领导集体实事求是、解放思想、与时俱进，不断探索新时期党风的科学内涵。党的十四届四中全会通过的《中共中央关于加强党的建设几个重大问题的决定》，成为新时期党的建设的根本指南。“我们加强党的作风建设，要十分注意在各级领导干部中大力发扬我们党长期以来形成的理论联系实际、密切联系群众、批评与自我批评的优良作风，大力发扬改革开放以来我们党倡导的立足国情、紧跟时代，求真务实、锐意改革，发扬民主、依法办事的精神。各级领导干部都要有一个好的思想作风、工作作风、领导作风、学风和生活作风，真正做到与广大人民群众心连心、同呼吸、共命运。”① 后来，又将其具体化为“五大作风”：“抓党的作风建设，必须抓住当前思想作风、工作作风、领导作风、学风和干部生活作风等方面存在的突出问题开展工作。”② 这五大作风，成为新时期党风廉政建设的新标准，成为新时期党员修养的新要求。党的十五届六中全会通过了《中共中央关于加强和改进党的作风建设的决定》，提出了包括“坚持解放思想、实事求是，反对因循守旧、不思进取；坚持理论联系实际，反对照抄照搬、本本主义”③ 等在内的“八个坚持、八个反对”，作为推进作风建设的具体推手，有效解决了党的作风建设中存在的突出问题，明显改善了党的作风和党群干群关系。这些规定，为党的作风建设提供了基本遵循，有力地推动了全面从严治党科学化建设。

思想作风、工作作风、领导作风、学风和干部生活作风这五大作风相互联系、缺一不可，但它们并不处于同等重要的位置。在这五大作风中，密切联系群众是党风的核心；解放思想、实事求是的思想作风，是党风的灵魂。对于群众路线的重要性，江泽民指出：群众路线是党的生命线，是党开展一切工作的基本态度、基本方法。作为党风建设的核心，群众路线是实现党的思想路线、政治路线和组织路线的根本工作路线，应该贯穿于

---

① 中共中央文献研究室．江泽民论有中国特色社会主义（专题摘编）[M]．北京：中央文献出版社，2002：623.

② 中共中央政策研究室，中共中央文献研究室．江泽民论加强和改进执政党建设（专题摘编）[M]．北京：中央文献出版社，2004：495.

③ 中共中央文献研究室．十五大以来重要文献选编：下 [M]．北京：人民出版社，2003：1998.

党的全部工作之中。对于思想作风的重要性，江泽民指出："在加强党的作风建设中，坚持解放思想、实事求是是第一位的，因为坚持解放思想、实事求是首先是党的思想路线问题，也是马克思主义和我们党的活的灵魂问题。"① 解放思想、实事求是，不是放弃原则的无原则妥协，也不是脱离现实的空想。"马克思主义具有与时俱进的理论品质。如果不顾历史条件和现实情况的变化，拘泥于马克思主义经典作家在特定历史条件下、针对具体情况作出的某些个别论断和具体行动纲领，我们就会因为思想脱离实际而不能顺利前进，甚至发生失误。这就是我们为什么必须始终反对以教条主义的态度对待马克思主义理论的道理所在。"② 江泽民指出："实现好、发展好、维护好最广大人民的根本利益。这是我们党一切工作的出发点和落脚点，也是正确处理改革、发展、稳定关系的结合点"③。"加强和改进党的作风建设，核心问题是保持党同人民群众的血肉联系，马克思主义执政党的最大危险就是脱离群众。这是极为重要的政治观点，也是极为重要的政治要求"④。作为中国特色社会主义事业的领导核心，中国共产党一切理论创新的前提是坚持马克思主义基本原理，一切实践创新的前提是中国正处于并将长期处于社会主义初级阶段的基本国情。

(3) 实施"三讲"教育。

以江泽民同志为核心的党的第三代中央领导集体认为，对党员干部进行世界观、人生观和价值观教育，是共产党进行反腐倡廉工作的第一道防线。为此，从 1995 年开始，党中央开始了以"三讲"为主要内容的党性党风教育。1995 年 11 月 8 日，江泽民在北京视察工作时指出："根据当前干部队伍的状况和存在的问题，在对干部进行教育当中，要强调讲学习，讲政治，讲正气。全国都应这样做，北京市更要起带头作用。"⑤ 1996 年，党的十四届六中全会做出决定，对县处级以上领导干部进行一次"以讲学

---

① 中共中央文献研究室. 江泽民论有中国特色社会主义（专题摘编）[M]. 北京：中央文献出版社，2002：630.

② 同①631.

③ 同①646.

④ 同①644.

⑤ 江泽民. 江泽民文选：第 1 卷 [M]. 北京：人民出版社，2006：483.

习、讲政治、讲正气”为主要内容的党性党风教育。讲学习，就是要学习党的十五大精神和邓小平理论，学习社会主义现代化建设的能力和本领；讲政治，就是要在事关重大原则和方向的问题上，保持坚定的政治立场、政治纪律、政治鉴别力和政治敏锐性；讲正气，就是要继承和发扬共产党的优良传统和工作作风，既要有严于律己、公正无私的工作作风，又要有坚持同一切歪风邪气和各种腐败现象做斗争的勇气和决心。总而言之，“只有为国家、为社会、为民族、为集体的利益奋不顾身地工作着，毫无保留地贡献出自己的聪明才智，这样的人生才有真正的意义，才是光荣的人生、闪光的人生”①。

尽管在“三讲”教育开始的时候，初定时间为三年，但是到了2000年2月，江泽民在广东省高州市领导干部“三讲”教育会议上的讲话中，依然把“三讲”教育作为当年的重要工作，从时间上来看，是延长了。不仅在全国31个省、自治区和直辖市的干部中开展“三讲”教育，还在所有的中央、国家机关的领导干部中开展“三讲”教育，从对象上来看，也扩大了，基本上做到了全覆盖。“三讲”教育活动，吸收了延安整风的精神，对于提高领导干部素质，加强各级领导班子建设，统一全党的思想认识，凝聚全党力量，起到了积极的推进作用。“三讲”教育，直面领导干部在思想、政治、作风、纪律等方面的问题，改变了部分党员干部理想信念动摇、政治立场飘忽不定、生活作风奢靡颓废等消极现象，有效地遏制了消极腐败现象和错误思想作风的滋长和蔓延。“三讲”教育，尤其提高了领导干部在正确执行党的路线方针政策、解决领导班子自身矛盾等方面的能力和素质，有利于贯彻全心全意为人民服务的根本宗旨，也有利于推动社会主义事业改革、稳定和发展各个方面的工作。“三讲”教育还配合了相应的检查、整改措施，对于领导干部在“三讲”教育活动中暴露出的思想、政治、纪律、作风等方面的问题，要求限期整改，严重者按照党纪国法进行处理。“三讲”教育，从世界观、人生观和价值观的角度，筑牢领导干部拒腐防变的第一道防线，着重培养他们“不想腐”的思想认识，是

① 中共中央政策研究室，中共中央文献研究室．江泽民论加强和改进执政党建设（专题摘编）[M]．北京：中央文献出版社，2004：468.

全面从严治党科学化建设的重要举措。

（4）构建反腐倡廉建设系统工程。

“从严治党，必须全面贯彻于党的思想、政治、组织、作风建设，切实体现到对各级党组织、广大党员和干部进行教育、管理、监督的各个环节中去。各级党组织和每个党员都要严格按照党的章程和党内法规行事，严格遵守党的纪律。各级领导干部都要自重、自省、自警、自励，始终注意讲学习、讲政治、讲正气。要经常运用批评和自我批评的武器，开展积极的思想斗争，坚持真理，修正错误。各级党组织都要努力增强解决自身矛盾的能力，勇于正视和解决存在的问题，决不回避和粉饰。”① 通过“三讲”教育筑牢拒腐防变的思想防线，是从严治党的第一个步骤。然而，从严治党是一个系统性工程，除了思想政治教育这一基础工作之外，还要配合其他科学举措才能取得成功。在反腐倡廉建设的系统工程中，“坚持标本兼治，教育是基础，法制是保证，监督是关键。通过深化改革，不断铲除腐败现象滋生蔓延的土壤”②。对党员干部进行世界观、人生观和价值观教育，使其树立为中国特色社会主义和共产主义奋斗的理想信念，才能自觉抵制市场经济大潮中各种物质利益和腐朽思想的诱惑，才能在行动上自觉地拒腐防变。

国家法律体系建设和党纪党规建设，是反腐倡廉建设的制度保证。只有依靠制度和法律，才能构筑约束权力的笼子，明确领导干部权力的边界，使其不去触犯违法乱纪的红线。同时，只有依靠制度和法律，党的各级领导干部才能监督上下级对权力的使用，才能同违法犯罪行为做斗争。在国家法律体系和党纪党规建设过程中，尤其重视监督。只有党的纪律检察机关严格落实纪检相关的条例和法规、开展严肃有效的监督检查工作，才能威慑领导干部不敢腐、监督领导干部不能腐，最终达到不想腐的良好状态。做好领导干部的监督工作，不仅要厉行党内监督，发挥各级纪律检查委员会的职能；更要发挥群众优势，发动人民群众参

---

① 中共中央政策研究室，中共中央文献研究室. 江泽民论加强和改进执政党建设（专题摘编）[M]. 北京：中央文献出版社，2004：564.

② 同①528.

与反腐倡廉工作，为从严治党注入外在的活力。“中国共产党是久经考验的有战斗力的伟大的党。中国人民是具有光荣革命传统的伟大的人民。党能够领导人民建立新中国，确立社会主义制度，开创改革开放和现代化建设的新局面，也一定能够依靠自身的力量、依靠人民的支持克服腐败现象。”① 在具体制度方面，《关于实行党风廉政建设责任制的规定》《中国共产党纪律处分条例（试行）》《中国共产党党员领导干部廉洁从政若干准则（试行）》《深化干部人事制度改革纲要》《党政领导干部选拔任用工作条例》相继颁发，深入推进全面从严治党常态化、制度化和科学化建设。

（5）严厉打击贪污腐败和违法犯罪活动。

在1993年8月十四届中央纪委二次全会上，江泽民首次提出“反腐败斗争”，把从严治党推向新的高度。江泽民多次强调指出：“从严治党，是保持党的先进性和纯洁性，增强党的凝聚力和战斗力的保证。”② “全党同志一定要从党和国家生死存亡的高度，充分认识反腐倡廉工作的重大意义，把党风廉政建设和反腐败斗争进行到底。”③ 江泽民连续多次出席中纪委全会，提出“治国必先治党，治党务必从严”等要求，推动落实“三讲”教育等专项活动。党的第三代中央领导集体强力推进反腐倡廉建设，严厉打击党员干部的贪污腐败和违法犯罪活动。第一，禁止军队、武警部队和政法机关从事商业活动。从1998年7月开始，中共中央牵头部署工作，要求对军队、武警部队和政法机关所属单位开办的各种经营性公司认真清理，并要求上述单位不再从事经商活动。经过近两年的清理活动，军队、武警部队和政法机关与所办经营性企业彻底脱钩，撤销、移交或解除挂钩企业累计3万多家。第二，开展走私犯罪专项打击活动。针对改革开放过程中出现的严重扰乱市场秩序和政治生态的走私犯罪活动，党中央、国务院开展严厉打击犯罪专项活动。一方面，组建国家缉私警察队伍，推

① 中共中央政策研究室，中共中央文献研究室．江泽民论加强和改进执政党建设（专题摘编）[M]．北京：中央文献出版社，2004：526.

② 同①425.

③ 中共中央文献研究室．江泽民论有中国特色社会主义（专题摘编）[M]．北京：中央文献出版社，2002：429.

动以海关为主，公安、工商等执法部门联合缉私的工作机制，深化改革和完善缉私体制。另一方面，海关、公安、工商部门联合开展反走私专项行动，形成卓有成效地打击走私犯罪的经验。经过严厉打击，规范了商品进出口秩序，促进了国内市场健康稳定发展，极大地改善了企业的经营环境。同时，在上海、广州、深圳、厦门等重点区域，查处了一大批涉嫌走私犯罪的领导干部和经营人员。第三，严肃查处违法乱纪的党政干部。中国共产党始终保持高压反腐态势，坚决清除“害群之马”，严肃了党纪国法，净化了党的队伍，赢得了民众的信任。

五、以胡锦涛同志为主要代表的中国共产党人的党建实践

进入21世纪以来，在以胡锦涛同志为主要代表的党中央领导集体任内，中国共产党依然面临来自外部的长期的、复杂的、严峻的“执政考验、改革开放考验、市场经济考验、外部环境考验”，以及来自内部的“精神懈怠的危险，能力不足的危险，脱离群众的危险，消极腐败的危险”[①]，党要管党、从严治党的任务更加紧迫。面对如此复杂的形势和严峻的挑战，党的十六大以来，党中央领导集体继续全面推进党的建设伟大工程，将“反腐倡廉建设”提升为党的建设的五个重要方面之一，以改革创新精神推进党的建设在理论、制度和实践方面的创新，特别强调制度反腐的重要作用，胡锦涛多次强调：“做到用制度管权、用制度管事、用制度管人，推进党的建设和党内生活制度化、规范化，也推进党风廉政建设和反腐败工作的制度化、规范化。”党的十七届四中全会通过《中共中央关于加强和改进新形势下党的建设若干重大问题的决定》，把党的建设推向新的高度。以胡锦涛同志为主要代表的党中央领导集体把保持和发展党的先进性作为马克思主义政党建设的根本任务和永恒课题，不断探索共产党执政规律，努力提高党的建设科学化水平。以胡锦涛同志为主要代表的党中央领导集体通过一系列重大的理论、实践和制度创新，把全面从严治党常态化、制度化和科学化建设推向了新的高度。

---

① 中共中央文献研究室．十六大以来重要文献选编：下［M］．北京：中央文献出版社，2008：181-182.

（1）开展保持共产党员先进性教育活动。

胡锦涛在2004年1月12日召开的十六届中央纪委三次全会上，尖锐地批评了领导干部在思想、政治、作风等各方面存在十个突出问题：“一是不思进取、得过且过，不认真学习理论，不用心汲取新知识，不深入思考新问题，思想上固步自封、停滞不前，工作上敷衍了事、庸碌无为。二是作风飘浮、工作不实，……三是好大喜功、急功近利，……四是随心所欲、自搞一套，……五是心态浮躁、追名逐利，……六是弄虚作假、欺上瞒下，……七是明哲保身、患得患失，……八是贪图享受、奢侈浪费，……九是以权谋私、与民争利，……十是高高在上、脱离群众，对群众的安危冷暖漠不关心，工作方法简单粗暴，甚至肆意欺压群众。”其中，“贪图享受、奢侈浪费”“以权谋私、与民争利”“高高在上、脱离群众”等方面的问题，严重违背了党风廉政建设的要求，严重地损害了党自身的纯洁性，也损害了党在人民群众中的威信。如果任由这些问题蔓延，必将严重损害党领导社会主义事业的能力。为了解决这些问题，中共中央发布《关于在全党开展以实践“三个代表”重要思想为主要内容的保持共产党员先进性教育活动的意见》，从2005年1月开始，在全党开展以实践“三个代表”重要思想为主要内容的保持共产党员先进性教育活动。

中国共产党的先进性，“集中体现在坚持把马克思主义科学理论作为指导，坚持把实现符合人类社会发展规律的社会主义和共产主义作为坚定信念和远大理想，坚持把立党为公、执政为民作为本质要求，坚持把民主集中制作为根本组织制度和领导制度，坚持把最广大人民作为根本力量源泉等主要方面”①。严密高效的先进性教育活动开展了一年半的时间，取得了六个方面的主要成效：“一是广大党员受到了一次深刻的马克思主义教育，进一步坚定了理想信念，提高了素质能力，增强了实践‘三个代表’重要思想、落实科学发展观的自觉性，党员队伍中存在的一些突出问题得到初步解决，党员、干部的先锋模范作用进一步发挥。……六是各级党组织认真总结先进性教育活动的成功实践和党的先进性建设的历史经验，深

---

① 胡锦涛. 在庆祝中国共产党成立85周年暨总结保持共产党员先进性教育活动大会上的讲话［M］. 北京：人民出版社，2006：11.

入研究党的先进性建设规律，丰富了党的先进性建设理论。”① 先进性教育活动，发扬了中国共产党思想政治教育的传统优势，净化了党员个人思想，提升了全党理论水平，筑牢了党员干部拒腐防变的思想防线。在此基础上，党的先进性得以进一步加强，在党的十七大报告中，执政能力建设和先进性建设被确立为党的建设的主线。

在党的十七大之后，于 2008 年 3 月开始试点、同年 9 月正式启动的全党深入学习实践科学发展观活动也取得了圆满成功。这次学习实践活动，“紧紧围绕党员干部受教育、科学发展上水平、人民群众得实惠的总要求，牢牢把握坚持解放思想、突出实践特色、贯彻群众路线、正面教育为主的原则，主题鲜明，领导有力，组织严密，措施得当”②，基本实现了提高思想认识、解决突出问题、创新体制机制、促进科学发展、加强基层组织的目标，取得明显成效。

密切联系群众是保持先进性的根本。“90 年来党的发展历程告诉我们，来自人民、植根人民、服务人民，是我们党永远立于不败之地的根本。……我们必须始终把人民利益放在第一位，把实现好、维护好、发展好最广大人民根本利益作为一切工作的出发点和落脚点，做到权为民所用、情为民所系、利为民所谋，使我们的工作获得最广泛最可靠最牢固的群众基础和力量源泉。”③ 在全党开展先进性教育专项活动，最根本的还是要坚持立党为公、执政为民的执政理念，落实在实现好、维护好、发展好最广大人民根本利益的具体工作中去。在开展先进性教育专项活动的同时，中国共产党还继续深入推进以党的性质和宗旨教育为核心的思想政治教育。首先，对全党进行全心全意为人民服务的宗旨教育，具体体现为“情为民所系，权为民所用，利为民所谋”；其次，对全党进行科学发展观教育，引导党员干部理解“以人为本”的深刻内涵，引导党员干部自觉树立正确的政绩

---

① 胡锦涛. 在庆祝中国共产党成立 85 周年暨总结保持共产党员先进性教育活动大会上的讲话［M］. 北京：人民出版社，2006：14-15.

② 胡锦涛. 在全党深入学习实践科学发展观活动总结大会上的讲话［M］. 北京：人民出版社，2010：4-5.

③ 胡锦涛. 在庆祝中国共产党成立 90 周年大会上的讲话［M］. 北京：人民出版社，2011：14-15.

观，把群众路线落在实处、落在细处。“各级领导干部要真正明白，只有我们把群众放在心上，群众才会把我们放在心上；只有我们把群众当亲人，群众才会把我们当亲人。”再次，对全党进行党的优良传统作风教育。党的十六大闭幕不久，胡锦涛在西柏坡学习考察时，重温了当年毛泽东在党的七届二中全会上关于“两个务必”的著名论述：“务必使同志们继续地保持谦虚、谨慎、不骄、不躁的作风，务必使同志们继续地保持艰苦奋斗的作风。”共产党员的作风建设，永远在路上。共产党在长期革命实践中形成的理论与实际相结合的作风、与人民群众紧密地联系在一起的作风以及批评与自我批评的作风，是永不过时的优良作风，在任何时候都需要大力弘扬。

（2）将反腐倡廉建设确定为党的建设新的方面。

党的十六大以来，党中央对反腐倡廉工作的重视程度日益提高，在党代会和中纪委历次全会上，对反腐倡廉工作的要求越来越严，进一步提出了理论和制度创新的要求。2007 年 6 月，胡锦涛在中央党校省部级干部进修班发表的重要讲话中，首次提出“反腐倡廉建设”的概念，各级党委“要充分认识反腐败斗争的长期性、艰巨性、复杂性，把反腐倡廉建设放在更加突出的位置，更加注重治本，更加注重预防，更加注重制度建设，加强领导干部廉洁自律工作，坚决查办违纪违法案件”。将“反腐倡廉工作”升级为“反腐倡廉建设”，既体现了党中央对反腐倡廉工作长期性、艰巨性和复杂性的清醒认识，也体现了党中央推进党风廉政建设的信心、决心和勇气。党的十七大报告提出：“必须把党的执政能力建设和先进性建设作为主线，坚持党要管党、从严治党，贯彻为民、务实、清廉的要求，以坚定理想信念为重点加强思想建设，以造就高素质党员、干部队伍为重点加强组织建设，以保持党同人民群众的血肉联系为重点加强作风建设，以健全民主集中制为重点加强制度建设，以完善惩治和预防腐败体系为重点加强反腐倡廉建设，使党始终成为立党为公、执政为民，求真务实、改革创新，艰苦奋斗、清正廉洁，富有活力、团结和谐的马克思主义执政党。”① 自此以后，反腐倡廉建设从党风建设中分离出来，成为党的建设新的重要方面，于是党的建设就由“四位一

---

① 胡锦涛. 高举中国特色社会主义伟大旗帜 为夺取全面建设小康社会新胜利而奋斗：在中国共产党第十七次全国代表大会上的报告［M］. 北京：人民出版社，2007：49-50.

体”进一步拓展为思想、组织、作风、制度和反腐倡廉建设“五位一体”。

“反腐倡廉建设”的提出，进一步丰富和发展了党的反腐倡廉理论，拓展了反腐倡廉建设的新思路和党的建设的新领域，标志着反腐倡廉工作常态化、制度化、科学化取得重要进步，体现了党中央对反腐倡廉工作长期性、艰巨性和复杂性的清醒认识。与以往的工作定位相比，将“反腐倡廉建设”提高到与思想、组织、作风、制度建设相并列的地位，要求全党统一思想认识，对反腐倡廉工作常抓不懈；要求党中央更加注重从宏观上进行总体规划，注重反腐倡廉的计划性和步骤性；要求明确党委在反腐倡廉工作中的主体责任，形成齐抓共管的系统反腐局面；要求主动探索共产党执政规律，着力加强制度建设，构建反腐倡廉长效机制。

在党的十七大上，党不仅提出了“反腐倡廉建设”的新要求，还将坚持“标本兼治、综合治理、惩防并举、注重预防”的十六字方针写入党章。标本兼治，就是既要治理贪污腐败现象和社会不正之风，又要深究腐败现象背后的深层原因；综合治理，就是要将反腐倡廉贯穿于从事前到事后的教育、监督、惩治等各个环节，形成齐抓共管的合力；惩防并举，就是既要严惩违纪违法行为，遏制腐败易发高发态势，又要注重思想教育、纪检监督等环节，消除腐败问题产生的土壤；注重预防，就是突出强调思想教育、制度建设等举措的功能和作用，在思想上筑牢不想腐的防线，在制度上筑牢不能腐的防线。“标本兼治、综合治理、惩防并举、注重预防”的十六字方针，是对十六届中央纪委二次全会提出的“必须坚持标本兼治、综合治理”“深化改革、创新体制”要求以及党的十六届四中全会提出的“坚持标本兼治、综合治理、惩防并举、注重预防，抓紧建立健全与社会主义市场经济体制相适应的惩治和预防腐败体系”要求的进一步深化，体现了党的十六大以来全面从严治党常态化、制度化和科学化建设新的进步。尤其需要指出的是，党的十七大报告明确要求“在坚决惩治腐败的同时，更加注重治本，更加注重预防，更加注重制度建设”①。“一个坚决”表明党中央严厉惩治腐败的坚强决心，“三个更加注重”就是要落实“标本兼治、综合治理、惩防并举、注重

---

① 胡锦涛. 高举中国特色社会主义伟大旗帜 为夺取全面建设小康社会新胜利而奋斗：在中国共产党第十七次全国代表大会上的报告［M］. 北京：人民出版社，2007：55.

预防”的方针，把反腐倡廉建设贯穿于党建的全过程，把预防作为反腐倡廉的首要举措，把制度建设作为反腐倡廉的主要方向。

（3）建设廉政文化，营造风清气正的文化氛围。

廉政文化建设有助于营造风清气正的社会文化环境。贪污腐败、以权谋私、权钱交易等各种腐败现象，是腐朽的、没落的、消极的文化形式，消除这些腐朽没落文化，营造风清气正的文化氛围，有利于领导干部树立共产主义理想信念，培养高尚的道德情操。廉政文化建设，与思想政治教育相辅相成，有助于筑牢党员干部不敢腐、不能腐、不想腐的思想防线。2005 年 1 月，胡锦涛在中央纪委五次全会上强调：“要把廉政文化建设作为建设社会主义先进文化的重要内容，并进一步完善反腐倡廉教育的工作机制，形成反腐倡廉教育的整体合力。”中共中央于 2005 年颁布的《建立健全教育、制度、监督并重的惩治和预防腐败体系实施纲要》明确指出，反腐倡廉教育要面向全党全社会，要注重研究反腐倡廉教育的规律，“把思想教育、纪律教育与社会公德、职业道德、家庭美德教育和法制教育结合起来。大力加强廉政文化建设，积极推动廉政文化进社区、家庭、学校、企业和农村”①。中共中央于 2008 年颁布的《建立健全惩治和预防腐败体系 2008—2012 年工作规划》又强调：“结合社会公德、职业道德、家庭美德、个人品德教育和法制教育，开展丰富多彩的廉政文化创建活动。”② 这些规定的颁布，强调了廉政文化建设的重要性，明确了廉政文化建设的目标和要求。

廉政文化建设有助于推动社会主义文化建设和道德建设。在纪念党的十一届三中全会召开 30 周年大会上的讲话中，胡锦涛指出：“我们把社会主义核心价值体系建设作为主线，贯穿到国民教育和精神文明建设全过程，……巩固全党全国各族人民团结奋斗的共同思想基础。”③ 社会主义核心价值体系，是社会主义文化的精髓，也是廉政文化的核心。廉政文化建设、社会主义道德建设、社会主义和谐文化建设、社会主义核心价值体系建设，是相互

---

① 中共中央文献研究室．十六大以来重要文献选编：中［M］．北京：中央文献出版社，2006：539.

② 建立健全惩治和预防腐败体系 2008—2012 年工作规划［M］．北京：人民出版社，2008：8.

③ 中共中央文献研究室．十七大以来重要文献选编：上［M］．北京：中央文献出版社，2009：802-803.

区别而又共同作用的。其中，社会主义核心价值体系建设是主线，对其他各方面的建设起到统领作用。廉政文化建设具有更强的针对性，直接指向反腐倡廉的时代难题，从思想文化的根子上入手，为反腐倡廉营造良好的社会文化氛围。从社会道德建设、文化建设和法制建设的角度来看，按照先进性和纯洁性的要求，共产党员必须是带头践行社会道德的楷模、具有较高文化素质的代表、带头遵纪守法的榜样。共产党员要能够符合上述三个方面的要求，首先就要做到廉洁自律。只有廉洁自律的共产党员，才能在道德品行、文化修养、遵纪守法等方面符合较高的要求。因此，通过廉政文化建设来带动社会主义文化建设、道德建设，是行之有效的创新举措。

（4）建立科学严密完备管用的反腐倡廉制度体系。

何为制度反腐？从狭义上来讲，“用制度管权、用制度管事、用制度管人，推进党的建设和党内生活制度化、规范化，也推进党风廉政建设和反腐败工作的制度化、规范化”①。从广义上来讲，“以正确行使权力为重点，用改革的办法推进反腐倡廉制度建设，拓展从源头上防治腐败的工作领域，形成群众支持和参与反腐倡廉的有效机制，健全防范腐败的体制机制”②。以胡锦涛为主要代表的党中央领导集体，以制度建设为根本，推动建立反腐倡廉的长效机制。胡锦涛认为，严惩腐败只是党风廉政建设的重要举措之一，不是治本之策。重视预防和监督，重视制度建设，才能有效遏制腐败。2007 年 6 月，胡锦涛在中央党校省部级干部进修班发表的讲话中强调：“要充分认识反腐败斗争的长期性、艰巨性、复杂性，把反腐倡廉建设放在更加突出的位置，更加注重治本，更加注重预防，更加注重制度建设，加强领导干部廉洁自律工作，坚决查办违纪违法案件。”党的十六大以来，党内制度和法律法规建设有了明显进展，构筑起了严密的预防、监督和惩治腐败的法律法规体系。党的十六大通过的《党章》明确规定“坚持党要管党、从严治党，发扬党的优良传统和作风，不断提高党的领导水平和执政水平，提高拒腐防变和抵御风险的能力”，为党风廉政建设确定了基本的方向。在以往的反腐斗争

---

① 中共中央文献研究室．十六大以来重要文献选编：下［M］．北京：中央文献出版社，2008：181－182．

② 同①671．

中，运动反腐、权力反腐虽然能够快速有效地解决一些影响重大的腐败问题，却不能建立可供长期遵循的有效机制。通过制度反腐，可以最大限度地减少人为干预、体制障碍和制度漏洞。“科学严密完备管用”的反腐倡廉制度体系，至少包括四个主要的方面：反腐倡廉教育制度、反腐倡廉监督制度、反腐倡廉预防制度、反腐倡廉惩治制度。其中，完善党内法规和国家法律是基础和前提。

完善党内法规和国家法律，划定领导干部权力的边界。在党内法规方面，《中国共产党纪律处分条例》《关于领导干部利用职权违反规定干预和插手建设工程招标投标、经营性土地使用权出让、房地产开发与经营等市场经济活动，为个人和亲友谋取私利的处理规定》《党政领导干部辞职暂行规定》《关于党员领导干部报告个人有关事项的规定》《关于实行党风廉政建设责任制的规定》等具体规定的颁发，不仅及时有效地解决了当时存在的领导干部以权谋私、权钱交易等突出问题，还为党员干部的行为规范提出了基本的要求。在国家法律方面，《全面推进依法行政实施纲要》《中华人民共和国行政许可法》《中华人民共和国行政监察法实施条例》《检察人员纪律处分条例（试行）》《国务院关于预防煤矿生产安全事故的特别规定》《财政违法行为处罚处分条例》《中华人民共和国公务员法》《行政机关公务员处分条例》《国有企业领导人员廉洁从业若干规定》《党政主要领导干部和国有企业领导人员经济责任审计规定》等法律和条例的规定，从更广的范围，为党员干部依法依规行使权力构筑起了严密的笼子。

2010年中共中央正式印发《中国共产党党员领导干部廉洁从政若干准则》（以下简称《廉政准则》），其中提出领导干部从政行为“8大禁止”“52不准”；2011年中央纪委发布《〈中国共产党党员领导干部廉洁从政若干准则〉实施办法》（以下简称《实施办法》），对《廉政准则》的具体实施办法进行详细阐释，特别是对照《中国共产党纪律处分条例》，对各种违纪违法行为及相应的处理措施进行了明确。这两项党内法规的出台，是以胡锦涛同志为主要代表的党中央领导集体推进制度反腐的代表性成果。这两项法规，适应了新形势对反腐倡廉建设提出的新要求，进一步为党员干部行使权力划定了边界。《廉政准则》及《实施办法》的颁发，针对新形势下党风廉政建设的问题和挑战，充分吸收了改革开放以来党风廉政建设的成功经验，体现了党的十六大以来党中央在党风廉政建设上理论创新、制度创新的成果。《廉政准则》及《实施办法》坚持预防与惩戒相结合，坚持党内监督与党外监督相结合，将反腐倡廉贯穿于廉洁从政的各个环节，是中国共产党反腐败制度建设的重要成果，进一步促进了党风廉政建设规范化、制度化建设。

（5）反腐倡廉常抓不懈，拒腐防变警钟长鸣。

反腐倡廉事关党的生死存亡。在党的十七大报告中，胡锦涛指出："加强领导干部廉洁自律工作，提高党员干部拒腐防变能力。坚决纠正损害群众利益的不正之风，切实解决群众反映强烈的问题。坚决查处违纪违法案件，对任何腐败分子，都必须依法严惩，决不姑息！"[①] 在党的十八大报告中，胡锦涛再次强调："反对腐败、建设廉洁政治，是党一贯坚持的鲜明政治立场，是人民关注的重大政治问题。这个问题解决不好，就会对党造成致命伤害，甚至亡党亡国。反腐倡廉必须常抓不懈，拒腐防变必须警钟长鸣。……不管涉及什么人，不论权力大小、职位高低，只要触犯党纪国法，都要严惩不贷。"[②] 从严、从重、从快处理贪污腐败行为，是中国共产党一贯的工作原则。党的十六大以来，党中央在严惩腐败的问题上毫不手软、绝不姑息，查处了一批造成恶劣影响的大案要案，始终保持反腐强劲高压态势。除了处理行政领域频发的常规案件之外，立法腐败、司法腐败案件也受到了前所未有的重视。这些案件的查处，是党中央反腐无禁区、全覆盖取得的成果，是党中央推进全面从严治党常态化、制度化和科学化建设取得的重大进展。

党的十六大以来，以胡锦涛同志为主要代表的党中央领导集体在推进反腐倡廉建设，推进全面从严治党方面，不仅严厉惩处以权谋私、贪赃枉法等违法乱纪行为，还在实践创新方面取得重大突破。2003 年中国政府在联合国高级别政治会议上签署《联合国反腐败公约》，在加强国际合作，打击跨国腐败行为方面取得成效；2004 年，中国与俄罗斯等国成立欧亚反

---

① 中共中央文献研究室．十七大以来重要文献选编：上［M］．北京：中央文献出版社，2009：42.

② 中共中央文献研究室．十八大以来重要文献选编：上［M］．北京：中央文献出版社，2014：42-43.

洗钱与反恐融资小组；2006 年，全国人大常委会第二十四次会议通过《中华人民共和国反洗钱法》，在国际范围内构筑反腐倡廉的“长城”。2007 年国家预防腐败局成立，将预防腐败工作进行统筹规划、综合协调、整体推进，把党和国家的反腐倡廉建设推向纵深发展。2010 年《中国的反腐败和廉政建设》（白皮书）发布，全面、系统地向国内民众和国外各界介绍中国反腐倡廉的新进展，彰显了中国反腐倡廉建设工作的信心和底气，展示了中国政府开展反腐国际合作的诚意。更重要的是，《中国的反腐败和廉政建设》（白皮书）的发布，回应了老百姓对反腐倡廉建设的关注和期待，同时鼓励民众参与反腐倡廉工作，监督领导干部依规依法行使权力。

六、以习近平同志为核心的党中央的党建实践

“在新的历史起点上坚持和发展中国特色社会主义，我们党面临的执政考验、改革开放考验、市场经济考验、外部环境考验是长期的、复杂的、严峻的，精神懈怠危险、能力不足危险、脱离群众危险、消极腐败危险更加尖锐地摆在全党面前。”① 党的十八大以来，以习近平同志为核心的党中央深刻把握党和国家事业面临的新形势新任务，提出了建设社会主义现代化强国和实现中华民族伟大复兴的目标，做出了全面从严治党这一新的历史条件下我们党应对世情国情党情新变化的战略部署。习近平总书记认为，如果党内信念涣散、组织涣散、纪律涣散、作风涣散，就无法有效应对“四大考验”，也无法克服“四种危险”，最终不但难以实现宏伟目标，而且可能严重脱离人民群众，最终失去人心。党的十八大以来，我们党始终突出问题意识和问题导向，坚持抓思想从严、抓管党从严、抓执纪从严、抓治吏从严、抓作风从严、抓反腐从严，坚持“老虎”“苍蝇”一起打，一系列有力举措使党的面貌、党内气象不断更新，党心民心昂扬振奋。全面从严治党取得重要阶段性成果，党内正气在上升，党风在好转，社会风气在上扬。这些变化是影响深远、鼓舞人心的，为党和国家事业发

① 中共中央文献研究室. 十八大以来重要文献选编：中［M］. 北京：中央文献出版社，2016：92.

展积聚了强大正能量。

（1）“打虎拍蝇”猛药去疴，强调“刮骨疗毒”自我革命。

“深入推进反腐败斗争，持续保持高压态势，做到零容忍的态度不变、猛药去疴的决心不减、刮骨疗毒的勇气不泄、严厉惩处的尺度不松，发现一起查处一起，发现多少查出多少，不定指标、上不封顶，凡腐必反，除恶务尽。”党的十八大以来，以习近平同志为核心的党中央铁腕反腐，“老虎”“苍蝇”一起打，反腐败斗争取得重大进展。

“反腐没有休止符。我们将坚持零容忍的态度不变、猛药去疴的决心不减、刮骨疗伤的勇气不泄、严厉惩处的尺度不松，做到有腐必反、有贪必肃。”“‘微腐败’也可能成为‘大祸害’。”“贫困地区贪扶贫救济的钱，恶行令人发指！查处惩戒力度还要加大。”在“打虎”的同时，“拍蝇”行动也取得重要进展。一大批在土地征收流转、“三资”管理、惠农补贴、扶贫救济、低保医保、旧村改造资金、社会抚养费管理使用方面存在以权谋私、虚报冒领、贪污侵占等问题的基层党员干部被查处。“拍蝇”行动顺应了人民的期待，维护了群众切身利益，修复了党群关系，重塑基层群众对党的信任。

习近平指出，“不能让外国成为一些腐败分子的‘避罪天堂’，腐败分子即使逃到天涯海角，也要把他们追回来绳之以法”。2015 年 4 月 22 日，按照“天网”行动统一部署，国际刑警组织中国国家中心局集中公布了针对 100 名涉嫌犯罪的外逃国家工作人员、重要腐败案件涉案人等人员的红色通缉令，加大全球追缉力度。二十国集团领导人杭州峰会通过《二十国集团反腐败追逃追赃高级原则》《二十国集团 2017—2018 年反腐败行动计划》，确立“零容忍、零障碍、零漏洞”国际合作三原则，在华设立反腐败追逃追赃研究中心。红色通缉令的公布，以及相关合作机制的通过，是党中央重拳反腐的最新进展，这不仅有利于加强国际合作，提高追逃追赃效率，也有利于营造腐败零容忍，贪腐必被捉的社会氛围。自红色通缉令公布以来，以潜逃海外 13 年之久的浙江省建设厅原副厅长杨秀珠为代表的“百名红通人员”纷纷投案自首。

反腐败斗争是共产党的自我净化。“凡是影响党的创造力、凝聚力、战斗力的问题都要及时解决，凡是损害党的先进性和纯洁性的病症都要认真医治，凡是滋生在党的健康肌体上的毒瘤都要坚决祛除，通过持之以恒的努力，使党始终成为中国特色社会主义事业的坚强领导核心。”① 中国的反腐败是中国共产党领导的对自身的反腐败，是“对自身开刀”，是党的“自我净化”。反腐败是通过对党的队伍中腐败分子的制裁、惩治、清理来净化党自身，以保持我党的先进性和纯洁性。反腐的目的不是为党自身谋求私利，而是为了更好地履行自我使命和担当，更好地为人民群众服务，实现中华民族伟大复兴的中国梦。党的十八大以来，我们党在反腐败斗争中，坚持无禁区、全覆盖、零容忍，从中央到地方，从高层到基层，从“打老虎”到“拍苍蝇”再到“追逃”，只要是触犯了党纪国法，只要是以权谋私，都必须受到查处，接受严厉的追究和惩治。对于腐败案件和腐败分子，发现一起查处一起，发现多少查处多少。全国“打虎”全覆盖，无关行业，不挑地点，不定指标，不设禁区。在这其中，不存在“选择性反腐”，不存在“看人看地方下菜碟”，也不存在“谁是谁的人”的问题，凡腐必反，除恶务尽，真正做到了“一碗水端平”。中国共产党的反腐败，是党代表人民惩治党内以权谋私者，解决党内存在的问题，是“对自身开刀”。“2018 年至 2022 年，全国检察机关共办理各类案件 1 733.6 万件，比前五年上升 40%”，“起诉各类犯罪嫌疑人 827.3 万人，比前五年上升 12%”②。

反腐败斗争赢得民众高度支持。党的十八大以来，我们党之所以掀起反腐败风暴，就是因为党内的腐败分子以权谋私，给人民群众的利益带来了极大的危害，违背了党的性质和宗旨。反腐败就是同党内危害人民群众利益的害群之马做斗争，维护广大人民群众的利益。自党的十八大以来，我们党以极大的政治勇气和历史担当，坚持反腐败无禁区、全覆盖、零容忍，“打虎、拍蝇、猎狐”，猛药去疴、刮骨疗毒。反腐败取得了重大成效，政治生态不断净化，向人民群众呈交了一份沉甸甸的成绩单。经过多

① 中共中央文献研究室．十八大以来重要文献选编：上［M］．北京：中央文献出版社，2014：701.

② 最高人民检察院工作报告（摘要）［N］．人民日报，2023-03-08.

年的努力，我们党依法依纪反腐，任何腐败分子的被惩治和任何腐败案件的被查处，都以铁一般的违法违纪的客观事实为依据，经得起法律、时间以及人心的考验。据国家统计局问卷调查结果，绝大多数群众对党风廉政建设和反腐败工作成效表示很满意或比较满意，反腐败赢得了中国人民的高度拥护和支持。

（2）思想教育常抓不懈，坚定理想信念筑牢防线。

党的十八大以来，落马官员搞封建迷信的新闻频见报端。那些本该勤政为民、心系一方百姓的党员领导干部，竟不断上演求神拜佛、结交“大师”、迷信风水的荒唐戏码，这既败坏了党风政风，也带坏了社会风气。产生这种现象的主要原因就是部分党员领导干部理想信念淡薄，不把严格遵纪守法当回事儿。理想信念是共产党人的精神支柱、政治灵魂，也是保持党的团结统一的思想基础。理想信念滑坡，官员意志就会衰退消沉，精神就会萎靡不振，工作就会不认真，心理上自然不安全，于是在封建迷信中寻找寄托。理想信念滑坡，官员就会热衷于烧香拜佛和算命看相，祈求升官发财。这些问题表明，党员干部理想信念一旦出现问题，自我约束能力就不强，也就会失去作为共产党人的政治本色。“对党员、干部来说，思想上的滑坡是最严重的病变。思想上松一寸，行动上就会散一尺。坚持全面从严治党，一定要用好思想建党这个传家宝，抓好思想教育这个根本。只有切实加强思想教育，促进党员干部凝神聚魂，才能守住护好建党、强党、兴党的生命线。”党的十八大以来，连续开展党的群众路线教育实践活动、“三严三实”专题教育、“两学一做”学习教育、“不忘初心、牢记使命”主题教育、党史学习教育、学习贯彻习近平新时代中国特色社会主义思想主题教育和党纪学习教育等教育活动，全面提升党员干部思想素质，筑牢反腐倡廉的思想防线。

一是开展党的群众路线教育实践活动。2013 年，党中央决定自上而下在全党深入开展以“为民务实清廉”为主题的党的群众路线教育实践活动。党的群众路线教育实践活动，以保持党的先进性和纯洁性为目标，以“照镜子、正衣冠、洗洗澡、治治病”为手段，以领导干部作风问题为对象。党的群众路线教育实践活动，要解决这样一些作风问题：“特别是有的领导机关、领导班子和一些领导干部形式主义、官僚主义、享乐主义突出，奢靡之风严重，主要表现在：理想信念动摇，宗旨意识淡薄，精神懈怠；贪图名利，弄虚作假，不求实效；脱离群众，脱离实际，不负责任；铺张浪费，奢靡享乐，甚至以权谋私、腐化堕落。这些问题严重损害党在人民群众中的形象，严重损害党群干群关系，必须认真加以解决。”① 经过一年多的推进落实，取得了预期的良好效果。习近平在总结大会上指出：“这次教育实践活动，对我们探索新形势下从严治党的特点和规律具有十分重要的牵引作用。从严治党必须具体地而不是抽象地、认真地而不是敷衍地落实到位，这是这次活动给我们提供的最深刻的启示。”② 党的群众路线教育实践活动，以党性教育、道德教育为重点，以党的规章制度为依据，思想建党的同时也是制度建党的过程。

二是开展“三严三实”专题教育。习近平总书记在2014年第十二届全国人民代表大会第二次会议上，首次提出“既严以修身、严以用权、严以律己；又谋事要实、创业要实、做人要实”的党风要求。2015年4月，中共中央办公厅印发《关于在县处级以上领导干部中开展“三严三实”专题教育方案》，要求对县处级以上领导干部开展“三严三实”专题教育。“三严三实”专题教育，“着眼于坚定理想信念、强化党性观念、增强实干精神”，“把严和实的要求立起来、树起来”，“什么问题突出就重点解决什么问题，从具体事情抓起改起，以解决问题的成果来检验专题教育的成效”③，“三严三实”专题教育的开展，坚定了党员干部的共产主义理想信念，强化了党员干部的先进性和革命性，增强了他们在全面深化改革中的创新精神，同时也增强了党员干部的政治意识、纪律意识、责任意识。

三是开展“两学一做”学习教育。2016年，中共中央办公厅印发《关于在全体党员中开展“学党章党规、学系列讲话，做合格党员”学习教育方案》，要求推动党内教育从“关键少数”向广大党员拓展、从集中性教

---

① 中共中央文献研究室．十八大以来重要文献选编：上［M］．北京：中央文献出版社，2014：283-284.

② 中共中央文献研究室．十八大以来重要文献选编：中［M］．北京：中央文献出版社，2016：93.

③ 同②478，476.

育向经常性教育延伸，要求突出正常教育，区分层次，有针对性地解决问题，用心用力，抓细抓实，真正把党的思想政治建设抓在日常、严在经常。2017 年 3 月，中共中央办公厅印发《关于推进“两学一做”学习教育常态化制度化的意见》，要求始终把思想教育作为第一位的任务，坚持用党章党规规范党组织和党员行为，用习近平总书记系列重要讲话精神武装头脑、指导实践、推动工作。“两学一做”学习教育的开展，依托党委（党组）理论学习中心组学习、党支部“三会一课”等基本制度，做到理论学习全覆盖、常态化、重创新、求实效。有效地推动了全面从严治党向基层延伸，拓展了党的群众路线教育实践活动和“三严三实”专题教育成果，进一步保持和发展了党的先进性和纯洁性。

四是开展“不忘初心、牢记使命”主题教育。2019 年 5 月底开始，在全国开展以县处级以上领导干部为重点的“不忘初心、牢记使命”主题教育，这次主题教育的具体目标是“理论学习有收获、思想政治受洗礼、干事创业敢担当、为民服务解难题、清正廉洁作表率”，总要求是“守初心、担使命，找差距、抓落实”，根本任务是“深入学习贯彻习近平新时代中国特色社会主义思想、锤炼忠诚干净担当的政治品格、团结带领全国各族人民为实现伟大梦想共同奋斗”。这次主题教育在全国取得了显著成效，广大党员、干部的思想政治素质整体上得到了明显提升。

五是开展党史学习教育。2021 年，党史学习教育在全党范围内深入开展。这次党史学习教育的目标是“教育引导全党同志学党史、悟思想、办实事、开新局”，要求是“做到学史明理、学史增信、学史崇德、学史力行”，并且强调要加强组织领导、树立正确党史观、确实为群众办实事解难题、注重方式方法创新。通过党史学习教育，广大党员、干部受到了一次全面深刻的执政教育、思想淬炼和精神洗礼，全党的历史自信和自觉极大增强，党的创造力、凝聚力和战斗力极大提升。

六是开展学习贯彻习近平新时代中国特色社会主义思想主题教育。根据党的二十大部署，中共中央决定，2023 年 4 月开始，以县处级以上领导干部为重点在全党深入开展学习贯彻习近平新时代中国特色社会主义思想主题教育，用党的创新理论统一思想、统一意志、统一行动，弘扬伟大建党精神，牢记“三个务必”，推动全党为全面建设社会主义现代化国家、全面推进中华民族伟大复兴而团结奋斗。这次主体教育的工作安排是：中央政治局就学习贯彻习近平新时代中国特色社会主义思想举行集体学习，深入开展调查研究，统筹和加强工作指导，示范带动和推进全党主题教育深入开展。全国人大常委会党组、国务院党组、全国政协党组，结合各自实际开展主题教育。这次主题教育自上而下分两批进行。第一批包括中央和国家机关及其直属单位、省（自治区、直辖市）和副省级城市机关及其直属单位，中管金融企业、中管企业、中管高校，从 2023 年 4 月开始，2023 年 8 月基本结束；第二批包括省以下各级机关及其直属单位和其他基层党组织，从 2023 年 9 月开始，2024 年 1 月基本结束。主题教育不划阶段、不分环节，把理论学习、调查研究、推动发展、检视整改等贯通起来，有机融合、一体推进。这次主题教育的总要求是“学思想、强党性、重实践、建新功”，根本任务是坚持学思用贯通、知信行统一，把习近平新时代中国特色社会主义思想转化为坚定理想、锤炼党性和指导实践、推动工作的强大力量，使全党始终保持统一的思想、坚定的意志、协调的行动、强大的战斗力，努力在以学铸魂、以学增智、以学正风、以学促干方面取得实实在在的成效。具体达到以下目标：凝心铸魂筑牢根本，锤炼品格强化忠诚，实干担当促进发展，践行宗旨为民造福，廉洁奉公树立新风①。习近平总书记在 2024 年 2 月的总结大会上强调指出，主题教育启动以来，全党紧扣“学思想、强党性、重实践、建新功”总要求，聚焦主题主线，明确目标任务，突出以学铸魂、以学增智、以学正风、以学促干，与做好开局之年工作紧密结合，特别是着力解决制约高质量发展问题、群众急难愁盼问题、党的建设突出问题，达到预期目的，取得明显成效，并强调，要巩固拓展主题教育成果，抓好意见落实，形成长效机制②。

七是开展党纪学习教育。为深入学习贯彻 2024 年修订的《中国共产党纪律处分条例》（以下简称《条例》），经党中央同意，自 2024 年 4 月至 7

① 学习贯彻习近平新时代中国特色社会主义思想主题教育工作会议在京召开，习近平发表重要讲话强调扎实抓好主题教育 为奋进新征程凝心聚力［N］. 人民日报，2023-04-04.

② 学习贯彻习近平新时代中国特色社会主义思想主题教育总结会议在京召开［N］. 人民日报，2024-02-05.

月，在全党开展党纪学习教育。中共中央办公厅印发《关于在全党开展党纪学习教育的通知》强调，党纪学习教育要注重融入日常、抓在经常。要原原本本学，坚持个人自学与集中学习相结合，紧扣党的政治纪律、组织纪律、廉洁纪律、群众纪律、工作纪律、生活纪律进行研讨，推动《条例》入脑入心。要加强警示教育，深刻剖析违纪典型案例，注重用身边事教育身边人，让党员、干部受警醒、明底线、知敬畏。要加强解读和培训，深化《条例》理解运用。2024 年度县处级以上领导班子民主生活会和基层党组织组织生活会，要把学习贯彻《条例》情况作为对照检查的重要内容①。

坚定理想信念，深刻把握马克思主义。刘奇葆指出，“坚定理想信念必须建立在对马克思主义的深刻把握上”②。《中国共产党党内监督条例》要求以马克思列宁主义、毛泽东思想、邓小平理论、“三个代表”重要思想、科学发展观为指导，深入贯彻习近平新时代中国特色社会主义思想，围绕统筹推进“五位一体”总体布局和协调推进“四个全面”战略布局，尊崇党章，依规治党，坚持党内监督和人民群众监督相结合，增强党在长期执政条件下自我净化、自我完善、自我革新、自我提高能力，确保党始终成为中国特色社会主义事业的坚强领导核心。要坚定信仰，就必须毫不动摇地坚持马克思主义的指导思想。腐败分子之所以演出了一幕幕“信鬼神”的戏码，正因为他们在得到权力之后，背离或者放弃了马克思主义，丧失了灵魂、迷失了方向，与党离心离德，最终做出了背离党和人民的错误行为。要坚定信仰，就必须熟练掌握马克思主义的立场、观点和方法。坚持用马克思主义的立场、观点和方法去观察问题、分析问题和解决问题，才能增强自身改造客观世界和主观世界的能力。要坚定信仰，就必须认真学习马克思列宁主义、毛泽东思想、邓小平理论、“三个代表”重要思想、科学发展观、习近平新时代中国特色社会主义思想，深入领会这些理论的丰富内涵和核心要义，筑牢理想信念之基。要坚定信仰，就必须认真学习党章党规。党章是管党治党的总章程，每一个党员都应该严格遵守

---

① 中办印发《通知》在全党开展党纪学习教育［N］. 人民日报，2024-04-08.

② 刘奇葆. 坚定理想信念是开展党内政治生活的首要任务［N］. 人民日报，2016-11-09.

党章党规的要求，严格要求自己，时刻提醒自己，以党章党规为戒律，不断地学习领会以加强党性修养。

坚定理想信念，同错误思想做斗争。毋庸讳言，为了保持中国共产党的先锋队性质，党内存在着正常的思想斗争，但是这种斗争的目的在于维护自身的先进性和纯洁性，为了更好地履行自我使命、更好地为人民群众服务，与“权力斗争”有着本质的不同。当下我党内部的斗争主要体现在两个方面：其一是思想认识，其二是旗帜道路。改革开放以来，由于世情、国情、党情的深刻变化，我们党内部出现了一些腐败分子，集中表现为违反政治纪律、破坏政治规矩、触犯党纪国法以及消极腐败等方面。习近平总书记曾指出：“巡视发现的问题触目惊心，主要表现在违反政治纪律、破坏政治规矩，违反党章要求、无视组织原则，违反廉洁纪律、寻租腐败严重，‘四风’屡禁不绝、顶风违纪多发。”这种状况如果不加以改变，任由其蔓延，后果不堪设想。

（3）内外监督相互结合，让权力运行在阳光下。

早在党的八大上，邓小平同志就指出：“我们需要实行党的内部的监督，也需要来自人民群众和党外人士对于我们党的组织和党员的监督。”开展党内监督，不仅有内部的自上而下、自下而上和平行监督等相结合的问题，而且还有一个党内监督与党外监督相结合的问题。坚持党内监督和党外监督相结合，不仅是党的建设工作的基本要求，也是党的群众路线的重要实现路径，更是中国共产党长期执政、多党合作的基本政治体制的重要体现。习近平强调：“党要管党、从严治党，‘管’和‘治’都包含监督。”

第一，党内监督体系基本形成。“没有健全的制度，权力没有关进制度的笼子里，腐败现象就控制不住。……建章立制非常重要，要把笼子扎紧一点，牛栏关猫是关不住的，空隙太大，猫可以来去自如。”用制度来划定权力的边界，扎紧制度的笼子，让党员干部自觉遵守党纪国法，不敢腐、不能腐，也不想腐。在全面从严治党的各项举措中，健全制度最可靠。而在所有的制度建设中，党内制度处于核心地位。我们党查处的腐败分子中，方方面面的一把手比例不低。这说明，对一把手的监督仍然是一个薄弱环节。由于监督不到位，少数一把手习惯凌驾于组织之上、凌驾于班子集体之上。党内监督的全覆盖是全面从严治党的内在要求。严肃党内政治生活，全面从严治党就有了重要政治基础。党内监督是党的建设的重要内容，也是全面从严治党的重要保障。及时有效的党内监督，对错误行为是制约，对正确行为是激励，对正当权利是保障，对党的领导和党的团结统一是维护。只有以党内监督带动其他监督，不断完善监督体系，才能为全面从严治党提供强有力的制度保障。《中国共产党党内监督条例》第九条规定："建立健全党中央统一领导，党委（党组）全面监督，纪律检查机关专责监督，党的工作部门职能监督，党的基层组织日常监督，党员民主监督的党内监督体系。"[①] 目前，党中央统一领导、党委（党组）全面监督、纪律检查机关专责监督、党的工作部门职能监督的党内监督体系基本形成。

第二，党内监督和人民群众监督相结合。习近平总书记指出："党的根基在人民，力量在人民"，"如果管党不力、治党不严，人民群众反映强烈的党内突出问题得不到解决，那我们党迟早会失去执政资格，不可避免被历史淘汰"。党内监督和人民群众监督相结合是对党组织和党员监督的重要形式。把党内监督和人民群众监督有机结合起来，有利于健全党组织和党员的监督体系，保证党的组织充分履行职责、发挥核心作用，保证党员发挥先锋模范作用，保证党的领导干部忠诚干净担当，形成党风正、民心顺、事业兴的良好局面。孟建柱指出："广泛发动人民群众，推动形成人人要监督、人人愿监督、人人敢监督的良好氛围。"[②] 让群众参与监督、评判，正确对待、虚心接受群众的批判和建议，畅通人民群众举报和监督渠道，认真做好信访监督工作，及时检查处理问题；通过微信和微博等微媒体和自媒体监督，激发人民群众主人翁意识和监督热情。在党中央部署的"打虎拍蝇"行动中，特别是巡视工作中，人民群众提供了大量有价值的线索，为反腐倡廉做出了巨大贡献。可以说，反腐倡廉的胜利，是人民群众的胜利。

---

① 中共中央党史和文献研究院．十八大以来重要文献选编：下［M］．北京：中央文献出版社，2018：442．

② 孟建柱．坚持党内监督和人民群众监督相结合［N］．人民日报，2016-11-11．

第三，发挥新闻媒体的舆论监督作用。舆论监督是中国特色社会主义监督体系的重要组成部分，有着其他监督形式无法比拟的优势，在推动改革发展，推进依法治国、依规治党，维护社会主义民主法治等方面发挥着重要作用。开展舆论监督必须明确人民的立场是我们党的根本立场。党的十八大以来，新闻媒体坚决维护党和人民群众的根本利益，树立以人民为中心的工作导向，把服务群众同教育引导群众结合起来，把满足群众需求同提高群众素养结合起来。舆论监督直面问题，加强对党的路线方针政策落实情况、党规党纪执行情况的监督，加大对违纪违法行为、侵害群众利益行为的曝光力度；直面社会丑恶现象，敢于揭露批判不道德行为和不良风气，激浊扬清、针砭时弊，将落脚点放在解决矛盾、改进工作上。新闻舆论监督还注重对比宣传，既发挥先进典型的示范引领作用，又发挥反面典型的警示震慑作用。借助各种现代化多媒体工具，新闻媒体对党风廉政建设起到了巨大的推进作用。

第四，充分发挥民主党派和无党派人士的监督作用。党的十八届六中全会公报指出，除了各级党委要支持和保证同级人大、政府、监察机关、司法机关等对国家机关及公职人员依法进行监督外，还要保证和支持人民政协依章程进行民主监督，审计机关依法进行审计监督。习近平总书记强调："要健全权力运行制约和监督体系，让人民监督权力，让权力在阳光下运行，确保国家机关按照法定权限和程序行使权力。""我们要健全权力运行制约和监督体系，有权必有责，用权受监督，失职要问责，违法要追究，保证人民赋予的权力始终用来为人民谋利益。"党的十八大以来，各级党委重视民主党派和无党派人士提出的意见、批评与建议。认真对待、自觉接受社会监督。民主党派和无党派人士的监督，对党风廉政建设起到了积极有益的促进作用。

（4）制度建设形成体系，多位一体全面监管。

2013 年 1 月 22 日，习近平总书记在十八届中央纪委二次全会上提出："要加强对权力运行的制约和监督，把权力关进制度的笼子里，形成不敢腐的惩戒机制、不能腐的防范机制、不易腐的保障机制。"① 2015 年 6 月

---

① 习近平．习近平谈治国理政［M］．北京：外文出版社，2014：388．

26 日，习近平总书记在中共中央政治局第二十四次集体学习时强调："法规制度带有根本性、全局性、稳定性、长期性。……本着于法周延、于事有效的原则制定新的法规制度、完善已有的法规制度、废止不适应的法规制度，努力形成系统完备的反腐倡廉法规制度体系。"① 9 月 22 日，习近平接受美国《华尔街日报》采访时提出"把权力关进制度的笼子里"和"阳光是最好的防腐剂"等论断，要求"制定和完善相关法律法规，扎细扎密扎牢制度的笼子，真正把权力关进其中"②。党内法规建设的成就主要体现在健全党内监督制度、健全用人选人制度、深化体制机制改革等方面。

2013 年 5 月《中国共产党党内法规制定条例》发布，为共产党制定党内法规制度提供了总体性指导原则。《中央党内法规制度工作五年规划纲要（2013—2017 年）》明确提出到建党 100 周年时全面建成内容科学、程序严密、配套完备、运行有效的党内法规制度体系。在组织制度方面，2015 年 5 月，中央政治局会议审议通过《中国共产党党组工作条例（试行）》，规定了党组的设立、职责、组织原则、议事决策等规范；12 月通过《中国共产党地方委员会工作条例》，明确了各级地方党委的组织架构、运行机制、重要职责、决策规程。在纪律制度方面，2015 年 10 月，中共中央修订《中国共产党廉洁自律准则》《中国共产党纪律处分条例》，分别为党员干部，特别是领导干部明确划定了行使权力的边界以及违犯的后果，将共产党一贯强调的作风、纪律严格要求转化为党内法规，实现纪法分开、纪在法前、纪严于法。2016 年 7 月，中共中央印发《中国共产党问责条例》，紧紧抓住落实主体责任这个"牛鼻子"，把问责作为从严治党的利器，有助于解决党的领导弱化、党的建设缺失、全面从严治党不力等突出问题。2017 年 1 月，十八届中央纪委七次全会审议通过《中国共产党纪律检查机关监督执纪工作规则（试行）》，加强党委对纪委的领导和监督，"有利于把纪委的自我监督同接受党内监督、民主监督、群众监督、舆论

① 中共中央文献研究室. 习近平关于全面从严治党论述摘编［M］. 北京：中央文献出版社，2016：188-189.

② 习近平接受《华尔街日报》采访时强调 坚持构建中美新型大国关系正确方向 促进亚太地区和世界和平稳定发展［N］. 人民日报，2015-09-23.

监督等有机结合起来，形成发现问题、纠正偏差的有效机制，确保党和人民赋予纪委的权力不被滥用，用担当的行动诠释对党的忠诚”①。

在纪检监督方面，2015 年 8 月颁布的《中国共产党巡视工作条例》总结了党的十八大以来巡视工作的新经验，为巡视工作提供基本依据。2015 年 3 月，中共中央办公厅印发《省（自治区、直辖市）纪委书记、副书记提名考察办法（试行）》《中央纪委派驻纪检组组长、副组长提名考察办法（试行）》《中管企业纪委书记、副书记提名考察办法（试行）》，为强化党对反腐工作的领导提供了有力支撑。2016 年 10 月，党的十八届六中全会通过了《关于新形势下党内政治生活的若干准则》和《中国共产党党内监督条例》，“重点解决党的领导弱化、党的建设缺失、全面从严治党不力，党的观念淡漠、组织涣散、纪律松弛，管党治党宽松软问题”②，有助于严肃党内政治生活，严明党内政治纪律和政治规矩，坚决遏制腐败蔓延势头，着力构建不敢腐、不能腐、不想腐的体制机制。

在干部选拔管理方面，2015 年 7 月中共中央印发的《推进领导干部能上能下若干规定（试行）》，为有效治理干部庸懒散奢、能上不能下的老大难问题提供了制度依据。2015 年 10 月发布的《干部教育培训工作条例》以及 2019 年 3 月新修订的《党政领导干部选拔任用工作条例》，共同为领导干部的选拔、培养、使用、教育做出具体规定，营造了良好的用人导向和制度环境。在其他党的建设的重要方面，2013 年，《关于党政机关停止新建楼堂馆所和清理办公用房的通知》《党政机关厉行节约反对浪费条例》《党政机关国内公务接待管理规定》相继颁布，对群众普遍关注的问题做出了积极回应，从源头上狠刹奢侈浪费之风。2015 年 5 月，《中国共产党统一战线工作条例（试行）》正式公布，作为党关于统一战线工作的第一部党内法规，有利于推动统战工作走向制度化、规范化、程序化。

（5）多重巡视震慑全党，制度化规范化渐成格局。

“巡视是党章赋予的重要职责，是加强党的建设的重要举措，是从严

---

① 王岐山. 关于《中国共产党纪律检查机关监督执纪工作规则（试行）》的说明［J］. 党建，2017（2）.

② 中国共产党党内监督条例［N］. 人民日报，2016-11-03.

治党、维护党纪的重要手段，是加强党内监督的重要形式。”2015 年 8 月，《中国共产党巡视工作条例》颁布实施，该条例落实中央巡视工作方针，聚焦党风廉政建设和反腐败斗争，发现并查处了大批违法乱纪的大案要案，推动党的先进性和纯洁性建设。在以习近平同志为核心的党中央的领导下，党的巡视工作制度化、规范化建设取得重大进展，巡视成果显著，腐败势头得到遏制。

巡视制度体系基本建立。习近平总书记指出：“要以贯彻执行巡视工作条例为契机，提高依规依纪巡视能力，推动巡视工作制度化、规范化。”2016 年，党先后审议通过《中央巡视工作领导小组工作规则》《中央巡视组工作规则》《中央巡视工作领导小组办公室工作规则》《被巡视党组织配合中央巡视工作规定》等四项制度，完善了 50 项配套制度和 11 项工作协调机制。迄今，中央巡视制度已经形成了涵盖准备、了解、报告、反馈、移交、整改六大环节的完整制度体系，确保巡视工作有规可依、有章可循。

巡视工作对全党形成震慑。党中央和各级党的巡视组在形式上不断创新，在体制机制上不断健全，突出发现问题，强化震慑作用。在中央巡视组开展的多轮巡视工作中，发现许多党员干部违法乱纪的线索，查处了一大批震动全国的大案要案。“惩治腐败这一手必须紧抓不放、利剑高悬，坚持无禁区、全覆盖、零容忍。”十八届中央巡视对中央和国家机关的巡视达到全覆盖。“对巡视整改落实情况，要开展‘回头看’，揪住不放；对敷衍整改、整改不力、拒不整改的，要抓住典型，严肃追责。”仅在 2016 年的三轮巡视中，就覆盖了 91 家单位的党组织，在对北京、辽宁等 12 个省、区、市的“回头看”中，查处黄兴国、王珉、杨鲁豫、杨振超等省部级高官。

巡视战略格局基本形成。“省市区党委必须坚决贯彻中央巡视方针，深化聚焦转型，做到横向全覆盖、纵向全链接、全国一盘棋，上下联动遏制腐败现象蔓延势头。”60 家中央部委和国家机关部委、13 家中管金融单位、74 家中央企业开展巡视工作；全国 15 个副省级城市、382 个市（地、州、盟）、1 722 个县（市、区、旗）开展巡视工作。横向全覆盖、纵向全链接、全国“一盘棋”的巡视战略格局基本形成。

（6）正风肃纪重塑形象，作风建设永远在路上。

“党的作风是党的形象，是观察党群干群关系、人心向背的晴雨表。党的作风正，人民的心气顺，党和人民就能同甘共苦。实践证明，只要真管真严、敢管敢严，党风建设就没有什么解决不了的问题。作风建设永远在路上。”① 党的十八大以来，以习近平同志为核心的党中央，把作风建设放在全面从严治党的突出位置，连续提出了严格作风的多项要求，实施了作风建设的系列教育实践活动。

2012 年 12 月，中央政治局审议通过《关于改进工作作风、密切联系群众的八项规定》，提出要改进调查研究，“切忌走过场、搞形式主义；要轻车简从、减少陪同、简化接待”，“要精简会议活动，切实改进会风”，“提高会议实效，开短会、讲短话，力戒空话、套话”等八个方面的规定②，为全党加强作风建设掀开了新篇章。2013 年 6 月开始的党的群众路线教育实践活动，“紧紧围绕保持党的先进性和纯洁性，以为民务实清廉为主要内容，……把贯彻落实中央八项规定精神作为切入点，进一步突出作风建设，坚决反对形式主义、官僚主义、享乐主义和奢靡之风，……发挥党密切联系群众的优势”③。中央八项规定实施以来，对正风肃纪起到了积极的推动作用。

2015 年 4 月，中共中央办公厅印发《关于在县处级以上领导干部中开展“三严三实”专题教育方案》，开始对县处级以上领导干部开展“三严三实”专题教育，要求对照“严以修身、严以用权、严以律己，谋事要实、创业要实、做人要实”的要求，聚焦对党忠诚、个人干净、敢于担当，着力解决“不严不实”问题，切实增强践行“三严三实”要求的思想自觉和行动自觉④。2016 年 2 月，中共中央发布《关于在全体党员

---

① 习近平. 习近平谈治国理政：第 2 卷 [M]. 北京：外文出版社，2017：44.

② 中共中央政治局召开会议 审议关于改进工作作风、密切联系群众的有关规定 分析研究二〇一三年经济工作 [N]. 人民日报，2012-12-05.

③ 中共中央关于在全党深入开展党的群众路线教育实践活动的意见 [EB/OL]. 共产党员网，2013-10-01.

④ 中共中央办公厅印发《关于在县处级以上领导干部中开展“三严三实”专题教育方案》[N]. 人民日报，2015-04-20.

中开展“学党章党规、学系列讲话，做合格党员”学习教育方案》，针对全体党员开展“学党章党规、学系列讲话，做合格党员”的学习教育活动，“推动党内教育从‘关键少数’向广大党员拓展、从集中性教育向经常性教育延伸”①。

党中央连续开展的教育实践活动，以作风建设为切入点，以党性教育为核心，以制度建设为目的，在思想建党的基础上推动制度建党，又以制度建党落实思想建党。主题鲜明、持续不断的作风建设，坚定了党员干部的共产主义理想信念，强化了党员干部的先进性和革命性，增强了党员干部的政治意识、纪律意识、责任意识。当前，“每一名党员干部都要坚守‘三严三实’，拧紧世界观、人生观、价值观这个‘总开关’，做到心中有党、心中有民、心中有责、心中有戒，把为党和人民事业无私奉献作为人生的最高追求”②。

第二节　全面从严治党常态化制度化科学化的主要经验

2017 年 1 月，十八届中央纪委七次全会在北京举行。习近平总书记在会上发表重要讲话总结道：“党的十八大以来，我们把全面从严治党纳入战略布局、着力从严从细抓管党治党，加强和规范党内政治生活、着力净化党内政治生态，严抓中央八项规定精神落实、着力从作风建设这个环节突破，严明党的政治纪律和政治规矩、着力真管真严、敢管敢严、长管长严，坚持反腐败无禁区、全覆盖、零容忍，着力遏制腐败滋生蔓延势头，惩治群众身边的不正之风和腐败问题、着力增强人民群众获得感，全面强化党内监督、着力发挥巡视利剑作用，推动全面从严治党不断向纵深发展。”③ 王岐山在主题为《推动全面从严治党向纵深发展 以优异成绩迎接

① 中共中央办公厅. 关于在全体党员中开展“学党章党规、学系列讲话，做合格党员”学习教育方案 [N]. 人民日报，2016-02-29.

② 习近平. 在庆祝中国共产党成立 95 周年大会上的讲话 [N]. 人民日报，2016-07-02.

③ 习近平在十八届中央纪委七次全会上发表重要讲话强调：全面贯彻落实党的十八届六中全会精神 增强全面从严治党系统性创造性实效性 [N]. 人民日报，2017-01-07.

党的十九大召开》的工作报告中，总结了党的十八大以来纪律检查工作七个方面的主要成绩：深入开展“两学一做”学习教育，在全面从严治党中坚守职责定位；坚持依规治党和依法治国相统一，推动党内监督和国家监察全覆盖；惩前毖后、治病救人，实践监督执纪“四种形态”；围绕坚持党的领导、聚焦全面从严治党，深化政治巡视，利剑作用充分彰显；减少存量、遏制增量，净化政治生态；坚决整治侵害群众利益的不正之风和腐败问题，为打赢脱贫攻坚战提供保障；打铁还需自身硬，建设忠诚干净担当的纪检监察队伍①。习近平和王岐山在十八届中央纪委七次全会上分别从整体和具体的角度对全面从严治党成就进行的总结，不仅仅是党的十八大以来全面从严治党的新成就，也体现了改革开放以来党的建设伟大工程的新进步，还展示了中国共产党成立以来全面从严治党的新高度。

一、从严治党贯彻始终

2014 年 12 月，习近平总书记在江苏调研时提出：“主动把握和积极适应经济发展新常态，协调推进全面建成小康社会、全面深化改革、全面依法治国、全面从严治党，推动改革开放和社会主义现代化建设迈上新台阶。”② 自此，“全面从严治党”成为“四个全面”战略布局的重要组成部分，为其他“三个全面”提供坚强的组织保证。自成立以来，中国共产党始终把党的建设作为重大战略工程来对待，“治国必先治党，治党务必从严”，不断加强对党的建设地位的重视，不断丰富党的建设的内容，不断提高党的建设的要求。

(1) 严明纪律是中国共产党的建党利器。

中国共产党从成立之日起，就把纪律建设作为党的建设的重要内容。1921 年 7 月通过的《中国共产党第一个纲领》就提出许多纪律要求：“在党处于秘密状态时，党的重要主张和党员身份应保守秘密。”“地方委员会的财务、活动和政策，应受中央执行委员会的监督。” “党员除非迫于法

① 王岐山. 推动全面从严治党向纵深发展 以优异成绩迎接党的十九大召开：在中国共产党第十八届中央纪律检查委员会第七次全体会议上的工作报告［N］. 人民日报，2017-01-20.

② 习近平. 习近平谈治国理政：第 2 卷［M］. 北京：外文出版社，2017：22.

律，不经党的特许，不得担任政府官员或国会议员。”① 1922年7月通过的《中国共产党章程》专列第四章为“纪律”，其中共提出九条纪律要求。例如，第二十四条规定：“本党一切会议均取决多数，少数绝对服从多数。”②从党的一大到七大通过的党纲、党章或决议，都把纪律要求作为主要内容。延安时期担任中央组织部部长的陈云也强调：“只有使全体党员自觉地遵守纪律，纪律才能成为铁的、不可动摇的、有效的东西。”③ 1945年6月，党的七大通过新的党章，在“总纲”即明确规定：“中国共产党必须经常警戒自己脱离人民群众的危险性”，“中国共产党是按民主的集中制组织起来的……必须经常注意清除自己队伍中破坏党的纲领和党章、党纪而不能改正的人出党。”④ 第八章“党的监察机关”、第十章“奖励与处分”均对党纪提出具体规定⑤。由此可见，即使在复杂艰巨的革命战争时期，中国共产党也绝不放低要求，而是以严格的党纪党规保持党的先进性和纯洁性。正因如此，毛泽东在1939年的《〈共产党人〉发刊词》中，将“党的建设”同统一战线和武装斗争一起，归结为中国共产党在中国革命中战胜敌人的三大法宝。

（2）全面从严治党，着力提高党的领导水平和执政水平。

改革开放以来，面对国际上东欧剧变、苏联解体带来的冲击和国内资产阶级自由化思潮的影响，党中央从加强思想教育、消除特权化、严惩腐败等多方面举措入手，严抓党的建设。自从1985年11月党中央在《关于农村整党工作部署的通知》中首次正式提出“从严治党”的要求以来，“从严治党”就成为全党工作的重要内容。党的十三大报告、十四大报告，以及中纪委、中顾委的工作报告中，均对“从严治党”提出许多明确的要求。党的十四大报告指出：“我们一定要结合新的实际，遵循党的基本路

① 中共中央文献研究室，中央档案馆. 建党以来重要文献选编（1921—1949）：第1册［M］. 北京：中央文献出版社，2011：2.

② 同①167.

③ 陈云. 陈云文选：第1卷［M］. 北京：人民出版社，1995：128.

④ 中共中央文献研究室，中央档案馆. 建党以来重要文献选编（1921—1949）：第22册［M］. 北京：中央文献出版社，2011：535.

⑤ 同④533-549.

线，坚持党要管党和从严治党，加强和改进党的建设”①。党的十四大通过的《中国共产党章程》正式写入“坚持从严治党”的要求，成为中国共产党管党治党的根本遵循。从党的十五大报告到二十大报告，党对坚持从严治党的认识和要求又有了进一步提升。党的十六届四中全会、十七届四中全会分别通过《中共中央关于加强党的执政能力建设的决定》《中共中央关于加强和改进新形势下党的建设若干重大问题的决定》，是中国共产党推进全面从严治党重大战略的重要里程碑。

党的十八大以来，以习近平同志为核心的党中央，深入推进从严治党在教育、制度、理论和实践等方面的创新。2014 年 10 月，习近平总书记在党的群众路线教育实践活动总结大会上的讲话中，就新形势下坚持从严治党提出了落实从严治党责任、坚持思想建党和制度治党紧密结合、严肃党内政治生活等七大要求。2014 年 12 月，习近平总书记在江苏调研时，提出“全面从严治党”并将其作为“四个全面”战略布局的重要内容。2016 年 7 月，在庆祝中国共产党成立 95 周年大会上的讲话中，他再次强调：“治国必先治党，治党务必从严。如果管党不力、治党不严，人民群众反映强烈的党内突出问题得不到解决，那我们党迟早会失去执政资格，不可避免被历史淘汰。管党治党，必须严字当头，把严的要求贯彻全过程，做到真管真严、敢管敢严、长管长严。”② 从成立以来的纪律治党，到改革开放以来的“从严治党”，再到党的十八大以来的“全面从严治党”，中国共产党治党的内容越来越全面，要求越来越严格。可以说，从严治党，是党成功领导改革开放，推进“四个全面”战略布局的关键。

（3）全面从严治党，持续推进党的建设新的伟大工程。

从严治党要求的不断提高，与党的建设格局的不断扩展密切相关。从严治党的要求不断提高的过程，正是党的建设伟大工程格局不断扩展的过程。改革开放以来，面对“建设一个什么样的党、怎样建设党”的时代课题，共产党开创了党的建设新的伟大工程。党的十四届四中全会首次把党

① 中共中央文献研究室. 十四大以来重要文献选编：上［M］. 北京：人民出版社，1996：38-39.

② 习近平. 习近平谈治国理政：第 2 卷［M］. 北京：外文出版社，2017：43-44.

的建设提到新的伟大工程的高度，党的十六届四中全会把“加强党的执政能力建设”作为全面推进党的建设新的伟大工程的重点，将《中共中央关于加强党的执政能力建设的决定》作为纲领性文件，“提高党的执政能力，关键在于搞好党的建设，……必须坚持党要管党、从严治党的方针，紧密联系治国理政的实践，全面加强和改进党的思想、组织、作风和制度建设”①。《中共中央关于加强党的执政能力建设的决定》明确把思想、组织、作风和制度建设作为党的建设的四个重要方面。2007 年 6 月，胡锦涛在中央党校省部级干部进修班发表的重要讲话中提出“把反腐倡廉建设放在更加突出的位置，更加注重治本，更加注重预防，更加注重制度建设”，将“反腐倡廉工作”升级为“反腐倡廉建设”。在党的十七大报告中，又将“反腐倡廉建设”同党的建设的其他四个方面相并列，成为党的建设新的重要方面，于是党的建设就由“四位一体”进一步拓展为思想建设、组织建设、作风建设、制度建设和反腐倡廉建设“五位一体”。

党的十七大报告将党的建设一条主线、五个方面完整表述为：“必须把党的执政能力建设和先进性建设作为主线，坚持党要管党、从严治党，贯彻为民、务实、清廉的要求，以坚定理想信念为重点加强思想建设，以造就高素质党员、干部队伍为重点加强组织建设，以保持党同人民群众的血肉联系为重点加强作风建设，以健全民主集中制为重点加强制度建设，以完善惩治和预防腐败体系为重点加强反腐倡廉建设”②。此外，党的十八大报告把“党的执政能力建设、先进性和纯洁性建设”作为党的建设的主线，增加了“纯洁性”，将其作为党的建设的新目标。自此，党的建设形成新的“一条主线、五个方面”建设格局。一条主线即党的执政能力建设、先进性和纯洁性建设；五个方面即思想、组织、作风、制度和反腐倡廉建设。全面从严治党对党的建设工程提出了新的更高的要求，党的建设工程的推进，必须依靠全面从严治党来推动。全面从严治党，是推进党的

---

① 中共中央文献研究室. 十六大以来重要文献选编：中［M］. 北京：中央文献出版社，2006：291.

② 中共中央文献研究室. 十七大以来重要文献选编：上［M］. 北京：中央文献出版社，2009：38.

建设伟大工程的关键。习近平总书记在党的二十大报告中强调指出："我们要落实新时代党的建设总要求，健全全面从严治党体系，全面推进党的自我净化、自我完善、自我革新、自我提高，使我们党坚守初心使命，始终成为中国特色社会主义事业的坚强领导核心。"①

二、思想教育常抓常新

中国共产党一贯重视党的思想教育。列宁说："没有革命的理论，就不会有革命的运动。"毛泽东也强调："掌握思想领导是掌握一切领导的第一位。"② 党的思想教育，是党解决各种重大理论问题和实践问题的关键，注重思想教育工作，是中国共产党加强思想领导和组织建设的重要经验。"理想信念是共产党人精神上的'钙'，共产党人如果没有理想信念，精神上就会'缺钙'，就会得'软骨病'，必然导致政治上变质、经济上贪婪、道德上堕落、生活上腐化。"③ 注重对全党进行马克思主义理论教育、共产主义理想信念教育、党的先进性教育和优良作风教育等思想教育，是中国共产党加强党的思想领导和组织建设的重要举措。

（1）思想建党是全面从严治党的"传家宝"。

毛泽东在《论联合政府》中总结道："掌握思想教育，是团结全党进行伟大政治斗争的中心环节。如果这个任务不解决，党的一切政治任务是不能完成的。"④ 从以毛泽东同志为核心的党的第一代中央领导集体开始，党的历届中央领导集体始终把思想教育作为党的建设的基本内容。毛泽东一贯重视思想建党，"他特别着重于从思想上建设党，提出党员不但要在组织上入党，而且要在思想上入党，经常注意以无产阶级思想改造和克服各种非无产阶级思想"⑤。正是通过党内思想教育，中国共产党将自身锻造为坚强的战斗堡垒，领导土地革命战争、抗日战争和解放战争取得胜利。

---

① 习近平．高举中国特色社会主义伟大旗帜 为全面建设社会主义现代化国家而团结奋斗：在中国共产党第二十次全国代表大会上的报告［M］．北京：人民出版社，2022：64.

② 中共中央文献研究室．毛泽东文集：第2卷［M］．北京：人民出版社，1993：435.

③ 中共中央关于党的百年奋斗重大成就和历史经验的决议［N］．人民日报，2021-11-17.

④ 毛泽东选集：第3卷［M］．2版．北京：人民出版社，1991：1094.

⑤ 中共中央文献研究室．三中全会以来重要文献选编：下［M］．北京：人民出版社，1982：832.

邓小平充分意识到，面对改革开放复杂形势的挑战，“要教育全党同志发扬大公无私、服从大局、艰苦奋斗、廉洁奉公的精神，坚持共产主义思想和共产主义道德”①。为了确保社会主义事业的成功，必须在全党开展以艰苦奋斗为主题的思想教育，在全社会开展社会主义精神文明建设。面对东欧剧变、苏联解体和国内政治风波的惨痛教训，江泽民强调：“提高干部和党员队伍的思想政治素质，最根本的是解决好世界观和人生观问题。树立正确的世界观和人生观，无论过去、现在和将来，对于每一个干部和党员来说，都是首要的问题。”② “讲学习、讲政治、讲正气”教育和“三个代表”重要思想，就是加强党的思想教育的实践创新、理论创新。胡锦涛指出：“在新的历史条件下，共产党员保持先进性，就是要自觉学习实践邓小平理论和‘三个代表’重要思想，坚定共产主义理想和中国特色社会主义信念”③。党的十八大以来，以习近平同志为核心的党中央，推进全面从严治党新的伟大工程，把思想建党提到前所未有的高度，“对党员、干部来说，思想上的滑坡是最严重的病变。思想上松一寸，行动上就会散一尺。坚持全面从严治党，一定要用好思想建党这个传家宝，抓好思想教育这个根本。只有切实加强思想教育，促进党员干部凝神聚魂，才能守住护好建党、强党、兴党的生命线”。党的十八大以来，党内思想教育的理论、实践和制度创新不断取得新的进步。

（2）专题教育是思想教育的主要形式。

古田会议决议要求重视“党内教育问题”，主张“有计划地进行党内教育，纠正过去之无计划的听其自然的状态，是党的重要任务之一”④。党在各个时期，都会开展有计划的针对性的学习教育活动。事实证明，这些教育活动都取得了良好的成效。1927 年八七会议反对右倾的错误、1935 年遵义会议反对“左”倾的错误，不仅仅是正确路线对错误路线的斗争，

---

① 邓小平．邓小平文选：第 2 卷［M］．2 版．北京：人民出版社，1994：367．

② 中共中央文献研究室．十四大以来重要文献选编：中［M］．北京：人民出版社，1997：1190-1191．

③ 中共中央文献研究室．十六大以来重要文献选编：中［M］．北京：中央文献出版社，2006：566．

④ 中共中央文献研究室．毛泽东文集：第 1 卷［M］．北京：人民出版社，1993：94．

也是正确思想对错误思想的斗争。思想斗争中正确思想的胜利，与党对思想教育工作的重视密不可分。1942年的延安整风运动，确立了实事求是的思想路线，“团结——批评——团结”的教育方针，是中国共产党自发的、有组织的思想教育活动；党的七届二中全会提出的“两个务必”要求，也让全党进行了一次思想洗礼；改革开放之后，邓小平提出以改革开放精神、共产主义理想信念、艰苦奋斗光荣传统、纪律和法治等为主要内容的党内思想教育活动；20世纪90年代以来，面对国际上东欧剧变、苏联解体的冲击和国内资产阶级自由化思潮的影响，在党员干部中开展“三讲”教育活动，筑牢党员干部拒腐防变的思想防线；21世纪初以来，为了提高党的执政能力建设、先进性和纯洁性建设，在全党开展以实践“三个代表”重要思想为主要内容的保持共产党员先进性教育活动以及深入学习实践科学发展观活动。学习实践科学发展观活动，“基本实现了提高思想认识、解决突出问题、创新体制机制、促进科学发展、加强基层组织的目标，取得明显成效”①。

党的十八大以来先后开展了一系列党内教育活动：2013年开始的党的群众路线教育实践活动，以“为民务实清廉”为主题，以保持党的先进性和纯洁性为目标，将思想建党与制度建党统一起来；2014年开始的“三严三实”专题教育，以落实“既严以修身、严以用权、严以律己；又谋事要实、创业要实、做人要实”的党风要求为目标，坚定了党员干部的共产主义理想信念，强化了党员干部的先进性和革命性，增强了他们在全面深化改革中的创新精神，同时也增强了党员干部的政治意识、纪律意识、责任意识；2016年开始的“两学一做”学习教育，要求始终把思想教育作为第一位的任务，坚持用党章党规规范党组织和党员行为，用习近平总书记系列重要讲话精神武装头脑、指导实践、推动工作。“两学一做”学习教育的顺利开展，有效地推动了全面从严治党向基层延伸，拓展了党的群众路线教育实践活动和“三严三实”专题教育成果，进一步保持和发展了党的先进性和纯洁性；2023年，开展了以县处级以上领导干部为重点的全党深

---

① 中共中央文献研究室. 十七大以来重要文献选编：中［M］. 北京：中央文献出版社，2011：631-632.

入学习贯彻习近平新时代中国特色社会主义思想主题教育，这是统一全党思想意志行动、始终保持党的强大凝聚力、战斗力的必然要求，是推动全党积极担当作为、不断开创事业发展新局面的必然要求，也是深入推进全面从严治党、以党的自我革命引领社会革命的必然要求。这次主题教育的总要求是“学思想、强党性、重实践、建新功”，强调我们党认识与实践相结合、理论与实际相联系、改造主观世界与改造客观世界相统一；其根本任务是坚持学思用贯通、知信行统一，把新时代思想转化为坚定理想、锤炼党性和指导实践、推动工作的强大精神力量，“使全党始终保持统一的思想、坚定的意志、协调的行动、强大的战斗力，努力在以学铸魂、以学增智、以学正风、以学促干方面取得实实在在的成效”①。其具体目标是：凝心铸魂筑牢根本、锤炼品格强化忠诚、实干担当促进发展、践行宗旨为民造福、廉洁奉公树立新风。“要把理论学习、调查研究、推动发展、检视整改等贯通起来，有机融合、一体推进。”② 为以中国式现代化全面推进中华民族伟大复兴而团结奋斗。

（3）理论创新为思想教育注入新活力。

党的指导思想不断创新，为党内教育提供源源不断的理论来源。党内思想教育的内容主要包括理想信念教育、党性教育、作风教育三个主要方面。在不同的历史时期，各个方面的思想教育的具体内容与时俱进。中国共产党第一次全国代表大会通过的《中国共产党纲领》明确规定，“推翻资本家阶级的政权”，消灭“社会的阶级区分”，消灭“资本家私有制”，这是当时党的思想教育的主要内容。相对来讲，在党的早期阶段，党的革命实践经验尚不丰富，思想理论建设刚刚起步，因而思想教育的内容比较单一、宏观。随着革命斗争形势的变化，共产党的革命前途进一步明朗，于是相适应的理论也不断创新，党内思想教育的理论来源也越来越丰富。例如，20世纪末期，在市场经济的冲击下，党员干部丧失理想信念、贪污腐化的情况比较严重，因此党中央在这一时期的党内思想教育着重抓好“共产主义理想和信念的教育”“全心全意为人民服务宗旨的教育”“艰苦奋

①② 习近平. 在学习贯彻习近平新时代中国特色社会主义思想主题教育工作会议上的讲话[J]. 求是，2023（9）.

斗、勤俭节约的教育”①。又如，党的十八大以来，以习近平同志为核心的党中央要求：“全党同志必须把对马克思主义的信仰、对社会主义和共产主义的信念作为毕生追求，……自觉成为共产主义远大理想和中国特色社会主义共同理想的坚定信仰者和忠实实践者；必须坚定对中国特色社会主义的道路自信、理论自信、制度自信、文化自信。”②

回顾历史可以发现，党内思想教育的具体内容在不断地丰富，教育主题在不断地更新，教育形式也在不断地创新。中国共产党在指导思想上不断与时俱进，必然要求党的思想教育内容、主题和形式与时俱进。马克思列宁主义与中国社会主义革命、建设和改革的具体实践相结合，不断推动理论创新、实践创新。在理论方面，先后产生了毛泽东思想、邓小平理论、“三个代表”重要思想、科学发展观、习近平新时代中国特色社会主义思想等创新理论。作为中国共产党和整个社会主义事业的指导思想，它们是党内思想教育的核心。面对全面从严治党的新要求新形势，全党要深入学习马克思列宁主义、毛泽东思想、邓小平理论、“三个代表”重要思想、科学发展观和习近平新时代中国特色社会主义思想。需要指出的是，中国共产党的指导思想随着时代的发展而不断丰富，但其中马克思主义的精髓却始终未变，共产主义远大理想和中国特色社会主义共同理想始终未变。“共产主义远大理想和中国特色社会主义共同理想，是中国共产党人的精神支柱和政治灵魂，也是保持党的团结统一的思想基础。必须高度重视思想政治建设，把坚定理想信念作为开展党内政治生活的首要任务。”③

三、正风肃纪永葆本色

“既要革命，就要有一个革命党。没有一个革命的党，没有一个按照马克思列宁主义的革命理论和革命风格建立起来的革命党，就不可能领导工人

① 中共中央文献研究室. 十四大以来重要文献选编：中［M］. 北京：人民出版社，1997：1192，1194，1195.

② 关于新形势下党内政治生活的若干准则［N］. 人民日报，2016-11-03.

③ 中共中央党史和文献研究院. 十八大以来重要文献选编：下［M］. 北京：中央文献出版社，2018：420.

阶级和广大人民群众战胜帝国主义及其走狗。”① 革命风格就是党的优良作风。党的优良作风是党的性质和宗旨的体现，是党自身建设和党领导的社会主义事业成功的关键。伴随着社会主义革命、建设和改革事业的发展，中国共产党的作风建设的内容在不断丰富，要求也在不断提高。共产党不断加强优良作风建设，始终保持党的先进性和纯洁性，始终成为领导社会主义事业的坚强核心。

（1）整风运动是加强党风建设的重要手段。

1945年，毛泽东在为中共七大所做的政治报告《论联合政府》中完整阐述了共产党的三大作风：“以马克思列宁主义的理论思想武装起来的中国共产党，在中国人民中产生了新的工作作风，这主要的就是理论和实践相结合的作风，和人民群众紧密地联系在一起的作风以及自我批评的作风。”② 这是中国共产党三大优良作风的由来。此后，他又在1949年党的七届二中全会上提出“两个务必”，“务必使同志们继续地保持谦虚、谨慎、不骄、不躁的作风，务必使同志们继续地保持艰苦奋斗的作风”③。正是在优良作风的约束和鼓舞下，中国共产党再接再厉，领导中国人民继续取得解放战争、抗美援朝和社会主义改造等事业的成功。新中国成立之后，毛泽东等党和国家主要领导人也曾多次提倡艰苦奋斗。他认为，要建设富强的社会主义国家，“根本的是我们要提倡艰苦奋斗，艰苦奋斗是我们的政治本色”④。在社会主义建设的初期，国家经济建设各方面都还很困难，党员干部带头发挥勤俭节约、艰苦奋斗的传统优良作风，团结广大人民群众献身社会主义事业。当时，邓小平在中共中央西南局驻重庆市各机关中共党员干部大会上发表讲话也要求：“全体干部必须从长远利益出发，坚决克服享乐思想倾向，反对铺张浪费，一切为了克服困难与发展生产。所有同志必须保持与发扬艰苦奋斗的光荣传统，以批评与自我批评的精神认真检讨，困难是完全可以克服的。”⑤ 1942年的延安整风运动、新中国

---

① 毛泽东选集：第4卷［M］．2版．北京：人民出版社，1991：1357．

② 毛泽东选集：第3卷［M］．2版．北京：人民出版社，1991：1093-1094．

③ 同①1438-1439．

④ 中共中央文献研究室．毛泽东文集：第7卷［M］．北京：人民出版社，1999：162．

⑤ 中共中央文献研究室．邓小平文集（一九四九——一九七四年）：上卷［M］．北京：人民出版社，2014：41．

成立初期的三次整风运动，作为党开展作风建设的载体，在保持党的先进性和革命性方面取得了良好的效果。

（2）党风建设的内容不断与时俱进。

改革开放以来，党的作风建设的内容不断完善，逐渐丰富为“五大方面”。改革开放前夕，邓小平就在党的十一大的闭幕词中要求，一定要恢复和发扬“实事求是”“批评和自我批评”“谦虚谨慎，戒骄戒躁，艰苦奋斗”“民主集中制”等优良传统和作风。江泽民则强调，要十分注意发扬理论联系实际、密切联系群众、批评与自我批评的优良作风。“在改进领导方法和工作作风上，首先要强调真抓实干，坚决克服官僚主义和形式主义，……大兴调查研究之风，狠抓各项任务的落实。”① “我们党正是靠艰苦奋斗不断发展壮大起来的。过去干革命需要艰苦奋斗，今天搞社会主义现代化建设，同样要靠艰苦奋斗。”② 他还提出：“抓党的作风建设，必须抓住当前思想作风、工作作风、领导作风、学风和干部生活作风等方面存在的突出问题开展工作。”③ 自此，思想作风、工作作风、领导作风、学风、干部生活作风成为党的作风建设的五大方面。《中共中央关于加强和改进党的作风建设的决定》提出了包括“坚持解放思想、实事求是，反对因循守旧、不思进取”“坚持理论联系实际，反对照抄照搬、本本主义”等在内的“八个坚持、八个反对”④，作为推进五大作风建设的具体推手，有效解决了党的作风建设中存在的突出问题，明显改善了党的作风和党群干群关系。2007年1月，胡锦涛在《全面加强新形势下的领导干部作风建设》中指出，为了加强党在思想、工作、领导、学习和干部生活等作风方面的建设，要大力倡导“要勤奋好学、学以致用”“要心系群众、服务人民”“要真抓实干、务求实效”等八个方面的良好风气⑤。这些作风建设的要求，为提高

---

① 中共中央文献研究室．十四大以来重要文献选编：上［M］．北京：人民出版社，1996：133.

② 中共中央文献研究室．十四大以来重要文献选编：中［M］．北京：人民出版社，1997：1195.

③ 中共中央文献研究室．江泽民论有中国特色社会主义（专题摘编）［M］．北京：中央文献出版社，2002：624-625.

④ 中共中央文献研究室．十五大以来重要文献选编：下［M］．北京：人民出版社，2003：1999-2017.

⑤ 中共中央文献研究室．十六大以来重要文献选编：下［M］．北京：中央文献出版社，2008：872-878.

党的执政能力、纯洁党的队伍、保持党的先进性起到了重要的推动作用。

（3）以制度建设推动作风建设。

党的十八大以来，以习近平同志为核心的党中央，坚持从严治党，落实管党治党责任，把作风建设要求融入党的制度建设，以党的制度建设推动作风建设，取得明显成效。2012 年 12 月中央政治局审议通过《关于改进工作作风、密切联系群众的八项规定》，为全党加强作风建设掀开了新篇章。2013 年开始的党的群众路线教育实践活动，以“为民务实清廉”为主题，集中解决“形式主义、官僚主义、享乐主义和奢靡之风”的问题；2015 年开始对县处级以上领导干部开展“三严三实”专题教育，落实“既严以修身、严以用权、严以律已，又谋事要实、创业要实、做人要实”的党风要求；2016 年开始的“两学一做”学习教育，号召全体党员“学党章党规、学系列讲话，做合格党员”；党的十九大期间开展了“不忘初心、牢记使命”主题教育、党史学习教育，习近平总书记在党的二十大报告中强调指出，“坚持理论武装同常态化长效化开展党史学习教育相结合，引导党员、干部不断学史明理、学史增信、学史崇德、学史力行，传承红色基因，赓续红色血脉”①；党的二十大以来开展了学习贯彻习近平新时代中国特色社会主义思想主题教育；2024 年，党中央以学习贯彻新修订的《中国共产党纪律处分条例》为契机，在全党专门开展了党纪学习教育。可以说，“党风问题关系执政党的生死存亡”②。“党的作风是党的形象，是观察党群干群关系、人心向背的晴雨表。党的作风正，人民的心气顺，党和人民就能同甘共苦。实践证明，只要真管真严、敢管敢严，党风建设就没有什么解决不了的问题。作风建设永远在路上。”③

四、严明纪律依规治党

“必须严明党的纪律，把纪律挺在前面，用铁的纪律从严治党。坚持纪律面前一律平等，遵守纪律没有特权，执行纪律没有例外，党内决不允

---

① 习近平．高举中国特色社会主义伟大旗帜　为全面建设社会主义现代化国家而团结奋斗：在中国共产党第二十次全国代表大会上的报告［M］．北京：人民出版社，2022：65.

② 同①68.

③ 习近平．习近平谈治国理政：第 2 卷［M］．北京：外文出版社，2017：44.

许存在不受纪律约束的特殊组织和特殊党员。……党的各级组织必须担负起执行和维护政治纪律和政治规矩的责任，坚决防止和纠正执行纪律宽松软的问题。”[①] 严明纪律成就了中国共产党及其领导的革命事业，依规治党健全了改革开放以来的反腐倡廉机制，是当前全面从严治党的基石。

（1）严明纪律成就了中国共产党及其领导的革命事业。

中国共产党向来注重制度建设，1921 年颁布的《中国共产党第一个纲领》规定：“地方委员会的财务、活动和政策，应受中央执行委员会的监督。”[②] 1922 年通过的《关于共产党的组织章程决议案》要求，共产党的“组织与训练必须是很严密的集权的有纪律的”，例如“无论何时何地个个党员的言论，必须是党的言论，个个党员的活动，必须是党的活动，不可有离党的个人的或地方的意味”[③]。中国共产党成立初期出台的《关于议会行动的议决案》《关于坚决清洗贪污腐化分子的通告》等制度文件，都对党在思想、组织、作风等方面的工作提出了具体要求。1927 年制定的《政治纪律决议案》首次提出了党内政治纪律，特别强调：“只有最严密的政治纪律，才能够增厚无产阶级政党的斗争力量，这是每一个共产党所必具的最低条件。”毛泽东强调，严明纪律“既使一般党员能遵守纪律，又使一般党员能监督党的领袖人物也一起遵守纪律”[④]。《关于健全党委制》《党委会的工作方法》等著作成为指导党的组织工作和纪律、作风建设的经典名篇。毛泽东主张，要用严格的纪律武装党员干部的头脑，要将严格的纪律融入革命斗争的各个环节。1945 年党的七大第一次把民主集中制写进了党章总纲，首次规定了党员的四项权利和四项义务，严明党的组织原则和组织纪律。为了适应新中国成立后共产党领导地位和领导任务的变化，增强自身建设的主动性、积极性和科学性，1956 年党的八大通过的新党章，对群众路线、民主集中制、集体领导、党内外监督等方面都做了新的严格规定。

---

① 中共十八届六中全会在京举行［N］. 人民日报，2016-10-28.

② 中共中央文献研究室，中央档案馆. 建党以来重要文献选编（1921—1949）：第 1 册［M］. 北京：中央文献出版社，2011：2.

③ 同②163.

④ 毛泽东选集：第 2 卷［M］. 2 版. 北京：人民出版社，1991：528.

（2）依规治党健全了改革开放以来的反腐倡廉机制。

邓小平在《党和国家领导制度的改革》报告中指出："制度好可以使坏人无法任意横行，制度不好可以使好人无法充分做好事，……领导制度、组织制度问题更带有根本性、全局性、稳定性和长期性。"① 为了充分吸取"文化大革命"的惨痛教训，严明党在思想、政治、组织、作风等各方面的纪律，1980 年党的十一届五中全会通过《关于党内政治生活的若干准则》，提出了"坚持党的政治路线和思想路线""坚持集体领导，反对个人专断"等十二条纪律，对党员干部行使权力的范围做了清晰的界定。《关于党内政治生活的若干准则》的及时颁布，纯洁了党的思想和队伍，健全了党的民主生活，维护了党的集中统一，增强了党的执政能力，保障了改革开放和社会主义现代化事业成功推进。江泽民指出："从严治党，必须全面贯彻于党的思想、政治、组织、作风建设……各级党组织和每个党员都要严格按照党的章程和党内法规行事，严格遵守党的纪律。"② 2006 年党的十六届六中全会通过的《中共中央关于构建社会主义和谐社会若干重大问题的决定》要求："以正确行使权力为重点，用改革的办法推进反腐倡廉制度建设，拓展从源头上防治腐败的工作领域，形成群众支持和参与反腐倡廉的有效机制，健全防范腐败的体制机制。"③

（3）法规制度建设是全面从严治党的基石。

党的十八大以来，中共中央在高压反腐的同时，高度重视制度建设。"法规制度带有根本性、全局性、稳定性、长期性。……本着于法周延、于事有效的原则制定新的法规制度、完善已有的法规制度、废止不适应的法规制度，努力形成系统完备的反腐倡廉法规制度体系。"④ 从出台"八项规定""六项禁令"开始，中共中央连续修改和颁布《中国共产党廉洁自律准则》《中国共产党纪律处分条例》《中国

① 邓小平. 邓小平文选：第 2 卷 [M]. 2 版. 北京：人民出版社，1994：333.

② 中共中央文献研究室. 十五大以来重要文献选编：下 [M]. 北京：人民出版社，2003：1921.

③ 中共中央关于构建社会主义和谐社会若干重大问题的决定 [N]. 人民日报，2006-10-19.

④ 习近平在中共中央政治局第二十四次集体学习时强调　加强反腐倡廉法规制度建设　让法规制度的力量充分释放 [N]. 人民日报，2015-06-28.

共产党问责条例》《关于新形势下党内政治生活的若干准则》《中国共产党巡视工作条例》《中国共产党纪律检查机关监督执纪工作规则（试行）》《中国共产党党内法规制定条例》等数十部党纪党规，对普通党员、领导干部以及各级党组织在政治纪律、组织纪律、廉洁纪律、群众纪律、工作纪律、生活纪律等方面提出全方位的要求，同时又加强对权力运行的制约和监督，把权力关进制度的笼子里，让权力行使在边界之内，形成不敢腐的惩戒机制、不能腐的防范机制、不易腐的保障机制，构筑起严密的党建法规制度体系，为全面从严治党奠定坚实的制度基础。严密的党纪党规，与鲜明的思想教育相结合，与严格的作风要求相结合，与高强度的反腐斗争和高密度的纪检巡视相结合，是党的十八大以来全面从严治党取得成功的根本依据。

五、从严治吏纯洁队伍

党的十六大修订通过的《中国共产党章程》规定："中国共产党是中国工人阶级的先锋队，同时是中国人民和中华民族的先锋队，是中国特色社会主义事业的领导核心"①。其中，"中国共产党党员是中国工人阶级的有共产主义觉悟的先锋战士"②，"党的干部是党的事业的骨干，是人民的公仆"③。中国共产党是中国社会主义革命、建设和改革事业的领导核心，党中央和各级党组织又是推动各项事业不断前进的坚强堡垒，党员干部则是领导各条战线取得胜利的中流砥柱。党员干部的思想品德、政治素质和业务能力，直接决定着党的执政能力的高低和社会主义事业的成败。选好、用好、管好干部，是全面从严治党的根本着力点。既要不断提高标准，选拔优秀人才进入党员干部队伍，并通过思想教育的引导和严明的纪律的约束，以保持党的先进性；又要加强监督，严格执纪执法，及时清除干部队伍中的贪腐分子，以保持党的纯洁性。这是党的历代中央领导集体从严治吏纯洁队伍的重要经验。

---

① 中国共产党章程［M］. 北京：人民出版社，2002：1.

② 同①9.

③ 同①23.

一是严格标准提高要求，保持党的先进性。在革命战争最艰苦的年代，毛泽东指出：“中国共产党是在一个几万万人的大民族中领导伟大革命斗争的党，没有多数才德兼备的领导干部，是不能完成其历史任务的。”① 在革命即将取得全面胜利，社会主义新中国成立前夕，他依然告诫全党：“务必使同志们继续地保持谦虚、谨慎、不骄、不躁的作风，务必使同志们继续地保持艰苦奋斗的作风。”② 面对改革开放和社会主义现代化建设的艰巨任务，邓小平指出：“要按照‘革命化、年轻化、知识化、专业化’的标准，选拔德才兼备的人进班子。我们说党的基本路线要管一百年，要长治久安，就要靠这一条。真正关系到大局的是这个事。”③ 江泽民要求干部“讲学习、讲政治、讲正气”，“只有为国家、为社会、为民族、为集体的利益奋不顾身地工作着，毫无保留地贡献出自己的聪明才智，这样的人生才有真正的意义，才是光荣的人生、闪光的人生”④。胡锦涛指出：“要坚持把干部的德放在首要位置，选拔任用那些政治坚定、有真才实学、实绩突出、群众公认的干部，形成以德修身、以德服众、以德领才、以德润才、德才兼备的用人导向。”⑤ 全面推进从严治党，及至推进“四个全面”战略布局，仍然需要千千万万德才兼备的高素质干部。“伟大的斗争，宏伟的事业，需要高素质干部。……各级领导干部要加快知识更新、加强实践锻炼，使专业素养和工作能力跟上时代节拍，避免少知而迷、无知而乱，努力成为做好工作的行家里手。”⑥ 总而言之，共产党始终以最严格的标准选拔最优秀的干部，以最严格的要求使用和管理干部，因而始终能够保持先进性，成为社会主义事业的坚强领导核心。

二是严明纪律自我净化，保持党的纯洁性。严明纪律，严惩违纪，是

---

① 毛泽东选集：第 2 卷［M］. 2 版. 北京：人民出版社，1991：526.

② 毛泽东选集：第 4 卷［M］. 2 版. 北京：人民出版社，1991：1438-1439.

③ 邓小平. 邓小平文选：第 3 卷［M］. 北京：人民出版社，1993：380.

④ 中共中央文献研究室. 十四大以来重要文献选编：中［M］. 北京：人民出版社，1997：1191.

⑤ 中共中央文献研究室. 十七大以来重要文献选编：下［M］. 北京：中央文献出版社，2013：440.

⑥ 习近平. 习近平谈治国理政：第 2 卷［M］. 北京：外文出版社，2017：45.

中国共产党自我净化，加强党的纯洁性建设的重要举措。1921 年通过的《中国共产党第一个纲领》就规定："地方委员会的财务、活动和政策，应受中央执行委员会的监督。"① 陕甘宁边区政府时期，毛泽东要求："厉行廉洁政治，严惩公务人员之贪污行为，禁止任何公务人员假公济私之行为，共产党员有犯法者从重治罪。"② 1945 年党的七大通过的新党章要求："中国共产党是按民主的集中制组织起来的……必须经常注意清除自己队伍中破坏党的纲领和党章、党纪而不能改正的人出党。"③ 改革开放以来，面对高官特权化和生活腐化甚至违法犯罪造成的恶劣影响，邓小平强调："越是高级干部子弟，越是高级干部，越是名人，他们的违法事件越要抓紧查处"④。他认为："腐败的事情，……要雷厉风行地抓，要公布于众，要按照法律办事。该受惩罚的，不管是谁，一律受惩罚。"⑤ 从 20 世纪 90 年代开始，一大批高级干部受到严肃查处，表明了党中央严厉反腐的决心。党的十八大以来，以习近平同志为核心的党中央多措并举、高压反腐，"打虎拍蝇"猛药去疴，"刮骨疗毒"自我净化，严肃查处了多名省部级干部。习近平指出："凡是影响党的创造力、凝聚力、战斗力的问题都要及时解决，凡是损害党的先进性和纯洁性的病症都要认真医治，凡是滋生在党的健康肌体上的毒瘤都要坚决祛除，通过持之以恒的努力，使党始终成为中国特色社会主义事业的坚强领导核心。"⑥ 并且，"反腐没有休止符。我们将坚持零容忍的态度不变、猛药去疴的决心不减、刮骨疗伤的勇气不泄、严厉惩处的尺度不松，做到有腐必反、有贪必肃"⑦。腐败最伤民心，共产党严惩腐败，将违反党纪国法的干部绳之以法，不仅是刮

---

① 中共中央文献研究室，中央档案馆. 建党以来重要文献选编（1921—1949）：第 1 册［M］. 北京：中央文献出版社，2011：2.

② 中共中央文献研究室. 毛泽东文集：第 2 卷［M］. 北京：人民出版社，1993：335.

③ 中共中央文献研究室，中央档案馆. 建党以来重要文献选编（1921—1949）：第 22 册［M］. 北京：中央文献出版社，2011：535.

④ 邓小平. 邓小平文选：第 3 卷［M］. 北京：人民出版社，1993：152.

⑤ 同④297.

⑥ 中共中央文献研究室. 十八大以来重要文献选编：上［M］. 北京：中央文献出版社，2014：701.

⑦ 习近平接受《华尔街日报》采访时强调　坚持构建中美新型大国关系正确方向　促进亚太地区和世界和平稳定发展［N］. 人民日报，2015-09-23.

骨疗毒自我净化的必要举措，也是赢得民心、凝聚力量的必然出路。

三是依规治党从严治吏，注重反腐常态化制度化。“要形成持续威慑，努力实现不敢腐的目标；标本兼治，深化改革，完善制度，强化不能腐；坚定理想信念宗旨，按照忠诚干净担当的标准选对人、用好人，强化不想腐。”① 从严治吏，是反腐倡廉建设的核心，既要依靠思想教育筑牢防线，又要高压反腐形成震慑，更要注重制度建党，扎紧制度的笼子。反腐倡廉建设，是党的建设伟大工程的重要内容，同党的思想建设、组织建设、作风建设和制度建设形成“五位一体”的建设格局。因此，从严治吏必须依靠制度建设来落实。只有建立包括教育、监督、警示、挽救、惩治等各个环节在内的系统完备的反腐倡廉法规制度体系，才能既解决当下出现的违法乱纪问题，又能形成党员干部不敢腐、不能腐、不想腐的长效机制。“党的十八大以来，经过坚决斗争，全面从严治党的政治引领和政治保障作用充分发挥，党的自我净化、自我完善、自我革新、自我提高能力显著增强，管党治党宽松软状况得到根本扭转，反腐败斗争取得压倒性胜利并全面巩固，消除了党、国家、军队内部存在的严重隐患，党在革命性锻造中更加坚强。”②

---

① 王岐山. 全面从严治党　把纪律挺在前面　忠诚履行党章赋予的神圣职责：在中国共产党第十八届中央纪律检查委员会第六次全体会议上的工作报告［N］. 人民日报，2016-01-25.

② 中共中央关于党的百年奋斗重大成就和历史经验的决议［N］. 人民日报，2021-11-17.

第四章　全面从严治党常态化制度化科学化水平评估研究

坚持党的领导，从严管党治党，是我们党的一条重要经验。政党作为一种为特定目标而组织起来的政治组织，自身建设和管理的好坏，决定着其能否生存和发展。当前，我们正在进行着具有许多新的历史特点的伟大斗争，党肩负着历史重任，经受着时代考验①。习近平总书记语重心长地指出："我们党来自人民、植根人民、服务人民，党的根基在人民、血脉在人民、力量在人民。失去了人民拥护和支持，党的事业和工作就无从谈起。"② 不忘初心，坚持奋斗，实现中华民族伟大复兴，需要在党的领导下，推进国家治理体系和治理能力现代化、协调推进"四个全面"战略布局、贯彻新发展理念等，这些战略、方针、政策，都离不开作为领导核心的党的引导引领。中国共产党始终代表广大人民的利益，为了保障党的领导核心地位，密切联系群众，党必须实现自身的纯洁，打铁必须自身硬，只有练就一身过硬的本领，才能带领中国人民走向富强。在新的历史条件下，党立足国内外形势，通过开展群众路线教育实践活动、整治"四风"、树立和发扬"三严三实"的作风、推进反腐倡廉建设走向深入，从根本上保障党的先进性、人民性、科学性，并从自身使命出发，立足时代、国际形势，结合历史经验，总结国内外政党建设的经验教训，在党

① 中共中央宣传部. 习近平总书记系列重要讲话读本（2016 年版）［M］. 北京：学习出版社，2016：104.

② 习近平. 习近平谈治国理政［M］. 北京：外文出版社，2014：367.

的十八届六中全会上提出了全面从严治党的要求。全面从严治党如何不断推进就成为一个亟待解决的问题。全面从严治党作为一个完整的政治生态系统的一部分，有其内在的演进轨迹和自身的逻辑，如何在全国有效地实现全面从严治党的推广与深化、如何有效地评估全面从严治党的成效、全面从严治党应该坚持什么程序才能根本保障从严治党的实现，全面从严治党组织实施的问题，全面从严治党宏观的原则指导与微观的细化具体运用等，都需要一个切实可行的方式方法与对策。有鉴于此，我们立足既有的历史经验与现实的实践经验，提出了全面从严治党应该从常态化、制度化、科学化这个三个层面发力，切实提升全面从严治党的水平。

第一节　全面从严治党常态化制度化科学化水平评估标准

全面从严治党常态化、制度化、科学化水平评估标准的确立，能够有效地保证在全面从严治党的过程中，确立一个有效的评估准则，保证各级别、各层次，由点及面、由内到外、从上而下有一个可以遵循的基本原则，这也是实事求是、与时俱进与具体问题具体分析的原则有效结合的内在要求。因为我们共产党人需要“这种态度，就是实事求是的态度。‘实事’就是客观存在着的一切事物，‘是’就是客观事物的内部联系，即规律性，‘求’就是我们去研究。我们要从国内外、省内外、县内外、区内外的实际情况出发，从其中引出其固有的而不是臆造的规律性，即找出周围事变的内部联系，作为我们行动的向导”①。全面从严治党常态化、制度化、科学化就是从治国理政的实际出发，从党的拒腐防变抵御风险的实际需要出发，从保持党的纯洁性出发而制定的一系列预防性的机制性规范。确立政治思想建设，组织建设，作风建设，制度建设，廉政建设，发展经

① 毛泽东选集：第3卷［M］. 2版. 北京：人民出版社，1991：801.

济、改善民生这几大标准，就是因为“我们不但要提出任务，而且要解决完成任务的方法问题”①。在长期的革命、建设、改革实践中，面对各个时期的困难，我党总结了一系列基本工作方法，比如理论和实际相结合的方法，领导和群众相结合的方法，遇事同群众商量的方法，一般号召和个别指导相结合的方法，突破重点、推动全面的方法，总结典型、分类指导的方法，抓两头、带中间的方法，坚持一切从实际出发的方法，一切经过实验的方法，照顾全局多数的方法，坚持一个时期只有一个中心的方法，集体领导、分工负责的方法，“上情”与“下情”结合的方法，批评与自我批评的方法，原则性和灵活性相统一的方法，坚持“两手抓”的方法，当好“班长”的方法，抓“落实”的方法，运用制度的方法，协调关系的方法，处理牢骚的方法，调解纠纷的方法，提高能力的方法等。这些具体的方法分门别类，大致都包括在政治思想建设，组织建设，作风建设，制度建设，廉政建设，发展经济、改善民生这几大标准之中，这几条标准更具有原则性的方法论的指导意义②。

一、政治思想建设标准

马克思在《共产党宣言》中就提出了“共产党一分钟也不忽略教育工人尽可能明确地意识到资产阶级和无产阶级的敌对的对立”③ 的问题，这个问题的一个重要层面就是共产党人自身的意识，即思想上能否成为共产党人。政治思想建设事关党的纯洁性，事关信仰的坚定，事关共同理想，事关社会主义核心价值观的沁润与涵泳，更从根本上决定我党是否能够坚持初心，实现共产主义的崇高目标。早在一百多年前列宁在领导无产阶级革命的过程中就明确指出：“我们的任务是要维护我们党的坚定性、彻底性和纯洁性。”④ 所谓我们党的坚定性、彻底性和纯洁性，就是通过党的思想理论建设，以先进的理论为指南，发挥先锋战士的作用。注重政治思想

---

① 毛泽东选集：第1卷［M］. 2版. 北京：人民出版社，1991：139.

② 徐茂华. 全面从严治党常态化制度化科学化评价指标体系研究［J］. 社会科学家，2017(10).

③ 马克思，恩格斯. 马克思恩格斯文集：第2卷［M］. 北京：人民出版社，2009：66.

④ 列宁. 列宁全集：第7卷［M］. 2版增订版. 北京：人民出版社，2013：272.

建设，符合共产党的宗旨的内在要求。

毛泽东明确指出："比如，现在我们党里头，有许多组织上入了党而思想上还没有入党的人，他虽然没有跟你打过架，交过手，但是因为他思想上还没有入党，于是乎做的事情就势必不很妥当，有些缺点，或者做出一些坏事。对这一部分人，要团结他们，教育他们，帮助他们。""马克思主义者应该采取积极的态度，不但要看，还应该帮。"① 由此可见，思想建设中思想入党的重要性，针对这种情况，"要看"，即具体问题具体分析，按照真实情况对待；"要帮"，要让那些组织入党的人改正自身的缺点，积极学习马克思主义理论知识，实事求是，密切联系群众，多接地气，多听人民群众的声音，走向宽广的社会实践，多参加调研调查，亲身体会基层的疾苦。只有这样，我们才能厘清全面从严治党所要解决的问题。新形势下，党的思想建设面临的重要任务和重大课题，是在实践的基础上进一步推进相关的理论创新，着重巩固党的领导核心地位、加强党的历史观教育、理想信念教育、补足精神上的钙、加强共产主义的道德教育，增强共产党员的党性。全面从严治党常态化、制度化、科学化水平的政治思想建设评估标准，主要包括以下几个方面：

政治思想建设标准的核心就在于维护党作为中国特色社会主义事业的坚强领导核心。习近平总书记指出："增强从严治党的系统性、预见性、创造性、实效性，使从严治党的一切努力都集中到增强党自我净化、自我完善、自我革新、自我提高能力上来，集中到提高党的领导能力和执政能力、保持和发展党的先进性和纯洁性上来。"② 因为这事关如何维护党的领导核心地位，所以党员干部在现实的实践、工作与学习中，应该注重对马克思主义理论的学习与中国共产党奋斗历史的学习。对于马克思主义经典著作，广大党员干部应该定期开展分散学习与集中学习，抓重点抓根本。学习经典著作就是学习老一辈革命家、理论家对知识的总结与升华，就是学习如何掌握人类社会发展规律、执政党建设规律，就是学习共产主义的

---

① 中共中央文献研究室. 毛泽东文集：第7卷［M］. 北京：人民出版社，1999：92，92-93.

② 中共中央文献研究室. 习近平关于全面从严治党论述摘编［M］. 北京：中央文献出版社，2016：8.

理论是如何指导社会主义建设与实践的，就是学习在社会主义建设实践中坚守初心、始终坚持社会主义的基本原则，就是坚持马克思列宁主义，廓清被阴霾遮蔽的共产主义的图景，让广大党员干部在理论的引导下，更加坚信党作为领导核心的重要性。

坚持对中国共产党的奋斗历史的学习，是为了让广大党员干部坚定理想信念。党的领导核心地位的确立是在历史中形成的，党的性质宗旨也是在历史中逐渐形成的，否定历史就是否定真理本身，否定历史就是背叛共产党人的崇高信仰，就是背叛共产主义的艰苦奋斗精神。学习党的历史就是学习党的艰苦奋斗精神，在长期的革命过程中，我们的党涌现出一大批仁人志士，抛头颅、洒热血，为了革命理想和中华民族的崛起献出了宝贵的生命，他们敢于斗争、勇于奉献、不怕艰难困苦、斗志昂扬的精神，是我们学习党的历史应有的情感体验与精神升华。学习党的历史就是让广大党员干部学习党在社会主义建设过程中得到的经验和教训，要做到居安思危，同时与时俱进，敢于做时代的弄潮儿，不断推动社会主义建设事业前进的脚步，无论是党的高级领导干部还是基层党组织的成员，都应该坚持从自身实际出发学习党的历史，学习党在历史中总结的有益经验，警惕党犯过的错误。我们的党是一个善于学习的党，敢于正视问题，从来不回避问题，这是我们党能够得到人民群众拥护的重要原因之一。

坚持在中国特色社会主义建设与全面深化改革中，巩固党作为社会主义事业领导核心的地位，这是政治思想建设标准的应有之义。时代在变化，世情国情党情也发生了变化，我们应该跟上时代的步伐，不能畏首畏尾、裹足不前，睡在历史的功劳簿上，坐吃山空，我们应该而且必须能够做到坚持认真对待自己的问题，这是由共产党人本身的思想属性决定的。作为无产阶级的先锋队，党始终走在时代的前列，是社会主义建设、全面深化改革的领导者和中坚力量。纵观国内外的改革，从没有哪一次改革不是在一个先进阶级的先进政党的带领下取得成功的。改革也是一场革命，它本身就体现着自我革新、自我发展、自我扬弃，它是我们党自我更新、强基固本的重要举措和持续领导中华民族伟大复兴的重要力量支撑，放弃全面改革只能走向僵化保守，中外改革的成败教训历历在目，我们不能坐视不理，更不能抱残守缺，所以，坚持全面深化改革的要求，也就是坚持政治思想建设标准的重要指导原则之一。

二、组织建设标准

列宁指出："共产党只有按照高度集中的方式组织起来，……才能履行自己的职责。"① 从历史与现阶段实际来看，组织建设事关中国共产党能否强大，以及作为全面深化改革的坚强领导力量本身能否壮大，毕竟"全面深化改革事关全局，影响深远"②。在新形势下，"特别是高级干部中极少数人政治野心膨胀、权欲熏心，搞阳奉阴违、结党营私、团团伙伙、拉帮结派、谋取权位等政治阴谋活动"③，这些都极大地削弱了党的组织的影响力，如果说思想建设是为了保证党的性质与宗旨，那么组织建设就是为了实现党的壮大与强大，只有党自身壮大与强大了，才能带领人民群众建设中国特色社会主义，走中国道路，实现中华民族伟大复兴的中国梦。这些现实与未来的建设使命，都要求中国共产党在政治性、原则性、战斗力上能够冲锋在前，做全面深化改革的排头兵。习近平总书记指出，"坚持问题导向，以自我革命的政治勇气，着力解决党内存在的各种问题"，从"全面净化党内政治生态"④ 的角度，着重加强党的组织建设。因为组织建设的成败事关党内政治生态能否走向良性发展之路，也关系到党的组织原则与党内政治生活准则能否得到贯彻。习近平总书记指出："大家要带头遵守党的组织原则与党内政治生活准则，懂规矩，守纪律。"⑤ 规矩意识、纪律意识、政治生活准则的意识都离不开组织建设，可见组织建设的重要性不言而喻，组织建设应该从以下几个方面抓起：

党章党纪标准是组织建设始终坚持的原则性规范。"我们要求各级党

---

① 列宁．列宁选集：第 4 卷［M］．3 版修订版．北京：人民出版社，2012：254.

② 中共中央文献研究室．习近平关于全面深化改革论述摘编［M］．北京：中央文献出版社，2014：142.

③ 关于新形势下党内政治生活的若干准则［M］．北京：人民出版社，2016：3.

④ 中共中央文献研究室．习近平关于全面从严治党论述摘编［M］．北京：中央文献出版社，2016：13.

⑤ 同④23.

组织和广大党员、干部特别是主要领导干部自觉遵守党章，自觉按照党的组织原则和党内政治生活准则办事，自觉接受党的纪律约束，决不允许任何个人凌驾于组织之上，中央政治局的同志首先要做到。”① 党章党纪是党的政治生活、组织建设的原则性规范，从根本上规定了党员的行为准则，因为只有这样才能“坚持纪律面前一律平等，遵守纪律没有特权，执行纪律没有例外，党内决不允许存在不受纪律约束的特殊组织和特殊党员”②。由此可见，在组织建设中，党章党纪作为具体的标准有着重要的地位与意义，所以在全面从严治党常态化、制度化、科学化水平评估过程中，其一，要始终坚持党章党纪的要求，通过定期、阶段性的党章党纪学习，使得党员能够将党章党纪铭记心中，作为心中的道德律，养成一种行为习惯；其二，在实际工作中要做好党章党纪的宣传工作，借助于各种途径宣传党章党纪，逐渐使得每一位党员干部能够切身感受到遵守党章党纪所带来的良好的政风，赢得群众的口碑；其三，率先发挥党员干部作为带头人、领路人的作用，使党员干部成为守护保卫党的章程与党的纪律的忠实的战士，敢于同违反党章党纪、损害党的组织建设的一切不良行为做斗争，对于这一点，习近平总书记有明确的警告：“需要注意的是，不能把党组织等同于领导干部个人，对党尽忠不是对领导干部个人尽忠，党内不能搞人身依附关系。”③

民主集中制是党的根本组织原则，是党内政治生活正常开展的重要制度保障。坚持集体领导制度，实行集体领导和个人分工相结合，是民主集中制的重要组成部分，必须始终坚持，任何组织和个人在任何情况下都不允许以任何理由违反这项制度④。正如习近平总书记所讲：“严肃党内生活，最根本的是认真执行党的民主集中制，着力解决发扬民主不够、正确集中不够、开展批评不够、严肃纪律不够等问题。要健全和认真落实民主集中制的各项具体制度，促使全党同志按照民主集中制办事，促使各级领

---

① 中共中央文献研究室. 习近平关于全面从严治党论述摘编［M］. 北京：中央文献出版社，2016：23.

② 关于新形势下党内政治生活的若干准则［M］. 北京：人民出版社，2016：16.

③ 同①26.

④ 同②22-23.

导干部特别是主要领导干部带头执行民主集中制。”① 在全面从严治党常态化、制度化、科学化水平评估过程中，必须看到组织建设中民主集中制的地位与作用：一是必须正确对待民主集中制，对于重大事项、重大问题，各级党委以及党组应该贯彻民主集中制，充分进行民主讨论，进行集体决定，不允许绕开党的组织，进行拍脑袋决定，必须健全党委以及党组议事规则和决策程序，自觉接受党内监督。二是党委以及党组的领导成员自身必须有全局意识和责任意识，不要怕担责任与风险，要充分发表自己的意见，在政策贯彻落实中不能因为自己的意见没有被采纳或较少被采纳而意气用事，违背集体决策。三是在民主集中制的施行中总会有少数党员干部的意见没有被采纳，此时，这些党员干部可以保留自己的意见或就自己的意见向上一级党组织提出申请，但是在上一级党组织或本级党组织改变决定以前，除执行决定会立即引起严重后果等紧急情况外，必须无条件执行已做出的决定。另外，对于党组织安排的工作不得私自调整，讨价还价，要严格遵守在贯彻民主集中制的前提下做出的决议。

群众路线是组织建设中密切联系群众的桥梁。“群众路线是我们党的生命线和根本工作路线。”② 在全面从严治党常态化、制度化、科学化水平评估过程中，必须看到组织建设中群众路线标准的重要性。巩固党的组织建设，必须有群众力量支持和新鲜血液的注入。首先，要坚持群众路线在组织建设中的方向性指引。一切为了群众，一切依靠群众，从群众中来，到群众中去，把党的正确主张变为群众的自觉行动，这是我们党在长期实践中所形成的群众路线。实行群众路线，说到底就是坚持人民利益高于一切。实现好、维护好、发展好最广大人民群众的根本利益，这是党的群众路线的核心内容，始终保持同人民群众的血肉联系，是我们党无论在国家革命中还是在社会建设阶段不断取得新胜利的重要法宝。群众路线彻底地体现了马克思主义的唯物史观，人民群众是历史的主人，人民群众是历史的主体，人民群众是历史的创造者。在我国，公平正义的社会要求是人民

---

① 中共中央文献研究室．十八大以来重要文献选编：上［M］．北京：中央文献出版社，2016：352.

② 习近平．习近平谈治国理政［M］．北京：外文出版社，2014：365.

意志与利益的体现，人民就是促进社会公平正义的主体，因此，促进社会公平正义的实践主体是人民群众。我们党自诞生之日起，就非常重视发动群众、组织群众、武装群众；在发动群众之后，非常重视建立健全群众组织，注重对群众进行思想政治教育工作。这些启蒙和教育都是通过群众路线的方式实现的。在我国革命、建设和改革的进程中，我们党通过发动群众、武装群众、教育群众、引导群众等多种方式，使人民群众的政治参与积极性不断提高。其次，群众路线离不开党的领导，它已经成为党的生命线。其一，党作为新时代社会主义经济建设的领导核心，团结带领全国各族人民实现了经济的快速发展，为社会主义的继续发展奠定了物质基础，为实现公平正义提供了前提条件。其二，完善党员干部直接联系群众制度。坚持问政于民、问需于民、问计于民，从人民群众的伟大实践中汲取智慧和力量。坚持实干富民、实干兴邦，勇于开拓，勇于担当，多干让人民满意的好事实事。其三，注重党的基层组织团结带领群众贯彻党的理论和路线方针、落实党的任务的战斗堡垒作用。基层组织在促进社会参与，发挥人民群众积极性、主动性、创造性方面具有先天优势，加强党的基层组织建设可以更好地深入群众内部了解群众所需，化解基层矛盾，构建和谐的群众关系。

基层组织是党的组织建设的根基性的战斗堡垒。2016 年 10 月 27 日，中国共产党第十八届中央委员会第六次全体会议通过的《中国共产党党内监督条例》第五章第三十五条明确提出，“党的基层组织应当发挥战斗堡垒作用，履行下列监督职责：（一）严格党的组织生活，开展批评和自我批评，监督党员切实履行义务，保障党员权利不受侵犯；（二）了解党员、群众对党的工作和党的领导干部的批评和意见，定期向上级党组织反映情况，提出意见和建议；（三）维护和执行党的纪律，发现党员、干部违反纪律问题及时教育或者处理，问题严重的应当向上级党组织报告”①。早在革命战争年代，毛泽东就在三湾改编中确立了支部建在连上的原则，我们党历来注重党的基层组织建设，只有坚持建设好基层组织，才能保证组织建设的健康、巩固与强大，使党成为为人民服务的排头兵、领路人，从根

① 中国共产党党内监督条例［M］. 北京：人民出版社，2016：18-19.

本上保障始终代表人民的利益。

三、作风建设标准

习近平总书记指出："作风建设永远在路上。"[①] 这提出了作风建设的长期性、艰巨性，其中所蕴含的道理是不证自明的。因为，"党的作风是党的形象，关系人心向背，关系党的生死存亡"[②]，党风是政党的作风，是一个政党内通过一定数量的组织和成员的活动反映出来的、相对稳定、具有一定倾向性和影响的行为方式，是一个政党在政治、思想、组织、工作、生活等各方面一贯表现出来的态度和行为，是一个政党的世界观的外在体现。习近平总书记不止一次地指出作风建设的重要性，他说："切实改进工作作风，密切联系群众，使我们党始终成为中国特色社会主义事业的坚强领导核心"，"工作作风上的问题绝对不是小事，如果不坚决纠正不良风气，任其发展下去，就会像一座无形的墙把我们党和人民群众隔开"[③]。同时他又提出："改进工作作风的任务非常繁重，中央八项规定是一个切入口和动员令"，而且"作风问题根本上是党性问题"，毕竟"党的作风是党的形象，是观察党群干群关系、人心向背的晴雨表。党的作风正，人民的心气顺，党和人民就能同甘共苦"[④]。党的十八大以来在新一届中央领导集体的领导下，我们党相继开展了一系列有关作风建设的活动，比如通过开展党的群众路线教育实践活动，将主要任务聚焦到作风建设上来，包括祛除不好的作风，集中解决形式主义、官僚主义、享乐主义和奢靡之风这"四风"问题[⑤]。在整治"四风"的基础上，习近平总书记提出了树立和发扬"三严三实"的好作风，即"既严以修身、严以用权、严以律己，又谋事要实、创业要实、做人要实"[⑥]。

---

① 习近平. 习近平谈治国理政［M］. 北京：外文出版社，2014：381.

② 中共中央宣传部. 习近平总书记系列重要讲话读本（2016 年版）［M］. 北京：学习出版社，2016：113.

③ 中共中央文献研究室. 习近平关于全面从严治党论述摘编［M］. 北京：中央文献出版社，2016：147，148.

④ 同③149，154，170.

⑤ 同①374.

⑥ 同①381.

（1）将整治“四风”作为作风建设的标准。第一个方面是形式主义方面，“主要是知行不一、不求实效，文山会海、花拳绣腿，贪图虚名、弄虚作假。有的不认真学习党的理论和做好工作所需要的知识，学了也是为应付场面，蜻蜓点水，浅尝辄止，不求甚解，无心也无力在实践中认真运用。有的习惯于以会议落实会议、以文件落实文件，热衷于造声势、出风头，把安排领导出场讲话、组织发新闻、上电视作为头等大事，最后工作却不了了之。有的抓工作不讲实效，不下功夫解决存在的矛盾和问题，难以给领导留下印象的事不做，形不成多大影响的事不做，工作汇报或年终总结看上去不漂亮的事不做，仪式一场接着一场，总结一份接着一份，评奖一个接着一个，最后都是‘客里空’。有的下基层调研走马观花，下去就是为了出镜头、露露脸，坐在车上转，隔着玻璃看，只看‘门面’和‘窗口’，不看‘后院’和‘角落’，群众说是‘调查研究隔层纸，政策执行隔座山’。有的明知报上来的是假情况、假数字、假典型，也听之任之，甚至通过挖空心思造假来粉饰太平”①。

第二个方面是官僚主义方面，“主要是脱离实际、脱离群众，高高在上、漠视现实，唯我独尊、自我膨胀。有的对实际情况不了解不关注，不愿深入困难艰苦地区，不愿帮助基层和群众解决实际问题，甚至不愿同基层和普通群众打交道，怕给自己添麻烦，工作上敷衍塞责、推诿扯皮、得过且过。有的不顾地方实际和群众意愿，喜欢拍脑袋决策、拍胸脯表态，盲目铺摊子、上项目，最后拍屁股走人，留下一堆后遗症。有的对上吹吹拍拍、曲意逢迎，对下吆五喝六、横眉竖目，门难进、脸难看、事难办，甚至不给钱不办事，收了钱乱办事。有的对待上级部署囫囵吞枣、断章取义，执行上级决定照本宣科、等因奉此，或者照猫画虎、生搬硬套，以前怎么做就怎么做，别人怎么做就怎么做，完全不顾本地本部门实际情况。有的官气十足、独断专行，老子天下第一，一切都要自己说了算，拒绝批评帮助，容不下他人，听不得不同意见”②。

第三个方面是享乐主义方面，“主要是精神懈怠、不思进取，追名逐

---

① 习近平. 习近平谈治国理政［M］. 北京：外文出版社，2014：368-369.

② 同①369.

利、贪图享受，讲究排场、玩风盛行。有的意志消沉、信念动摇，奉行及时行乐的人生哲学，‘今朝有酒今朝醉’，‘人生得意须尽欢’。有的追求物质享受，情趣低俗，玩物丧志，沉湎花天酒地，热衷灯红酒绿，纵情声色犬马。有的拈轻怕重，安于现状，不愿吃苦出力，满足于现有学识和见解，陶醉于已经取得的成绩，不立新目标，缺乏新动力，‘清茶报纸二郎腿，闲聊旁观混光阴’”①。

第四个方面是奢靡之风方面，“主要是铺张浪费、挥霍无度，大兴土木、节庆泛滥，生活奢华、骄奢淫逸，甚至以权谋私、腐化堕落。有的修建豪华气派的办公大楼，甚至占地上百亩、耗资几个亿，搞得富丽堂皇，吃喝玩乐一应俱全。有的热衷于造节办节，节庆泛滥成灾，动辄花费几百万、几千万，劳民伤财啊！有的热衷于个人享受，住房不厌其大其多，车子不厌其豪华，菜肴不厌其精美，穿戴讲究名牌，对超出规定的生活待遇安之若素，还总嫌不够。有的要求超规格接待，住高档酒店，吃山珍海味，喝美酒佳酿，觥筹交错之后还要‘意思意思’。有的兜里揣着价值不菲的会员卡、消费卡，在高档会馆里乐不思蜀，在高级运动场所流连忘返，在名山秀水间朝歌夜弦，在异国风情中醉生梦死，有的甚至到境外赌博场所挥金如土啊！有的作风不检点，甚至道德败坏、生活放荡，不以为耻、反以为荣”②。

(2) 将弘扬“三严三实”作为作风建设的标准。党员要自觉践行和倡导“三严三实”的作风，“既严以修身、严以用权、严以律己，又谋事要实、创业要实、做人要实。严以修身，就是要加强党性修养，坚定理想信念，提升道德境界，追求高尚情操，自觉远离低级趣味，自觉抵制歪风邪气。严以用权，就是要坚持用权为民，按规则、按制度行使权力，把权力关进制度的笼子里，任何时候都不搞特权、不以权谋私。严以律己，就是要心存敬畏、手握戒尺，慎独慎微、勤于自省，遵守党纪国法，做到为政清廉。谋事要实，就是要从实际出发谋划事业和工作，使点子、政策、方案符合实际情况、符合客观规律、符合科学精神，不好高骛远，不脱离实

---

①② 习近平. 习近平谈治国理政［M］. 北京：外文出版社，2014：370.

际。创业要实，就是要脚踏实地、真抓实干，敢于担当责任，勇于直面矛盾，善于解决问题，努力创造经得起实践、人民、历史检验的实绩。做人要实，就是要对党、对组织、对人民、对同志忠诚老实，做老实人、说老实话、干老实事，襟怀坦白，公道正派。要发扬钉钉子精神，保持力度、保持韧劲，善始善终、善作善成，不断取得作风建设新成效”①。

四、制度建设标准

实现全面从严治党常态化、制度化、科学化，其中一个重要的方面就是建立有效的制度。这是因为，在党内存在一些与党章党纪相对立的，以隐蔽性、实用性、排他性为特征的潜规则。这些潜规则的存在一方面挑战了党的正式制度的权威性与纯洁性，另一方面又损害了党内的团结与统一，导致一些小团伙利益集团出现，严重危害党的执政基础。党的十八大以来，习近平总书记提出了“把权力关进制度的笼子里”② 的重大论断，符合时代要求，顺应历史发展趋势，也是应对改革开放和全面深化改革中出现的一系列问题的有效策略。一个好的社会是我们通过制度而生活，制度是共同生活的模式化的方式，特别是多元主义能够更好地促进制度的发展与完善，因为多元主义可以为制度的发展提供足够的社会空间，可以吸收来自社会创造的资源，可以维护我们共同的价值③。制度特指能够影响到人类行为的规则或规范的组合。而制度化可以定义为制度形成、制度（价值）认同和制度践行的连续过程。制度化的衡量则主要可以从制度成型化（惯例化、成文化、法定化）、制度的认同和执行情况（价值认同和遵循）以及对反制度行为的处罚等几个方面进行。“当制度化开始时，我们可以观察到一个质的飞跃。制度化，实际上是组织体现其创建者们的价值和目标的过程。”④ 全面从严治党常态化、制度化、科学化离不开一定的制度环境，确立制度建设的标准势在必行。

---

① 习近平．习近平谈治国理政［M］．北京：外文出版社，2014：381-382.

② 同①381.

③ 艾伯利．市民社会基础读本：美国市民社会讨论经典文选［M］．北京：商务印书馆，2012：178-179.

④ 帕尼比昂科．政党：组织与权力［M］．上海：上海人民出版社，2013：61.

第一，用制度建党管党的标准。习近平总书记指出："我们党抓党的建设，很重要的一条经验就是要不断总结我们党长期以来形成的历史经验和成功做法，并结合新的形势任务和实践要求加以创新。"① 善于总结，及时总结，在从严治党之路上，总结"哪些可以进一步完善并上升为制度规定，以党内法规的形式固化下来；哪些需要结合新的情况继续深化"②，从而保障制度始终成为治党的重要的规范性来源。追溯有关党的制度建设的历史，从最早关于党的章程的规定到后来形成一系列党的系统性规范性文件，都为巩固和改善党自身的管理能力和自我约束能力做出了卓越的贡献。在新的历史时期，在走向中华民族伟大复兴的关键时刻，党中央勇于担当制定了《关于新形势下党内政治生活的若干准则》和《中国共产党党内监督条例》，为保障党的建设新的伟大工程顺利进行打下了坚实的制度之基。《关于新形势下党内政治生活的若干准则》从坚定理想信念、坚持党的基本路线、坚决维护中央权威、严明党的政治纪律、保持党同人民群众的血肉联系、坚持民主集中制原则、发扬党内民主和保障党员权利、坚持正确选人用人导向、严格党的组织生活制度、开展批评和自我批评、加强对权力运行的制约和监督、保持清正廉洁的政治本色等方面，从准则与制度的高度规定了各级党政机关如何坚守党员之责、坚守党员之本，履行党员义务，积极参与社会主义建设。《中国共产党党内监督条例》则注重强化了党内监督的制度建设问题，为提升全面从严治党常态化、制度化、科学化水平提供了制度支撑和保障，"党内监督没有禁区、没有例外"，"党内监督必须把纪律挺在前面，运用监督执纪'四种形态'，经常开展批评和自我批评、约谈函询，让'红红脸、出出汗'成为常态"，并明确了从党中央、党委（党组）、党的纪律监察委员会到党的基层组织和党员的党内监督和外部监督相结合的等各层级、各领域、各方面的监督原则与规范问题，为实现制度性管党提供了执行标准。

第二，执政理政制度化的标准。习近平总书记在首都各界纪念现行宪法公布施行 30 周年大会上的讲话中指出："各级党组织和党员领导干部要

①② 中共中央文献研究室．习近平关于全面从严治党论述摘编［M］．北京：中央文献出版社，2016：15.

带头厉行法治，不断提高依法执政能力和水平，不断推进各项治国理政活动的制度化、法律化。”①全面从严治党常态化、制度化、科学化的一个重要方面就是提升和加强执政理政制度化的能力，依照执政理政制度化的标准就是按照依法治国的要求，广大党员干部成为守法用法的模范，不断推进中国法治进程。

第三，严守制度底线的标准。“我们要健全权力运行制约和监督体系，有权必有责，用权受监督，失职要问责，违法要追究，保证人民赋予的权力始终用来为人民谋利益。”② 作为底线思维的制度标准，从根本上规定了不能触碰的底线，一旦违反就要受到党纪国法的严惩与制裁，受到人民的谴责。严守制度底线的标准，就是自觉接受人民群众的监督，让权力在阳光下运行，把权力关进制度的笼子里，从而保证党的制度建设走向科学化、民主化、机制化，将全面从严治党落到实处。

五、廉政建设标准

习近平总书记明确提出：“反对腐败、建设廉洁政治，保持党的肌体健康，始终是我们党一贯坚持的鲜明政治立场。”③ 全面从严治党常态化、制度化、科学化必须要有明确的廉政建设标准，保证廉政建设能够按照既定的目的，切实地贯彻与落实下去，廉政建设关系到全面从严治党常态化、制度化、科学化能否实现，同时也是党风廉政建设的重要载体，建立有效的廉政建设标准，应该着重从以下几点出发：

首先，明确构建廉政建设标准的原则。主要包括：系统性原则，是指廉政建设标准体系符合党风廉政建设的基本要求，涵盖党风廉政建设的各个方面，并注重各个方面的彼此联系；可操作性原则，是指标准的选择要简单、实用，在实际操作中简便易行，并且各项标准都要为社会公众所熟知，指标信息易于获取；客观性原则，是指既是一种主观认知，也是一种可以量化的客观存在，廉政建设的标准要符合全面从严治党常态化、制度

①② 习近平. 习近平谈治国理政［M］. 北京：外文出版社，2014：142.

③ 中共中央文献研究室. 十八大以来重要文献选编：上［M］. 北京：中央文献出版社，2014：81.

化、科学化的客观要求；公正性原则，是指在全面从严治党常态化、制度化、科学化过程中要尊重不同主体、不同地方的差异，标准选择要具有普遍性、可比性，在进行标准测评与衡量时能够保证有效性和可接受性；导向性原则，是指借助于廉政建设，及时总结各地的党风廉政建设以及反腐败斗争、建设廉洁政治的经验，推动全面从严治党常态化、制度化、科学化走向深入，走向日常。

其次，建立廉政建设标准的指标类型，明确廉政建设的指标结构。主要包括结构性指标、功能性指标和关联性指标。结构性指标又称基础性指标，主要是指廉政建设的硬件设施和软件基础。硬件设施是指可见的、可度量的实体，如人、财、物等；软件基础是指不可见的、不可具体度量的指标，比如组织机构、规则规章以及运行机制等。功能性指标又称效益性指标，主要包括廉洁程度及廉政的收益状况。在具体的廉政建设中主要体现在日常的评价体系中，比如各级党组织在党章党纪指导下制定的符合本部门实际的廉洁自律的条文规则。关联性指标又称外部性指标，主要包括影响廉政建设状况的外部环境以及体制和政策性因素等。

最后，廉政建设标准重在建成廉政建设的惩治与预防腐败体系。“要继续全面推进惩治和预防腐败体系建设。要加强反腐倡廉教育和廉政文化建设”，同时，“要从源头上有效防治腐败，加强对典型案例的剖析，从中找出规律性的东西，深化腐败问题多发领域和环节的改革，最大限度减少体制障碍和制度漏洞”①。

六、发展经济和改善民生标准

习近平总书记在十八届中共中央政治局常委同中外记者见面时强调：“我们的责任，就是要团结带领全党全国各族人民，接过历史的接力棒，继续为实现中华民族伟大复兴而努力奋斗，使中华民族更加坚强有力地自立于世界民族之林，为人类作出新的更大的贡献。”同时，“我们的人民热爱生活，期盼有更好的教育、更稳定的工作、更满意的收入、更可靠的社

① 中共中央文献研究室. 十八大以来重要文献选编：上［M］. 北京：中央文献出版社，2014：135，136.

会保障、更高水平的医疗卫生服务、更舒适的居住条件、更优美的环境，期盼孩子们能成长得更好、工作得更好、生活得更好。人民对美好生活的向往，就是我们的奋斗目标”。为了实现人民这一朴素的生活理想，把人民对美好生活的向往落实到实现中华民族伟大复兴这一具有战略性的长期规划中，党中央立足当下、放眼未来、齐心聚力，共谋全面深化改革，创新发展新篇章，贯彻落实五大新发展理念，即创新、协调、绿色、开放、共享。在发展经济、改善民生上下足了力气，同时又提出了新的时代要求，就是要求广大党员干部按照发展经济、改善民生的标准，在实际中落实全面从严治党常态化、制度化、科学化。

（1）五大新发展理念的标准。坚持创新发展，就是把创新摆在国家发展全局的核心位置，解决发展动力问题。坚持协调发展，就是实现辩证发展、系统发展、整体发展，解决发展不平衡的问题。坚持绿色发展，就是在中国发起一次生态革命，解决人与自然和谐发展的问题。坚持开放发展，就是深度融入世界经济，积极参与全球经济治理，解决发展内外联动问题。坚持共享发展，就是着力增进人民福祉，增强获得感，解决社会公平正义问题。五大新发展理念相互贯通、相互促进，是具有内在联系的集合体。只有按照五大新发展理念的标准才能有效地保障发展经济、改善民生真切可行、落到实处。在全面从严治党常态化、制度化、科学化的过程中，要解决的经济发展问题和民生改善问题，这是同一个问题，只有经济上去了，物质基础牢固了，才能有能力、有财力为改善民生提供稳固的持续的财力支撑。在具体的指标制定中，一是要坚持推动相对贫困地区加快致富、加快发展，要因人因地施政，提高政策的有效性。把相关的政策落到实处，按照全面从严治党的要求，广大党员干部要起到带头作用，发挥聪明才智。改善相对贫困地区的基础设施，提高相对贫困地区的教育质量，有效利用资金，做到有效发展。二是应该坚持为建设美丽中国创造更好的生态条件。在努力走向社会主义生态文明新时代，为子孙后代留下天蓝、地绿、水清的生产生活环境的过程中，要注重绿色 GDP 所占的比重，按照坚持节约资源和保护环境的基本国策，加快建设主体功能区，推动低碳循环发展，全面节约和高效利用资源，加大环境治理力度，构筑生态安全屏障等要求，提升广大党员干部的生态治理水平。全面从严治党常态化、制度化、科学化，就是要从这些方面的标准出发，看广大党员干部是否在发展经济、改善民生上做到了与时俱进、实事求是、科学发展。

（2）促进经济健康发展的标准。要保障“经济增长必须是实实在在和没有水分的增长”①。这要求我们在发展经济的过程中不能仅仅追求数据的增长，更要注重经济发展的结构，通过协调经济结构内部的平衡，实现经济的稳定健康增长。“一是要保持经济增长，继续实施积极的财政政策和稳健的货币政策，增强经济增长的内生活力和动力，增长必须是实实在在和没有水分的增长，是有效益、有质量、可持续的增长。二是要加强和巩固农业基础地位，加大对农业的支持力度，加强和完善强农惠农富农政策，加快发展现代农业，确保国家粮食和重要农产品有效供给。三是要推动结构调整取得明显进展，在稳定外需的同时努力扩大内需，加大产业结构调整升级力度，稳步推进城镇化健康发展。四是要坚持社会主义市场经济改革方向，搞好顶层设计，及时推出一些有针对性的改革措施，坚持整体渐进和局部突破相结合，大胆探索，务求实效。五是要大力保障和改善民生，重点保障低收入群众基本生活，做好高校大学生生活困难补助，注重稳定和扩大就业，加强城乡社会保障体系建设，引导群众树立通过勤劳致富改善生活的信念，从而使改善民生既是党和政府工作的方向，又成为广大人民群众自身奋斗的目标”②。

（3）改善民生的标准。一是增加公共服务。要坚持普惠性、保基本、均等化、可持续方向，从解决人民群众最关心最直接最现实的利益问题入手，按照全面从严治党常态化、制度化、科学化要求，增强在党的领导下的政府职责，提高公共服务共建能力和共享水平。同时，创新公共服务提供方式，利用好有关社会资本的参与，并加强监督。二是提高教育质量。习近平总书记指出：“教育是人类传承文明和知识、培养年轻一代、创造

① 习近平．习近平谈治国理政［M］．北京：外文出版社，2014：111.

② 同①112.

美好生活的根本途径。”① 地方各级党委和政府要在中央的统一领导下合理有效地配置教育资源，发展教育事业，促进教育公平。三是有效促进社会就业。各级党政机关应该注重提供有效的就业平台，支持就业形态多样化发展，为就业提供有效的政策保障措施，维护好就业人员的相关权益，完善就业失业的统计指标体系。四是建立更加公平更可持续的社会保障制度。社会保障是保障人民生活的一项基本制度，完善的社会保障体系可以有效提升人民的安全感、幸福感，增强国家认同感。

第二节　全面从严治党常态化制度化科学化水平评估方法

如何考察、了解、把握全面从严治党常态化、制度化、科学化水平，需要有正确的、合适的、容易掌握的、切实可行的、与实际发展相符合的评估方法。党在长期的革命、建设与改革中形成了与自身发展实际相适应的一系列方法，毛泽东曾提出“到群众中作实际调查去”② 的号召，为我们探索评估方法指明了方向，我们党的所有调查与研究以及评估方法都是围绕密切联系群众开展的。评估，亦称评价，是指对一个政策方针、一个制度性的体系、一个方案举措的实施情况进行评价，以期做出调整、改进和完善，取得更好的效果。评估具有时限性、系统性、规范性、科学性、学习性等特点③。评估自身就具有较强的理论性和实践性，其理论性涉及一定的价值评估，也就是评估的立足点，即坚持什么价值属性的原则问题，进而衍生出评估理论性的几个层次，主要包括评估的目标、价值、体系等方面；评估的实践性包括评估的技术、方法、对象、主体、方式等方面，它们之间的相互组合构成具有实践特性的运行体系，人们可以有效地

---

① 习近平. 习近平谈治国理政［M］. 北京：外文出版社，2014：191.

② 毛泽东选集：第1卷［M］. 2版. 北京：人民出版社，1991：116.

③ 邓国胜. 非营利组织评估［M］. 北京：社会科学文献出版社，2001：7-8.

运用评估，使得评估的构建和分析实现其预定的目标，保障评估实现透明化、制度化，取得预期的评估效果。全面从严治党常态化、制度化、科学化水平评估方法是在全面从严治党过程中结合历史与现实，同时借鉴其他学科的应用方法而确立的，这样可以有效保障全面从严治党常态化、制度化、科学化水平评估方法是科学的、客观的、有效的。比如，有的研究者把政策评估看作一个动态过程："是指按照一定的客观标准，对实施中或实施以后的政策效益、效率、效果等进行评估，确定公共政策实施后是否达到预期目标、达到的程度如何、对社会生活带来哪些影响（正面影响或负面影响）等，以此来判断公共政策方案本身的优劣、政策执行中的效率，根据此评估结果来决定地方政府政策延续、调整、废止、替代等措施。"① 有的学者在其著作中指出，"社会评估为研究、计划和管理由政策和工程实施而产生的变迁提供了一种方法"②。他们从方法角度认为社会评估是一种方法，这种方法的应用是为了保障有效的社会决策的实现。有的学者从公共政策的角度论述了政策评估："我们将公共政策界定为对一项行动的政治上的决议，目的在于解决或缓和那些政治日程上的问题，如经济、社会、环境等问题。"③ 有的研究者则着重研究了评估的种类，大致包括需求评估、可评估性评估、过程评估、结果评估、效率评估等④。有的学者从定性评估的实践角度出发，指出："评估现场背景中复杂的、多元的需求产生了多种多样的指导实践的框架，并引发了它们之间的对话。事实上，今天的评估专家以其辩证的、对话的气质，以其对理解的多种形式和多个层次的开放性，以其对理解背景需求的反应而显著，而不是他对某一基本原理或方法的坚持。"⑤ 这里举出有关评估问题的相关事例，是为了让我们明白全面从严治党常态化、制度化、科学化水平评估方法是适应时

---

① 董幼鸿. 我国地方政府政策评估制度化建设研究［M］. 上海：上海人民出版社，2012：29-30.

② 泰勒，布莱恩，古德里奇. 社会评估：理论、过程与技术［M］. 重庆：重庆大学出版社，2009：1.

③ 费希尔. 公共政策评估［M］. 北京：中国人民大学出版社，2003：3.

④ 纽金特，西帕特，赫德森. 21世纪评估实务［M］. 北京：中国人民大学出版社，2006：27-29.

⑤ 邓津，林肯. 定性研究：第4卷［M］. 重庆：重庆大学出版社，2007：1056.

代发展，同时结合我国国情及全面从严治党的实际而确定的。全面从严治党常态化、制度化、科学化水平评估方法又具有与其他公共政策评估、社会评估不同的特点，主要是因为全面从严治党常态化、制度化、科学化的性质决定了其方法也具有自身的特点。在实践中我们总结和提炼了单位自评与组织考评相结合、定期考评和不定期考评相结合、组织评估和群众评估相结合等具有便捷、高效、可操作性、可运用性、普及性等特点的评估方法。

一、单位自评与组织考评相结合

为保障全面从严治党常态化、制度化、科学化的实现，需要在全面从严治党的过程中，有效运用单位自评与组织考评相结合的评估方法。单位自评，是指拥有党支部、党委（党组）的党的各级组织，依据本单位实际情况，以党的大政方针政策为指导，坚守党章党纪，坚持全面从严治党等原则，运用马克思主义社会科学方法，为本单位自评设定评估目标和标准、开展评估、反馈评估结果的过程。考评是组织管理的基本手段和实现组织目标的保障条件。所谓组织考评是指党的各级组织按照从上到下的考查顺序，由党的组织考核部门制定统一的原则和量化标准而形成的考评体系，即考评过程与环节及其关联主体构成的系统，涵盖理论体系、组织体系、技术体系、法规（依据）体系、制度机制、信息系统等内容。构建导向清晰、科学合理、操作可行的组织考评体系并实现法制化，有利于党的依法理政管理能力的提升，团结一切可以团结的力量，对于提高党的领导能力与效率，优化保持党的正面形象，推进依法治国、治党、理政，以及完善国家治理体系和治理能力现代化具有重大的现实意义和价值。

单位自评，一般是为了保证单位更好地落实工作主体责任，是单位进行积极自查的重要措施。但是在实际中单位自评也存在一些问题：一是互相推卸责任的推诿心态。有些人在自评上以消极心态应对，不积极主动履行自评的责任，总是以多一事不如少一事的心态消极工作。二是自扫门前雪的心态。很多单位内部自评中各职能部门都是立足自己部门的事务，而不能从单位自评的整体性出发实现有效自评，导致自评结果没有达到预期目的。三是遮丑心态，应该说批评和自我批评是我党一以贯之的优良作风，“红红脸、出出汗”，敢于揭示单位自身出现的问题，也是单位自评题中应有之义，事实上很多单位自评都不敢正视问题，总是遮遮掩掩，回避问题，这种遮丑心态阻碍了自评的有效进行。四是鸵鸟心态。有的单位在自评中发现一些严重违规行为，但碍于整改难度大，担心追责得罪人，索性以“其他单位也是如此”为借口，熟视无睹、见怪不怪。五是雷声大雨点小的心态。一些单位信誓旦旦要搞好自评工作，虽有做好自评工作的满腔热情，却缺少“金刚钻”，缺少持之以恒的决心和担当精神，最后往往是不会查、干瞪眼，查不出、空抓瞎，陷入有心无力的茫然尴尬，最后不了了之。

为了保证单位自评的有效进行，自评过程中应该注意以下几个方面：一是单位自评全覆盖。单位自评应该坚持在单位内部的全覆盖，通过确立评估的原则与量化的指标，注重原则不动摇、程序不简化，有理有据有节地进行自评。一定时期一段时间内要按照组织部门的有关要求，推动单位自行组织对自身问题开展主题性自评，扩展自评的范围，以问题为导向，形成“全面覆盖、重点自评”的新机制，为实现全面从严治党常态化、制度化、科学化打下基础。二是突出自评全过程管理与监督。一定要对单位自评的全过程进行有效的管理，制定相关的单位自评规范，拓宽自评的内容范围，注重自评全过程要符合党章党纪。要对自评过程进行有效的监督，预防自评过程出现过多的人为因素的干预，以免不能有效地反映自评全过程的完成情况，同时又损害了自评过程所要达到的目标，所以在自评过程中，要坚持全面反映自评目标管理、运行跟踪、自评评价及结果应用全过程。三是设置单位自评的否定性指标。单位自评应该设置否定性自评指标，这是为了杜绝在自评过程中出现影响自评纯洁性的隐形规则，从而保证自评的有效进行，加强对自评的硬约束，减少自评随意性。四是设立自评的可持续性指标。单位自评应该着眼于以人为本，建设生态政治圈，设立可持续性指标，从单位发展和管理创新两个角度反映可持续性，其一可通过可持续性指标反映自评的情况，保证自评的科学化、机制化、常态化，提出有利于单位下一步发展的建议；其二可通过自评组织工作情况推动单位在管理创新上重视自评工作，及时提供自评材料，积极配合现场核查，确保自评工作质量。

组织考评，是指以组织部门为核心，由一组或由成套特定编组组成既独立又互相关联并能完整表达考评要求的有机联系体系。在我国现阶段，在全面从严治党的过程中，对各级党政组织及其人员进行有效的管理、控制、激励，需要借助诸如考核、评价、检查、表彰等形式，形成约束性较强的考核和评价体系，也就是通过组织考评手段实现有效的监督管理。“考核”和“评价”，简称“考评”，适用于组织内部的部门或个人。“考”指的是考核，“评”指的是评价与评估。组织考评即以组织的名义施行对其内部机构、组成人员的定期与不定期的考评。组织考评是核查组织是否完成了组织所计划的工作任务，是否按照规划的指标达到了既定的考核标准。通过对组织定期与不定期地进行考评，可以发现组织本身存在的问题，即可以发现哪些方面做得好，哪些方面做得不好，为组织进一步发展提供改进的建议，实现自我纠偏，为组织更好地发展提供经验论证。

组织考评必须借助科学的、机制化的管理手段，即在实施过程中运用科学的方法、标准和程序，对组织自身做出尽可能准确的考评结论，并在此基础上根据考评的结果，对组织科学化、机制化的管理进行改进，提升组织考评的功效。组织考评既是一个过程，也是一个系统，它包括组织考评中考核指标的设定、考评过程中的监控与指导、考评指标的考核、考评结果的评价、考评结果的反馈面谈、考评结果的运用以及对考评中出现的不良诱因的处理等。在组织考评过程中，应该注重以下几个阶段：一是制订考评目标和考评计划。这一阶段主要是把组织的整体战略目标与部门和组织成员个体的工作指标相联系，确定个体考评的具体指标和行为，即哪些是值得倡导的行为，哪些是禁止的行为，按照整治“四风”和倡导“三严三实”的要求，拟定组织考评标准，在这一过程中也要注重组织内部人员对制订的考评目标和考评计划的认同与承诺。这一阶段需要将组织的整体战略目标分解到部门、团队，最后具体到个人。对个人的工作指标关注结果和行为两个方面。因此在组织考评中必须注重从个人的实际出发制订考评目标和考评计划，不要脱离实际。二是过程监控和辅导。组织考评在围绕考评目标和计划开展工作的过程中，应当对组织内的部门以及人员进行监控和指导。通过对工作进展情况的监督与分析，及时发现存在的问题，帮助组织内的人员排除所遇到的障碍，对其进行必要的业务指导并及时调整目标。三是考评结果评价。有的组织考评能够达到预期效果，而有的组织考评却并未实现预期目标，这值得深思，是什么原因造成的，是工作态度有问题，是专业知识技能有问题，或是工作经验有问题，还是其他什么问题。通过在考评过程中发现问题并找到问题，为组织考评工作提供借鉴。四是考评结果反馈面谈。应该说组织考评必须对结果进行反馈面谈，这是促进组织上下级之间互动沟通的必要途径之一，也是了解各级组织的一种常规方法和手段。五是考评结果的运用。考评结果不是僵死的，也不只是为了完成任务而得出的，它需要在新的组织考评中进行运用，以不断提升组织的竞争力以及为人民服务的水平，同时促进组织内部个人的成长与发展。全面从严治党常态化、制度化、科学化过程中运用组织考评就是为了选拔德才兼备的干部和优秀人员，为社会主义事业选贤任能，同时清除党内的污染源，为营造风清气正廉洁清明的政治生态打下基础，这是组织考评的重要作用。

总之，单位自评与组织考评相结合，统一于考评的从上到下、从内到外、由表及里的过程中，二者要综合运用，不可偏废，只有这样才能保证考评的公开、公正、公平，全面从严治党的常态化、制度化、科学化水平的提升也就有了可能。

二、定期考评和不定期考评相结合

定期考评，又叫“阶段考评”，是在全面从严治党过程中对广大党员干部进行考评的一种类型。定期考评指按照一定的时间和既定的项目，对广大党员干部进行考评，可分为月考、季考、期考（数月或半年举行一次）、年考、总考（按照任期年限或者换届年限规定举行一次）等。定期考评的优点是考评有针对性和连续性，缺点是被考评者有可能临时突击或弄虚作假。在定期考评实施的过程中要严格定期考评的程序，主要包括民主测评、民意调查、个别谈话、工作实绩分析、综合评估、评估结果反馈等几个紧密相连的环节。在全面从严治党过程中，应该按照全面从严治党的要求，同时结合实际情况制订定期考评方案。定期考评方案一般包括制订方案的依据、方案的指导思想和基本原则、考评内容及指标体系、考评的程序和运作方法、考评结果的运用等。

全面从严治党常态化、制度化、科学化，就是要求加强对广大党员以及领导干部的定期考评，不但要考核他们在一段时间内的工作业绩和工作影响，同时还要着眼于他们的行为及行为的结果，严格按照定期考评设立的统一的标准，全面准确、有效、客观公正地进行评价。要用发展的眼光评价他们的作为，评价时不能故步自封、带有主观偏见，应立足于一时一事，看其整个过程和全部工作。参加考评的人员要从实际出发，实事求是，不能主观臆断、感情用事，不因被考评人地位、职务、背景的不同而区别对待，做到考评面前人人平等，公平合理地评价每一个人，真正把考评工作切实做好。

不定期考评，是与定期考评相对应的一种考评方法，同样也是在全面从严治党过程中对广大党员干部进行考评的一种类型。不定期考评一般是因为工作需要或党的组织认为有必要对广大党员干部及时考评而采取的一种方式。这种考评没有时间的规定，考评项目也根据考评目的而定。其优点就是考评有针对性。

全面从严治党常态化、制度化、科学化，就是要求在不定期考评中，加大日常考核力度。这是因为不定期考评可以为定期考评积累材料，提供情况，有助于全面、历史、客观地评价干部。因此，要加强对领导干部的不定期考评，比如在实际操作过程中，积极实行干部表现登记卡制度，按德、能、勤、绩、廉等内容，由领导干部本人如实填写。通过不定期考评可以及时地了解相关党员干部的工作实绩，建立不定期考评的工作实录，这就为年终总结和定期考评提供了日常的评价依据。同时，要投入足够的精力加强对领导干部的不定期考评，参与考评的人员本着负责的精神，每年要保证有足够的时间深入基层了解情况。要及时收集新闻媒介、纪检监察、信访等部门的信息和反馈，以及在群众中的影响和评价，有效地实施对领导干部的日常考核，为定期考核奠定良好的基础。

在全面从严治党常态化、制度化、科学化过程中，无论是定期考评还是不定期考评，都要坚持落实考评主体责任制。按照谁是考评主体谁应该负责的原则，强化责任措施，狠抓责任落实，把考评工作质量、实效作为衡量考评人员素质及工作表现的重要标准，对在工作中不认真、不细致、不实事求是，在考评中有失误或隐瞒问题的考核人员，应追究责任，情节严重的应予以相应的纪律处分。同时应奖励那些积极参与考评，为党的自身壮大提供优良人才的考评者。

三、组织评估和群众评估相结合

所谓组织评估，从狭义上说，是指一定组织实施评估的程序，以及评估实施中的制度和组织建设，其中制度和组织建设是组织评估设施的基础和保证。从广义上说，组织评估不仅包括评估实施的机构、程序，以及实施中相关的制度和组织建设，还包括评估实施的方法以及评估中如何进行组织面对的评估变量的调控等内容。我们所说的组织评估一般是指狭义上的组织评估，也就是指一定组织对于组织内部或与组织有关联的组成人员、构成部分在一定时期内的工作成绩、工作作风、工作实效、工作带来的社会影响等进行系统化的评估，该评估不是为了评估而评估，而是为了提升组织自身的能力或督促其成员提升自身的素质与能力。组织评估实施不是为了满足纯粹的认识需求，而是为了评估过程可以实现透明化、公开化，并且可以实现评估预期所能带来的效果，组织评估的目标也就有了如下可能：例如将评估的过程设计得更有效、使评估中的投入能够实现持续性的发展。全面从严治党常态化、制度化、科学化离不开组织评估，它可以改进全面从严治党多方面的指标体系，使评估对象更好地为人民服务。

组织评估首先要解决的不是组织评估的评价标准，更重要的是要回答为何要进行评估（评估应有哪些功能）、评估要完成哪些任务、如何进行评估以及谁来进行评估这四个问题。组织评估就是从组织内部的视角，强调内部流程和程序的设立和优化过程，并在执行层面加以监察和控制。

"组织内部评估的好处是评估能迅速并且以最小的消耗完成，而且评估者通常掌握许多实际情况，评估结果也能直接得以利用。"① 在全面从严治党常态化、制度化、科学化过程中出现一些不良现象，如组织涣散、组织不团结、对抗上级组织等，并不是因为没有良好的制度，只是因为没有贯彻执行所有的政策和流程，比如没有按照党纪党规的要求从事自身建设，从而使得组织在一定时期内陷于艰难的局面。组织评估不仅要看成效，也要通过监察流程和相关评估报告，推动组织实现整体素质的提高。但是组织评估自身也存在缺点，组织会因循自身经验性、利益性的需要，导致在评估过程中导向其希望的评估结果，也就不能实事求是地运用评估方法，这种评估缺少必要的独立性以及必要的距离，受到组织自身的影响，从而会忽略其他更好的选择。这就需要通过外部评估（仅仅对于组织自身而言，这里的外部是为了更有效地解决全面从严治党过程中多方面的评价而建立的一种有效中介，因为所有的评估在实践中都是为了实现为人民服务，为了密切联系群众，也可以把群众当作一种外部评估）也就是群众评估来实现。

群众评估，是指在评估过程中充分发挥群众的参与性、主动性，综合来自群众的各方面意见、评价与建议。它是提升群众政治素质、社会参与素质、提升自治能力的一条重要途径，众所周知，全面从严治党就是为了保障党同人民群众的血肉联系，群众路线也是我们党长期坚持的一条工作路线，团结群众是不能放弃的一条重要原则与标准。

群众评估，是实现评估公开化、透明化的重要环节。有效评估可以充分发挥其沟通、监督能力。全面从严治党就是要根治一切阻碍同群众相沟通的机制、不良因素、人为障碍，群众评估可以有效实现评估公开化，扩大群众参与的领域，民情上达有了有效的路径，可以避免个别弄虚作假者不顾群众的意见，而仅仅从自身利益出发，左右评估结果。群众评估的透明化更进一步强化了过程的对外公开、操作的清晰可见，防止暗箱操作，便于取得群众信任，方便群众监督，为进一步实现科学化、制度化、规范

① 施托克曼. 非营利机构的评估与质量改进：效果导向质量管理之基础［M］. 北京：中国社会科学出版社，2008：73.

化提供有效的建议和经验，便于总结经验与教训。

群众评估，是实现持续评估的重要环节。评估不是一次性的单向运动，而是一个螺旋式上升的过程，前一阶段的群众评估是后一阶段群众评估的前提，是实现评估监测与控制的环节。按照系统理论的要求，监测可以在整个系统、一个政策领域、一个项目或单个干预措施层面展开，它可以有效地展现评估所带来的效果。从整个社会层面来看，群众评估就是为了实现和谐社会的建设，保障在全面从严治党的过程中，广大人民群众的意见可以及时被决策层了解，各项方针政策也能更好地被基层群众理解。从过程角度出发，群众评估有利于控制一些不良诱因。群众评估有利于发挥群众的主动性、参与性，为进一步改善党群关系奠定基础。

综上所述，组织评估与群众评估相结合才是科学有效的评估，这两者不可偏废，应该统一在全面从严治党的过程中，只有这样才能保证评估的科学化，提升评估的水平，保证我们的党组织扎根于广大人民群众之中，保持强大的生命力。

第三节　全面从严治党常态化制度化科学化水平评估程序

一、民主测评

民主测评，包括书面方式测评、个别谈话测评等方式，是党委、党组及其组织、人事部门考察干部时，在一定范围内了解干部群众对考察对象评价意见的一种方法。民主测评法要求被考核的广大党员干部就自己所处的地位或担任的职务，先述职并做出自我评价，由党的组织安排的每个考评人员根据自己的判断填写测评表或调查表，最后算出每个被考核者得分的平均值，借以确定被考核者的绩效档次。考评人员可以是主管领导、组织部门的考评小组，也可以包括被考评者的一定数量的同事以及与其发生工作联系的其他人员。

民主测评法一般采用问卷进行。即由评价者事先设计问卷，按考核的项目设计问题；再由相关知情者以书面或口头方式回答；最后进行统计整理。对考察对象的评估，通常按德、能、勤、绩等四个方面设计项目，并按优秀、良好、合格、不合格分等级做出评价，或者直接对考察对象做出优秀、称职、基本称职或者不称职的评价。参加测评人员的范围参照《党政领导干部选拔任用工作条例》规定的个别谈话和征求意见的范围确定。民主测评工作的一般步骤包括：制定测评方案、列出评价项目和评价等级、召开会议进行测评、汇总分析测评结果。

下面我们通过一则事例来综合评价民主测评。

2015 年 2 月《中国青年报》报道，为加强机关作风建设，提升机关效能，进一步激发干部干事创业活力，A 县于 2014 年 12 月组织 500 多名各界代表对 158 名县直机关的股长进行满意度民主测评。而测评结果排名最后 5 位的股室负责人及其单位领导，面临着调离免职的处分。

旨在打开权力“中梗阻”的民主测评，让人欢喜让人忧。喜的是主政官员对中层干部作风问题的重视程度加大了，忧的是单靠一次打分就判定部门政绩甚至决定干部个人前途的民主测评，真的民主吗？

首先，500 多名来自各界的代表，乍一看可谓人数众多，来源广泛。可是细想一下，在参与民主测评的各界代表中，真正跟被测评者的岗位有过接触的或许不会超过五分之一。这些人中有多少是真正和这些部门打过交道办过事的？有多少是戴着有色眼镜打分的？有多少是怀着“你好、我好、大家好”的心态参与测评的？这样打出来的分数难免失之偏颇，恐怕不能服众。

其实，2014 年 10 月，A 县纪委牵头，组织县直有关部门进行了为期半个月的调研。超过三成的受访者对县直中层干部的履职情况表示不满。这说明公众对于干部的日常工作还是颇有微词的，既然有意见，领导干部就要及时发现、及时解决。如果把问题攒到年底，来个“大锅烩”，“一评主浮沉”的话，总让人感觉少了点儿民主的味道。

对于窗口性质的部门，如果能在每次办完业务后为公众提供打分的系统，让大家及时反馈满意度及意见建议，如此一来，就将测评工作真正落实到日常工作中来，避免了一些人“没接触过”就打分的情况，也保证了测评分数的公平公正。

对于是否存在企业业主打击报复干部的情况，我们无从考证，但是要避免越管分越低情况的出现，尤其是工作不能取得立竿见影的效果，若是从细化量化指标上着手，就会减少人为因素的干扰。这样得出的测评结果，才是真正地用事实说话，那些勤政为民的好干部也就不会“蒙冤”。

退一步讲，姑且将这一测评结果民主与否搁置一边，单从民主测评这一机制来说，公务员的任免要依据《中华人民共和国公务员法》《行政机关公务员处分条例》及相关文件，免职要有当事人违法违纪或者工作失误造成重大损失的确凿证据。

当然，A 县政府的这一举动，让那些平日里“懒政”的官员心头为之一颤，有一定的震慑功效，可是，创新的工作方法需要谨慎严明的依据做支撑，才能让民主测评名副其实。

通过上述事例，我们看到在民主测评中，必须要明确什么是民主、是否存在环境因素的影响，以及思考应该如何看待测评的主观因素。

其一，探索建立民主测评的科学制度和机制。要高度重视内在制度资源的发掘、重塑及外在制度资源的借鉴、消化，逐步建立起民主推荐、测评的范围、程序和结果确认制度，将民主精神和民主技术运用于识人、选人、用人、管人的全过程，使民主在干部工作中真正运转起来。在具体操作上，要建立领导干部职位职责规范，形成各类干部职位职务标准体系，及时公布班子配备、职位空缺情况和拟推荐职位说明书；要规范调整动议、制定方案、发布公告、组织报名、资格审查、确定推荐人员范围、民主推荐和推荐统计分析等基本程序；要把定期考评、抽样考评、全面考评和重点考评结合起来，弱化利益动机影响，使干部的推荐、测评工作保持常态，规范有序；要对干部选用的整个过程，包括干部实绩、干部提名、测评评议、考察情况、选任结果等，通过多种形式的综合运用，酌情在更大范围内公开；要根据推荐、测评对象的不同情况提前向参与推荐、测评的主体预告相关内容，认真研究如何提供干部名册，规范提供测评对象的书面述职材料等工作信息，保证民主推荐、测评主体了解实情，并有足够的时间进行思考、判断；要科学设计推荐表和民主测评指标，特别是对于一些专业性较强的职位，要标明学历、经历、专业等要求，使推荐者在推荐时有所参照和比较；要创造条件让公民表达自己的真实意愿，便于参与推荐和测评的人员独立思考，独立填票，独立投票；要建构更加科学的测评方案，进一步优化测评技术组合，充分发挥信息网络技术的作用，加强数理统计、测评技术、行业科学技术等知识的培训和运用；要完善考察工作预告制、差额考察制、考察结果审核制、考察结果通报制以及经常性考察、阶段性考察、年度考察与任前考察相结合的制度；要建立健全民主推荐、测评工作责任追究制度，明确责任追究内容、责任主体、追究方式，防止推荐对象、测评对象“拉票”“串票”，组织者“授意”“诱导”填票，以及工作人员在统计、汇总过程中发生舞弊行为。

其二，在民主测评中最大限度地防止人的主观因素带来的偏差。在民主测评中，主要有三个参与主体，分别是上级领导、测评代表和测评对象。他们的主观认识、个人态度、感情色彩、性格特征、私人恩怨等因素，在很大程度上影响着测评结果的客观性。首先，上级领导的个人意图往往起着导向作用。有些领导干部存在“官本位”思想，认为搞民主测评可能会削弱自己手中的实权，因而对民主测评的态度和行为表现不积极，不敢、不愿意真正发动广大干部群众参与，表面上走走形式，实际上还是个人拍板决策；有的领导干部或上级考察者为了达到某种意图，会提前“定调子”统一思想，或是给相关人员“打招呼”“放风”，甚至在测评会上发表“倾向性”言论；还有一种是采取实用主义的态度，如果反馈上来的群众意见与自己的意见一致就接受，否则就找各种理由不予采纳；还有的则是在组织程序上“做手脚”，暗箱操作，谎报瞒报测评结果等。其次，参与测评的干部群众代表的个人主观因素和民主素养对结果影响也十分明显。一方面，人的社会属性本质上决定了其主观态度和个人行为受到各种社会关系的影响，从而导致了“人情票”“利益票”“感情票”等的出现。甚至有的干部因为彼此间存在竞争关系，会产生嫉贤妒能的扭曲心理。另一方面，有的代表民主意识与民主观念比较淡薄，对手中的权利不珍惜，进而采取消极、敷衍、随意的态度，认为“反正上级早已决定”，草草应付了事。以上因素，都会导致他们在测评中不能根据客观事实做出真实有效的评判。最后，测评对象的性格和社交能力也是一个重要影响因素。由于民主测评与干部选拔任用通常会直接挂钩，所以有些干部不是把精力放在工作上面，而是着力于感情投资、“拉拢人心”和“广积人脉”。通过刻意打造“老好人”形象，以便在关键时刻能把自己“抬上去”。而性格内敛、不善交际，但勤政廉洁、踏实有为、坚持原则的干部却可能由于“人缘差”，在测评结果中表现一般，导致在组织选人用人时不能脱颖而出。

二、民意调查

民意的概念有广义和狭义之分，广义的民意主要是指全体民众的共同意志，狭义的民意主要是指个体的意志和社团的意志。民意是民众在公共生活中所表达的自己的意志、意见、看法，具有现实性、系统性、公共性、参与性等特征。其中，现实性是指人民关注的问题是现实的、民意表达的主体是现实的；系统性是指民意是一个复杂的动态结构体，是由社会有机体所赋予的一种现象；公共性是指民意之所以能够形成是因为其关注的焦点在于因公共利益而造成的聚合；这种聚合又依赖于民意表达主体彼此之间交换意见、积极发表看法来实现，这就是民意的参与性。在现实中，民意调查或民意研究的具体方法有电话调查、自填问卷调查、访问调查、内容分析法、在线调查、协商民意调查、网络舆情监测与语义分析等①。应用民意调查是为了更好地了解民意，通达民情，实现党深植民众之间，同人民群众血肉相连。在现实中民意调查的功能表现为四个方面：民意能促进整合、民意能安定社会、民意能建立优先顺序、民意能授予合法性。民意调查可以提供较为准确、快速的民意报告，从而加速民主政治的过程，而且民意调查能够帮助做出政治决策，使政府随时了解民众的意见、情绪、想法，能够为政府政策的出台提供依据。现代政治的发展越来越离不开民意调查，民意调查具有一定的科学性、可持续性、系列性，所得资料可以就不同的时间、地点加以比较，以了解对同一问题、同一人物

① 方建移. 民意研究：理论、方法与应用［M］. 北京：中国社会科学出版社，2015：133-255.

的民意趋势。目前中国主要从事民意调查的部门有：一是政府机构，二是学术团体，三是商业机构。学术性的调查机构主要包括中国社会科学院及其省级机构、大学和其他学术团体。商业机构主要是私营的民意调查与市场调查公司。

民意调查 19 世纪初诞生于美国，自 1936 年盖洛普（Gallup）开始，后来延伸至政治领域，并在二战后发展成熟。我国民意调查滥觞于 20 世纪 20 年代，受困于当时战乱形势而处于迟滞状态。改革开放后，民意调查随着经济发展、政治改革的深化而加快了发展步伐。40 多年间，中国民意调查的主体由具有学术性、官方背景的机构逐渐发展为学术性机构、官方机构、媒体机构和国际国内商业机构并存的格局；调查主题也从媒体受众调查扩展到政治、经济、社会热点问题及消费者群体研究、企业发展研究等诸多领域；调查方法与国际接轨，从传统的问卷方式发展为问卷、焦点小组、网络问卷调查、数据挖掘等多种方法；调查资金从学术性机构、政府资助转为学术性机构、政府、市场多方投入。

正确地应用民意调查，关键在于民意调查方法要准确、样本可信和具有代表性。应用民意调查首先要确定研究的主题，主题应具有代表性、时效性。其次，要制订民意调查的问卷，调查问卷要简洁有力、措辞严谨、尊重隐私、立场中立，问题设定要正确地使用语言、把握切题性、分清资料层次性、避免问题复杂性，正确处理问题的种类。再次，要注意民意调查的抽样程序，抽样最重要的就是样本的可代表性、标准性，例如良好样本应该符合研究目的、适合推论、容易实施、合乎经济性，在确定样本的时候要坚持调查群体的同质性、群体样本资料的丰富性、抽样过程的严肃性、分析类别的复杂性，同时综合运用简单随机抽样、多阶段随机抽样、分层抽样、系统抽样等多种抽样方法。复次，要注意访问和分析资料。访问的方法包括亲自访问、电话访问、邮寄调查、网络调查等，在进行访问的时候要进行相关的培训，严格调查研究员的人格、行为特质，研究员要秉持客观、公正、自尊、简洁、积极和完整的原则，不得诱导受访者回答问题。在调查结束后要对资料进行分析与解释，在处理资料时要保证资料的完整性、明确性、连贯性，同时要及时地分析调查资料是否符合本次调查的目的、是否正确、是否循序渐进以及运用的分析技术是否合理、是否有创建性、是否有效率。最后，要注意调查结果的公布与反馈，及时地公布调查结果可以把民众意愿反映给相关部门机构，及时解决问题，并为进一步的调查奠定基础。

三、个别谈话

个别谈话作为一种沟通方式，同时也是一种访谈的形式，它既遵循访谈的一些原则规定，也表现出谈话的一些情境预设，旨在了解谈话对象的精神状态、内心活动、未来规划、日常表现、心理素养等。在个别谈话中，“受访者在回答问题时一定会受到他们自己的动机、价值观和需要等倾向的影响，研究者需要分析出这些影响，才能更深入地从他们通过提问所获得的资料中获得有意义的信息。访谈的问题通常由访谈者提出，或许这些问题在访谈开始前已完全被制定，而且在访谈过程中保持不变（结构式访谈）。问题也可能在访谈的过程中呈现出来，并且可能增添新问题或可能替换之前的问题（半结构式访谈）。问题还可能通过对话和交流，在现场由研究的焦点引导出来（无结构式访谈或对话访谈）”①。在个别谈话中，必须采取良好的沟通方式及技巧，“影响倾听沟通效果的主观因素有：在沟通过程中，造成沟通效果最差的原因就在于倾听者本身。主要表现是人的偏见、先入为主、自我中心、倾听过程心不在焉、倾听中不分主次轻重等”②。

《中国共产党巡视工作条例》规定了巡视组的工作方式和权限，个别谈话是其中很重要的一种方式，是巡视发现问题的重要途径。个别谈话的具体方法包括以下几种：

一是从其工作履历开始谈。谈话前，认真查阅谈话对象的《干部履历表》，详细了解其籍贯、家庭状况、学习简历、工作经历等基本情况，从其关心熟悉的话题谈起，进而营造宽松的谈话氛围，消除陌生感、拉近距离，消除戒备心理，引导其敞开心扉说实话、说真话、说心里话。

---

① 格莱斯. 质性研究方法导论［M］. 北京：商务印书馆，2013：68.

② 罗双平. 政府组织绩效量化考评实务［M］. 北京：中国人事出版社，2008：207.

二是从其切身利益谈。年度考核、职级晋升、职称评定、工资待遇等事项关乎干部职工的切身利益，从被巡视单位干部职工关心的年度考核、职级晋升、职称评定、工资待遇等话题中寻找突破口，从而发现被巡视单位党组织管党治党和队伍管理方面存在的问题。

三是“一对一”谈话。如果谈话任务比较重，且“一对一”谈话能够取得谈话对象的充分信任，使谈话对象感觉更加保密，经组长同意，可进行“一对一”谈话，这种方法既容易产生良性互动，也使谈话更加深入。

四是核实追问。个别谈话时，有的谈话对象思维比较活跃，缺乏逻辑，如果实时追问可能会引发其顾虑而导致缄默。为了把问题搞清搞透，在与其谈完后，可就某个问题反复找其核实追问。采取这种方法时，可多叫几人“陪谈”，从而达到保护谈话对象的目的。

五是多人印证谈。这是就某一个反映比较集中的问题，找与之相关联的人员多方位求证说明。如巡视某高校时，有人反映个别校领导在评审现场干预票选结果事宜，我们不能仅听一面之词，可以约谈所有现场评审委员会的成员，让其逐一还原当时的真实情况，出具原始记录，确保证据充分。

六是扩大范围谈。为了更客观、立体地反映被巡视单位党组织全貌，可有针对性地扩大谈话覆盖面，如下沉一级，向巡视对象工作过的地方延伸了解，可以与一届任期内离岗、退休的老领导谈，也可以召集部分人大代表、政协委员谈，听取他们的意见建议。

七是与一把手重点谈。在普遍谈话的基础上，就反映的重大问题、疑难问题及大家普遍反映的模糊问题，坚持问题导向，区分类别，分解细化，重新拟定谈话提纲，让一把手直面问题，重点作答，从而弄清问题原委。

八是党务知识问答谈。在个别谈话过程中，紧盯党的建设问题，可以穿插提问一些党员干部应知应会的党纪条规基础知识，例如：党员的权利、义务各有多少条？“三会一课”内容包括哪些？“两学一做”学习教育指的是什么？通过检验谈话对象党务知识掌握情况，来发现基层党组织建设存在的突出问题。

九是变通方式谈。针对个别谈话对象思想上不重视、有顾虑，不愿谈、不敢谈的情况，要及时调整谈话提纲，转换问询方式，从“是否有”转变为“有什么”，在谈话对象阐述、列举具体事例的过程中发现问题线索。

四、实绩分析

实绩分析即对工作绩效的分析，是按照一定标准对考察对象在一定时期内的工作量、工作业绩、工作成效（包括一定的社会影响、组织团结、组织发展）等进行量化分析与质性考察。其中既包括对党员干部的考察，也包括对基层党员的考察。所以，科学分析评价工作实绩，是考评工作的重要环节，是准确评定党员干部的基本前提。增强党员干部实绩分析的科学性、准确性和公信度，应注意做好四个方面的工作。

（1）坚持多元考察的标准，合理确定党员干部工作实绩分析基点。一是结合主观努力与客观条件透视实绩。干部在基础扎实、发展势头好的单位任职，容易干出成绩；在底子薄弱、关注度相对不高的地方或部门工作，受客观条件制约，业绩显现相对较难。分析实绩既要看考察对象的敬业精神、工作思路、创新能力等，还要看客观环境和实际条件，坚持全面、历史、立体的视角，防止和克服简单片面。二是区分个人贡献与集体智慧衡量实绩。一个单位的建设发展，或是一项任务的完成，都蕴含着集体的智慧，凝聚着大家的贡献。分析实绩要根据干部个人所处的岗位、承担的责任和发挥的作用，实事求是、认真细致地弄清其在什么情况下出了什么主意、做了哪些工作、起了什么作用等，既不能简单地把集体成绩妄加在个人头上，也不能只强调集体力量而忽视个人贡献。三是通观现实成果与长远效应评价实绩。干部的实绩有显、潜之分，显性实绩当下看得见，甚至摸得着，潜性实绩则要经过一段时间或者通过其他事件印证才能“浮出水面”，得到体现。分析实绩既要看现实成果，也要关注那些“地平线”以下打基础的工作，对那些急功近利，靠拼家底、摊大饼取得的“显著成绩”，要带上引号和问号去分析；对那些有益于单位建设长远发展的经常性基础性工作，哪怕成绩一时没有显现，也应充分肯定、绝不抹杀。四是综合领导意见与群众反映印证实绩。一般来看，对干部能力素质、是非功过的评价，领导和群众的意见总体是一致的，但有时受主观认识和客观环境的影响也会出现不尽相同的结果。在这种情况下，分析实绩绝不能回避矛盾，只取“交集”，要围绕问题深刻洞察、仔细甄别，透过现象看本质，把情况摸透，把原因找准，把水分拧干，确保公平公正。

（2）依据党员干部所在的岗位性质特点，科学设置干部实绩分析指标权重。一是突出核心性指标权重。按照全面从严治党所要达到的目标要求，紧紧围绕为人民服务的基本职责、完成全面从严治党要求的工作等情况评定实绩，引导督促党员干部自觉把心思和精力投入到全面从严治党、提升为人民服务的工作质量上来，赢得群众的拥护与支持。对于各级主管，实绩评定主要应依据所属单位具体工作落实情况、日常工作细则等项目进行分析。二是保证关键性指标分量。充分关注那些涉及单位全面建设、长远发展的工作，把落实完成情况作为重要项目内容在实绩分析中体现出来。比如，干部个人素质提升和为党推荐优秀人才的情况，研究解决了工作中出现的哪些新情况新问题，攻克破解了哪些单位发展的短板瓶颈，创造发展了哪些具有指导意义的新鲜经验等。三是淡化一般性指标价值。有意识地降低那些质量成效一般、特色亮点缺乏、创新点突破点稀少的工作在实绩分析中的分值。诸如常规业务、公杂勤务等，这些工作本身虽然重要，但综合面窄、内涵性弱，难以准确识别评估干部能力素质和发展潜力，赋分太高价值不大，也不利于树立鲜明的选人用人导向。四是注重约束性指标。特别是要把限制性、托底性、禁令性工作的落实完成情况，纳入实绩分析范畴。如党风廉政建设、安全保密工作，干部因怠责失职致使单位发生恶性案件、重大事故和政治性问题等情况，不服从中央领导，搞小团伙主义，拉帮结派等，要做到“一票否决”。

（3）把控重点关键环节，不断改进干部实绩分析方式方法。一是科学采集甄别考评对象的相关资料。组织部门平时要注重收集掌握党员干部履职情况，定期对干部完成大项任务、各类考核成绩等重要指标登记汇总，分人分岗留存基础信息、建立数据库。对干部进行考核时，注重运用好这些佐证材料信息，综合采取类型分析、数据分析、比较分析、环境分析、历史分析等方法，形成党员干部实绩结论。二是坚持定性与定量结合的分析方法。对本身有任务指标、能量化考评的工作要坚持做到量化；对没有具体指标但非常重要的工作，能量化的也要尽量量化，难以量化的，不能强求分解、刻意量化。通常情况下，按照“定性—定量—定性”的方式，即先对考评指标进行定性分析，区分等次；然后按规定权重将定性评价情况量化汇总成定量结果；再进行综合分析比较，形成结论。三是精确细致做好综合评定工作。要结合单位整体建设水平和个人履行职责情况准确分析。衡量单位整体建设水平，坚持横向比发展水平，纵向看进步幅度，既要搞清走在前列和进步幅度大的工作，又要搞清薄弱环节和有所退步的工作，并将完成重大任务情况作为“附加分”计入总成绩；认证个人履行职责情况，既要搞好与单位成绩的关联度分析，区分主抓、指导和参与，也要搞好与单位问题的责任度分析，按照职责分工区分主要责任和次要责任，切实做到主要责任不放大，次要责任不放过。

（4）着眼确保公正公信，着力加强干部实绩分析队伍建设。一是注重优化考评组队伍组成。坚持党管干部原则，增强考评组人员的多元性、代表性。根据考评对象岗位性质和职责任务特点，适度安排与考评对象业务对口、专业相近的其他机关人员和专家等内行参加。二是注重提高考评组专业水平。严格考评人员准入门槛，采取资质认证、统一评录、执证上岗的办法，探索建立考官库，并着力加强交流和动态更新，保证考评队伍的整体优化。重视加强考务能力培训，以政策把握、数据统计、信息处理、系统分析等为重点内容，在抓好考前培训的基础上，采取阶段性分析小结、重点事例剖析等方法，将培训贯穿考评始末，提高考评组成员的洞察力、归纳力和判断力。三是注重严格考评组管理监督。加强干部政策制度和考评纪律教育，使考评人员明确自身权利和义务，增强政策意识、程序意识和责任意识。考评组织期间，严格落实集中管理、近亲回避等制度原则要求。强化考评责任追究，对考评对象出具鉴定材料必须署名，对不按规定程序和要求或者对考评对象情况失察而随意出具考评结论，导致考评失实、用人不准的，要追究考评组领导和直接责任人的责任。

五、综合评估

有的研究者认为，依评估的性质与对象的不同，评估研究主要包括下列四种类别：需求评估、过程分析/评估、成果评估与成本效益分析等。相比于以上四种评估方法，综合评估具有自身的优点和难度。综合评估是一种要求较高的评估方法。它不是单方面的、局部的评价，而是多方面的、具有一种系统整体性的评价。综合评估是根据评估各项指标的评价结果对计划、项目或政策做出一个最终的评价结论。也就是通常所说的综合打分法①。

综合评估是为了更好地改善和提升全面从严治党常态化、制度化、科学化水平，全面从严治党、常态化制度化科学化、提升为人民服务能力等是综合评估的关键词，也是综合评估的核心内容。可以将综合评估概念和内涵概括为：分析全面从严治党自身状况及其为人民服务的能力，理解其现状、变化以及未来发展情况，更好地全心全意为人民服务和增强广大党员干部的党性修养，提高治国理政的有效性和水平。要保证综合评估可以达到预定的目的、带来应有的影响，在综合评估中需要坚持以下原则：

综合评估，就是要坚持具体问题具体分析的原则。这里之所以强调具体问题具体分析，是因为综合评估总是处在一定的环境或场域之中，这种具体的环境或者场域的情况又是复杂的。掌握这种复杂性需要分析综合评估所处的具体环境，主要体现在三个方面：第一，综合评估总是处在一定的环境之中。环境发生变化，评估也要发生变化，比如处于党的中央组织层面的从严治党的综合评估，所肩负的任务是使党的高级干部自身廉洁清明，由于他们所处地位不同，综合评估指标就会不同，基层党员干部也有差异，全面从严治党更多的是宏观制度性环境规制，而基层从严治党则更多的是对于微观环境的规范，即如何保持党扎根基层，解决基层群众的日常问题。第二，综合评估发生在特定的场域中。综合评估总是在一定场域中进行的，这种场域具有系统性、具体性、层次性、动态性，自然需要我们学会在具体问题具体分析的基础上综合评估各种因素，把握其中具有决

① 邓国胜．非营利组织评估［M］．北京：社会科学文献出版社，2001：256.

定性的因素，防止出现漏洞。此时的“综合”就是要全面考察党员干部是否立足本岗位工作，是否具有解决问题、应对突发问题的能力，把握“评估”是为了更好地选拔能够为党的事业贡献才华、服务人民的人才，综合评估不是为了评估而评估，而是为了能够选贤任能，更是为了“各级领导干部特别是高级干部要牢固树立纪律和规矩意识，在守纪律、讲规矩上作表率，自觉做政治上的‘明白人’”①。第三，一定时期、环境或者场域中的综合评估具有相对稳定性。要把握稳定性，既需要分析综合评估的各项指标的固定性，又要关注综合评估指标中哪些标准发生了变化，继而影响到综合评估的有效性。特别是一些核心指标要格外注意，因为这些指标通常会影响评估结果。

综合评估，要坚持参与的原则。在综合评估中坚持参与原则，可以有效避免为评估而评估，从而保证评估可以取得预期的评估效果。首先，综合评估中的参与本身就是一个灵活学习的过程。即应该把参与看作一个学习过程，而不仅仅是考核、监督的过程，这也是综合评估应该带来的效果之一，通过参与不断总结在综合评估中获得的经验与教训，探索提高组织能力与评估科学化的方法。这本身就要求全面从严治党要学会接受批评性的建设性意见，获得组织学习能力。其次，综合评估的参与是一个分享的过程。在综合评估中有效地参与是一个获得信息的过程，信息不仅从评估对象流向评估者，而且也从评估者流向评估对象。忽略这样的关联性就会导致信息闭塞和单一，不利于实现既定的目标，应该发挥评估者和评估对象双方的作用，实现信息的双向流动与分享。最后，综合评估中的参与，本身也是寻求在统一性指导下，可以实现多样性、地域性，尊重差异。不同部门、不同地方应该有其相适应的综合评估标准。

六、评估结果反馈

评估过程完成后，接着就进入评估的最后一个阶段，即对相关的结果

---

① 中共中央纪律检查委员会，中共中央文献研究室．习近平关于严明党的纪律和规矩论述摘编［M］．北京：中央文献出版社，2016：85.

进行反馈[①]。按照政治系统论的观点，反馈是一种信息的回归。

反馈一般分为简单反馈、复杂反馈、目标选择和反馈。简单反馈使输出保持在固定的限度之内，从而使一个系统不断按照一种既定的标准运行。复杂反馈，旨在获得一种持续的学习能力，使人们有能力选择和分辨环境，并不断修正自己的行动，提升环境适应性，从而实现目标，保持持续探索和发现问题、处理问题的能力。目标选择和反馈，是指为实现预定目标，目标指向行为可能包括新奇的事物或行动的革新；但是，它也可能涉及一个系统利用信息和反应，从而变革目标本身并建立新目标的能力。应该说，有了反馈，这些经验就能够与对未来长远希望、期望和可能性的不断修正相联系[②]。由此可见，评估结果反馈本身就是评估系统的一个重要环节，为了取得评估有效性，评估结果反馈应该按照以下步骤进行：

首先，准备评估报告。提供给评估组织的评估报告，应该是评估者或组织在评估过程中提炼出来的总结，包括对组织行为的建设性建议。评估报告不宜过长，以说明主要问题、建议为原则，应该包含评估者所做的工作、评估者获得信息的方式以及在评估过程中是否按照评估程序进行评估等内容。在评估总结陈述中，评估者所做的评估报告应该讲究一定方法，让上级组织能够获得有效的信息，既要肯定评估意义、作用，也要发现问题，为下一步工作提供建议。

其次，介绍评估报告。评估报告一旦准备就绪，反馈过程就可以正式开始。一是，是否完成了评估设定的预期。形成的评估报告有没有实现在评估之初定下的目标，是否达到了预期的效果。二是，评估过程中动态因子与静态因子的控制是否按照一定原则进行了有效的处理，应有必要的说明。三是，评估应该以解决问题为中心。毕竟评估是为了开诚布公地解决问题、提升组织自身能力而开展的。

最后，评估结果的再认定。反馈就是再次获得信息的过程，就是要对评估结果进行再认定。一方面是审视评估结果是不是做到了公平公正公开（涉及保密的除外），也就是剔除评估过程中因主观好恶而带来的具有情绪

---

① 莱文森．组织评估：提高咨询效率的方法［M］．重庆：重庆大学出版社，2007：181.

② 伊斯顿．政治生活的系统分析［M］．北京：人民出版社，2012：344-351.

性的评介因子。另一方面是审视评估结果的评定是否切合社会发展的方向，能不能解决问题，能不能同群众需求相符合。

第四节　全面从严治党常态化制度化科学化评估的组织实施

为了保障全面从严治党常态化、制度化、科学化评估能够有效、定期、顺利地开展与进行，需要通过一定的组织实施程序来保证评估能够进行下去，总体而言主要包括以下几点：

一、明确科学化水平评估主体

在全面从严治党常态化、制度化、科学化评估的组织实施过程中，必须明确科学化水平评估主体。如果不能确定评估主体，就会造成评估缺乏信度与影响力。明确科学化水平评估的主体，解决了由谁评估、由谁操作进行、由谁来考量等问题。在评估运行和操作过程中，围绕着全面从严治党、科学化、扎根基层、紧跟时代等要求，评估主体逐渐形成了以党的领导为核心，以群众参与和社会调研机构为辅助的一中心为主、多辅助为体系的立体多维评估主体。如何明确科学化水平评估主体，需要做到以下两点：

首先，明确科学化水平的内部评估主体。内部主体的构成主要包括党组织的组成部门、党的中央领导部门、党的基层部门、各部门的党组织。在其权重比例上，上级部门评估占据更大的权重比例，这主要是因为上级部门更了解情况。因为，党作为一个纪律性较强的组织具有层级性，全面从严治党本身就是从中央以身作则率先垂范，继而推广到党的各级组织，以提升党的执政能力和为人民服务的能力，自然其评估的指标本身就是来源于上级党组织和人民群众。上级党的组织部门的评估来源于两个方向：一个是直属上级部门的纵向评估，一个是党的职能部门的横向评估。在特殊情况下，涉及党的中央组织层面的绩效指标，中央组织职能部门有权对各级地方党的基层组织进行考评。

其次，明确科学化水平的外部评估主体。科学化水平评估不是一场独角戏，而是需要各种评估主体参与，没有多元评估主体参与，会影响评估的公正性，削弱评估带来的影响力。科学化水平的外部评估主体包括作为服务对象的群众、实施操作的权威专家和大众传媒。第一类是作为服务对象的群众。科学化水平评估可以有不同的主体，比如党组织内部上下级之间的评估、自己对自己的评估、党的权力机关的评估、社会独立组织的评估等，但从最根本上来讲应是群众对党的执政能力的评估，也就是人民的满意度如何。党的目的是为人民谋利益，实现党的奋斗目标，所以评估也应该是一种基于为人民服务的机制。群众作为科学化水平评估主体有着天然的动因，在利益上，群众有获得自身利益并保持其持续性的诉求；党领导人民的政治建设、经济建设、社会建设、文化建设、生态建设直接对应着群众关心的政治利益、经济利益、社会文化利益和生存环境，复合利益促使群众形成参与评估的动力。然而，应当注意的是，群众作为各种物质与文化成果的享有者，虽然有着最直接的体会，但其行为的动因多是基于个人利益，缺乏对社会整体利益的考虑，在党组织领导下的评估中会存在缺失理性的情况，这就需要党组织从大局进行把握，引导群众这一主体的理性回归。

第二类是实施操作的权威专家。在很多发达国家，政府评估的通行做法之一是聘请科研单位进行评估，这是提高评估信度、效度、区分度的有效手段。邀请在组织评估和评估技术方面受过训练的专家顾问加入政府的评估，汲取外部的看法和评价，是西方发达国家评估的常规操作。同时，社会中介机构也是政府绩效评估的重要主体之一。目前政府评估中存在的主要问题之一是政府自己评估自己，政府官员基于自身利益诉求重视上级、不重视下级，重视内部、不重视外部服务对象。这就需要一个独立于政府的、具有专业性的绩效评估机构来解决这个问题。目前关键在于培育专门的独立的“第三方”权威机构对政府绩效进行评估，比如独立的民意调查机构、大学科研机构和媒体，以及由不同利益群体组成的独立评估委员会等。

第三类是大众传媒。大众传媒越来越成为权威机构表达意愿的重要平台，同时也作为群众利益诉求的重要窗口，在现代民主化进程中占有越来越重要的地位。根据社会心理学的研究，大众传媒在一定程度上影响着群众的态度，不仅对积极和消极态度有影响，而且对中立者的态度也会产生影响，这种影响力在评估中可以发挥重要作用，这就对传媒的独立性提出了要求。群众无论作为参与的主体还是客体都有通过媒体了解立法信息、政府预算、政府政策等公共治理信息的诉求，独立的大众传播媒介使公民能够有效地参与公共决策过程，实现公共政策公共性的回归，并且对公共决策过程实施有效的监督。

二、建立健全评估工作责任制

全面从严治党常态化、制度化、科学化水平评估要重视落实工作责任，不断增强评估工作责任意识。责任明确、职责落实，能够推动评估工作顺利进行，营造评估工作的良好氛围；责任模糊，就会导致评估过程、评估结果违背评估的初衷，导致下一次评估出现不良后果并加速蔓延。因此，建立健全评估工作责任制就成为全面从严治党常态化、制度化、科学化水平评估的现实课题。

第一，评估工作的主持者率先垂范机制。“善禁者，先禁其身而后人。”这就要求评估工作中的主持者本着认真负责的态度，做到率先垂范。在执行评估工作纪律时，评估工作的主持者应率先做出承诺，接受评估工作参与者的监督，评估工作的主持者自觉、严格贯彻执行纪律，有利于在规范评估活动、改进评估工作、严肃评估工作纪律等方面取得积极影响。

第二，评估工作要建立从严从实落实责任机制。在评估工作中要贯彻规章制度，而其根本就重在落实责任。责任到位，评估工作中的规章制度就能顺利推行；责任不清、相互推诿，再完善的制度、再严格的规章也难以落实。作为评估工作的主持者，要强化服务意识，把抓好评估工作作为最大责任，将评估工作作为全面从严治党的分内职责、首要职责，牢固树立抓好评估工作是本职所在、抓不好评估工作是失职、不抓评估工作是渎职的责任意识，严格落实评估工作责任要求，努力成为执行评估工作责任制的带头人，真正把评估工作规章制度内化于心、外化于行，落实到具体的评估工作中去。

三、加强评估工作队伍建设

评估工作队伍的素质高低、能力强弱，决定了评估工作能否顺利开展、评估分析是否精准、对策是否符合进一步发展的要求。评估工作队伍建设，应该以提升工作队伍的工作能力为核心，同时兼顾工作队伍的思想水平、政治认知、技术操作水平、人际关系处理能力、法治修养等。

第一，建立定期培训与学习制度，提升评估工作队伍的学习能力。工作队伍学习能力关系到工作队伍能否保持开放的心态、积极进取的职业追求和拥有与时俱进、审时度势的能力，关系到能否准确地了解吃透党的政策方针。首先，定期培训是为了督促工作队伍学习必要的理论知识，了解最新的理论发展前沿问题，把握评估工作的发展形态、发展方向，做好知识的更新换代。在培训中坚持以理论培训为中心，开展专题培训相结合的培训制度。其次，建立有效的学习制度，提升学习能力。学习能力是一种适应时代发展的自适应能力，要坚持理想信念的学习，通过学习党的历史、理论，掌握马克思主义理论指导下的工作与学习方法，在学习中体会理论的持久力量，使得工作人员懂理论、讲政治，熟悉党的政策方针。

第二，以提升技术操作水平为基本要求，提高工作队伍的业务能力。评估工作中涉及大量的技术操作层面的要求，具有较强的专业性，涉及面非常广泛。这就要求工作队伍要有与其评估工作相适应的业务素质，如观察分析判断能力、调查研究能力、组织协调能力、语言文字表达能力以及较丰富的业务知识和工作经验等。这些能力不是一朝一夕形成的，它需要按照一定的标准，通过技术操作层面的学习来实现。

第三，严守职业道德，提升工作队伍的职业素养。对评估工作队伍而言，评估是他们从事的一项具体的工作，应该视为一项职业来对待，在评估工作中应该坚持品质高尚、忠诚无私，勤奋工作、恪尽职守，甘于清苦、乐于奉献，秉公执纪、敢于碰硬，尊重客观、讲究实际，严于律己、廉洁奉公。只有严守职业道德，才能保证评估过程不被一些不良因素所影响，保证评估队伍始终坚守客观公正，这是全面从严治党的内在要求，也是有效保证全面从严治党常态化、制度化、科学化实现的内在要求。

四、严肃评估工作纪律

严肃评估工作纪律就是在评估过程中，严格遵守党中央制定的全面从严治党的决议、条例、文件等规定。比如《中国共产党党内监督条例》第九条规定："建立健全党中央统一领导，党委（党组）全面监督，纪律检查机关专责监督，党的工作部门职能监督，党的基层组织日常监督，党员民主监督的党内监督体系。"

第一，党中央统一领导评估。一是党的中央委员会、中央政治局、中央政治局常务委员会全面领导监督；二是中央委员会成员、中央政治局成员要加强对所辖部门，以及直接分管部门、地方、领域党组织和领导班子成员的监督；三是党的中央委员会成员、中央政治局成员、中央政治局常务委员会成员要严于律己，主动开展监督并自觉接受监督，做出表率；四是党的中央委员会成员、中央政治局成员、中央政治局常务委员会成员要定期同监督对象谈话，在监督的过程中发现的问题要及时向中央汇报，如实报告个人事项，管好身边人。

第二，党委（党组）全面监督评估。一是党委（党组）要加强领导，在同级发挥总揽全局、协调各方的领导作用，在党内监督中负主体责任，书记是第一责任人，党委常委会委员（党组成员）和党委委员在职责范围内履行监督职责；二是党委（党组）要领导本地区本部门本单位党内监督工作，加强对领导干部的日常监督管理，组织实施各项监督制度，抓好督促检查；三是党委（党组）要加强对同级纪委和所辖范围内纪律检查工作的领导；四是党委（党组）成员要积极开展党内民主生活，加强党内民主集中制，主动接受党内民主监督和同级纪委的监督；五是党委（党组）要管好班子、带好队伍，当好廉洁从政的表率，坚决纠正损害群众利益的行为，强化对权力运行的制约和监督，从源头上防止腐败，在干部的选用和任免上，要选好用好干部等。

第三，纪律检查机关专责监督评估。一是各级纪委是党内监督的专责机关，履行监督执纪问责等职责，在全面从严治党中找准职责定位，严明党的纪律，强化党内监督；二是各级纪委要加强对所辖范围内党组织和领导干部遵守党章党规党纪、贯彻执行党的路线方针政策情况的监督检查，把监督执纪问责制度化具体化，通过党内监督强化全面从严治党；三是各级纪委要加强对各级党委特别是常务委员会委员、党的工作部门和直接领导的党组织、党的领导干部履行职责、行使权力情况的监督，加强日常监督管理，实现作风建设、纪律建设常态化，完善党内监督法规；四是各级纪委要落实纪律检查工作的双重领导体制，强化上级纪委对下级纪委的领导；五是各级纪委要协助同级党委（党组）开展监督，检查和处理违纪违法的组织和干部，向同级党委和上级纪委报告监督情况，起草、制定有关制度，并受理检举、控告、申诉，保障党员的权利等，增强贯彻《中国共产党党内监督条例》的自觉性和坚定性。

第四，党的工作部门职能监督评估。一是党的工作部门是党委（党组）主体责任在不同领域的载体和抓手，党委办公厅、组织部、宣传部、统战部、政法委等工作部门都承担着相应的党内监督职责；二是党的工作部门要严格执行各项监督制度，加强职责范围内党内监督工作，既加强对本单位的内部监督，又加强对本系统的日常监督；三是党的工作处在党务工作的第一线，必须根据本单位系统工作的优势，适应新形势下党内监督的新要求，明确监督职责。此外，党的基层组织要监督党员切实履行义务，维护和执行党的纪律。党员要积极行使党员权利，加强对党的领导干部的民主监督等。

第五节　全面从严治党常态化制度化科学化水平评估结果的运用

一、有效扩充评估信息平台

评估的过程也是一个信息收集、处理、提炼、汇总、分析、总结的过程。建立评估信息平台，就是综合评估过程中所搜集到的信息，把这些信息分门别类地进行归纳总结，便于提炼有效信息，剔除虚假信息。

第一，建立以智库为核心，以各级评估组织为辅助的评估信息平台。获取评估结果是为了正确制定政策、实现有效监管与监督，提高党依法治国、依法执政的能力。评估信息平台应该以智库建设为核心，充分发挥智库作用，特别是在搜集信息、处理信息方面的应用。各级评估组织要在评估信息平台上共享评估信息，由国家智库统一管理评估信息，综合各级评估组织获得的信息，这种信息获得是以合作方式实现的，不是按照绝对上下级的领导方式进行的，主要是为了规避因绝对命令而导致出现信息偏差。

第二，要充分利用网络信息技术，加快评估信息平台网络化建设。网络深刻改变着信息的格局与信息的生态环境，影响着人们的工作生活，这是因为网络触角已经延伸到世界的各个角落，如同一张无形的大网，联结个人、联通世界，导致人们的信息传递、诉求表达、社会交往、思维习惯等发生了深刻变化。这对评估信息平台的建设提出了挑战与要求，利用好网络信息技术可以适应时代发展，提高评估的时效性，通过推进评估信息平台的网络化建设，可以在较短的时间内获得人们对评估的意见反馈，也有利于及时处理评估的定量考核信息和定性的考核指标，方便共享和沟通信息，交流经验。

第三，出台有关评估信息平台建设的制度与法律，保证评估信息平台可以独立运行。国家要加大资金支持力度，从技术业务层面保障评估信息平台可以有效运行，同时制定相关的法律法规，保证评估信息平台运行有法律支撑。毕竟评估信息平台的建设是呈现为一个系统而存在的，需要各个部门各级组织之间的配合，只有这样才能促进评估信息平台走向专业化、制度化、科学化。

二、着力健全综合分析制度

评估是一个信息综合的过程，全面从严治党常态化、制度化、科学化水平评估需要建立综合分析制度，这是在评估过程中进行总结的一项重要机制。建立综合分析制度，不仅是评估实践的现实需要，也是评估未来发展的重要立足点。全面从严治党常态化、制度化、科学化水平评估是为了保证全面从严治党的有效进行、持续开展、深入基层。建立综合分析制度主要包括以下几点：

其一，要明确综合分析的重点难点。全面从严治党常态化、制度化、科学化水平评估中肯定存在一些难点，也就是亟待解决的问题，比如在对广大党员干部、党的各级组织的评估中，评估对象自然是党内各级组织管理的对象，包括不同部门、不同行业的党员群体，综合分析要按照不同部门、不同行业对党员进行评估标准的分析，这样才能保证综合分析贯彻下去，保证评估结果的有效性。

其二，夯实综合分析的底层基础。综合分析的有效开展、运用，离不开底层基础的支持，底层基础特别是基层党组织是全面从严治党常态化、制度化、科学化水平评估稳定运行的基础。综合分析的底层基础就是要善于利用已经具有的形式，开展评估工作，从而为综合分析制度的探索打下基础。

其三，营造综合分析制度的外部环境。好的制度的施行需要一个良好的外部环境。全面从严治党常态化、制度化、科学化水平评估有效开展，必须解决经费来源、操作工作、评估队伍待遇等问题；同时积极营造评估的良好氛围，推广在全面从严治党常态化、制度化、科学化水平评估中形成的有益经验，并搞好宣传，提升评估的整体影响力，从而保证党的组织与党员在工作、管理中提高自己的工作能力，逐渐形成综合分析制度的优良环境。

三、不断健全奖惩升降制度

全面从严治党常态化、制度化、科学化水平评估，离不开健全奖惩升降制度。奖惩升降制度保障了全面从严治党常态化、制度化、科学化水平始终保持下去。奖惩升降不是目的，而是为了督促党员干部们认真贯彻全面从严治党，健全奖惩升降制度可以保障广大党员干部形成良好的精神风貌，有利于促进党的各级组织发挥战斗堡垒的作用。通过健全奖惩升降制度，在考核评估之后，褒扬先进、鞭策落后，有利于在广大党员中形成公平竞争、优胜劣汰的意识，激发党员良好的行为动机，发掘党员的内在潜力，培养党员自我教育、自我管理、自我约束的能力，提高党员的整体素质，使党员先进性充分发挥[①]。

首先，健全奖惩升降制度是建立和完善考核评估的必然要求。这就要求我们必须坚持与考核评估相衔接的原则，在对党员干部和党的各级组织的考核评估中，制度化在逐步建立和完善，其过程和程序也越来越常态化、规范化。对党员干部和党的各级组织的奖惩升降工作应与考核评估相衔接，以考核评估的结果作为表彰惩处的依据。奖惩升降工作应尽量做到公平公正、克服随意性、减少人为因素干扰，既要充分地、正确地运用考核评估的结果，又要发挥民主集中制原则，营造良好的氛围。这就要求我们必须坚持精神鼓励与物质鼓励相结合的原则。健全奖惩升降制度离不开这一原则，作为奖励的两种形式，二者要综合运用，发挥它们各自的作用。精神鼓励偏重于培养人们的荣誉感，有利于满足人们的精神需要，可以增强人们的使命感、责任感，使人们获得极大的心理满足。而物质奖励是看得见摸得着的，关系到人们生活水平改善的需要，通过物质奖励也可以调动人们的积极性，使人们避免出现消极心理。要灵活运用这两种奖励形式，保证广大党员干部的积极性。这就要求我们必须坚持奖惩公平合理和得当的原则。健全奖惩升降制度离不开公平合理和得当原则。所谓公平合理，主要是要求在一个单位内或者一个确定的比较范围内，根据评估结果，奖励标准要一致，不能因人的地位、家庭背景以及亲疏关系等而设定不同的标准。对于评估未达标的要坚决有所惩戒，按照党章党纪的要求，做出相应的处罚，当下主要按照《中国共产党章程》《关于新形势下党内政治生活的若干准则》《中国共产党廉洁自律准则》《中国共产党纪律处分条例》《中国共产党问责条例》《中国共产党党内监督条例》等来对广大党员干部进行奖惩升降。

其次，健全奖惩升降制度要细化规章制度、严格程序步骤、做好调控指导。细化规章制度，就是要在总结实践经验的基础上，建立健全广大党员干部和党的各级组织奖惩升降的规章制度，对奖惩升降的目的、应坚持

---

① 孟东方，吴大兵，朱勋春，等．保持党的先进性长效机制［M］．北京：人民出版社，2011：295.

的原则、评选的条件、奖惩升降的种类等做出明确的规定。严格程序步骤，就是要确立和遵循科学、民主的评选表彰程序，这是做到公平公正选贤任能的关键，也是奖惩升降制度科学有效的关键。要严格按照评估组织程序，对评选表彰的党员干部或党的组织进行民意测验、民主测评，公示征求意见的程序、组织考核的程序等，要充分听取各方面意见特别是群众意见，把优秀人才选拔出来。做好调控指导就是各级党组织的负责人要在充分综合分析评估基础上，做到认真负责，加强对评选表彰中奖惩升降过程的指导和调控。这是做好奖惩升降工作不可忽视的环节，也是建立全面从严治党常态化、制度化、科学化的有效机制的保障。虽然有了规章制度，有了严格的程序步骤，但是实际的奖惩升降并不一定严格按照制度规定和程序进行，难免出现人为因素干扰，出现违规操作的做法。所以各级党组织的负责人，有必要加强对奖惩升降过程的指导和监督，根据需要进行调控，保障奖惩升降的顺利进行。

最后，健全奖惩升降制度要做好党内监督和外部监督相结合。第一，党内监督和人民群众监督相结合。党内监督和人民群众监督相结合是对党组织和党员监督的重要形式。新形势下，把党内监督和人民群众监督有机结合起来，对于健全党组织和党员的监督体系，保证党的组织充分履行职责、发挥核心作用，保证党员发挥先锋模范作用，保证党的领导干部忠诚干净担当，形成党风正、民心顺、事业兴的良好局面，都具有重要意义。要增强党在长期执政条件下自我净化、自我完善、自我革新、自我提高的能力，确保我党始终成为中国特色社会主义事业的坚强领导核心，就一定要把党内监督和人民群众的监督紧密结合到一起。

第二，让群众满意是我们党做好一切工作的价值取向和根本标准。群众意见是最好的尺子。各级党组织要让群众参与监督、评判，正确对待、虚心接受群众的批评和建议，有则改之，无则加勉，不能回避、抵触群众监督。要继续推进党务公开，增强党组织工作透明度。凡做出涉及群众切身利益的重要决策都应当向社会公开，对党员、群众关注的重要事项要更加公开透明。要扩大党务信息的普及面，为党员、群众提供方便、快捷的服务，使党务公开真正成为增进党群关系的好形式。要畅通人民群众举报和监督的渠道，认真做好信访监督工作，及时检查处理问题，还应及时将处理情况反馈给反映意见的群众。

第三，顺应时代发展，充分调动人民群众监督的积极性与主动性。在高速发展的信息时代，要发挥人民群众监督的积极性，除传统渠道监督外，还可以通过微信和微博等公众服务平台，努力创造条件鼓励人民群众进行舆论监督。孟建柱指出："广泛发动人民群众，推动形成人人要监督、人人愿监督、人人敢监督的良好氛围。"要充分发扬社会主义民主，贯彻党的群众路线，营造鼓励监督、保护监督的环境，激发人民群众主人翁意识和监督热情。长期以来，受各种因素影响，有的群众监督主体意识不强，不愿监督、不敢监督、不会监督等问题较为突出，影响了监督实效。

第四，要充分发挥新闻媒体的舆论监督作用。舆论监督是中国特色社会主义监督体系的重要组成部分，有着其他监督形式无可比拟的优势，在推动改革发展，推进依法治国、依规治党，维护社会主义民主法治等方面发挥着重要作用。开展舆论监督必须明确人民立场是我们党的根本立场。新闻媒体必须坚决维护党和人民群众的根本利益，树立以人民为中心的工作导向，把服务群众同教育引导群众结合起来，把满足群众需求同提高群众素养结合起来。开展舆论监督要直面问题，新闻媒体应当肩负起社会哨兵的使命，直面工作中存在的问题，加强对党的路线方针政策落实情况、党规党纪执行情况的监督，加大对违纪违法行为、侵害群众利益行为的曝光力度；直面社会丑恶现象，敢于揭露批判不道德行为和不良风气，激浊扬清、针砭时弊，将落脚点放在解决矛盾、改进工作上。开展舆论监督还要注重对比宣传，既要发挥先进典型的示范引领作用，又要发挥反面典型的警示震慑作用。

第五，充分发挥民主党派和无党派人士的监督作用。党的十八届六中全会公报指出，除了各级党委要支持和保证同级人大、政府、监察机关、司法机关等对国家机关及公职人员依法进行监督外，还要保证和支持人民政协依章程进行民主监督，审计机关依法进行审计监督。要支持民主党派履行监督职能，重视民主党派和无党派人士提出的意见、批评与建议。要认真对待、自觉接受社会监督。习近平总书记强调："我们要健全权力运行制约和监督体系，有权必有责，用权受监督，失职要问责，违法要追究，保证人民赋予的权力始终用来为人民谋利益。”① “关键是要健全权力运行制约和监督体系，让人民监督权力，让权力在阳光下运行，把权力关进制度的笼子里。”②

四、科学推进巡回检查制度

完善巡回检查制度，可以保障全面从严治党落到实处，解决全面从严治党常态化、制度化、科学化水平评估之后发现的问题，也是对评估结果反馈的再应用，也就是说全面从严治党始终在路上。无论是党中央的战略决策，还是基层的实践经验，都表明完善巡回检查制度具有重要的现实意义。习近平总书记指出：“巡视是党内监督的战略性制度安排。明代以后有八府巡按，走到哪里，捧着尚方宝剑，八面威风。我们的巡视不是八府巡按，但必须有权威性，成为国之利器、党之利器。推动巡视向纵深发展，根本在于贯彻中央巡视工作方针。要重点检查被巡视党组织是否维护党章权威、贯彻从严治党方针、执行党的路线方针政策和决议，是否存在党的领导弱化、主体责任缺失、从严治党不力等问题，督促其担负起管党治党责任。要以党的纪律为尺子，重点检查政治纪律执行情况，着力发现腐败、纪律、作风和选人用人方面的突出问题，更好发挥震慑遏制治本作用。要以贯彻执行巡视工作条例为契机，提高依规依纪巡视能力，推动巡视工作制度化、规范化。”③ 全面从严治党常态化、制度化、科学化离不开完善巡回检查制度，完善巡回检查制度应该做到以下几点：

第一，把握巡回检查制度内在的关联性。完善巡回检查制度是一项系统管理工程，包括一些子系统，而且每个子系统本身也有自己的功能和目标，应该在总目标的统一引导下，分步骤协调不同子系统之间的关系，通过有效分工，实现合作。首先，加强巡回检查制度的总体规划，突出巡回检查机制的主体地位。应通过明确巡回检查制度内各组成部分的机制与责

---

① 习近平．习近平谈治国理政［M］．北京：外文出版社，2014：142．

② 同①391－392．

③ 习近平．习近平谈治国理政：第2卷［M］．北京：外文出版社，2017：170．

任划分，突出巡回检查制度在全面从严治党中的地位，正确处理巡回检查制度在监督中的地位，发挥巡回检查制度的优越性。其次，建立巡回检查制度的网络。应该在中央纪律检查部门的领导下，建立巡回检查制度的网络体系，保证参与巡回检查的各系统各部门之间可以做到互通有无，加强沟通，共享资源，建立覆盖面广、资源丰富、渠道畅通、联系紧密的巡回检查信息网络，使得巡回检查更加准确和全面，增强巡回检查制度的影响力。最后，建立巡回检查制度的工作细则。应该以中央思想为指导原则制定工作细则，根据巡回检查的工作经验，不断提炼其中可以推广的经验，形成巡回检查制度的操作层面的依据。

第二，综合利用巡回检查的方式。全面从严治党不是一蹴而就的，需要强大的韧性与持之以恒的定力，巡回检查不能走过场、刮阵风，而应该根据党的长远目标、近期目标要求，根据本年度工作重点开展巡回检查。主要包括单向巡回检查、多向巡回检查、日常巡回检查等。单向巡回检查主要就群众反映的事关群众生活利益的问题（如经济问题、社会问题、公共利益问题、党的建设问题等）进行定时定向的巡回检查。多向巡回检查，主要是针对重大问题，在当下就是围绕深化全面从严治党中的各种要求，既要考虑思想水平、组织领导能力，还要考虑对群众的影响、其他党外监督的评议，从作风建设方面开展重点的巡回检查与多向巡回检查。日常巡回检查，看似没有重点，却可以从日常中发现一些苗头性问题，可以及时提醒广大党员干部要防微杜渐，避免不必要的损失，既能督促敲打干部，又能保证巡回检查的威慑力。

第三，创新巡回检查的策略。一是表现在由过去“神秘低调”向“公开高调”转变。党的十八大之前，各级纪委以及中央或地方巡回检查组织由于工作性质等原因，长期奉行“神秘低调”“少说多做”原则，不为外界了解。党的十八大之后，中纪委转变策略，创新形式，“五网”合一，打造全新中央纪委国家监委网站，公开曝光，高调反腐。遵循传播规律，借助网络、电视、电台、报纸等现代传播媒体，权威发布案件，形成舆论高潮，对腐败分子形成震慑。二是表现在“走出去”与“请进来”相结合。纪委负责人“走出去”，到基层巡回检查、调研，接受新闻采访，宣传纪检监察工作，回应外界关切。同时中纪委首次敞开大门，“请进来”国内外相关专家、学者参观访问，坦诚交流意见、听取建议。

总之，完善巡回检查制度要坚持围绕全面从严治党的要求，突出重点巡回检查，不断创新巡回检查的具体策略，防微杜渐，保证党始终代表人民的利益，始终坚持为人民服务。

第五章　全面从严治党常态化制度化科学化面临的挑战、存在的问题及其原因

第一节　全面从严治党常态化制度化科学化面临的挑战

从“从严治党”到“全面从严治党”，再到“全面从严治党常态化、制度化、科学化”，就是因为当前党的建设所面临的形势和任务与过去相比，已经发生了根本性的变化。而要实现全面从严治党常态化、制度化、科学化，就需要对当前的发展变化有一个客观准确的把握。正如习近平总书记在2014年党的群众路线教育实践活动总结大会上所指出的：“随着世情、国情、党情的不断变化，影响从严治党的因素更加复杂，提出了很多新课题。我们要深入基层、深入实际，深入研究管党治党实践，通过纵向和横向的比较，进行去伪存真、由表及里的分析，正确把握掩盖在纷繁表面现象后面的事物本质，深化对从严治党规律的认识。要注重把继承传统和改革创新结合起来，把总结自身经验和借鉴世界其他政党经验结合起来，增强从严治党的系统性、预见性、创造性、实效性，使从严治党的一切努力都集中到增强党自我净化、自我完善、自我革新、自我提高能力上来，集中到提高党的领导能力和执政能力、保持和发展党的先进性和纯洁

性上来。”①

一、世情新变化带来的挑战

（1）经济全球化。

20 世纪 90 年代以来，世界经济全球化的进程逐步加快，带动了资源和生产要素在全球范围内的流动和合理配置，有利于各国各地区之间的经济技术合作，促进了欠发达地区的经济发展，是人类发展进步的表现，也是世界经济发展的必然结果。2016 年 11 月 19 日，习近平总书记在亚太经合组织工商领导人峰会上指出：“当前，围绕经济全球化有很多讨论，支持者有之，质疑者亦有之。总体而言，经济全球化符合经济规律，符合各方利益。同时，经济全球化是一把双刃剑，既为全球发展提供强劲动能，也带来一些新情况新挑战，需要认真面对。”② 经济全球化毕竟是资本主义全球扩张的产物，其结果除了传统经济活动走向全球化，同时伴随着资本主义国家在政治、思想、文化等方面在全球范围内的渗透与扩张，企图通过经济全球化实现资本主义霸权，威胁发展中国家的制度安全，增加了国家之间发展的不平衡因素。中国自加入世界贸易组织以来，已真正融入经济全球化的浪潮之中，在扩大了对外开放的规模后，在吸引外资、优化产业结构、实现新技术革命等方面抓住机遇，不断强化经济竞争力，实现了经济社会的跨越式发展。但作为一种不可逆转的时代潮流，经济全球化在潜移默化地影响着中国的改革和发展的同时，也对全面从严治党常态化、制度化、科学化提出了挑战。

第一，意识形态渗透对党的思想建设常态化、制度化、科学化提出挑战。信息技术的革新带来的不仅是世界各国空间距离的“缩短”，还有意识形态领域的碰撞。西方资本主义国家利用这一条件，企图将资本主义的价值、观念甚至发展模式灌输和渗透到全世界。美国政治理论家亨廷顿曾说：“对一个传统社会的稳定来说，构成主要威胁的，并非来自外国军队的侵

---

① 中共中央文献研究室．十八大以来重要文献选编：中［M］．北京：中央文献出版社，2016：102．

② 习近平．深化伙伴关系 增强发展动力：在亚太经合组织工商领导人峰会上的主旨演讲［N］．人民日报，2016-11-21．

略，而是来自外国观念的侵入，印刷品比军队和坦克推进得更快、更深入。”① 特别是国际互联网的建立和普及，在促进各国经济联系、知识全球化的同时，也对社会主义国家的价值观念和意识形态造成了负面影响。我国网民在享受信息共享的文明成果的同时，也不免遭受西方意识形态的侵蚀。不同思想观念和价值导向涌入党内，拜金主义、享乐主义、极端个人主义等思想观念开始进入一些思想信念不够坚定的党员甚至领导干部的头脑，他们开始对社会主义产生怀疑，甚至盲目崇拜西式民主。特别是一些基层的党员领导干部，在西方意识形态的攻势下放弃了自己对社会主义的信仰，改变了共产党员的人生理想、道德观念，在资本主义消极腐朽文化的冲击下，产生信仰危机，这些都为全面从严治党常态化、制度化、科学化造成了一定的障碍，如果没有及时采取有力措施，必然会使党的思想建设面临更加复杂的局面。

第二，跨国行为增加对党的组织建设常态化、制度化、科学化提出挑战。经济全球化促进了世界市场的不断扩大和统一，同时带来的是跨国行为、跨国公司的增加，这就为一些跨国化的腐败行为提供了便利条件。首先，信息资源全球化下党员干部的素质和工作能力不适应政治、经济、社会等方面全面改革带来的新变化和新情况的状况时有发生，特别是在各种利益诱惑面前，党员领导干部是否能够坚定信仰和抵御诱惑，这对党员的发展和领导干部的选拔任用提出了更高的要求。其次，跨国行为的增加必然导致流动党员特别是跨国流动党员的增加，对于这些流动党员的发展和管理、党员组织活动的开展等问题，都对党组织建设的常态化、制度化、科学化提出了新的挑战。

第三，腐败跨国化对党的作风建设和反腐倡廉建设常态化、制度化、科学化提出挑战。随着经济全球化的不断深入，腐败行为也越来越组织化、智能化、跨国化，形式多样，危害更加严重。腐败行为的跨国化不仅给我国的国民经济带来巨大损失，而且给党在人民群众中的威信和形象造成严重的危害。一方面，经济全球化导致的跨国行为的增加，使一些跨国

① 亨廷顿. 变化社会中的政治秩序［M］. 北京：生活·读书·新知三联书店，1989：51.

公司为了争夺中国市场份额，获取巨额利润，不惜采取贿赂手段。比如西门子作为一家著名跨国公司和品牌企业，便以不正当的商业贿赂手段谋取利益。近年来，贿赂手段不断翻新，给司法机关追踪行贿受贿设置了障碍，比如为位高权重的官员子女海外留学提供物质条件，安排昂贵的海外度假旅行，与官员的亲属共同创办企业，为官员海外的账户存钱等。在党全面深化改革的进程中，由于一些配套政策没有完全跟上经济改革的发展进程，给腐败犯罪行为造成了可乘之机。再加上一些党员领导干部受西方腐朽思想的侵蚀，人生观、价值观发生扭曲，在一定程度上增加了党的作风建设和反腐倡廉建设的难度。另一方面，近年来，国内的一些腐败犯罪分子为了逃避国内法律的制裁，纷纷潜逃国外。跨国洗钱活动日益频繁，由于我国与一些国家并没有签订引渡协议，这就增加了一些跨国性腐败案件的调查难度，造成国家资金大量外流，腐败分子逍遥法外。

（2）世界多极化。

冷战结束之后，美苏争夺世界霸权的两极格局彻底结束，国际局势总体上由紧张转为缓和，世界格局发生转换，各种力量重新分化和组合，导致了多极化格局的形成。面对经济全球化进程的加快，发展中国家在与发达国家建立自由贸易区时，在技术和管理等方面较发达国家存在劣势。在寻求经济领域的合作与交往中，世界各国基本达成和平与发展的共识。单极与多极的矛盾、称霸与反称霸的斗争，将成为21世纪相当长一个时期内国际斗争的焦点。

第一，不稳定因素增多。世界多极化的曲折发展使国家间称霸与反称霸的斗争将长期存在，同时发展的不平衡与矛盾的复杂多变导致影响世界和平与发展的不稳定、不确定的因素增加，由民族、宗教、资源等问题引发的争端和冲突并未减少，恐怖主义、环境恶化、毒品等非传统因素导致的安全问题日益突出。这对我们党妥善应对和处理各种风险的能力提出了更高的要求。2008年国际金融危机给资本主义世界带来了巨大影响。中国凭借党和政府的领导及社会主义的优势，在稳定全球经济的努力中发挥了重要作用，也使得中国模式和发展道路备受世界瞩目，让广大党员干部更加坚定了社会主义的信念。国际金融危机的爆发动摇了新自由主义和美国的霸权，使国际力量的对比发生变化，这对中国的发展既有机遇，也有挑战。

第二，民主政治面临挑战。中国始终推行社会主义民主政治，秉承国家的一切权利属于人民，坚持和维护最广大人民群众的根本利益。改革开放以来，我国的民主政治不断完善和发展，调动了人民的积极性，对解放和发展生产力产生了积极的影响。习近平在庆祝全国人民代表大会成立 60 周年大会上指出："改革开放 30 多年来，中国经济实力、综合国力、人民生活水平不断跨上新台阶，我们不断战胜前进道路上各种世所罕见的艰难险阻，中国各民族长期共同团结奋斗、共同繁荣发展，中国社会长期保持和谐稳定。这些事实充分证明，中国社会主义民主政治具有强大生命力，中国特色社会主义政治发展道路是符合中国国情、保证人民当家作主的正确道路。"[①] 中国实行在长期革命和建设中发展起来的中国共产党领导的多党合作和政治协商制度，并以这种符合中国国情的政党制度，保障社会各阶层、各人民团体和各界爱国人士在国家政治生活、社会生活中发挥重要作用。以中国人民政治协商会议这种爱国统一战线组织的形式，将中国共产党与各民主党派、各人民团体和社会各方面代表团结在一起，通过政协对国家大政方针和社会生活的重大问题进行协商，并通过建议和批评充分发挥民主监督作用。但是在世界多极化的背景之下，中国共产党始终面临着西方国家的挑战。在信息技术极度发达的今天，中国的民主政治如果跟不上时代的潮流和变化，就会产生一定的风险。如何利用当前的国际化趋势，在政治决策、经济决策、发展决策等方面确保民主化和科学化，同样值得深入研究。

（3）世界社会主义的发展。

20 世纪一个最重要的特征，就是社会主义的兴起。在列宁领导俄国十月革命取得胜利之后，以中国为代表的一批国家先后建立社会主义制度，改变了世界政治格局，由此社会主义同资本主义展开了长期的较量和斗争。20 世纪末，东欧剧变、苏联解体使世界社会主义的发展遭受挫折，许多社会主义国家的共产党政权相继崩塌，地处欧亚的多个社会主义国家倒

---

① 习近平．习近平谈治国理政：第 2 卷［M］．北京：外文出版社，2017：288.

退回资本主义社会，社会主义国家、共产党组织、共产党员的数量都大幅减少，资本主义世界没有出现统治阶级和被统治阶级的斗争形势，没有出现大量的工农群众运动和大范围的革命运动。在社会主义兴起的西欧国家，共产党的政治生活逐渐被边缘化，特别是在2008年国际金融危机爆发之后，资本主义国家的工人运动似乎也并没有增强，因此有人说世界社会主义运动陷入了低谷。

第一，苏联解体对加强党的意识形态工作提出了新的挑战。“苏联解体使世界社会主义阵营遭受巨大冲击，世界共产主义凝聚力严重削弱。许多社会主义国家在苏联解体后相继选择了资本主义道路，世界社会主义国家由原先的15个减至5个，苏联各加盟共和国共产党员也不同程度地大量流失。同时，苏联解体也使世界其他资本主义国家内的共产党组织遭受了严重打击，不少资本主义国家内部共产党均出现了分裂与分化，一些国家的共产党纷纷改旗易帜。”① 东欧剧变、苏联解体，不仅不能证明社会主义历史的终结，反而证明了社会主义理论的科学性。苏联解体，正是苏共背离马克思主义，放弃意识形态领导权的结果。1985年，戈尔巴乔夫接任苏共中央总书记，开始实施所谓“新思维”改革，主张意识形态“多元化”“民主化”“自由化”，其实质就是否定苏联的历史和伟人的功绩，否定人民民主专政和共产党的领导。国内外敌对势力和各路媒体开始渗透西方议会制、多党制，否定社会主义的论调开始蔓延，反马克思主义思潮泛滥，导致苏共组织涣散和信仰缺失。“对于一个马列主义执政党来说，强有力的思想意识形态工作就是它凝聚党心、凝聚民心、率领自己的党和人民，统一步伐、迈步前进的理想、意志和号角。当它的号角被夺取、当它的理想和意志被摧垮的时候，这个党还能够存在吗？”② 当国家和社会舆论导向都否定和抹黑苏共的社会主义实践，人民群众和党员面临苏共领导人宣布解散共产党、推翻社会主义制度的时候，也就没有人来捍卫共产党、捍卫社会主义。

---

① 林彦虎，冯颜利. 对苏联解体教训的再认识［J］. 红旗文稿，2016（17）：34-36.

② 李慎明. 居安思危：苏共亡党的历史教训［M］. 北京：社会科学文献出版社，2013：76-77.

2013 年 1 月 5 日，习近平总书记在新进中央委员会的委员、候补委员学习贯彻党的十八大精神研讨班上的讲话中明确指出："苏联为什么解体？苏共为什么垮台？一个重要原因就是意识形态领域的斗争十分激烈，全面否定苏联历史、苏共历史，否定列宁，否定斯大林，搞历史虚无主义，思想搞乱了，各级党组织几乎没任何作用了"①。中国特色社会主义发展的时代，仍然是资本主义和社会主义相互博弈的时代，两种不同道路的较量必将表现为在意识形态领域的激烈交锋。在当今价值多元和众多社会思潮涌入的情势下，必须高度重视党的意识形态工作，始终保持社会主义意识形态的主导地位，不断增强社会主义意识形态的凝聚力和吸引力，坚持用马克思主义中国化时代化的最新成果武装全党、教育人民，着力构建自己的话语体系。当前，我国在意识形态工作中仍然存在一些问题，比如部分党员领导干部理论素养不强，意识形态传播方式相对单一，部分媒体政治倾向错误等，这都是需要我们高度警惕和反思的。要充分认识意识形态工作的复杂性、艰巨性和长期性，直面问题，牢记教训，突破西方敌对势力的意识形态"围剿"。

第二，新时代对进一步改善民生提出了新的要求。党执政地位的稳固既是全面从严治党常态化、制度化、科学化的基础，也是其前提。马克思主义认为，历史是人民创造的，人民群众是无产阶级政党执政的阶级基础和社会基础。苏联解体的教训告诉我们党的执政地位与人心向背有重要的联系，"一个政党若要得到民众支持，进而实现政治目的，首要的问题是其执政理念能被民众所认可和接纳，而政党执政理念主要是通过话语来呈现的。民众对执政党话语的认同主要是基于自身利益和需求，若执政党的执政理念是以民众利益为出发点和落脚点的，民众就会认同其执政理念，反之则会反对这种执政理念"②。20 世纪出现的错综复杂、变化深刻的历史进程向马克思主义者和共产党人提出更高的要求：满足人民的物质需求、提高人民的生活水平，才是一个政党在政治上成功的标志。苏共执政

---

① 中共中央文献研究室. 十八大以来重要文献选编：上［M］. 北京：中央文献出版社，2014：113.

② 林彦虎，冯颜利. 对苏联解体教训的再认识［J］. 红旗文稿，2016（17）：34-36.

期间，苏联的经济水平在世界上并不落后，但就是因为将国民经济的重心放在了重工业和军事工业上，而人民所需要的轻工业和食品工业比重不断缩小，消费品的生产和供应长期处于短缺状态，导致苏共对于满足人民生活水平的承诺不能兑现，人民群众与苏共所描绘的共产主义理想世界渐行渐远，人民群众逐渐丧失信心。中国共产党全面从严治党的目的就是使“党性”和“人民性”相统一，全面从严治党的战略思想也必须与改善人民的生活水平紧密结合。在世界社会主义运动处于低潮的情况下，不断重申和强调党全心全意为人民服务的宗旨，以不断改善民生为根本目的，才会使全面从严治党常态化、制度化、科学化真正落到实处。

第三，新时代对党的组织建设提出了新的挑战。2008 年国际金融危机之后，世界各国共产党通过各种宣传、斗争形式扩大了社会主义在世界范围内的影响力，取得了较好的效果。从总体上看，除中国、越南、朝鲜、古巴、老挝等国家的共产党组织建设在本次危机之后得到进一步加强，其他国家和地区的共产党组织建设并不理想。在 2008 年国际金融危机中，虽然发达国家共产党的表现十分活跃，但是，金融危机并未改变共产党在发达国家政治生活中的边缘化处境，它们当下的最大困境依然是力量弱小、合法性资源匮乏，在西方民众心目中难以得到更多的政治认同。此外，在应对危机方面，虽然各国共产党提出了一些具体措施，但由于缺乏执政资源，或者措施可行性不高、执政能力低下，再加上组织松散、宣传力度不够等原因，这些措施最终流于形式，难以付诸实践。拉美地区的社会主义，以及左翼势力虽得到发展壮大，但在怎样走社会主义道路、坚持以马克思主义为指导、加强共产党组织建设方面仍有许多亟待解决的现实问题①。

党的组织建设关系到党的纯洁性和战斗力，是实现党的领导的物质载体，也是实现全面从严治党常态化、制度化、科学化的组织基础。新中国成立以来，特别是改革开放以来，党根据自身历史方位和中心任务的变化，坚持不懈地抓党的组织建设，从组织上保证和促进广大党员干部的领

---

① 冯颜利，唐庆. 21 世纪初世界社会主义的理念、特征、挑战与前景［J］. 马克思主义理论学科研究，2016（1）.

导水平和执政能力不断提高，充分发挥了党的组织优势。为了不断适应时代变化和发展的需要，新时代党的建设要进一步解决提高党的领导水平和执政能力、提高拒腐防变和抵御风险的能力这两大历史性课题，进一步增强党的战斗力和凝聚力，这是实践党的性质，履行党的宗旨，实现党的任务，使党始终立于不败之地的重要保证，也是对全面从严治党常态化、制度化、科学化提出的更高要求。

二、国情新变化带来的挑战

（1）社会主义市场经济体制。

1992 年 10 月，中国共产党第十四次全国代表大会根据邓小平南方谈话的精神，总结 10 多年改革开放的经验教训，确定我国经济体制改革的目标是建立社会主义市场经济体制。这个目标的确立是中国共产党在社会主义建设理论上的重大突破，既符合现代社会经济发展的一般规律，又同我国改革开放和社会主义现代化建设的具体实践相适应。社会主义市场经济的发展，已经为中国的政治、经济、社会等带来巨大的变化，这样的变化同样会对全面从严治党产生一定的影响和挑战。

社会主义市场经济是中国特色社会主义理论创新的一部分，具备了市场经济的基本特征。首先，从经济成分多元化角度来看，社会主义市场经济坚持以公有制为主体，多种所有制经济共同发展，允许和鼓励个体、私营以及外资经济与公有制经济在平等竞争的基础上共同发展和繁荣，以促进社会生产力更快更好地发展，逐步满足人民群众日益增长的物质文化需要。这种多元化经济成分的出现，一方面可增强市场活力，调动多方面的积极性，推动生产力的发展；另一方面，市场经济的交换原则也容易被少数人应用到社会其他领域，甚至诱发钱权交易等腐败现象。市场经济追求利益最大化，而社会主义代表最广大人民的根本利益；市场经济注重回报，社会主义追求奉献；市场经济造成贫富差距，而社会主义的目的是共同富裕。在面对市场经济和社会主义的冲突时，如何将二者有机统一，是党一直以来面临的课题。经济成分的多元化极易导致思想观念的多元化，传统道德观念被冲击，对社会主义核心价值观的认同容易被削弱。

其次，从经济活动的开放性角度来看，发展对外经济关系是我国建立社会主义市场经济体制以来经济增长的重要因素。市场经济的开放性能够使从事经济活动的参与者充分发挥自身优势，同时也是社会分工和生产专业化的要求、实现资源优化配置的需要。我国在开放扩大国际市场、寻求经济增长点的同时，也将西方发达国家的先进管理经验和技术同时引进。但是在频繁的国际交往过程中，西方资本主义国家的一些腐朽思想和不良社会风气也会随之而入。这在一定程度上对党员领导干部的理想信念、价值取向、生活方式造成不良影响，一些违背党和国家方针、政策、法律的行为就会顺势蔓延。

最后，从经济利益的竞争性角度来看，经济活动参与者的广泛竞争性也是市场经济的一个重要特点。从价值规律来讲，竞争是商品经济的必然产物，也是市场能够有效运行的必要条件。正当的市场竞争会产生积极的社会作用：竞争使生产者改进技术、改善经营管理，提高劳动生产率，调动积极性，同时根据市场需求组织和安排生产，使生产与需求相适应，保证价格机制在调节社会资源配置中的作用。但是，市场经济的竞争也会带来一定的负面效应，竞争的自发性和盲目性导致经济运行的无政府状态，市场经济始终追求的是利益最大化。经济活动的竞争难免造成个人利益和集体利益相背离的情况，在信仰不坚定的党员领导干部中间就会出现损公肥私的不正当竞争手段和行为，不仅破坏市场的公平竞争，而且容易诱发拜金主义、个人主义、功利主义，甚至在党内产生以权谋私、损人利己的腐败行为，动摇党全心全意为人民服务的根本宗旨，走向违法犯罪的深渊。

（2）错误思潮的危害。

社会思潮是在特定的社会历史背景下，建立在一定的社会心理基础之上，具备某种相应的理论形态并在一定范围内具有相当影响力的带有某种倾向性的思想趋势。作为一种社会意识，社会思潮也是对社会存在的一种反映，反映了一定时期、阶段内一定阶级和阶层的利益诉求。当前我国正处于全面深化改革的攻坚期，人们在利益诉求、思想观念、行为方式等方面的变化引发了形形色色的社会思潮，影响着人们的思想、行为和社会的稳定发展，其中不乏错误思潮。如果不旗帜鲜明地对错误思潮进行批判而任由其发展下去，必然会造成极大的社会危害。特别是在党内，错误思潮容易导致党员领导干部思想信仰混乱，对全面从严治党的效果产生消极影响。当前在我国值得关注的错误思潮主要有四种：新自由主义、“宪政民主”论、“普世价值”论和历史虚无主义。这四种错误思潮与主流意识形态针锋相对，是关系到我们的国家、我们的社会、我们的党举什么旗、走什么路的根本性问题。

第一，新自由主义。新自由主义思潮来自西方发达资本主义国家，它经历了从古典自由主义、现代自由主义到当代新自由主义的发展和变形。20 世纪 90 年代以来，经过所谓“华盛顿共识”后被推及世界。新自由主义思潮的主要观点有：在经济理论方面，新自由主义继承了资产阶级古典自由主义经济理论的自由经营、自由贸易等思想，并走向极端，大肆宣扬完全自由化、彻底私有化、非调控化；在政治理论方面，新自由主义否定公有制、否定社会主义、否定国家干预；在战略和政策方面，新自由主义极力鼓吹以超级大国为主导的全球一体化，并着力强调要推行以超级大国为主导的全球经济、政治、文化一体化，即全球资本主义化。在价值观上，新自由主义主张个人主义，认为个人权利是判断一切社会行为得失成败问题的尺度，个人利益是解释一切历史事件的动因。近年来，由于我国经济增速放缓，一些主张新自由主义的学者趁机大力鼓吹新自由主义，其实是有一定的政治用心的。“美国竭力把新自由主义推销到中国来，希望中国的改革能够按照‘华盛顿共识’进行，其目的是想把中国的改革引上资本主义的道路。新自由主义，对社会主义国家来说，是美国推行‘和平演变’的有力工具，这一点，我们从苏联戈尔巴乔夫的改革以及后来俄罗斯的改革中看得很清楚。但是，我国有一些学者盲目崇拜西方经济学，照搬新自由主义，在很大程度上控制了经济学的话语权，一度造成洋迷信盛行，影响了一部分人。因此，旗帜鲜明地批判新自由主义，揭示它的实质，分清理论是非，教育广大群众，是当前经济学领域的一项重要任务。”① 我们在发展社会主义市场经济的过程中，一定会吸收和借鉴西方经

① 周新城. 新自由主义的核心观点及其对我国改革的影响 [J]. 学习论坛，2010 (1).

济学中有益的做法，但是对于别有用心的意识形态渗透必须坚决抵制，“共产党人可以把自己的理论概括为一句话：消灭私有制”①。我们的党始终向着共产主义的目标前进和奋斗，如果忘记了根本目标、偏离了正确轨道，我们的党就不是真正的共产党，不是真正的马克思主义政党。

第二，“宪政民主”论。近年来一些“宪政民主”论者将西方的“宪政民主”冠以社会主义的称号，提出要用“社会主义宪政”取代社会主义民主，以此攻击中国的社会主义制度，他们提出“修宪”，鼓吹“宪政改革”。提出要把中国从过去的“革命宪法”、目前的“改革宪法”，转变成融入世界潮流的“宪政宪法”；提出中国必须结束“党治国家”，建设名副其实的“宪政民主”的“宪治国家”；有些人还抛出了“零八宪章”，提出了中国实施“宪政”的具体纲领。宪政的概念起源于西方，宪政是欧洲资产阶级革命的产物，宪政民主最早产生于英国，后在法国和美国先后被确立为政治制度。马克思指出：“法的关系正像国家的形式一样，既不能从它们本身来理解，也不能从所谓人类精神的一般发展来理解，相反，它们根源于物质的生活关系”②。法是人类社会发展到一定阶段的产物，西方宪政伴随着西方资本主义国家的宪法产生，其所维护的也就是资产阶级的根本利益。西方宪政民主从其产生的过程来看，它是近代资产阶级革命胜利的成果；从其代表的阶级利益来看，它代表和维护的是资产阶级的根本利益和意志；从其理论基础来看，它以私有财产神圣不可侵犯为逻辑基础；从其价值取向来看，它是以个人主义为出发点与落脚点的。西方宪政从本质上来看，与社会主义国家制度格格不入。《中华人民共和国宪法》确定了中国共产党的执政地位，规定了人民民主专政的国体和人民代表大会制度的政体，国家的一切权力属于人民。我国制定宪法、实施社会主义民主，其目的就是维护广大人民群众的根本利益，实现社会主义的民主政治。我们党提出依法治国，建设社会主义法治国家，指的是党领导人民治理国家，保证人民依法实行民主选举、民主协商、民主决策、民主管理和民主监督，维护广大人民群众的根本利益。这与资本主义国家的

① 马克思，恩格斯．马克思恩格斯文集：第2卷［M］．北京：人民出版社，2009：45.
② 同①591.

"宪政民主"维护资产阶级的利益完全不同。改革开放以来，我国已经完全探索出一条适合我国国情和社会发展要求的社会主义民主政治道路，成为中国共产党有效实现"立党为公，执政为民"的根本途径，维护了广大人民的根本利益，并为更好地实现社会公平正义提供了重要保证。在全面深化改革的进程中，要坚决抵制盲目照搬西方制度的言论和行为，进一步完善政治体制改革与民主政治建设，让社会主义民主政治随着社会主义事业的发展更加具有活力和生命力。

第三，"普世价值"论。近年来，关于"普世价值"的争论不断，认同西方"普世价值"者认为，西方国家倡导的民主、自由、平等、人权等应是人类共同追求的价值观，更有甚者将党的十八大报告提出的社会主义核心价值观中的"民主""自由""平等""公正"等同于西方宣扬的"普世价值"。如果不及时厘清这些概念，就会造成思想上的混乱。首先，从马克思主义的观点来看，马克思曾指出："'价值'这个普遍的概念是从人们对待满足他们需要的外界物的关系中产生的"。[①] 人是一切社会关系的总和，人如果离开对具体现实的考量，价值也就没有意义。恩格斯在批判杜林先验主义的"永恒道德"论时就指出："人们自觉地或不自觉地，归根到底总是从他们阶级地位所依据的实际关系中——从他们进行生产和交换的经济关系中，获得自己的伦理观念。"[②] 也就是说，在阶级被完全消灭之前，一切反映社会经济和社会关系的政治、道德、文化等社会意识层面的概念都具有阶级性和时代性，所谓适合一切民族和时代的"普世价值"也就无从谈起。从西方国家的历史来看，它们并没有践行其极力推崇的"民主""自由""平等""人权"，而是与之相背离。以西方的选举制为例，最早实行议会民主选举的英国，当时700万人口中，只有25万人具有投票的自由与权利；1776年美国颁布的《独立宣言》开篇就宣称"人人生而平等"，但当时所指的"人"仅指白人男性公民，妇女与黑人并不在其中，而且纳税多的人有多张选票；1791年颁布的法国宪法明确宣布"选举权和

---

① 马克思，恩格斯. 马克思恩格斯全集：第19卷［M］. 北京：人民出版社，1963：406.

② 马克思，恩格斯. 马克思恩格斯全集：第26卷［M］. 2版. 北京：人民出版社，2014：99.

被选举权仅限于积极公民”，而当时法国 2 600 万总人口中只有 400 万为“积极公民”。经过无产阶级和其他劳动人民的长期斗争，现代西方的选举制虽已经具备了“一人一票”的形式，但也只是有钱人的游戏，从历年美国大选的竞选经费逐年攀升的情况来看，政治势力的争夺已经演变为军备竞赛，所谓“民主”无从谈起。其次，从现实结果来看，现在世界上有 220 多个国家和地区，除几个少数社会主义国家外，大部分国家都按照西方民主制过渡到了“民主政体”，俄罗斯、东欧国家按照西方宪政民主搞多党制、议会制，结果引来全面危机，叶利钦的“民主十年”被称为俄罗斯“三百年来最黑暗的时期”。“颜色革命”后的格鲁吉亚、乌克兰、吉尔吉斯斯坦，非但没有迎来希望的“自由”“民主”“人权”，反而造成社会经济秩序混乱。最后，从当代来看，2017 年 1 月 27 日，美国总统特朗普签署了一份名为“阻止外国恐怖分子进入美国的国家保护计划”的行政命令。这份行政命令要求，未来 90 天内，禁止伊拉克、叙利亚、伊朗、苏丹、索马里、也门和利比亚等七国公民入境美国。此令一出，引发了来自世界各地的争议，也从侧面反映了美国穆斯林群体遭受排斥歧视的现实，这对美国一直鼓吹的“自由”“平等”“人权”也是一种莫大的讽刺，如果连自己都无法做到，如何去要求别的国家。由此可见，西方国家所推崇的“普世价值”是在用双重标准来衡量和干扰我国的价值导向，其目的就是消解我国社会主义核心价值观的引领，以达成其险恶的政治战略意图。

第四，历史虚无主义。历史虚无主义是通过各种方式重新解读历史，通过否定马克思主义的指导地位和中国走向社会主义的历史必然性，从而否定中国共产党执政合法性的一种社会思潮。历史虚无主义的主要表现有：否定中国近现代历史，鼓吹“告别革命”，认为中国的革命只有破坏性的作用，诋毁和否定我国社会发展的社会主义取向及其伟大成就。以“学术研究”的面目出现，在“重新评价”“重写历史”的名义下，做翻案文章，设置“理论陷阱”①，比如借“重新评价”五四运动，抹杀五四运动在中国近代历史上救亡图存的重要作用。在中国共产党拨乱反正、工作重

---

① 梁柱. 历史虚无主义思潮的泛起、特点及其主要表现［J］. 马克思主义研究，2013（10）.

点转入现代化建设和改革开放这一特定历史条件下，一些人以“反思历史”为名，歪曲“解放思想”的真意，从纠正“文化大革命”“左”的错误，发展到“纠正”社会主义；从纠正毛泽东晚年的错误，发展到全盘否定毛泽东的历史地位和毛泽东思想；从诋毁新中国的伟大成就，发展到否定中国革命的历史必然性；从丑化、妖魔化中国共产党领导的革命和建设的历史，发展到贬损和否定近代中国一切进步的、革命的运动；从刻意渲染中国人的落后性，发展到否定五千年中华文明；等等。评价一个国家和政党的决策和道路是否正确，最重要的就是要看这个国家的行为是否推动了社会生产力的发展和提高了人民的生活水平。事实证明，具有中国特色的社会主义道路和革命建设的决策已经极大地促进了中国经济社会的飞速发展，中国人民的生活水平也在不断向更高的水平迈进。历史虚无主义通过历史中的碎片和局部来评价历史，否定历史，其背后有一定的政治诉求。它通过否定中国的革命和建设来否定中国的社会主义方向和道路，如果有人接受了这些观点，开始怀疑历史，进而开始怀疑现实，“灭人之国，必先去其史”。一味否定历史，搞历史虚无主义，必然会扰乱人民对国家主流意识形态的认同。我们必须时刻警惕别有用心的敌对势力，旗帜鲜明地批判此类错误思潮。

总的来说，各类错误思潮的本质还是西方资本主义国家的意识形态渗透，用一些缺乏事实和科学依据的言论来混淆视听，妄图取代马克思主义在我国社会主义道路中的指导地位，动摇我们的精神支柱和共同理想，以达到“和平演变”的真正目的。党的十八大报告指出，我们不能走改旗易帜的邪路。中国共产党员作为中国工人阶级的有共产主义觉悟的先锋战士，在意识形态领域也要充分发挥先锋模范作用，用马克思主义的观点、立场、方法来分析和批判错误思潮，敢于对错误思潮进行反击。我们在全面从严治党的进程中重视思想建设方面的常态化、制度化、科学化，就是要保证党员在意识形态领域的斗争中立场坚定、态度鲜明，保证党的事业健康发展。

（3）网络普及化。

20 世纪 90 年代以来，网络的广泛普及和迅速发展使人类文化的交流传播超越了时空的界限，也是人类传播史上的又一次伟大变革。中国互联网信息中心发布的第 39 次《中国互联网络发展状况统计报告》显示，截至 2016 年 12 月，中国网民规模达 7.31 亿，全年共计新增网民 4 299 万人。互联网普及率为 53.2%，较 2015 年底提升 2.9 个百分点。其中，中国手机网民规模达 6.95 亿，网民中使用手机上网的人群占 95.1%①。而第 53 次《中国互联网络发展状况统计报告》显示，截至 2023 年 12 月，中国网民规模达 10.92 亿人，全年共计新增网民 2 480 万人，互联网普及率为 77.5%。我国网络视频用户规模达 10.67 亿人，占网民整体的 97.7%②。随着网络的不断普及，“网络社会”已成为当前社会的最大特征，并且极大地改变着社会生产、生活关系和人们的生活方式。网络的迅猛发展为全面从严治党常态化、制度化、科学化提供广阔的信息传播空间和丰富的信息资源的同时，必将对后者产生新的冲击和挑战。

首先是信息多元带来的挑战。信息技术的不断发展，不仅能够拓宽人们的视野，而且为信息交流带来了便利。然而，信息准入门槛的降低带来的也有可能是文化的冲突和观念的斗争。当前由于部分网站、论坛缺乏责任感、是非感，网络上多元化的信息，特别是一些负面的信息对党员干部的价值导向产生了误导。因此，如何对多元的网络信息进行甄别和判断，给新时代的党员干部提出了挑战；如何对多样的网络主体和网络信息进行整合，特别是如何消除负面信息，以充分发挥网络的正能量等，都成为新时代党的思想建设的重要内容。

其次是信息自由带来的挑战。网络时代的发展使每个人不仅可以成为信息的接受者，而且可以成为信息的发布者。网络监管的滞后导致一些意志不够坚定的党员干部在受到经济利益的诱惑或思想蒙蔽的情况下，匿名发布违反党的路线、方针、政策和国家法律的言论，甚至可能会泄露国家机密，给我国的信息安全带来危险。这就要求党的思想建设和作风建设要严格把控和严肃处理党员干部的思想偏差和组织观念的弱化，同时在网络

---

① 中国互联网络信息中心. 图解：第 39 次《中国互联网络发展状况统计报告》[EB/OL]. 中国网信网，2017-01-22.

② 中国互联网络信息中心. 第 53 次《中国互联网络发展状况统计报告》发布 互联网激发经济社会向“新”力 [EB/OL]. 中国网信网，2024-07-10.

监管制度建设方面要紧跟网络的即时性和公开性，预防党员干部各类网络违规犯罪。

最后是信息速度带来的挑战。与传统的信息交流方式相比，网络信息传递的即时性和便捷性是其最大的优点。网络信息传递速度对党员领导干部处理突发事件的能力是一种挑战。随着信息传播的便捷发展，网络逐渐成为广大公民抨击时政弊端和社会丑恶现象的聚集地，这就导致一些现实的社会问题和社会矛盾不断通过网络迸发出来，容易产生“蝴蝶效应”，引发广大网民的关注和评论，形成网络舆情。网络舆情的形成为各级政府处理问题造成了一定的舆论压力，难免出现党员领导干部难以适应的局面，使党员领导干部在控制事件的发展方面处于被动地位。

三、党情新变化带来的挑战

充分认识和准确把握党情的新变化，对于加强和改进党的建设，实现全面从严治党常态化、制度化、科学化，确保党始终成为中国特色社会主义事业的坚强领导核心，具有十分重要的意义。党的十八大以来，党按照2013年1月29日中共中央政治局会议中提出的发展党员要“控制总量、优化结构、提高质量、发挥作用”的十六字方针，积极发展优秀党员，使党员队伍在数量和结构上发生了巨大的变化，主要有以下特点：

第一，党员队伍规模稳步增大。据中共中央组织部2022年《中国共产党党内统计公报》，截至2022年12月31日，中国共产党党员总数为9 804.1万名，比2021年底净增132.9万名，增幅为1.4%①。

第二，党组织覆盖面不断扩大。据2022年《中国共产党党内统计公报》，截至2022年12月31日，中国共产党现有基层组织506.5万个，比2021年底净增12.9万个，增幅为2.6%。其中基层党委28.9万个，总支部32.0万个，支部445.6万个。全国共有党的各级地方委员会3 198个。其中，省（区、市）委31个，市（州）委397个，县（市、区、旗）委2 770个。全国9 062个城市街道、29 619个乡镇、116 831个社区（居委会）、490 041个行政村已建立党组织，覆盖率均超过99.9%。全国共

① 中共中央组织部. 中国共产党党内统计公报［N］. 人民日报，2023-07-01.

有机关基层党组织 75.6 万个，事业单位基层党组织 97.7 万个，企业基层党组织 157.1 万个，社会组织基层党组织 17.9 万个，基本实现应建尽建①。

第三，党员结构趋于优化。据 2022 年《中国共产党党内统计公报》，截至 2022 年 12 月 31 日，从党员的性别、民族和学历来看，女党员 2 930.2 万名，占党员总数的 29.9%；少数民族党员 744.5 万名，占 7.6%；大专及以上学历党员 5 365.4 万名，占 54.7%。从党员的年龄来看，30 岁及以下党员 1 243.5 万名，31 至 35 岁党员 1 150.0 万名，36 至 40 岁党员 1 035.6 万名，41 至 45 岁党员 896.6 万名，46 至 50 岁党员 929.1 万名，51 至 55 岁党员 897.5 万名，56 至 60 岁党员 915.9 万名，61 岁及以上党员 2 735.9 万名②。

第四，职业分布比较均衡。据 2022 年《中国共产党党内统计公报》，截至 2022 年 12 月 31 日，在党员队伍中，工人（工勤技能人员）664.9 万名，农牧渔民 2 603.2 万名，企事业单位、社会组织专业技术人员 1 589.8 万名，企事业单位、社会组织管理人员 1 126.5 万名，党政机关工作人员 778.4 万名，学生 290.1 万名，其他职业人员 764.5 万名，离退休人员 1 986.7 万名③。由此可见，党员在各种职业人群中都有较大的数量。

从党情的变化情况看，当前对全面从严治党常态化、制度化、科学化提出的挑战主要有：

（1）党员队伍不断壮大，对提高党员质量提出了新要求。

执政党想要实现自己的目标，就需要相当数量的党员。中国共产党经过 100 多年的发展历程，已经由当初几十人的党，发展成为领导 14 亿多人口全面建设社会主义现代化国家的执政党。虽然党的十八大以来，中国共产党党员数量的增幅有所下降，但是党员的数量在全国人口数量中仍然占有很大的比重。党员数量的增加说明我们党的影响力不断扩大，党的组织资源也在不断壮大，大量新生力量的加入能够为我们党注入新的活力，但

①②③ 中共中央组织部. 中国共产党党内统计公报［N］. 人民日报，2023-07-01.

同时也为全面开展党的教育和管理带来一定的难度和压力。同时，面临着党的领导干部队伍新老交替，一大批年轻干部走上领导岗位，他们的理论素养和工作能力都有待考察。这些年轻干部虽然都接受过马克思主义理论和优良传统的教育，但是其理论知识可能还不够系统、扎实。由于工作经验不足和对党的历史及现实缺乏了解，如何提高年轻干部的素质和如何培养优秀接班人就成为当前党的建设的重要课题。党员的力量和作用，主要不在于党员的数量，而在于党员的质量。这一点在苏联解体中得到了体现，苏共在拥有 30 多万党员的时候取得了十月革命的胜利，在拥有 2 000 万党员的时候却失去了政权，这其中的教训值得警惕。有些党员虽然形式上已经入党，但是思想上并未达到合格党员的要求，没有起到党员先锋模范的带头作用，没有尽到党员应尽的职责。同时，党员队伍的迅速扩大造成党员的来源多元、职业各异，一些投机分子难免加入党内，对党的纯洁性造成损害。在未来党员数量还会不断增加的趋势下，如果不能加强全面从严治党的常态化、制度化、科学化建设，完善党员的自身管理，剔除党内的腐败和投机分子，我们党就难以保持工人阶级先锋队的性质，无法形成强大的战斗力、凝聚力和向心力，对中国共产党带领全国各族人民全面建设社会主义现代化国家造成一定困难。

（2）党员的经济地位和经济条件的变化对党员思想建设和反腐倡廉建设提出了更高的要求。

根据 2022 年《中国共产党党内统计公报》，改革开放以来，党员的数量有明显的增加，这说明党员在经济地位和经济条件方面有所提高，这就造成党员的思想状态和价值认同产生变化。改革开放强化了党员思想活动的独立性和开放性，同时也增加了党员思想活动的选择性和多样性。市场经济的对外开放性也导致了大量多元观念的涌入，对人们的世界观、人生观、价值观的形成带来了巨大的冲击，拜金主义、享乐主义沉渣泛起，容易造成党员党性宗旨淡化，理想信念缺失，对马克思主义立场不坚定，甚至会产生权力寻租等腐败行为。

（3）党员结构的变化增加了党的组织建设的难度。

随着社会结构的变迁，越来越多的人从单位人变成社会人，以单位为依托的党建管理模式受到较大冲击，社区党组织等基层党组织无法用行政手段开展工作，大量党员关系转移到街道社区党组织，以街道社区为重点的基层党组织管党的任务空前增大。在农村，随着城镇化建设的发展，越来越多的青壮年农民党员进城务工，变成流动党员，致使农村党员队伍老龄化现象日趋严重，不少乡村党组织难以正常开展组织活动，导致党在农村的战斗力、凝聚力出现弱化现象。同时，市场经济体制的确立使得中国社会产生了新的社会阶层，为了能够进一步扩大党的执政基础，许多来自非公有制经济组织的成员被吸收进党组织。在一定程度上，他们将一些非马克思主义的社会思潮带进了党内，这也对马克思主义思想在党内的指导地位产生了冲击。

（4）党长期执政产生的影响。

中国共产党已经成立100多年，执政也有70多年的历史。中国共产党长期执政对于国家和人民来说是一件幸事：不仅可以稳定国家运行，而且能避免历史停滞倒退。但是，20世纪90年代以来，世界上一些执政几十年的大党没有经受住长期执政的考验，相继倒台。直到现在，世界上真正实现长期执政的政党数量极其有限，这说明，长期执政在客观上存在一定的挑战和困难。从苏联到东欧，无产阶级丧失政权的原因主要有路线方针政策的偏差、忽视党的自身建设、脱离群众等，这其中的教训必须引以为戒。我们党自成立以来，始终坚持和完善党的自身建设，避免由长期执政引发问题：党的十六届四中全会通过的《中共中央关于加强党的执政能力建设的决定》指出："无产阶级政党夺取政权不容易，执掌好政权尤其是长期执掌好政权更不容易。党的执政地位不是与生俱来的，也不是一劳永逸的。我们必须居安思危，增强忧患意识"。党的十七届四中全会又进一步指出："全党必须牢记，党的先进性和党的执政地位都不是一劳永逸、一成不变的，过去先进不等于现在先进，现在先进不等于永远先进；过去拥有不等于现在拥有，现在拥有不等于永远拥有。"在庆祝中国共产党成立90周年大会上，胡锦涛指出："全党必须清醒地看到，在世情、国情、党情发生深刻变化的新形势下，提高党的领导水平和执政水平、提高拒腐防变和抵御风险能力，加强党的执政能力建设和先进性建设，面临许多前所未有的新情况新问题新挑战，执政考验、改革开放考验、市场经济考验、外部环境考验是长期的、复杂的、严峻的。”①

习近平总书记在庆祝中国共产党成立 95 周年大会上强调：“办好中国的事情，关键在党。中国特色社会主义最本质的特征是中国共产党领导，中国特色社会主义制度的最大优势是中国共产党领导。坚持和完善党的领导，是党和国家的根本所在、命脉所在，是全国各族人民的利益所在、幸福所在。……党的建设关系重大、牵动全局。党和人民事业发展到什么阶段，党的建设就要推进到什么阶段。这是加强党的建设必须把握的基本规律。”② 在中国共产党执政已经 70 多年的今天，我们党依然面临长期执政的考验：首先，容易出现脱离群众的倾向。执政党与民众之间的关系影响到执政党的政治威信和发展前景。中国共产党之所以能够从革命年代的政治组织发展为今天长期执政的大党，就是因为中国共产党始终坚持全心全意为人民服务的宗旨。“群众路线是我们党的生命线和根本工作路线，是我们党永葆青春活力和战斗力的重要传家宝。不论过去、现在和将来，我们都要坚持一切为了群众，一切依靠群众，从群众中来，到群众中去，把党的正确主张变为群众的自觉行动，把群众路线贯彻到治国理政全部活动之中。”③ 在革命年代，中国共产党依靠群众的支持一步步取得胜利。然而在长期执政的条件下，一些党员干部逐渐丢弃了密切联系群众的优良传统，认为党的执政已经成了党内部的事情，不需要听取人民群众的意见和建议，并没有意识到自己掌握的权力正是由人民群众赋予的。贪污腐败就是脱离群众的后果，甚至在党内部会出现特殊的长期利益集团，影响党在人民群众心中执政为民的形象，损害党的执政合法性。其次，容易出现权力集中和权力滥用的倾向。“绝对的权力导致绝对的腐败”④，权力作为一种强制的支配力量，如果不能得到有效的控制，就会出现权力集中和滥用

① 中共中央文献研究室．十七大以来重要文献选编：下［M］．北京：中央文献出版社，2013：437-438．

② 习近平．在庆祝中国共产党成立 95 周年大会上的讲话［M］．北京：人民出版社，2016：22．

③ 中共中央文献研究室．十八大以来重要文献选编：上［M］．北京：中央文献出版社，2014：697．

④ 阿克顿．自由与权力［M］．北京：商务印书馆，2001：342．

的倾向。一方面，长期执政党的权力容易向国家权力和行政权力的各个方面扩展，弱化权力之间的制衡作用，由此出现权力集中的现象。在这一方面，苏联的教训尤为深刻。虽然高度集中的权力让苏联在十年的时间里通过全力发展重工业一跃成为仅次于美国的工业大国，但是由于工农业比例严重失调，农业生产徘徊不前，人们的生活水平并没有得到提高，这是后来苏联解体的隐性原因。另一方面，权力具有天然的扩张性和腐蚀性。在当前中国的政治制度下，如果没有形成有效的权力监督机制，极易造成权力的滥用和政治的腐败。我国实行党管干部原则，治国必须治吏，治国就是治吏，党员干部的贪污腐败和权力滥用行为会有损党在人民群众中的形象。从近年来我们党严肃查处的一些党员干部甚至高级干部的严重违纪问题来看，我们面临的反腐败斗争形势复杂严峻，必须时刻警惕，坚决以零容忍的态度惩治腐败，巩固党的执政地位。最后，容易失去生机和活力。党长期执政容易导致思维单一和制度僵化。一方面，党员干部的思想容易出现懈怠，对党和国家的前途命运没有忧患意识，在工作中缺乏锐意进取的创新精神，以既定的角度和思维来看待并处理问题，无法应对当前不断变化的社会情况和问题，不可避免地导致看待问题不够全面和准确；另一方面，思想的僵化导致制度的僵化，随着我国经济的飞速发展和世界形势的不断变化，中国共产党在各个阶段所肩负的使命也有所不同，这就要求执政党的执政方式和制度也要不断变化。党员干部如果失去自我更新的能力，就容易走上封闭僵化的老路。

第二节　全面从严治党常态化制度化科学化实践中存在的问题及其原因

一、全面从严治党常态化制度化科学化实践中存在的问题

党的十八大以来，从中央到地方认真贯彻习近平总书记关于全面从严治党的重要论述，逐步扎紧“制度的笼子”，推动管党治党从“宽松软”走向“严紧硬”，政治生态不断优化，但在全面深化改革的攻坚期，我国

依然处于社会结构、利益格局和思想观念深刻变革时期，仍有一些苗头性、倾向性问题难以在短时间内彻底消除，全面从严治党常态化、制度化、科学化任务还很艰巨。

（1）思想认识与全面从严治党的要求还有一定差距。

“全面从严治党”就是管党治党要全方位、全覆盖、无盲区、无例外，要用纪律管住大多数，特别是管住党员领导干部这个“关键少数”，每一名党员、每一个党组织都在其中，没有例外。但是现在还有部分党员和党组织对“全面从严治党”理解不透彻，思想上存在误区：其一，对“全面从严治党”不够重视。大部分党员干部对全面从严治党的布局和方向表示认同，但是当遇到实际问题的时候，思想上往往会存在偏差，比如在涉及一些经济问题的时候，对全面从严治党的重要性产生怀疑，对“以经济建设为中心”的理解太片面，认为只有经济工作是中心，其他工作包括党的建设都是“副业”；有的基层党员干部认为抓经济发展看得见、摸得着，短时间内容易出成绩，抓党建工作不显山、不露水，一时难以看出效果，对自己的“仕途”没有帮助。其二，责任意识不强。部分党员领导干部没有将全面从严治党的任务上升到关系党和国家生死存亡的高度，没有深刻意识到全面从严治党的重要战略意义，没有完全担负起全面从严治党的政治责任。部分党员领导干部认为党风政风、政治生态受大环境影响多，凭借一己、一域之力难以扭转，因而对经济工作思考多、管得多、出场多，对全面从严治党工作谋划少、抓得少、露面少，缺乏内在推动力；有的认定全面从严治党的范围仅仅是反腐倡廉建设，认为纪检监察机关才是主要执行部门，将自身的责任置之度外。一些干部为了不出事宁可不干事，存在“庸懒散浮拖”，对上级任务应付执行、被动执行、选择执行等情形。其三，服务群众意识不足、办法不多。部分党员干部宗旨意识弱化，工作唯上、唯利，不唯实；“官本位”思想残存，做事凭经验、工作凭套路，不深入一线，不问计问需于民，习惯于用简单、粗暴的办法处理群众矛盾问题。

（2）党内监督乏力。

2013 年 6 月，习近平总书记指出：“党员是党的肌体的细胞。党的先进性和纯洁性要靠千千万万党员的先进性和纯洁性来体现，党的执政使命要靠千千万万党员卓有成效的工作来完成，党要管党、从严治党必须落实到党员队伍的管理中去。”[①] 马克思曾在《国际工人协会共同章程》中指出：“没有无义务的权利，也没有无权利的义务。”[②] 党内监督的权利和义务，就像一枚硬币的两面，其主体是党员干部。不能把党员的权利和义务对立起来，既要避免“权利本位”倾向，防止有的领导干部成为“特殊党员”；又要防止“义务本位”倾向，只要求普通党员履行义务，漠视他们的民主权利。《中国共产党章程》对党内监督做出了明确要求，强调要加强对党的领导机关和党员领导干部特别是主要领导干部的监督，不断完善党内监督制度。在制度上，除2012年修改《中国共产党章程》外，近年来党中央还颁布修订了《中共中央政治局关于改进工作作风、密切联系群众的八项规定》《中国共产党廉洁自律准则》《关于新形势下党内政治生活的若干准则》《中国共产党党内监督条例》《中国共产党问责条例》《中国共产党党员权利保障条例》《中国共产党纪律处分条例》《中国共产党巡视工作条例》等党内法规，2017年、2022年两次修订《中国共产党章程》，我们党已经构建了比较完善的党内监督制度体系，明确了党员干部监督的权利和义务。这些权利和义务的规定，奠定了党员坚实的主体地位；而关于党员监督的权利和义务的规定，更是直接赋予党员履行党内监督的重大使命[③]。2016年党的十八届六中全会通过的《中国共产党党内监督条例》规定，中国共产党党内监督主要包括：党的中央组织的监督，党委（党组）的监督，党的纪律检查委员会的监督，党的基层组织和党员的监督。目前全党对于党内监督重要性的认识大大提高，党内监督现已基本形成了较为完整的体系和格局，但当前党内依然有上级监督下级太远、同级监督同级太软、下级监督上级太难、组织监督时间太短、纪委监督为时太晚等现象发生，党内监督存在的问题值得关注。

---

① 中共中央文献研究室. 十八大以来重要文献选编：上［M］. 北京：中央文献出版社，2014：351.

② 马克思，恩格斯. 马克思恩格斯文集：第3卷［M］. 北京：人民出版社，2009：227.

③ 冯颜利. 全面从严治党的常态化制度化：把握《中国共产党党内监督条例》的核心要义［J］. 河南社会科学，2017（1）.

第一，党务公开效果不佳。党的十八大报告明确指出："推进权力运行公开化、规范化，完善党务公开、政务公开、司法公开和各领域办事公开制度"。党务公开是加强党内监督的基础，是保障党员和广大人民群众对党的领导机关和领导干部享有知情权、参与权、监督权的前提。当前部分党组织特别是部分基层党组织对党务公开的重要性和必要性认识不到位，或者担心党务公开会影响自己的党内权威，缺乏党务公开的自觉，思想上的滞后性直接影响了党务公开的有效推进。在实际操作方面，部分党组织的党务公开形式大于内容，对于党员群众普遍关心的热点问题不公开或避重就轻，对于公开时间、公开内容、公开程序没有具体的规范和统一的标准，随意性大。这就造成了党务公开对党员群众的吸引力降低，效果不佳。

第二，监督方向不全面。湖南省娄底市冷水江市委原书记刘小龙、市纪委原书记阳卫龙等人因该市多名党员领导干部长期参与赌博问题被问责。2010 年至 2016 年 5 月，冷水江市政协原党组书记、主席陈代宋，市委原常委、政法委书记陈郁琼，市委组织部原副部长王升永等 20 多名党员干部在该市某茶楼参与打牌赌博，数额巨大；市广播电视台原党组书记、台长朱佑峰，市中医院原院长张毅波等人投资入股该茶楼，持续时间长、涉赌金额大、涉案党员领导干部人数多，严重败坏党风政风，影响社会风气。刘小龙对本市多名领导干部长期参与赌博问题失察，对上级交办的有关干部打牌问题线索处置不力；市纪委对上述问题未及时发现和查处；市公安局查禁赌博不力，且该局有 2 名中层干部涉案。2016 年 11 月，因落实主体责任和监督责任不力，刘小龙受到党内警告处分，阳卫龙受到党内严重警告处分，原副市长、市公安局原党委书记兼局长陈跃辉受到党内严重警告处分。

2015 年 9 月，山西省电力勘测设计院有限公司党委副书记、总经理高昂大操大办其子婚宴，超报备范围分 4 批宴请宾客，其中包括本单位班子成员、中层干部及普通职工 100 余人次，且事后不如实申报婚宴情况，受到撤销党内职务处分，被撤销总经理职务。中国能源建设集团山西省电力勘测设计院有限公司党委书记王新平、纪委书记王又崑对班子成员的违纪行为不仅未提醒制止，反而亲身参与，造成不良社会影响。2016 年 8 月，因落实主体责任和监督责任不力，王新平、王又崑受到党内严重警告处分①。

监督方向的全面性直接决定了监督效果的充分性，从监督对象来讲，当前的党内监督一般是上级对下级的监督较多，下级对上级或者同级之间的监督较少，导致党内监督特别是对中高级以上领导干部的监督成为薄弱环节。从监督内容来讲，监督往往停留在对具体的人和事的微观方面，对党规党纪的违反情况监督较多，对党的路线、方针、政策的执行情况以及党内决策的及时性和准确性等宏观方面监督较弱，没有达到保障决策的民主化、科学化、制度化应有的监督力度。从监督的协调性来讲，监督更偏向事后的监督、注重结果，缺乏事前的防控监督、过程监督不够，给党内监督造成了一种被动局面。

第三，组织建设不完善。良好的组织保障是加强党内监督的重要力量，从现行的纪检监察领导体制来讲，《中国共产党章程》和《中华人民共和国行政监察法》均规定，地方各级纪检监察机关既要接受服从同级党委、政府的领导，也要接受和服从上一级纪检监察部门的领导。纪检监察部门的工作要在作为被监督对象的同级党委、政府的领导下开展，这就造成了监督制约机制应具备的相对独立性容易受到关系网的阻挠和地方权力的干扰，在一些党风不正的地方，纪检工作得不到党委支持的现象时有发生，甚至遭到故意刁难，影响了监督工作的正常展开。同时，科学技术的飞速发展对纪检监察队伍的专业性与技术提出了新的要求。但当前一些纪检监察工作专业化程度相对不高，手段相对单一，很大程度上依靠做思想政治工作，经济、财会、法律、心理学、管理学等专业人才相对缺乏，降低了党内监督工作的效率。

（3）主体责任落实不到位。

中共中央政治局会议审议通过《中国共产党廉洁自律准则》《中国共产党纪律处分条例》时，强调“各级党委要担当和落实好全面从严治党的主体责任，严格按照《准则》和《条例》办事”。不仅如此，《中国共产党纪律处分条例》第六十七条规定：“不履行全面从严治党主体责任、监督

① 姜洁. 中央纪委通报六起典型案例［N］. 人民日报，2017-02-28.

责任或者履行全面从严治党主体责任、监督责任不力，给党组织造成严重损害或者严重不良影响的，对直接责任者和领导责任者，给予警告或者严重警告处分；情节严重的，给予撤销党内职务或者留党察看处分。”这意味着，各级党组织肩负全面从严治党主体责任，既是中央的明确要求，也是正式写入党内法规的刚性规定。这是“主体责任”首次写入党纪处分条例，而且较以往有了全新的表述：不再是以往强调的党委（党组）在党风廉政建设责任制中负主体责任，而是强调党组织在全面从严治党方面要负主体责任。有责任才有担当。明确责任的重要性怎样强调都不为过。责任不清，就会出现工作要求落实难、工作抓出成效难、出了问题追责难等一系列问题。厘清并压实主体责任，是贯彻全面从严治党战略思想、完成我们党所肩负的历史使命的必然要求。

党的十八大以来，问责制在全面从严治党不断深化的过程中初见成效，主体责任不断明晰，各级党委纷纷对主体责任落实展开科学调查，出台了部分政策措施，营造了良好的压力氛围，追责力度逐渐加大。这也说明，当前一些地方和部门仍然存在主体责任落实不到位、管党治党“宽松软”等问题。第一，压力传导不到位。全面从严治党目标任务下达到地方，容易出现责任意识递减的现象。特别是市级以下的基层组织，缺乏敢想敢做的热情和担当，全面从严治党的任务目标始终停留在学习、领会和表态阶段。第二，责任分工不够明确。部分党委、党委主要负责人和班子分管成员并不清楚自身在全面从严治党过程中的角色定位、工作任务、工作落实途径，在责任分工中缺乏科学的划分、明确的指导，导致工作思路模糊、执行交叉混乱的情况时有发生。长此以往，全面从严治党就成了一句口号，难以落到实处。第三，责任追究落实不到位。部分部门责任人在出现责任追究问题时，考虑到责任牵连和政绩影响，选择包庇和袒护责任追究对象；有的责任追究流于形式，责任追究手段常仅限于通报批评和诫勉谈话，较少给予党政纪律处分。

（4）“小官贪腐”问题。

随着中央全面从严治党的力度不断加大，反腐倡廉建设不断推进，一批“大贪大腐”的“大老虎”纷纷落马。近年来，国家城市化水平建设不断推进，再加上惠农政策不断加大，集体经济迅猛发展，导致基层领导的权力不断膨胀，“小官贪腐”的问题也愈发严重，其涉案数额之大、影响之恶劣程度不比“大老虎”低。作为党和国家路线、方针、政策的直接执行者，这些“小官”离人民群众的生活更近，涉及的范围更广，其贪腐造成的危害更大，不仅直接危害人民群众的切身利益，而且对党在人民群众中的形象有直接损害，破坏了党群干群关系。正如习近平总书记在河南省兰考县委常委扩大会议上指出的：“基层干部容易产生一种活思想，认为自己掌点小权，干不了大事，平时行个职务之便，吃点收点或捞点，既上不了纲，又触不了法，最多算生活小节；有的自认为贪占‘小便宜’手段高明，无影无踪，或者是自己人、哥儿们，保险可靠，不会出问题，即使出问题也会有人代为‘顶杠’；有的看到身边的人常搞点‘小腐败’，生活滋润，逍遥自在，便心理失衡、按捺不住，于是揣摩效仿，甚至暗中较劲、试比高低；有的认为为他人办了事，有送就收才显得随和自然，而不被人视为‘假清高’；有的认为常在河边走、哪能不湿鞋，与其保持操守，不如随波逐流，即使查也是法不责众，检查一阵子，享受一辈子。这些认识和行为都是错误的、十分有害的。”①

同时，“微腐败”问题也值得关注。“微腐败”也是公权乱用的一种，但由于其乱用公权行为较小、较普遍，社会公众对其态度较暧昧，下基层时接受一点土特产，为群众办事接受一点不太贵重的礼物，由于多年以来“人情社会”的中国国情，部分干部群众已经默认和接受这种“潜规则”。但正是从这些“微腐败”开始，有些官员渐渐迷失自己，最终积累成大腐败，一步步走向深渊。习近平总书记在第十八届中央纪律检查委员会第六次全体会议上曾一针见血地指出：“‘微腐败’也可能成为‘大祸害’”。

这些发生在群众身边的“小官贪腐”和“微腐败”问题，量多面广、形式多样，且繁殖能力强，查起来绝非易事，必须聚焦重点，解决突出问题。腐败能损害党和政府的形象，危害公民利益、动摇社会根基。“千里之堤，溃于蚁穴。”要彻底遏制腐败，就必须从源头抓起，从腐败的苗头

① 中共中央纪律检查委员会，中共中央文献研究室．习近平关于党风廉政建设和反腐败斗争论述摘编［M］．北京：中央文献出版社，2015：83-84.

掀起。只有防微杜渐，才能筑起拒腐防变的万里长城。

（5）工作作风问题。

“党的作风是党的形象，是观察党群干群关系、人心向背的晴雨表。党的作风正，人民的心气顺，党和人民就能同甘共苦。”① 党的十八大以来，中央下大决心推进作风建设，出台了中央八项规定，提出了“反对四风”“三严三实”“五个坚持”等一系列重要论述，开启了党的作风建设新征程，将党的作风建设推进到治国理政的新高度，为坚持党要管党从严治党、全面深入推进党的建设伟大工程提供了科学指南、找准了实践基点。而党的工作作风作为党的作风的重要组成部分，是党性和世界观的本质反映，关系党和国家的生死存亡。但是，部分党员干部和党组织对工作作风在全面从严治党常态化、制度化、科学化中的重要影响认识不够，形式主义、官僚主义的工作作风助长了党内安于现状、不思进取的不正之风，阻碍了各项路线、方针、政策在基层的有效落实，长此以往，严重违背党的性质和宗旨，涣散了党的组织，削弱了党的纪律，严重损害党同人民群众的血肉联系，必须以更坚定的决心和更有力的举措坚决予以铲除。“工作作风上的问题绝对不是小事，如果不坚决纠正不良风气，任其发展下去，就会像一座无形的墙把我们党和人民群众隔开，我们党就会失去根基、失去血脉、失去力量。”②

其一，形式主义成为影响党的建设的毒瘤。早在延安时期，毛泽东就严肃地指出形式主义“实在是一种最低级、最幼稚、最庸俗的方法”，但还有一些根深蒂固的问题并没有被完全清除。比如，只喊口号，不抓落实。在全面从严治党推进过程中，仍有地方、部门和党员领导干部重部署轻落实，工作只停留在表面，没有实际效果，只喊口号，不抓落实，到头来都只是虚张声势。又比如，好大喜功，搞“面子工程”。“面子工程”的症结在于错误的政绩观，不注重群众的实际需求，不仅损害了当地的经济发展，而且引发群众反感，破坏社会稳定。再比如，欺上瞒下，应付检查。2017 年 5 月 11 日，中央纪委监察部网站通报了 71 起各级纪检监察机

---

① 习近平. 习近平谈治国理政：第 2 卷［M］. 北京：外文出版社，2017：44.

② 习近平. 习近平谈治国理政［M］. 北京：外文出版社，2014：387.

关查处的侵害群众利益的不正之风和腐败问题，80 多人受到处理。从查处的问题来看，截留、骗取、挪用惠农补贴款、扶贫款、征地补偿款等专项资金问题共 35 起，占总数的近一半。有的不惜采用违法手段欺骗群众、欺骗组织，损害的是党和人民的根本利益，侵蚀的是党的执政基础，必须采取有效措施坚决治理。

其二，官僚主义作风严重影响全面从严治党。列宁曾指出官僚是“专干行政事务并在人民面前处于特权地位的特殊阶层”①。我国经历了漫长的封建社会的历史阶段，积累了一些官僚主义的弊病。中国共产党成立 100 多年来，始终与人民同呼吸、共命运，我们党取得的每一份荣耀与成就无不与人民群众有着紧密的联系。但是在党内，仍有一些领导干部不能认识到自己手中的权力是人民赋予的，官僚主义的工作作风不断侵蚀党和人民群众之间的关系。

（6）脱离群众监督的问题。

权力监督的执行能够实现对权力的有效制约，疏于监督正是权力变异的体制根源。马克思、恩格斯在总结巴黎公社历史经验时就提出了群众监督的思想，认为无产阶级国家机关及其工作人员应“由普选选出的人担任”，“选举者可以随时撤换被选举者”，人民群众要防止国家机关工作人员“去追求升官发财”。列宁在十月革命胜利之后始终坚持通过发动人民群众管理监督国家来防止和克服官僚主义的思想，在 1918 年 3 月，列宁在俄共（布）第七次代表大会上提出了《关于苏维埃政权的十项提纲》，为苏维埃政权规定了历史任务。其中指出：应当用事实教育全体劳动人民自动参加国家的管理工作，使整个国家政权机关和国家管理机关同群众的联系比过去的民主制形式更加密切；实行更充分的民主制，减少形式主义，使选举和罢免更简单易行；取消官僚机构，应当使每一个苏维埃成员除参加苏维埃会议外，都必须担负管理国家的经常性工作，然后逐步吸引全体人民参加苏维埃组织的工作并担负管理国家的职务。

《中华人民共和国宪法》规定了“中华人民共和国的一切权利属于人民”，《中国共产党章程》也明确指出：中国共产党是中国工人阶级的先锋

---

① 列宁．列宁选集：第 1 卷［M］．3 版修订版．北京：人民出版社，2012：147.

队，同时是中国人民和中华民族的先锋队，始终坚持全心全意为人民服务，党除了工人阶级和最广大人民群众的利益，没有自己的特殊利益。中国共产党的根本宗旨是全心全意为人民服务。群众监督是我国民主监督的重要形式，人民的拥护和支持始终是党执政的根基。受群众监督也是党的性质和宗旨的根本要求。全面从严治党除了党内监督之外，外部的监督和制约同样不可或缺。2014 年习近平总书记在党的群众路线教育实践活动总结大会上指出："人民群众中蕴藏着治国理政、管党治党的智慧和力量，从严治党必须依靠人民"，"各级干部要多沉下身子、走近群众，就从严治党问题多向群众请教。群众的眼睛是雪亮的，群众的意见是我们最好的镜子。只有织密群众监督之网，开启全天候探照灯，才能让'隐身人'无处藏身。各级党组织和党员、干部的表现都要交给群众评判"[①]。人民群众是评判全面从严治党成效的主体，群众监督就成为全面从严治党的核心环节。全面从严治党自开展以来，群众监督机制建设经过一系列的发展，在群众监督运行和发展方面已经取得了一定的成就，但是随着全面从严治党的不断深化，群众监督方面也暴露出了一些问题，主要存在于三个方面：群众监督渠道不畅、群众监督地位弱化和群众监督制度不健全。

第一，群众监督渠道不畅。全面从严治党群众监督分为两个渠道，建言献策渠道和批评监督渠道。近年来，我国群众监督制度具有一定的保障，群众监督渠道建设具有了一定的水平，但是群众建言献策和批评监督缺乏具体的程序保证，具体的操作平台还处于低水平、低层次状态，人民群众难以直接接触到党员领导干部，无法直接表达诉求和参与监督，没有形成完善的反馈机制。同时，群众路线走得不彻底，没有形成常态机制，部分党员干部不愿意通过走访调查，广泛听取群众意见，甚至排斥群众参与监督，只服从和接受上级领导的安排和监督，对群众的监督与批评不闻不问。

第二，群众监督地位弱化。制约权力的途径有三种：以权力制约权力、以权利制约权力和以道德制约权力。群众监督属于以权利制约权力。

---

① 习近平. 在党的群众路线教育实践活动总结大会上的讲话［M］. 北京：人民出版社，2014：27，28.

群众监督与权力监督的不同在于群众监督不具有强制性，是一种软约束，监督结果的最终裁定还是由权力机关的调查判定来完成，这就造成了群众对于监督权力缺乏一定的积极性。由于群众监督参与的人员范围较为广泛，没有形成一定的群众监督团体组织，力量的分散导致合力不足、影响力小。同时，群众在获取信息方面处于弱势地位，造成群众监督得不到有效运行，就容易激化社会矛盾，引起群众不满。

第三，群众监督制度不健全。监督制度是群众监督的必要前提，当前我国的群众监督制度体系还不够健全，监督制度规定可操作性不强。首先，在政务公开方面，政务公开制度是群众与监督对象信息对称的前提，一些党政机关及其公务人员采取各种方法封锁政府内部消息，并以各种理由拒绝对外公开相关信息，或者进行“选择性公开”，阻碍了群众监督权力的实现。其次，举报人保护制度方面，举报作为群众监督的重要形式，举报人保护制度就成了保护举报人的安全和激发举报人积极性的保障。2016 年，为维护举报人合法权益，鼓励个人和单位依法举报职务犯罪，经中央全面深化改革领导小组审议，并经中央领导同志批准，最高人民检察院、公安部、财政部联合下发了《关于保护、奖励职务犯罪举报人的若干规定》。但是目前，就落实情况来看，部分举报人的权利甚至人身自由并没有得到保障，打击报复举报人的情况时有发生，在全面从严治党的大背景下，群众有举报职务犯罪的意愿，但也有害怕人身安全得不到保障的顾虑。最后，在责任追究制度方面，要增强群众监督的实效性，就要保障责任追究的落实。当前在部分地区，举报人进行举报之后，接受举报的国家机关及其公务人员对群众的举报没有进行及时反馈，对群众监督态度不认真、不负责，群众对案件进展情况和处理的结果也一无所知。

（7）党内政治生活不严肃。

注重党内政治生活和严格党内政治生活是马克思主义政党加强党的建设的优良传统和政治优势，也是马克思主义政党始终保持纯洁性、先进性和增强创造力、凝聚力、战斗力的法宝。改革开放之后，党的十一届五中全会就以党内法规形式制定《关于党内政治生活的若干准则》，推动了党内政治生活的规范化和法制化。党的十八大报告再一次对新形势下加强党内政治生活做出重要部署，同时提出“自觉按照党的组织原则和党内政治生活准则办事”“严格党内组织生活”“增强党内生活原则性和透明度”等党内政治生活要求。新形势下，深入贯彻习近平总书记全面从严治党的战略部署，全面提高党的建设科学化水平，就要不断改进党内政治生活。习近平总书记指出：“党内政治生活是党组织教育管理党员和党员进行党性锻炼的主要平台，从严治党必须从党内政治生活严起。有什么样的党内政治生活，就有什么样的党员、干部作风。一个班子强不强、有没有战斗力，同有没有严肃认真的党内政治生活密切相关；一个领导干部强不强、威信高不高，也同是否经过严肃认真的党内政治生活锻炼密切相关。从严治党，最根本的就是要使全党各级组织和全体党员、干部都按照党内政治生活准则和党的各项规定办事。”① 党的十八大以来，以习近平同志为核心的党中央，将严格党内政治生活作为从严治党的重要抓手，使党风政风得到根本好转，但是也有一些不容忽视的问题值得关注。

第一，民主化水平不足。党内民主既是党内政治生活的重要组成部分，又是健全党内政治生活的必备条件和重要途径。在全面深化改革的攻坚期，党内民主的发展能够为整个政治体制改革增加活力，使政治体制的整体素质发生变化，同时还可以为人民民主的发展创造示范效应，有利于政治体制改革的顺利运作。习近平总书记指出：“严肃党内生活，最根本的是认真执行党的民主集中制，着力解决发扬民主不够、正确集中不够、开展批评不够、严肃纪律不够等问题。”② 当前党内民主理念深入人心，党内民主氛围较党的十一届三中全会之前有重大进步，民主制度自身建设逐渐完善，比如制定了《中国共产党党员权利保障条例》《中国共产党地方组织选举工作条例》《中国共产党党内监督条例》等，党内民主实践比如民主推荐、民意测验、任前公示等都取得了显著效果，但党内民主仍存在一些问题，显示出党内民主化水平没有达到全面从严治党的要求。一些班

① 中共中央文献研究室. 十八大以来重要文献选编：中［M］. 北京：中央文献出版社，2016：95-96.

② 中共中央文献研究室. 十八大以来重要文献选编：上［M］. 北京：中央文献出版社，2014：352.

子成员把分管的部门和下属公司视为“自留地”，对管辖范围内的运作情况既不主动向集团党委汇报，也不在班子成员中相互通报。权力过于集中在个人或少数人手里，必然会造成官僚主义，甚至会造成决策失误，给党和国家的利益造成损失，同时也制约了党员积极性的发挥，影响党的凝聚力和战斗力。

第二，党内生活庸俗化问题。党的十七届四中全会明确指出：“增强党内生活原则性和实效性，坚决反对上下级和干部之间逢迎讨好、相互吹捧，坚决反对党内生活庸俗化；……反对和克服好人主义”①。党的十八大报告则提出了“增强党内生活原则性和透明度”的要求。党中央明确提出“反对党内政治生活庸俗化”问题，实际上说明党中央已经清醒地认识到这一问题的存在及其严重性。“批评和自我批评是清除党内政治灰尘和政治微生物的有力武器，必须以整风精神严格党内生活，着力提高领导班子发现和解决自身问题的能力。党内生活是锻炼党性、提高思想觉悟的熔炉。如果炉子长期不生火，或者生了火却没有足够的温度，那是炼不出钢来的。事实表明，党内生活松一寸，党员队伍就散一尺。党员、干部只有在严格的党内生活中反复锻炼，才能坚强党性、百炼成钢。要把批评和自我批评作为防身治病的有力武器，通过积极健康的思想斗争，不断洗涤每个党员、干部的思想和灵魂”②。而部分党组织将批评与自我批评庸俗化，有的不敢开展自我批评，怕丢面子、怕抓“辫子”、怕打“棍子”；有的不敢开展相互批评，怕穿“小鞋”、怕伤和气、怕丢选票；有的甚至把自我批评变成了自我表扬，把相互批评变成相互吹捧。这样就无法达到党员自我净化、自我完善、自我革新、自我提高的目的。有的党组织成员以“好人主义”方式处理党内关系、维护不讲原则的一团和气。顾虑班子团结，出于做“老好人”、怕得罪人、爱惜“羽毛”等心理，处理问题时失之于“宽松软”，其实质是为官不为，“两个责任”落实不到位。

第三，组织生活随意化。党的组织生活是党的生活的一部分。《中国

---

① 中共中央文献研究室. 十七大以来重要文献选编：中［M］. 北京：中央文献出版社，2011：192.

② 中共中央文献研究室. 习近平关于全面从严治党论述摘编［M］. 北京：中央文献出版社，2016：27.

共产党章程》规定："每个党员，不论职务高低，都必须编入党的一个支部、小组或其他特定组织，参加党的组织生活，接受党内外群众的监督。党员领导干部还必须参加党委、党组的民主生活会。不允许有任何不参加党的组织生活、不接受党内外群众监督的特殊党员。"① 组织生活是党组织对党员进行教育、管理和监督的最经常、最基本的形式，也是执政党实现政治功能的主要路径之一。《关于新形势下党内政治生活的若干准则》规定，必须严格党的组织生活制度，包括坚持"三会一课"制度，坚持民主生活会和组织生活会制度，坚持谈心谈话制度，坚持对党员进行民主评议。当前各级基层党组织在形式上都已经建立起来，近年来在经济社会转型加快的背景下，面对社会结构和人们生活方式的不断变化，基层党组织生活功能作用日渐模糊，部分基层党组织功能尚未健全，使其对党员的管理、教育无法奏效。首先，组织生活开展不正常。有的基层党代会或党员大会长期不开，民主评议党员、支部"三会一课"不能正常按期开展，特别是一些农村地区，由于大部分党员外出，留守党员年龄偏大，文化程度偏低，组织生活难以正常开展，部分党员的党性和组织观念还有待提高。其次，组织生活形式化。部分党组织为了应付上级，民主生活会质量不高，流于形式，或者直接以"理论学习"代替批评与自我批评，用说教代替交流讨论，无法达到组织生活开展的真正目的。最后，组织生活缺乏创新。当前党的组织生活大部分以会议的单一模式进行，缺乏必要的互动性模式和创意性载体，难以调动和激发党员的积极性。

二、全面从严治党常态化制度化科学化实践中存在问题的原因分析

（1）理论水平不足。

没有先进理论武装的党，不可能是先进的党；没有先进理论武装的共产党员，不可能发挥先锋战士的作用。2013 年 3 月 1 日，习近平总书记在中央党校建校 80 周年庆祝大会暨 2013 年春季学期开学典礼上指出："很多同志有做好工作的真诚愿望，也有干劲，但缺乏新形势下做好工作的本领，面对新情况新问题，由于不懂规律、不懂门道、缺乏知识、缺乏本

---

① 中国共产党章程［M］. 北京：人民出版社，2017：14-15.

领，还是习惯于用老思路老套路来应对，蛮干盲干，结果是虽然做了工作，有时做得还很辛苦，但不是不对路子，就是事与愿违，甚至搞出一些南辕北辙的事情来。这就叫新办法不会用，老办法不管用，硬办法不敢用，软办法不顶用。我看这种状态，在党内相当一个范围、相当一个时期都是存在的。因此，全党同志特别是各级领导干部，都要有本领不够的危机感，都要努力增强本领，都要一刻不停地增强本领。只有全党本领不断增强了，'两个一百年'的奋斗目标才能实现，中华民族伟大复兴的中国梦才能梦想成真。"① 全面从严治党首先要体现在思想武装上的全面从严。如果每一个党员干部都具有良好的政治理论素养，用真理武装头脑，用真理坚定信仰，将理论学习成果内化于心、外化于行，全面从严治党就能够达到事半功倍的效果。当前，在全面从严治党的推进中，部分党员领导干部思想认识不到位，思想建设不完善，其中最重要的原因就是理论学习不足。

首先，在理论学习内容方面，部分党员领导干部缺乏对马克思主义经典著作的学习，马克思主义经典著作蕴含和集中体现着马克思主义基本原理，是马克思主义理论的本源和基础。只有认真学习马克思主义经典著作，系统掌握马克思主义基本原理，才能完整准确地理解中国特色社会主义理论体系，才能创造性地运用马克思主义立场观点方法去分析和解决我们面临的实际问题。同时，没有及时学习马克思主义与中国具体实际相结合的理论创新成果——毛泽东思想、邓小平理论、"三个代表"重要思想、科学发展观、习近平新时代中国特色社会主义思想，并将其转化为正确的世界观、人生观、价值观，导致逐渐背离了党全心全意为人民服务的宗旨，以至于以身试法。在专业知识学习方面，在信息飞速发展的时代，部分党员干部不能适应知识经济的新形势，没有坚持完善自己的知识结构，特别是与自己岗位相适应的业务知识，不能以强大的业务知识作为工作的支撑，也就不能更好地服务群众。

其次，在理论学习方法方面，当前党员干部的理论学习还是以灌输教育为主。当然，必要的集体学习必不可少，但是在一些地方与基层，理论

---

① 习近平. 习近平谈治国理政［M］. 北京：外文出版社，2014：402-403.

学习就是读文件、念报纸，照本宣科，很少考虑党员自身的年龄、知识结构、文化差异等因素，使部分党员干部在理论学习中完全处于被动状态。思想理论的学习没有以学习的对象为主体，使学习的内容缺乏感染力和吸引力，直接影响学习效果。

最后，在理论与实践结合方面，没有做到在实践中学习，在学习中实践。学习的目的是实践。没有实践的学习是空洞的学习。中国的革命建设史就是马克思主义基本原理与中国具体实际相结合的历史，中国共产党历来强调党员尤其是党员干部在工作中要做到理论与实际相结合。这不仅是我党的优良作风，更是一种科学的工作方法。党员干部如果在实际工作中使理论与实际相脱离，就会犯主观主义的错误。部分党员和干部用科学理论指导实践、解决问题的能力不强，遇到具体问题无所适从，尤其是面对突发事件，更是惊慌失措、束手无策。

（2）特权思想的存在。

马克思主义经典作家对资产阶级在废除封建特权斗争中的历史作用给予充分肯定，但同时又指出："单个人的封建特权被废除了，但是与这种特权相联系的无限权力却转到了整个阶级手里。"也就是说，资产阶级并没有真正废除人类特权，它只是用以金钱特权为核心的阶级特权取代了封建特权。在资产阶级那里，金钱特权同时也是剥削特权，两者是"一枚硬币的正反面"。有学者指出，资产阶级以剥削工人阶级创造的剩余价值获取金钱，这时剥削是获取金钱特权的手段；同时，资产阶级又以金钱来维持对工人阶级的剥削，形成剥削特权，这时金钱是剥削特权的前提。资产阶级特权的直接危害就是造成了资产阶级和无产阶级财富占有的两极分化、公平正义的缺失和道德伦理的丧失，进而引发两大对立阶级矛盾的激化，从而为资产阶级社会的最终灭亡准备了一支声势浩大的掘墓人队伍。毋庸讳言，社会主义初级阶段仍然存在特权思想、特权现象，且从某种意义上讲，其危害性并不亚于人类历史上其他社会发展阶段的特权危害性。正如邓小平在《党和国家领导制度的改革》一文中所指出的，"文化大革命"中，特权思想、特权现象大肆盛行，给群众造成很大灾难，给党和国家带来巨大损失。当前，仍有一些干部"搞特权，特殊化，引起群众的强烈不满，损害党的威信，如不坚决改正，势必使我们的干部队伍发生腐化”，进而“脱离群众，脱离干部，上行下效，把社会风气也带坏了”。他认为，任何抱有或者支持搞特权思想、特权现象想法的人，“就是帮助党的敌人腐蚀我们的党”。为此，邓小平严肃指出，特权思想、特权现象已经成为一个严峻的社会问题，如果不坚决予以纠正，势必使我们党严重地脱离广大群众，那将很难适应改革开放和现代化建设的需要，党和人民的事业必将遭受更为严重的损失。

习近平总书记在《同菏泽市及县区主要负责同志座谈时的讲话》中指出：“河南内乡县一座古县衙有这么一副对联：‘得一官不荣，失一官不辱，勿道一官无用，地方全靠一官；穿百姓之衣，吃百姓之饭，莫以百姓可欺，自己也是百姓。’此联用浅显的语言揭示了官民关系。封建时代的官吏尚且有这样的认识，今天我们共产党人应该比这个境界高得多。前不久人民日报一份内参介绍了云南怒江傈僳族自治州人大常委会副主任、独龙族干部高德荣的从政体会，我看了也很有感触。高德荣同志说：‘领导就是带领群众一起干活，干出活路来。’‘当干部、当领导的如果不务实，指挥棒就会变成搅屎棍。’‘用身影指挥人，而不是用声音指挥人。’‘漂浮在官场上使人越来越浮躁，生活在群众中让人过得更充实。’”在这里习近平总书记批评了党内的特权现象，也表达了对于基层好干部的认可。由于历史和现实的种种原因，社会主义初级阶段仍存在形形色色的特权思想和特权现象，反特权斗争依然任重道远。当前，在全面从严治党新形势下，有效反对和消除特权思想、特权现象，必须对特权问题进行重新审视和反思。由于党规党法严于国家法律，在全面从严治党视阈下，特权不仅是指超越法律制度之外，在政治、经济、文化以及社会领域所享有的特殊权力或权利，还指现行政策或法律允许但明显有失社会公正的特殊权利和特殊待遇，以及违反党规党法而取得不正当利益的各种权力或权利。

全面从严治党常态化、制度化、科学化过程中，尽管特权在客观上并不等同于腐败，但两者存在着密切的因果关系。从某种意义上讲，特权与腐败的关系实质上就是“本”和“标”的关系，特权是滋生腐败的重要源头和温床。相对于一般意义上的权力腐败，特权腐败危害更甚，因为，一旦承认特权，就意味着它是合法的，由特权导致的腐败是不被追究责任的，特权是一种制度性的腐败。而且，特权更多地表现为“潜在性腐败”，因为通过量变到质变的转化，特权思想、特权行为就可能发展泛滥，成为腐败。可以说，有多大程度的特权存在，就有多大程度腐败的可能。特权的危害性丝毫不亚于腐败的危害性。腐败问题解决不好，将会对党造成致命的伤害，甚至亡党亡国；特权问题解决不好，同样会对党造成致命的伤害，甚至亡党亡国。这绝不是危言耸听，苏共官僚特权阶层大搞特权导致苏共垮台、苏联解体的沉痛教训为此提供了最好的佐证。

（3）政治生态问题。

“我们党是靠革命理想和铁的纪律组织起来的马克思主义政党，纪律严明是党的光荣传统和独特优势。”① 这种光荣传统和独特优势本身就同社会主义政治生态的不断发展相融合和交流，不断促进社会主义政治生态的形成，为社会主义政治生态奠定历史基础、提供发展的力量支撑。“全面从严治党”思想本身就是一个系统性指导原则，为社会主义政治生态的建设提供了思想上的指引。社会主义政治生态建设的完善也是社会主义政治实践的现实要求。“全面从严治党”思想在保障党的先进性方面有利于提升党作为政治实践主体的自身素质，当这种素质汇入社会主义政治生态之时，能够保证政治生态要素之间保持一种前进的动力。

政治生态在全面从严治党常态化、制度化、科学化中占据着重要的地位，政治生态的良性发展事关全面从严治党的实现。政治生态是一个复杂、立体式的系统。依据功能性原理，涵括党内的制度法规、党内党外监督、文化观念制约等因素。建构完善的党内政治生态，其核心就是要建立以全面从严治党常态化、制度化、科学化为要求的政治生态的思想体系，而这个思想体系的领导核心在于党，巩固党的领导地位，就需要全面从严治党，其目的就在于树立党的威信、净化党内风气、加强党内团结、完善党内制度治理、优化党内政治生态，以应对复杂的国内外局势，提升拒腐防变能力。“全面从严治党”是对党建思想的历史继承与新的时代条件下

---

① 习近平．习近平谈治国理政［M］．北京：外文出版社，2014：386．

的创新发展，也是建构完善的党内政治生态的必然要求和题中应有之义。习近平总书记指出，实现中华民族伟大复兴的中国梦，必须把我们党建设好。党风廉政建设和反腐败斗争，是党的建设的重大任务。为政清廉才能取信于民，秉公用权才能赢得人心①。这是因为“民”和“心”是一体却各有所指，共同构成党内政治生态的两翼。人民群众是我国社会主义执政实践的主体，民心是事关我党为民服务实现政治生态保持稳定发展的重要支柱。赢得民心、民众信任，是中国共产党的本质要求。在建构完善的社会主义政治生态的过程中，党可以自觉地提升自身净化能力、反省能力、抵御各种风险挑战的能力，继而保障党的纯洁性，始终代表人民的利益，但是在现实的政治生态运行中还存在以下问题：

第一，政治生态的核心——政治文化还未形成。现实的特别是基层的党建工作仍然受到传统政治文化的影响。作为上层建筑重要组成部分的传统政治文化，由于其有着自身的规律，与经济基础相比具有一定的独立性。特别是“文化的变迁反映了持久性习惯和态度的社会化过程。一经确立，这些态度取向就会形成自己的动力，可能会在造就它们的情景早就不存在的情况下自动地影响政治和经济”②。相对于其他国家而言，中国传统政治文化所表现出的顽固性、滞后性、基因性更为明显。首先是由于官本位思想导致的官僚主义。“中国专制的官僚的政治形态是把地主经济作为它的物质基础”③，地主经济本身就具有内在的稳定结构，从其建立到发展完善并不断被固化持续了 2 000 多年，可见其根基深厚。“官僚政治是一种特权政治。在特权政治下的政治权力，不是被运用来表达人民的意志、图谋人民的利益，反而是在‘国家的’或‘国民的’名义下被运用来管制人民、奴役人民，以达成权势者自私自利的目的”④。在当下，官僚主义的表现形式有：事务主义的官僚主义；老爷式的官僚主义；不负责任的官僚主义；文牍主义的官僚主义；懒汉式的官僚主义；随心所欲、自搞一套、弄

① 习近平．习近平谈治国理政［M］．北京：外文出版社，2014：385.

② 英格尔哈特．发达工业社会的文化转型［M］．北京：社会科学文献出版社，2013：5.

③ 王亚南．中国官僚政治研究［M］．北京：商务印书馆，2010：143.

④ 同③197.

虚作假；追名逐利、以权谋私；贪图享乐、奢靡浪费等①。其次是由于伦理政治文化的影响。传统伦理文化的核心就是纲常教义，这种教义建立在儒家伦理思想的基础之上，特别是三纲的确立，即所谓君为臣纲、父为子纲、夫为妻纲。亦即君权、父权、夫权的确认。从表面上看，只有君臣关系是有关政治的，而父子、夫妇关系则是有关家族的。但中国纲常教义的真正精神，却正好在于它们之间的政治联系，从而导致家族政治化，亦成为国家家族化、伦理政治的精髓所在②，严重阻滞了政治生态中优良文化的形成与发展。

第二，政治生态的建构之路仍在探索中。政治的根本目的就是通过一系列的政策、法规、制度，保证国家机器的有效运转，最大限度保证人民的幸福与安康，这是社会主义国家的本质要求和价值取向。自现代政党制度建立以后，政党成为政治机器有效运行的重要构件，因此政党作为利益集团的代表，在促进政治生态走向良善之路上有着重要的地位。党的性质与宗旨就确定了党在领导政治生态建设中应该承担的责任与使命。当下社会主义政治生态正面临着在路径选择上的关节点：社会主义政治生态建构路径面临着从传统路径转向现代路径、从无序路径转向有序路径、从人治路径转向法治路径、从封闭路径转向开放路径等。只有协调好不同路径之间的有机关系，统一于党内政治生态建构之中才能保证全面从严治党常态化、制度化、科学化的实现。

第三，党内政治生态文化还没有实现同社会主义核心价值观的有机融合，政治生态文化扎根的土壤仍旧需要不断耕耘。社会主义政治生态体系中居于核心地位的就是社会主义政治生态文化。文化作为一个国家、民族的象征，镌刻在人们的意识深处，具有强大的引导力量。一种良好的政治生态文化的形成，可以有效地保障、提高人们对于政治、政党的认同。“全面从严治党”思想的提出契合了社会主义核心价值观，在社会主义政治生态文化中实现了有机融合和交流。“人类社会发展的历史表明，对一个民族、一个国家来说，最持久、最深层的力量是全社会共同认可的核心

---

① 张文. 现代官僚主义及其防治对策研究［M］. 北京：线装书局，2012：35-37.

② 王亚南. 中国官僚政治研究［M］. 北京：商务印书馆，2010：69.

价值观。核心价值观，承载着一个民族、一个国家的精神追求，体现着一个社会评判是非曲直的价值标准。”首先，社会主义政治生态文化本身就包含了“全面从严治党”思想。在“全面从严治党”从点到面、从中央到地方的贯彻过程中，不仅仅是作为一项重大方针来贯彻执行的，更重要的是形成一种廉政清明的政治文化，不断提升党员自身的修养。每一个共产党员特别是领导干部都要牢固树立党章意识，自觉用党章规范自己的一言一行，在任何情况下都要做到政治信仰不变、政治立场不移、政治方向不偏。这种党员的自身修养成为社会核心价值观持续发挥作用的推动力，为良好的社会主义政治生态文化的形成与发展提供了理想信念，这些有助于不断净化政治生态文化。其次，“全面从严治党”思想是历史智慧的当代应用，而历史智慧又是社会主义政治生态文化的源头活水。我们批判借鉴吸收各种文化的精髓以发展社会的精神文化，为社会主义政治生态文化的形成提供历史的养料。习近平总书记指出：“研究我国反腐倡廉历史，了解我国古代廉政文化，考察我国历史上反腐倡廉的成败得失，可以给人以深刻启迪，有利于我们运用历史智慧推进反腐倡廉建设。”“全面从严治党”思想发展了历史智慧，增添了时代因素，吸收了古今中外智慧，其本身就体现着一种文化价值。这种文化价值也是社会主义政治生态文化所需要的，从构成文化一体发展的内在逻辑看，“全面从严治党”思想丰富了社会主义政治生态文化的时代内涵。

第四，政治生态诸要素内部仍不够协调。政治生态诸要素内部本该相互连接，彼此关联，但是在党的建设的现实中各要素内部之间出现了不平衡，这种不平衡严重影响了政治生态这个系统的持续健康运转。首先是在党内政治生态要素中缺乏足够的群众参与。毕竟政党来源于群众，而政治生态参与者是广大人民群众，团结人民群众是由我们党的性质与宗旨决定的，这就需要在政治生态要素参与环节上切实让党员从根本上提高为广大人民群众服务的意识。从群众中来到群众中去，密切同人民群众的联系，时刻保持同人民群众的血肉联系，只有紧密政治生态实践主体之间的关系，接地气办大事，把人民冷暖放在心头才能密切党群关系，也才能真正获得人民群众的支持。其次，政治生态构成要素的规章制度还不够健全。

在“全面从严治党”思想主导下，党内建立起了一系列的规章制度、法律规范，“把权力关进制度的笼子里”[①]。在党的十八大精神的指引下，借力于党的十八届一中、二中、三中、四中、五中全会精神的学习，深入贯彻习近平总书记系列重要讲话精神和治国理政的新理念、新思想、新战略，把握时代大势，回应实践要求，不断细化全面深化改革的思想，紧紧围绕着中国特色社会主义建设，统筹推进“五位一体”总体布局和协调推进“四个全面”战略布局，党的十八届六中全会审议通过了《关于新形势下党内政治生活的若干准则》和《中国共产党党内监督条例》，决定并宣布《关于召开党的第十九次全国代表大会的决议》，为全面从严治党奠定了坚实的制度基础。这一系列的规章制度有效保障了党内政治生态建设围绕全面从严治党全方位推进。

（4）从严管理干部相关制度不完善。

“从严治党，关键是要抓住领导干部这个‘关键少数’，从严管好各级领导干部。”[②] 领导干部是党的建设的核心力量，是中国特色社会主义伟大事业的骨干力量，领导干部在党和国家各项事业中所处的重要地位，决定了选准用好领导干部的极端重要性。2014 年 10 月，习近平总书记在党的群众路线教育实践活动总结大会上，针对新形势、新要求、新任务提出了从严治党的八点要求，其中特别强调从严治党，重在从严管理干部，必须坚持以严标准、严措施、严纪律来要求、管理、约束干部，锻造一支廉洁干事的高素质执政骨干队伍。党的十八大以来，各级党委坚持从严治吏的精神，不断加大反腐败力度，整治和清理了一大批违反党规党纪的官员，党风政风明显好转，群众反响良好。但我党所面临的“四大考验”“四种危险”的严峻复杂局势依然没有彻底改变，从严管理干部面临一些新的问题与困惑。

第一，干部选拔任用制度。只有通过加强干部选拔任用制度改革，才能够从干部选拔的入口关就把握较高的条件标准，使候任人选之间展开公

---

① 习近平. 习近平谈治国理政［M］. 北京：外文出版社，2014：385.

② 中共中央文献研究室. 习近平关于全面从严治党论述摘编［M］. 北京：中央文献出版社，2016：138.

开、公平、公正的比较、竞争，使真正觉悟高、能力强、素质高的党员进入干部队伍中。首先，从干部来源来讲，目前，干部来源渠道主要是公务员招录、调动和军转安置。人才来源渠道较为单一，公开选拔和竞争上岗的比例较少，导致干部专业结构单一。有的政策文件，对选拔干部的年龄、学历、资历、身份等规定得比较严格，由于种种限制，社会上的各类优秀人才往往被拒之门外。特别是对专业技术性强、党政部门工作急需的岗位，缺少对社会优秀人才直接聘任、重任的有效办法。其次，竞争机制不健全。从竞争标准和竞争资格来讲，对干部资历的硬性规定造成了部分优秀的人才难以脱颖而出。比如我国《党政领导干部选拔任用工作条例》第八条规定："提拔担任党政领导职务的，应当具备下列基本资格：（一）提任县处级领导职务的，应当具有五年以上工龄和两年以上基层工作经历。（二）提任县处级以上领导职务的，一般应当具有在下一级两个以上职位任职的经历。（三）提任县处级以上领导职务，由副职提任正职的，应当在副职岗位工作两年以上；由下级正职提任上级副职的，应当在下级正职岗位工作三年以上。"由于对工作年限的规定，部分单位的干部选拔论资排辈，导致干部在工作中积极性不高，难以真正做到优胜劣汰。从推荐选拔程序来讲，推荐选拔的通常程序首先是上级领导征求下级主要领导的意见，然后是党委（党组）集体讨论形成干部选拔任用人选初步意见，最后是通知推荐单位做好民主推荐和考察准备，进行民主推荐和考察，这就使党委（党组）集体讨论形成的推荐选拔人选初步意见变成了群众基础不够扎实的"组织意图"，为个别领导"卖人情"、个别干部"拉关系"提供了"机遇"。

第二，干部管理制度。"从严治党的重点，在于从严管理干部。同世界上大多数国家相比，我们的干部队伍整体素质是高的。同时，我们也要看到存在的突出问题。为什么一些地方干群关系成为突出的问题？为什么一些地方出现了塌方式腐败、家族式腐败？为什么一狠刹'四风'就有人感叹'为官不易'、变成为官不为了？为什么被查处的干部普遍交代受到的监督不够？这就必须从干部管理制度上找原因。这些年来，在各级党组织中，对干部重使用轻管理的现象大量存在，从严管理干部的课题十分紧迫地摆在全党面前。”① 另外，干部考核评价机制存在漏洞。当前社会形势的发展使干部的工作领域和范围不断扩大，这本身就对干部考核的准确性和全面性提出挑战。一些部门和领导对干部的考核往往停留在表面，难以发现干部工作和生活中的深层次问题，为“带病提拔”提供了可能。同时，由于不同专业和部门对干部的具体要求不同，部分部门并没有形成专业科学的考核体系，造成考核标准一概而论。还有一些地方部门人情风气严重，在民主测评的时候出现“关系票”“人情票”等现象，导致考核结果失真。

第三，干部问责制度。在法律法规方面，我国有关干部问责的法规有《关于实行党政领导干部问责的暂行规定》《关于实行党风廉政建设责任制的规定》《中国共产党问责条例》，但对党政领导干部问责的主体、客体、情形、程序没有系统化的科学制度体系，相关制度法规不够完善、具体，没有相应的法律进行强制保障，部分干部产生了侥幸心理，不利于干部问责制度的规范发展。还有，制度的可操作性较弱也是造成问责不力的原因之一。比如，原《中国共产党问责条例》第七条对党组织的问责方式包括：“对履行职责不力、情节较轻的，应当责令其作出书面检查并切实整改……对履行职责不力、情节较重的，应当责令整改，并在一定范围内通报。”该条例并没有对“情节较轻”“情节较重”做出明确的程度规定，对“在一定范围内”也没有做具体的说明，没有量化的指标。这样笼统性的规定导致难以裁定结果，最终可能成为上级领导的意志体现，致使问责失之于宽、失之于软，这是修订《中国共产党问责条例》的重要原因。在问责配套机制方面，当前的问责机制缺乏强有力的监督，问责发起后，监督机构和监督人员如何到位，监督问责过程中如何实现公开、公平、公正，还有问责后的监督包括公众的反应、绩效评估、经验的总结等，当前这几个方面的问题还没有得到很好的解决。

（5）基层党组织建设中存在薄弱环节。

党的基层组织在党的组织体系中具有基础性地位，是党联系人民群众的重要环节。基层党组织直接与人民群众相联系，对群众的意见、诉求、

① 中共中央文献研究室. 习近平关于全面从严治党论述摘编［M］. 北京：中央文献出版社，2016：134.

建议等有较多的了解，是党的领导机构能够听到人民群众真实声音的重要途径，在党的建设中发挥着不可替代的重要作用。同时，基层党组织是党的路线、方针、政策的传递者、引导者，直接决定党的各项任务在基层的完成落实情况，具有为党扩展群众基础的特殊使命。在全面从严治党的战略布局下，为了更好地使共产党员在社会生活中的各个方面发挥先锋模范作用，基层党组织作为广大党员的直接管理者，必须做到不仅要发展优秀党员，更要教育、管理和监督党员。习近平总书记在河北调研时指出："做好基层基础工作十分重要，只要每个基层党组织和每个共产党员都有强烈的宗旨意识和责任意识，都能发挥战斗堡垒作用、先锋模范作用，我们党就会很有力量，我们国家就会很有力量，我们人民就会很有力量，党的执政基础就能坚如磐石。"①

改革开放以来特别是近年来，基层党组织在整体上得到了健全和加强，随着覆盖面的不断扩大，其作用也不断得到发挥，党在基层的各项方针政策得到了认真贯彻，党员的先锋模范作用得到了体现，形成了党员群众共促发展的良好局面，党在基层的吸引力和影响力不断增强。同时，党内也存在一些不适应全面从严治党要求、不符合党的性质和宗旨的薄弱环节，成为导致基层党员干部在思想信仰和行为作风上出现偏差的主要原因。

第一，对基层党员干部的理论教育不够。基层党员干部由于历史和社会原因，存在一定的忽视理论学习的情况，虽然进入组织的各级党校接受理论培训，但少数党员干部把党校学习当作"认认人、养养神、串串门"的机会，将时间和精力用在社交上。基层工作任务繁重，党员干部大部分的时间都在应付会议和上级检查，没时间没精力学习研究理论，从主观上不重视、不愿意学习，客观上也未能建立有效的理论学习制度和培训机制并加以落实。基层干部理论贫乏，思想阵地就容易被封建思想、资产阶级思想等非马克思主义思想占领，不能树立坚定的共产主义远大理想和中国特色社会主义共同理想，容易迷失方向，责任缺失，导致"四风"滋生蔓延。同时，缺乏理论学习就缺乏科学的世界观和方法论，对平时的工作内

---

① 习近平总书记在河北、兰考两地调研指导党的群众路线教育实践活动报道集［M］. 北京：人民出版社，2014：2-3.

容、任务、对象不能做出科学的认知判断，容易找不到工作的出发点和着力点，为人民服务的宗旨意识淡薄，不能很好地满足群众诉求，不能以联系、变化、发展的观点统筹兼顾、把握全局，建设中国特色社会主义的各项事业就不能科学、协调、持续发展。

第二，缺乏科学的考核奖惩机制。建立基层党组织考核奖惩体系，是新形势下加强和改进基层党组织建设的一项重要工作，也是从制度上保证基层党组织建设各项工作落到实处的根本措施。考核体系是否科学合理，是基层党组织建设是否得到有效落实的关键所在。部分基层党组织建设的考核标准还停留在基层党组织成员的年龄结构、文化程度，对党组织集体的个人能力、整体合力以及战斗堡垒作用的发挥缺乏科学的衡量和考核标准，基层抓全面从严治党工作的积极性和创造性没有完全发挥出来。在奖惩问题上表现为奖多罚少，没有充分发挥奖惩机制的积极引导作用。基层党组织工作和其他工作一样，仅凭自发性是不够的，需要借助于一定的考核体系，对组织和个人做出正确的评价，正确实施奖惩，切实做到奖有理由，罚有根据，从而有利于防止和克服凭印象、凭感情、凭面子做结论的弊端，有利于全面从严治党的科学化发展。

第三，基层党建工作方法创新不足。党的十八届三中全会明确指出，“创新基层党建工作，健全党的基层组织体系”①。随着社会主义市场经济的不断深化，人民群众的诉求也向多元化发展，这就要求基层党组织建设工作也要适应新形势的要求，以改革创新的精神研究解决基层党组织建设面临的突出矛盾和问题。部分基层党组织建设工作还停留在过去的计划中，没有顺应经济社会发展进行变革，缺乏前瞻思维、整体思维、统筹思维，缺乏适应社会主义市场经济的行动，缺少创新。随着科学技术的迅速发展，网络、新媒体等技术在社会的各个领域已经得到广泛应用，虽然新技术在党建领域中逐渐被引进，但其在基层党建工作中发挥的作用仍处于辅助性地位，难以取代传统的党建手段。这就不同程度地影响了基层党组织对人民群众的亲和力和吸引力。

---

① 中共中央关于全面深化改革若干重大问题的决定［M］. 北京：人民出版社，2013：58.

第六章　进一步推进全面从严治党常态化制度化科学化的建议

新时代，以习近平同志为核心的党中央将“全面从严治党”上升至国家战略的高度，是继承党的优良传统、运用党的宝贵经验的具体体现。“打铁必须自身硬”是“新一届中央领导集体治国理政”的“执政主线”①，也是推进全面从严治党常态化、制度化、科学化的逻辑起点。以习近平同志为核心的党中央“创新发展马克思主义党建学说，把全面从严治党纳入‘四个全面’战略布局，坚定不移推进全面从严治党、依规治党”②，并将“全面从严治党”定位为“四个全面”战略布局的“神来之笔，点睛之笔”，定位为实现“两个一百年”奋斗目标和中华民族伟大复兴中国梦的根本保障，足见“全面从严治党”及其常态化、制度化、科学化在当前形势下的明确目标指向和科学策略安排。“要进行好具有许多新的历史特点的伟大斗争、有效应对各种风险和挑战，实现‘两个一百年’奋斗目标、实现中华民族伟大复兴的中国梦，必须把我们党建设好、建设强”，“这就是党中央反复强调‘打铁还需自身硬’的根本原因”③。“中国共产党人带领广大人民群众是打‘铁’的主体”④，所打之“铁”，是激活“四个全面”

① 韩庆祥. 思想的力量：新一届中央领导集体治国理政的基本思路 [M]. 北京：中共中央党校出版社，2014：5.

② 中共中央宣传部. 习近平总书记系列重要讲话读本（2016 年版）[M]. 北京：学习出版社，2016：101.

③ 习近平. 在党的十八届六中全会第二次全体会议上的讲话（节选）[J]. 求是，2017（1）：3-10.

④ 同①17.

战略布局，推动“五位一体”总体布局建设，进而建设和发展中国特色社会主义的伟大事业、进行具有许多新的历史特点的伟大斗争、实现“两个一百年”奋斗目标和中华民族伟大复兴的中国梦。

明确的目标指向，生成了清晰而强烈的问题导向，即加强和改进党的建设的伟大工程，实现党的肌体“自身硬”。“只有党员干部身板直、腰杆硬，才能赢得人民信任，才能巩固党的执政地位，才能保证革命先辈们用鲜血和生命打下的红色江山代代相传。”① “四种危险”和“四个挑战”并存的认识和表达，俨然证明了党中央对当前党内问题的科学思考和准确把握。不仅如此，党的十八大以来，以习近平同志为核心的党中央，通过持续贯彻落实“中央八项规定精神”“打虎拍蝇猎狐”“清理吃空饷”“整顿懒政怠政”，以及开展党的群众路线教育实践活动、“三严三实”专题教育、“两学一做”学习教育、“不忘初心、牢记使命”主题教育、党史学习教育等系列行动，从正反两个方面直击党内积弊，扶正祛邪，着力解决当前党内存在的诸多实际问题，已经取得了改善党风政风、凝聚改革共识、汇聚发展力量的阶段性成果。管党治党“失之于宽、失之于松、失之于软”的形势，在全面从严治党的系列手段举措下已然发生根本扭转，党的肌体“自身”已经变“硬”。但是，应当清醒地认识到，这同实现党胜任“打铁”的目标还有一段距离。因此，进一步实施全面从严治党的常态化、制度化、科学化，又好又快地实现“自身硬”，不仅是我们党积极应对国际国内环境新变化的需要，而且是加强党的自身建设，保持党的先进性、纯洁性，增强“四自能力”和党的创造力、凝聚力、战斗力，提升党科学执政、依法执政的能力和领导水平，坚持党的领导和确保党的领导核心地位的需要，更是党完善执政方略、健全执政体系、改进执政方式、巩固执政基础的需要。

“治国必先治党，治党务必从严”②，办好中国的事情，关键在党要管党、从严治党。全面从严治党，必须坚持和落实党要管党、从严治党。

---

① 洪向华. 党内政治文化：新时代中国共产党成功的基因［M］. 北京：人民出版社，2018：179-180.

② 江泽民. 江泽民文选：第2卷［M］. 北京：人民出版社，2006：496.

党的十八大以来的一系列全面从严治党举措为实施全面从严治党常态化、制度化、科学化奠定了实践基础，其间已经完成修订、制订的一系列党内规章、准则、条例为其奠定了制度基础；习近平总书记有关全面从严治党的系列论述为其指明了前进方向。同时，我们也清醒地认识到，“全面从严治党永远在路上，党的自我革命永远在路上”①，“我们党面临的执政环境是复杂的，党员队伍构成是复杂的，影响党的先进性、弱化党的纯洁性的因素也是复杂的，党内存在的一些深层次问题并没有得到根本解决，一些老问题反弹回潮的因素依然存在，还出现了一些新情况新问题”②，必须将全面从严治党常态化、制度化、科学化进一步推向前进。

第一节　深入学习马克思主义中国化时代化理论，提升全党思想政治水平

“思想理论素质是领导素质的灵魂”，必须把认真、刻苦、全面地学习马克思主义经典著作“摆在学习的首位”③。2011 年 5 月 13 日，习近平总书记在中央党校春季学期第二批入学学员开学典礼上强调：马克思主义经典著作蕴含和集中体现着马克思主义基本原理，是马克思主义理论的本源和基础，马克思主义理论素养是领导干部的必备素质，是保持政治上坚定的思想基础。之后，习近平总书记多次在党内强调深入学习马克思主义经典著作的重要性，“认真学习马克思主义理论，这是我们做好一切工作的看家本领，也是领导干部必须普遍掌握的工作制胜的看家本领”④。一个成熟的党，首先是广大党员干部在思想上掌握马克思主义⑤，要“以科学的

① 习近平．高举中国特色社会主义伟大旗帜　为全面建设社会主义现代化国家而团结奋斗：在中国共产党第二十次全国代表大会上的报告［M］．北京：人民出版社，2022：64.

② 习近平．在党的十八届六中全会第二次全体会议上的讲话（节选）［J］．求是，2017（1）：3-10.

③ 江泽民．江泽民文选：第 2 卷［M］．北京：人民出版社，2006：285.

④ 习近平．习近平谈治国理政［M］．北京：外文出版社，2014：404.

⑤ 邓小平．邓小平文选：第 1 卷［M］．2 版．北京：人民出版社，1994：346.

理论武装人”，“只有具备较高的马克思主义理论水平，才能够驾驭全局，掌握改革和建设的主动权，抓住机遇，加快发展；才能够在变幻的国际形势中保持清醒的头脑，在任何风浪中站稳脚跟”①。因此，深入学习马克思主义经典著作，提高全党的思想政治素质和水平，不仅是我们党的建设的基本经验，而且是使广大党员干部能够经得起“四大考验”，不断开创中国特色社会主义建设新局面的必要条件，更是全面从严治党的一项重大而紧迫的任务。这关系到我国社会主义现代化建设的全局。

一、深入学习马克思主义经典著作特别是习近平新时代中国特色社会主义思想

马克思主义经典著作主要包括两个部分：一是以马克思、恩格斯、列宁等为代表的马克思主义主要创立者和发展者的经典著作；二是以毛泽东、邓小平、江泽民、胡锦涛、习近平等为主要代表的中国共产党人，把马克思列宁主义基本原理同中国革命、建设、改革具体实践结合起来所创立的中国化时代化的马克思主义经典著作，特别是习近平新时代中国特色社会主义思想。在深入学习马克思主义经典著作之前，应当重视把握以下几个问题：

第一，将无产阶级运动与科学社会主义理论充分结合起来，是马克思主义政党成立的原点所在。“批判的武器当然不能代替武器的批判，物质力量只能用物质力量来摧毁”②。无产阶级是摧毁资产阶级物质力量的物质力量，但物质力量的发挥必须使理论掌握群众；而能够承担起理论掌握群众任务的只有已经掌握理论的马克思主义政党。正如马克思和恩格斯在《共产党宣言》中所描述的：“在实践方面，共产党人是各国工人政党中最坚决的、始终起推动作用的部分；在理论方面，他们胜过其余无产阶级群众的地方在于他们了解无产阶级运动的条件、进程和一般结果。”③ 共产党

① 江泽民．江泽民文选：第1卷［M］．北京：人民出版社，2006：498．

② 马克思，恩格斯．马克思恩格斯全集：第3卷［M］．2版．北京：人民出版社，2002：207．

③ 马克思，恩格斯．马克思恩格斯文集：第4卷［M］．北京：人民出版社，2009：324．

人是科学社会主义理论的物质载体，也是无产阶级运动的直接推动力量。因此，组织成立马克思主义政党成为当时无产阶级运动发展的必要条件。从根本上说，能够组织和成立马克思主义政党，从而使马克思主义政党承担这一历史任务的前提是：一定数量的已经掌握马克思主义理论的人的存在。他们是马克思主义经典著作的最初读者。

第二，马克思主义经典著作是共产党人的初心之本、理想信念之源。习近平总书记在庆祝中国共产党成立 95 周年大会上向全党发出“不忘初心、继续前进”的号召，首要的要求就是“坚持马克思主义的指导地位，……不断把马克思主义中国化推向前进”①。共产党是世界上组织最为严密的政党，加入共产党的首要条件是具备一定的共产主义觉悟、认同共产主义远大理想和共产党基本纲领的先进分子；而将先进分子聚集起来的旗帜正是马克思主义，聚集的过程就是先进分子通过马克思主义经典著作具备一定的共产主义觉悟、认同共产主义远大理想和共产党基本纲领的过程。从党中央对党员干部坚定信念的基本要求来看，“党的干部必须坚定共产主义远大理想，真诚信仰马克思主义，矢志不渝为中国特色社会主义而奋斗，坚持党的基本理论、基本路线、基本纲领、基本经验、基本要求不动摇”②。“而这种政治思想上的统一、政治信念上的坚定，只能建立在全党同志自觉用马克思主义理论武装思想的基础之上。”③ 信念的获得、坚定和不断增强，始终都离不开从马克思主义经典著作中掌握马克思主义素养。“我们过去几十年艰苦奋斗，就是靠用坚定的信念把人民团结起来”，“没有这样的信念，就没有凝聚力。没有这样的信念，就没有一切”④。因此，马克思主义是共产党的精神旗帜，“是我们立党立国的根本指导思想”，是共产党人的初心所在、理想信念所在，“背离或放弃马克思主义，我们党就会失去灵魂、迷失方向”⑤。从这个意义上看，马克思主义经典著

---

① 习近平．在庆祝中国共产党成立 95 周年大会上的讲话［M］．北京：人民出版社，2016：8.

② 习近平．习近平谈治国理政［M］．北京：外文出版社，2014：412-413.

③ 江泽民．江泽民文选：第 2 卷［M］．北京：人民出版社，2006：285.

④ 邓小平．邓小平文选：第 3 卷［M］．北京：人民出版社，1993：190.

⑤ 同①9.

作就是共产党人获得初心和理想信念的基础，是克服诸如“马克思主义过时论”等非马克思主义理论的强大武器，是共产党人的初心之本、理想信念之源。

第三，思想建党的基本经验告诉我们，对于共产党和共产党人来说，真正掌握先进的科学理论和以科学理论为指导，是提升自身能力、推动事业发展的基本前提。“没有革命的理论，就不会有革命的运动”①，其中蕴含着“只有以先进理论为指南的党，才能实现先进战士的作用”这一由先进战士——共产党用理论指导实践、将理论转化为运动的基本道理②。这也是共产党注重从思想上建党的原因。1929 年 12 月下旬，中国共产党召开古田会议，其核心内容是“要用无产阶级思想建设军队和党”③，自此开启了中国共产党思想建党的征程。嗣后，毛泽东也多次强调：“指导一个伟大的革命运动的政党，如果没有革命理论，……要取得胜利是不可能的。”而在党的思想建设遇到问题时，他又发出“如果我们党有一百个至二百个系统地而不是零碎地、实际地而不是空洞地学会了马克思列宁主义的同志，就会大大地提高我们党的战斗力量”④ 的感慨。因此，马克思主义经典著作中所蕴含的马克思主义立场、观点、方法是我们完成思想统一的基本武器，也是实现党的团结统一，提升党的凝聚力、战斗力的根本所在。中国共产党通过多次“整风运动”以及“真理标准问题的大讨论”，不断加强马克思列宁主义在党内的指导地位，始终如一地坚持思想建党原则。“重视在思想上建党，是我们党的一条重要政治经验”⑤。“历史告诉我们，没有先进理论的指导，没有用先进理论武装起来的先进政党的领导，没有先进政党顺应历史潮流、勇担历史重任、敢于作出巨大牺牲，……我们的国家就无法团结统一、在社会主义道路上走向繁荣富强。”⑥ 因此，我

① 列宁．列宁全集：第 2 卷［M］．2 版增订版．北京：人民出版社，2013：445．

② 列宁．列宁选集：第 1 卷［M］．3 版．北京：人民出版社，1995：312．

③ 杨凤城．中国共产党历史［M］．北京：中国人民大学出版社，2010：76．

④ 毛泽东选集：第 2 卷［M］．2 版．北京：人民出版社，1991：533．

⑤ 江泽民．江泽民文选：第 3 卷［M］．北京：人民出版社，2006：333．

⑥ 习近平．在庆祝中国共产党成立 95 周年大会上的讲话［M］．北京：人民出版社，2016：4－5．

们每个共产党员，都要“作马克思和列宁的好学生”①，不但要在改革发展的实践中改造自己，而且“要在学习马克思列宁主义理论的过程中改造自己，锻炼自己的无产阶级思想意识”②。

第四，始终坚持马克思主义基本原理，在实践中不断开展与时俱进的理论创新，不断推动马克思主义中国化时代化，不断创新和发展马克思主义，是坚持和发展中国特色社会主义的根本需要。马克思主义基本原理是放之四海而皆准的真理，但是，立足于当时的社会历史条件的表述不可能给开创性的中国特色社会主义建设中的问题直接提供答案；马克思主义不是教条，马克思主义的彻底的科学性是与理论的具体的与时俱进紧密联系在一起的，理论的与时俱进也正是理论科学性的必然要求。党的十一届三中全会确立了“坚持一切从实际出发，理论联系实际，实事求是，在实践中检验真理和发展真理”的思想路线，这是由马克思主义本身最重要的与时俱进的理论品质所决定的，是马克思主义科学性与革命性的具体体现，也是马克思主义始终保持蓬勃生命力的关键所在，更是我们党能够不断解放思想、开拓创新的关键所在。其实质就是将马克思主义基本原理同中国革命、建设和改革的具体实践相结合，实现理论的与时俱进、永葆理论的生机与活力。1996 年 1 月，江泽民在全国宣传部长会议上就以真实的例子说明了认真学习马克思主义经典著作，不断努力学习和掌握马克思主义的立场、观点、方法发展马克思主义，并用其解决实际问题的重要性③，并得出“注重理论创新，是党的事业前进的重要保证”的历史经验④。“马克思列宁主义的普遍真理一经和中国革命的具体实践相结合，就使中国革命的面目为之一新”⑤，“如果一切从本本出发，思想僵化，迷信盛行，那它就不能前进，它的生机就停止了，就要亡党亡国”⑥。刘少奇甚至将教条主

---

① 刘少奇. 论共产党员的修养［M］. 北京：人民出版社，2018：12.
② 同①28.
③ 江泽民. 江泽民文选：第 1 卷［M］. 北京：人民出版社，2006：498-499.
④ 江泽民. 江泽民文选：第 3 卷［M］. 北京：人民出版社，2006：334.
⑤ 毛泽东选集：第 3 卷［M］. 2 版. 北京：人民出版社，1991：796.
⑥ 邓小平. 邓小平文选：第 2 卷［M］. 2 版. 北京：人民出版社，1994：143.

义者描述为“党内的投机分子，共产主义运动中的蠡贼”[①]。陈独秀、李立三、王明等人的教条主义无不启示了这样一条经验：“什么时候我们紧密结合实践不断推进理论创新，党的事业就充满生机和活力；什么时候理论的发展落后于实践，党的事业就会受到损害，甚至发生挫折。”[②] 这也说明了科学系统掌握马克思主义基本立场、观点、方法，不断立足实践推进马克思主义理论创新，对于坚持和发展中国特色社会主义的重要意义。正如习近平总书记在十八届中央政治局第二十次集体学习时强调的那样：“我们党要团结带领人民协调推进全面建成小康社会、全面深化改革、全面依法治国、全面从严治党，实现‘两个一百年’奋斗目标、实现中华民族伟大复兴的中国梦，必须不断接受马克思主义哲学智慧的滋养”[③]。

第五，马克思主义基本原理所揭示的人类社会历史发展规律，以及认识世界、改造世界的辩证唯物主义和历史唯物主义世界观和方法论，是我们增强辩证思维、战略思维能力，提高共产党人解决改革发展基本问题能力的“看家本领”。首先，获得这一“看家本领”的前提是认真学习和系统掌握马克思主义基本原理。“领导干部特别是高级干部要把系统掌握马克思主义基本理论作为看家本领，老老实实、原原本本学习马克思列宁主义、毛泽东思想特别是邓小平理论、‘三个代表’重要思想、科学发展观。”[④] 其次，“马克思主义哲学是全部马克思主义理论的思想基础，也是马克思主义的立场、观点、方法的思想基础”[⑤]，使用这一“看家本领”必须首先认真学习和系统掌握马克思主义哲学的基本原理。最后，辩证唯物主义和历史唯物主义是中国共产党人的世界观和方法论[⑥]，这一“看家本领”的提升过程，实质上就是运用辩证唯物主义的世界观和方法论，不断在认识和改造客观世界的同时认识和改造主观世界的过程。无论从哪个环

---

① 刘少奇．论共产党员的修养［M］．北京：人民出版社，2018：18.

② 江泽民．江泽民文选：第3卷［M］．北京：人民出版社，2006：334.

③ 中共中央文献研究室．习近平关于全面建成小康社会论述摘编［M］．北京：中央文献出版社，2016：194.

④ 习近平．习近平谈治国理政［M］．北京：外文出版社，2014：153-154.

⑤ 江泽民．江泽民文选：第2卷［M］．北京：人民出版社，2006：286-287.

⑥ 人民日报社评论部．“四个全面”学习读本［M］．北京：人民出版社，2015：154.

节来看，“看家本领”最终都要回归到马克思主义经典著作上来。因此，“党的各级领导干部特别是高级干部，要原原本本学习和研读经典著作，努力把马克思主义哲学作为自己的看家本领，坚定理想信念，坚持正确政治方向，提高战略思维能力、综合决策能力、驾驭全局能力，团结带领人民不断书写改革开放历史新篇章”①。

习近平总书记在给全国干部学习培训教材作序时指出，“各级领导干部要勤于学、敏于思，坚持博学之、审问之、慎思之、明辨之、笃行之，以学益智，以学修身，以学增才”②，为我们在新时代如何学习列举出一整套方法。具体来讲，立足全面从严治党常态化、制度化、科学化，深入学习马克思主义经典著作特别是习近平新时代中国特色社会主义思想，应当从以下几个方面行动起来：

（1）准确把握马克思主义经典著作自身的特点。

“马克思列宁主义是从客观实际产生出来又在客观实际中获得了证明的最正确最科学最革命的真理”③。马克思主义放之四海而皆准的是马克思主义的基本原理，它们并非教科书式成体系地、集中系统地出现在马克思主义经典著作之中，而是由马克思主义创立者以发表文章、读书笔记、演讲稿，甚至是电报和书信等多种形式表达出来的。因此，通过原著学习马克思主义，应当把握以下几个特点：一是原著中的马克思主义，都与作者的理论抽象能力和所处的具体实践形势，甚至是作者本人的情绪等多方面因素有直接联系，其理论形式的、具有指导实践意义的表述，一定是针对当时当地的情况而产生的；二是马克思主义的立场、观点、方法并不总是直接表达在原著中，要注意区别马克思主义经典作家对某物某事某人的立场、观点、方法与马克思主义的立场、观点、方法，以及二者之间一般与特殊、静止与运动、部分与整体等关系的存在；三是警惕各种形式的“马克思主义过时论”，全面系统地而不是片面地、静止地学习马克思主义经

① 中共中央文献研究室．习近平关于社会主义文化建设论述摘编［M］．北京：中央文献出版社，2017：63.

② 全国干部培训教材编审指导委员会．永葆清正廉洁的政治本色［M］．北京：人民出版社，2015：序言.

③ 毛泽东选集：第3卷［M］．2版．北京：人民出版社，1991：817.

典著作，掌握马克思主义基本原理及其所蕴含的科学的马克思主义立场、观点、方法；四是真正的马克思主义的立场、观点、方法，不仅是马克思主义对待主客观事物的态度，而且是马克思主义对待其本身的态度。因此，马克思主义经典著作中所蕴含的具有彻底革命性、科学的马克思主义，需要阅读者采用历史的、辩证的唯物主义态度，通过认真学习、理性认识、系统抽象、实践验证等系列过程才能被“确认”。换句话说，全面系统地读原著只是了解和认识马克思主义理论的原点，要从中获得马克思主义的立场、观点、方法等基本原理，还要经过一系列“悟”的过程，即基于自身认知水平和能力的理论认识与抽象过程，这是认识实践的循环过程。而后才将认识到的“原理”纳入客观实践中验证、纠正、再认识、再验证、再纠正，如此循环下去，最终才能获得真知。此外，只有真正做到读原著，从原著中体悟马克思主义基本原理，并结合原著写作历史背景、实践背景以及当前实践检验其科学性、真理性，才能最终从原著中感悟真知。

（2）坚持马克思主义的学习态度，端正马克思主义学风。

马克思主义的学习态度是真正的马克思主义者对待马克思主义理论的态度。首先是历史的辩证的而不是形而上学的认识世界的态度。“共产主义不是教义，而是运动。它不是从原则出发，而是从事实出发。”① 马克思主义基本原理不是基于某种哲学和原则而是基于基本事实和迄今为止的全部历史去认识世界的，“共产党人的理论原理”，“不过是现存的阶级斗争、我们眼前的历史运动的真实关系的一般表述”②，真正的马克思主义者并未创造真理，而是立足于实践并在实践中发现了真理。同时，对于学习和研究马克思主义著作的个人来说，“出发点总是他们自己，不过当然是处于既有的历史条件和关系范围之内的自己，而不是意识形态家们所理解的‘纯粹的’个人”③，他们也有各自的具体的实际。因此，学习和研究马克思主义经典著作，始终要从具体实际出发，历史地、辩证地从马克思主义

① 马克思，恩格斯．马克思恩格斯选集：第1卷［M］．3版．北京：人民出版社，2012：291．

② 同①413，414．

③ 同①199．

基本原理的整体上看待马克思主义经典著作中的具体表述，不能断章取义，更不能"'闭塞眼睛捉麻雀'，'瞎子摸鱼'，粗枝大叶，夸夸其谈，满足于一知半解"①，要旗帜鲜明地反对教条主义和主观主义。其次是坚定的纯洁的"无产阶级立场和理想"的态度。"共产主义是关于无产阶级解放的条件的学说"②，"没有坚定纯洁的无产阶级立场和理想，是不能彻底了解和真正掌握马克思列宁主义这门科学的"③。兴趣是最好的老师，对无产阶级学说、对社会主义必然胜利的信念和共产主义最高理想一定能够实现的信仰，能够激发学习马克思主义的强烈兴趣，这是坚持马克思主义人民立场的应有学习态度，即学习和研究马克思主义经典著作时，要坚持马克思主义的群众观点，坚定人民立场，立足人民自己解放自己的无产阶级观点，为人民群众而学，为领导人民群众自己解放自己而学；善于掌握从群众中来、到群众中去的理论认识方法，善于领导群众学习，善于向群众学习。再次是"有的放矢""实事求是"的态度。"马克思列宁主义之箭，必须用了去射中国革命之的。这个问题不讲明白，我们党的理论水平永远不会提高，中国革命也永远不会胜利。"④ 这种态度是将马克思主义基本原理同具体实践相结合的态度，没有科学的态度，"就叫做没有党性，或叫做党性不完全"⑤。这种态度下的学习，是通过调查研究掌握实际、把握实际，历史地、整体地把马克思主义基本原理同具体实际结合起来，在改造客观世界的同时改造主观世界。时刻清醒地认识到："对于马克思主义的理论，要能够精通它、应用它，精通的目的全在于应用"⑥，"离开革命实践的理论是空洞的理论，而不以革命理论为指南的实践是盲目的实践"⑦，"静止地孤立地研究马克思主义，把马克思主义同它在现实生活中的生动

---

① 毛泽东选集：第3卷［M］. 2版. 北京：人民出版社，1991：796-797.

② 马克思，恩格斯. 马克思恩格斯选集：第1卷［M］. 3版. 北京：人民出版社，2012：295.

③ 刘少奇. 论共产党员的修养［M］. 北京：人民出版社，2018：29.

④ 同①820.

⑤ 同①800.

⑥ 同①815.

⑦ 斯大林. 斯大林选集：上卷［M］. 北京：人民出版社，1979：199-200.

发展割裂开来、对立起来，没有出路”①。最后是坚持马克思主义所指引的方向，与时俱进、发展创新的态度。“忽视了马克思主义所指引的方向，学习就容易陷入盲目状态甚至误入歧途，就容易在错综复杂的形势中无所适从，就难以抵御各种错误思潮。”② 中国共产党百余年的奋斗历史告诉我们：“中国共产党之所以能够完成近代以来各种政治力量不可能完成的艰巨任务，就在于始终把马克思主义这一科学理论作为自己的行动指南，并坚持在实践中不断丰富和发展马克思主义。”③ 马克思主义基本原理对于马克思主义的发展来说，其指导意义就在于此。

（3）正确理解马克思主义理论、理想信念、现实实践之间的辩证关系。

马克思主义理论是在批判地吸收人类社会以往优秀思想成果、总结人类历史经验和无产阶级革命经验的基础上创立的科学理论。马克思主义理论具有鲜明的阶级属性，是无产阶级争取自身解放和整个人类解放的科学理论，是关于无产阶级斗争的性质、目的和解放条件的学说，是无产阶级的科学世界观和方法论。马克思主义理论强大的生命力就在于它实现了严格的科学性和彻底的革命性的高度统一。“马克思学说具有无限力量，就是因为它正确。它完备而严密，它给人们提供了决不同任何迷信、任何反动势力、任何为资产阶级压迫所作的辩护相妥协的完整的世界观。”④ 马克思主义哲学、马克思主义政治经济学和科学社会主义是马克思主义理论体系不可分割的三个主要组成部分。其中，马克思主义哲学是辩证唯物主义和历史唯物主义的哲学，把哲学“对自然界的认识推广到对人类社会的认识”，“它把伟大的认识工具给了人类，特别是给了工人阶级”⑤，它为马克思创立“剩余价值学说”提供了最根本的世界观和方法论，并以此为理论基石，展开马克思主义政治经济学，揭示了资本主义社会的主要矛盾，科

---

① 江泽民. 江泽民文选：第2卷［M］. 北京：人民出版社，2006：12.

② 习近平. 习近平谈治国理政［M］. 北京：外文出版社，2014：406.

③ 习近平. 在庆祝中国共产党成立95周年大会上的讲话［M］. 北京：人民出版社，2016：8.

④ 列宁. 列宁全集：第23卷［M］. 2版增订版. 北京：人民出版社，2017：41.

⑤ 同④45.

学彻底地批判了旧世界的一切基础，发现了资本主义必然发展并转变为社会主义的普遍规律，发现了无产阶级斗争和通过阶级斗争建立社会主义和实现共产主义的必然性、必要性，并提出未来社会的科学设想、指明了人类社会发展的方向，逐步形成了科学社会主义理论。

习近平总书记指出："对马克思主义的信仰，对社会主义和共产主义的信念，是共产党人的政治灵魂，是共产党人经受住任何考验的精神支柱"。[①] 对马克思主义的信仰首先是基于对马克思主义理论体系全面深刻认识基础上所产生的思想自觉、情感认同和理论实践，并由此产生的对社会主义和共产主义一定能够实现的信念，在实践过程中，内化为中国共产党人的共产主义远大理想和中国特色社会主义共同理想，是马克思主义世界观、人生观和价值观的集中体现。因此，马克思主义理论是共产党人理想信念产生的源泉和巩固的基础，只有"通过坚持不懈学习，学会运用马克思主义立场观点方法观察和解决问题，不断筑牢理想信念，做到虔诚而执着、至信而深厚，让理想信念的明灯永远在心中闪亮"[②]。

当然，马克思主义是资产阶级私有制必然灭亡、无产阶级必然胜利的宣言，同时也是警醒和号召全世界无产者联合起来斗争的宣言。但是，资产阶级私有制和资本主义不会自行灭亡，无产阶级即使具有天然的革命性和组织性也不可能自行推动无产阶级运动向前发展、不劳而获地取得胜利，无产阶级运动胜利、共产主义远大理想的必然性再大也不可能自然而然的实现。"科学社会主义深刻揭示了资本主义产生、发展、灭亡和共产主义取代资本主义的历史必然性，对未来社会主义社会的发展过程、发展方向、一般特征作了科学预测和设想。马克思、恩格斯对未来社会主义社会的设想主要是理论上的，如何付诸实践，是后来人的使命。"[③]《共产党宣言》中描述的"共产党人的最近目的"——"使无产阶级形成为阶级，推翻资产阶级的统治，由无产阶级夺取政权"[④]，列宁领导的十月革命的胜

① 习近平．在全国党校工作会议上的讲话［J］．求是，2016（9）：3-13.

② 中共中央宣传部．习近平总书记系列重要讲话读本（2016年版）［M］．北京：学习出版社，2016：109.

③ 同②20-21.

④ 马克思，恩格斯．马克思恩格斯选集：第1卷［M］．3版．北京：人民出版社，2012：413.

利和我国新民主主义革命的胜利，已经实现了；“无产阶级将利用自己的政治统治，一步一步地夺取资产阶级的全部资本，把一切生产工具集中在国家即组织成为统治阶级的无产阶级手里”，经过社会主义改造也已基本实现；此时，“尽可能快地增加生产力的总量”①，为“每个人的自由发展是一切人的自由发展的条件”的“联合体”的建立创造条件②，成为当前中国共产党人的核心任务。正如刘少奇所言：“我们的责任，就是要遵循人类社会发展的规律，推动社会主义和共产主义事业不断前进，使社会主义和共产主义社会更快地实现。这就是我们的理想。”③

应当明确，共产主义在马克思主义理论体系中是对未来社会的科学设想，共产党人及其领导的无产阶级的一切使命和斗争都是在为实现共产主义创造条件，尤其是在无产阶级夺取政权、建立社会主义国家之后。“马克思主义讲的共产主义是物质产品极大丰富的社会。共产主义的第一阶段是社会主义。社会主义就是要发展生产力，这是一个很长的历史阶段。”④但是，“中国共产党从成立之日起，就把共产主义确立为远大理想，始终团结带领中国人民朝着这个伟大理想前行”⑤，一代又一代的中国共产党人必将高举这面旗帜，继续团结带领全国各族人民，不忘初心，继续前进。由此，党的十一届三中全会之后，以邓小平同志为核心的党的第二代中央领导集体，相继提出了有中国特色的社会主义建设的“三步走”战略和社会主义初级阶段的概念，以江泽民同志为核心的党的第三代中央领导集体进一步将20世纪前50年的“第三步”细化为“新三步走”战略。党的十八大之后，以习近平同志为核心的党中央发出“坚持和发展中国特色社会主义”的号召，将实现“两个一百年”奋斗目标和中华民族伟大复兴的中国梦确立为实践目标。如今，我们实现了第一个百年奋斗目标，正在向第二个百年奋斗目标、向中华民族伟大复兴的中国梦大步迈进。

---

① 马克思，恩格斯．马克思恩格斯选集：第1卷［M］．3版．北京：人民出版社，2012：421.

② 同①422.

③ 刘少奇．论共产党员的修养［M］．北京：人民出版社，2018：45.

④ 中共中央文献研究室．邓小平关于建设有中国特色社会主义的论述专题摘编［M］．北京：中央文献出版社，1992：26.

⑤ 习近平．在纪念红军长征胜利80周年大会上的讲话［M］．北京：人民出版社，2016：3.

综上所述，坚持马克思主义理论的指导地位，我们一如既往、前赴后继；为实现共产主义和不断创新发展中国特色社会主义，我们一直自信自强、守正创新，踔厉奋发、勇毅前行①。我们当前所坚持的中国特色社会主义就是我们最大的实际、最大的现实，第二个百年奋斗目标和中华民族伟大复兴的中国梦,就是我们在践行马克思主义理论、实现共产主义道路上的最近目标。我们从未像现在一样无比接近这一目标，我们所需要做的就是坚定对中国特色社会主义的道路自信、理论自信、制度自信、文化自信，“要增强政治定力，坚守政治原则和底线，决不能在根本性问题上出现颠覆性错误”②。而马克思主义理论、理想信念、现实实践三者之间的辩证关系，正如习近平总书记所言：“只有学懂了马克思列宁主义、毛泽东思想、邓小平理论、‘三个代表’重要思想、科学发展观，特别是领会了贯穿其中的马克思主义立场、观点、方法，才能心明眼亮，才能深刻认识和准确把握共产党执政规律、社会主义建设规律、人类社会发展规律，才能始终坚定理想信念，才能在纷繁复杂的形势下坚持科学指导思想和正确前进方向，才能带领人民走对路，才能把中国特色社会主义不断推向前进。”③

在学习马克思主义经典著作过程中还应着重把握以下几个问题：

学习马克思主义经典著作，本质上是对我们自身的改造，尤其是对思想意识形态的改造，甚至是一场思想的自我斗争。学习马克思主义经典著作，就是要每个党员拿起马克思主义的思想武器，同个人的非马克思主义的思想意识、世界观、人生观、价值观进行斗争，“用无产阶级的、人民的、党的利益高于一切的原则去同自己的个人主义思想进行斗争”④。学习马克思主义经典著作，如果在党内蔚然成风，那将扩展为一场积极的思想斗争。“我们主张积极的思想斗争，因为它是达到党内和革命团体内的团

---

① 习近平. 高举中国特色社会主义伟大旗帜 为全面建设社会主义现代化国家而团结奋斗：在中国共产党第二十次全国代表大会上的报告［M］. 北京：人民出版社，2022：1.

② 中共中央宣传部. 习近平总书记系列重要讲话读本（2016 年版）［M］. 北京：学习出版社，2016：73.

③ 习近平. 习近平谈治国理政［M］. 北京：外文出版社，2014：404-405.

④ 刘少奇. 论共产党员的修养［M］. 北京：人民出版社，2018：42-43.

结使之利于战斗的武器。每个共产党员和革命分子，应该拿起这个武器。”①

首先，要加强理论学习，提升政治素养。注重理论学习与政治素养相结合。坚定的理想信念是共产党人的政治本色，是共产党人政治素养的核心内容。“事实一再表明，理想信念动摇是最危险的动摇，理想信念滑坡是最危险的滑坡。”② 理想信念的树立和坚定，建立在对科学理论的理想认同、对历史规律的正确认识、对基本国情的准确把握之上。简单说，就是理想信念建立在马克思主义理论学习之上。尤其是对于从严治党来说，“加强学习是防止和反对腐败的一个最基础的方法”③。如果说理想信念的动摇和滑坡是共产党人政治素养的直接减少，那么对马克思主义理论学习的忽视就是对政治素养提升的最根本忽视；如果说理想信念不坚定，精神上就会“缺钙”，就会得“软骨病”，那么忽视马克思主义理论学习就是忽视给精神“补钙”，就容易“骨质疏松”，最终还可能会导致“政治上变质、经济上贪婪、道德上堕落、生活上腐化”④。因此，习近平总书记指出：“要炼就‘金刚不坏之身’，必须用科学理论武装头脑，不断培植我们的精神家园。”⑤ 另外，共产党人应当加强对马克思主义理论之外的一切人类优秀文化成果的学习，尤其是要重视对历史、文化、科学技术、法律法规、管理等与增强执政能力和治理能力提升直接相关的理论知识。对于这些领域的理论学习，江泽民曾告诫全党：“如果我们不能通过新的学习和实践不断提高自己，就会落后于时代，就有失去执政资格、失去人民信任和拥护的危险。这并不是危言耸听。”⑥ 在学习马克思主义理论之外的必要理论时，应当坚持以马克思主义为指导，用马克思主义的立场、观点、方法，认识新理论、分析新问题、解决新困惑。从理论认识的根源上认识非

---

① 毛泽东选集：第2卷［M］. 2版. 北京：人民出版社，1991：359.

② 习近平. 习近平谈治国理政［M］. 北京：外文出版社，2014：415.

③ 江泽民. 江泽民文选：第3卷［M］. 北京：人民出版社，2006：421-422.

④ 中共中央宣传部. 习近平总书记系列重要讲话读本（2016年版）［M］. 北京：学习出版社，2016：106-107.

⑤ 同④108.

⑥ 江泽民. 江泽民文选：第2卷［M］. 北京：人民出版社，2006：284.

马克思主义、伪马克思主义思想理论，并与之划清界限、坚决斗争。

其次，要坚持问题导向，注重个人学习与集体学习相结合。“马克思列宁主义理论是国际工人运动经验的总结，是在革命实践中形成又服务于革命实践的理论。”① 马克思主义之所以成为中国共产党的指导思想和共产党人的世界观、方法论，是因为马克思主义能够为中国共产党所担当的、奋斗的共产主义和中国特色社会主义伟大事业指引方向、凝聚力量，为解决奋斗道路上的具体的矛盾、难题提供认识问题、分析问题、解决问题的基本思路、基本方法。因此，共产党员学习马克思主义理论，掌握马克思主义的思想武器、斗争武器，是用来解决具体问题的，用马克思主义之箭，射中国革命、建设、改革之的。在学习马克思主义经典著作过程中坚持问题导向，也就坚持了马克思主义所指引的基本方向，坚持了马克思主义认识、分析、解决问题的基本态度。毛泽东在 1938 年就指出：“一切有相当研究能力的共产党员”都要学习研究马克思主义，“并经过他们去教育那些文化水准较低的党员”②。因此，注重个人学习与集体学习相结合是我们取得的基本学习经验。从个人学习来说，一是要着眼于自身对马克思主义理论的困惑和不解，从此入手，逐次展开对马克思主义经典著作的系统学习；二是要着眼于反省、检讨自身的思想错误，从马克思主义经典著作中找寻正确答案，并“在这样的学习、反省和自我检讨中，去肃清自己一切不正确的思想残余以至某些不适合于共产主义利益的最微弱的萌芽”③；三是要着眼于党章对党员党性、党员义务与权利以及党的纪律等规定，检查、分析、检讨自身在这些方面存在的缺点、不足，努力学习，力求进步；四是要着眼于对习近平总书记系列重要讲话精神的学习，从系统学习马克思主义中国化时代化的最新成果开始，由后至前逐次展开对马克思主义经典著作的系统学习；五是要着眼于自身工作岗位和工作实际要求，努力学习马克思主义经典著作；六是要着眼于自身知识体系、学习能力和水平，从自己熟悉的、专业的或感兴趣的领域，学习马克思主义有关

① 刘少奇．论共产党员的修养［M］．北京：人民出版社，2018：40.

② 毛泽东选集：第 2 卷［M］．2 版．北京：人民出版社，1991：532，533.

③ 同①43.

思想，逐步深入地开展系统学习。在学习过程中，注重个人学习与集体学习相结合，实际上就是党员干部个人自我学习与党组织培养相结合，就是党员干部个人利用好党中央集体学习、专题学习契机和在党校、行政学校等党员干部教育机构的培训、进修机会，以及所在党组织“三会一课”、民主生活会、组织生活会等的集体学习平台，而进行的自我党性锻炼、理论提升、能力提高。在集体学习的组织管理监督中，要着眼于党员干部个体党性素养锻炼、理论水平提升、实践能力提高，由组织者（组织单位或牵头部门）联合党员干部管理部门，坚持单位自评与组织考评相结合、定期考评和不定期考评相结合、组织评估和群众评估相结合，坚持学习考核与监督管理、选拔任用相挂钩，全方位、分层次地做好学习效果及其应用工作。

最后，要立足传承中华优秀传统文化，注重继承传统与开拓创新相结合，坚定文化自信。“学习我们的历史遗产，用马克思主义的方法给以批判的总结，是我们学习的另一任务”，“成为伟大中华民族的一部分而和这个民族血肉相联的共产党员，离开中国特点来谈马克思主义，只是抽象的空洞的马克思主义”①。中国共产党在领导全国各族人民进行社会主义建设的过程中，不仅要进行政治领导和组织领导开展物质世界的建设和改造，而且要进行思想领导开展精神世界的建设。这是由中华民族文化独特性和精神活动独特性所决定的，同时也是中华民族历史文化的优越性及其与马克思主义相结合而内生的道路自信、理论自信、制度自信、文化自信所决定的，也是由中国主动走向世界、融入全球文化体系、担当大国责任而必须提出中国倡议和中国方案，构建中国标准、中国话语体系所决定的。而中华优秀传统文化是党建设精神世界和治国理政的重要思想文化资源和突出优势，甚至是主要资源和核心优势。“中华民族伟大复兴需要以中华文化发展繁荣为条件，必须结合新的时代条件传承和弘扬好中华优秀传统文化。”② 因此，党员干部必须在学习马克思主义经典著作的过程中，始终不

---

① 毛泽东选集：第2卷［M］. 2版. 北京：人民出版社，1991：533，534.

② 中共中央宣传部. 习近平总书记系列重要讲话读本（2016年版）［M］. 北京：学习出版社，2016：201.

忘从中华民族优秀传统文化中汲取营养以修养充实自身，做好中华民族优秀传统文化的忠实传承者和弘扬者、中国先进文化的积极倡导者和发展者。一是要在学习中首先从整体上把握中华优秀传统文化，基本了解中华优秀传统文化的历史渊源、价值理念的发展脉络、鲜明特色的基本走向；二是要立足自身实践，从身边事的处理、身边人的交往中，尤其是在家庭生活、家庭教育、家风养成等方面，立足继承、深入挖掘、细致阐发、切实践行“中华优秀传统文化讲仁爱、重民本、守诚信、崇正义、尚和合、求大同的时代价值”①；三是着眼于个人工作、学习、生活的环境空间和关系网、朋友圈，立足自身对中华优秀传统文化的认识，借助传统的和现代的媒介，用马克思主义立场、观点、方法，克服传统糟粕，对污蔑诋毁、歪曲异化中华优秀传统文化的思想和行为进行引导、教育，以至做坚决的斗争；四是要积极参与、组织宣传和教育中华优秀传统文化和光荣历史的活动，尤其是五四运动以来的革命文化传统教育、宣传，树立和坚持正确的历史观、民族观、国家观、文化观。习近平总书记告诫我们：“不忘本来才能开辟未来，善于继承才能更好创新。”② 共产党人始终担负着对传统文化进行创造性转化、创新性发展的重任，每一个共产党员都应当切实担当起这一责任。一是立足自身知识水平和理论水平，充分结合社会主义市场经济体制建设、民主政治建设、和谐社会建设、先进文化建设、生态文明建设等方面的理论需要和实践需要，全面深入融合时代精神和民族精神，用理论创新、实践创新的方式，对中华优秀传统文化进行创造性转化和创新性发展，在继承中华优秀传统文化合理内核、核心价值、本质内涵的同时，对其进行必要的、创新性的补充、拓展、完善，赋予其社会主义价值、时代内涵、现代表达方式，充分激活中华优秀传统文化的生存活力、生长动力、创新和发展能力；二是坚持兼容并蓄、海纳百川的民族文化精神，从自身工作、生活、学习的实践和本国本民族发展实践出发，在马克思主义指导下，与人类一切优秀文明成果开展文化交流和文明互鉴，应用马克思主

① 中共中央宣传部．习近平总书记系列重要讲话读本（2016 年版）［M］．北京：学习出版社，2016：203.

② 习近平．习近平谈治国理政［M］．北京：外文出版社，2014：164.

义辩证分析、批判借鉴的方法，取长补短、择善而从，积极消化吸收、吸纳兼容其中的有益成分，使之丰富、滋养、发展中华优秀传统文化；三是通过对中华优秀传统文化进行创造性转化和创新性发展的实践，进一步提升自身对中华优秀传统文化的认识水平，不断提高自身继承传统与开拓创新的能力，不断巩固增强提升自身的文化自信。

二、积极培育和践行社会主义核心价值观

社会主义核心价值观从国家、社会、公民三个层面，架构了一个评判是非曲直的价值标准，承载着我们国家和民族的一般精神追求，全面系统地“回答了我们要建设什么样的国家、建设什么样的社会、培育什么样的公民的重大问题”①。因此，我们必须从中华民族伟大复兴的战略高度和全局眼光，正确审视在全社会培育和践行社会主义核心价值观的重大意义。首先，必须着眼于国家文化软实力提升，培育和践行社会主义核心价值观，推进国家治理体系和治理能力现代化。从核心价值观是反映全国各族人民共同认同的价值观“最大公约数”的基本认识出发，培育和践行社会主义核心价值观，巩固这一有效整合社会意识和社会共识的最持久、最深层的力量，发挥其所具有的强大的感召力和凝聚力，不断促进国家文化软实力的提升，强化中华民族文化主干，把正中华民族文化性质和发展方向，纯粹国家文化软实力灵魂，扩大和增强中华民族文化在维护社会和谐稳定、保证国家长治久安方面的影响力和作用力。其次，必须着眼于极端重要意识形态工作开展和全党思想政治素质提升。马克思主义与中国革命、建设、改革实践的充分结合，孕育出“井冈山精神”“长征精神”“延安精神”“西柏坡精神”“雷锋精神”“焦裕禄精神”“改革开放精神”“脱贫攻坚精神”等深深融入中华民族血脉和灵魂的红色基因和伟大精神，不断丰富和发展了马克思主义，不断强化马克思主义的主流意识形态地位。“红色精神”已经“成为社会主义核心价值观的丰富滋养，成为鼓舞和激励中国人民不断攻坚克难、从胜利走向胜利的强大精神动力”②。“社会主

① 习近平．习近平谈治国理政［M］．北京：外文出版社，2014：169.

② 习近平．习近平谈治国理政：第2卷［M］．北京：外文出版社，2017：48.

义核心价值体系是社会主义意识形态的本质体现。”① 在价值多元、思潮云涌的当下，我们必须着眼于坚守和巩固马克思主义红色阵地，争取“灰色地带”、亮剑“黑色地带”②，继续加强理想信念教育和思想道德建设，大力培育和弘扬社会主义核心价值观，提升全党思想政治素质，用富有民族特色和时代气息的中国精神凝聚中国力量。再次，必须着眼于为中华民族伟大复兴汇聚共识、凝聚力量。“如果一个民族、一个国家没有共同的核心价值观，莫衷一是，行无依归，那这个民族、这个国家就无法前进。”③ 中华民族伟大复兴是中华民族近代以来最伟大的梦想，已经产生了强大的号召力和感染力，成为激励中华儿女团结奋进、开辟未来的一面精神旗帜。社会主义核心价值观是中国梦的价值载体，其国家、社会、公民的三个价值层次内容体系是中国梦的国家情怀、民族情怀、人民情怀相统一的具体阐释；其在建设什么样的国家、建设什么样的社会、培育什么样的公民方面的价值目标是对中国梦的精神追求、实践目标的具体阐释；其在坚持中国道路、弘扬中国精神、凝聚中国力量过程中的独特作用，使之成为实现中国梦的精神力量。必须大力培育和践行社会主义核心价值观，使之成为全民自觉、全民行动，整合全民共识，把党心、民心凝结在社会主义核心价值观这一“最大公约数”之上，为实现中华民族伟大复兴的中国梦汇聚共识、凝聚力量。最后，必须着眼于共建中国特色社会主义文化大厦，繁华中华民族精神世界。作为执政党的中国共产党代表着中国先进文化的前进方向，必然承担着建设中华民族精神文化大厦、繁华中华民族精神世界的历史使命。因此，我们必须继续坚持“精神变物质、物质变精神的辩证法”④，坚持“两手抓、两手都要硬”，“以辩证的、全面的、平衡的观点正确处理物质文明和精神文明的关系，把精神文明建设贯穿改革开放和现代化全过程、渗透社会生活各方面，紧密结合培育和践行社会主义核

① 中共中央文献研究室．十七大以来重要文献选编：上［M］．北京：中央文献出版社，2009：26.

② 习近平．在全国党校工作会议上的讲话［J］．求是，2016（9）：3-13.

③ 习近平．习近平谈治国理政［M］．北京：外文出版社，2014：168.

④ 中共中央文献研究室．习近平关于社会主义文化建设论述摘编［M］．北京：中央文献出版社，2017：10.

心价值观”①，倡导符合中国特色社会主义的世界观、人生观、价值观，全体人民一起努力，前赴后继、持之以恒地奋斗，在一心一意改造物质世界、创造物质财富的同时，丰富中国人民的精神世界，全力构建中国特色社会主义精神文化大厦，不断繁华中华民族的精神世界，避免在改造物质世界的过程中造成目标迷失、文化缺失、精神缺位，实现中国人民物质世界和精神世界的协调共建、平衡发展。

着眼于提升公民尤其是党员干部的个人道德素质、思想品格。思想道德建设解决的是整个中华民族的精神支柱和精神动力问题。“核心价值观，其实就是一种德，既是个人的德，也是一种大德，就是国家的德、社会的德。国无德不兴，人无德不立。”② 着眼于提升公民个人道德素质、思想品格，是培育和践行社会主义核心价值观的重要内容和中心环节。

首先，以建立和完善社会主义道德原则和道德规范为重心，夯实培育和践行社会主义核心价值观的道德基础。社会主义道德原则和道德规范是社会主义核心价值观的道德基础。一方面要在传承和弘扬中华民族优秀思想道德修养的基础上，倡导以“八荣八耻”为主要内容的社会主义荣辱观，培育和强化公民爱国主义、集体主义、社会主义思想的道德原则；另一方面要以社会主义核心价值观的“三个倡导”为价值引领，围绕社会主义市场经济体制建设，按照与社会主义市场经济相适应的要求，坚持弘扬以爱国主义为核心的民族精神和以改革创新为核心的时代精神，引导社会主义道德规范，加快建立和完善反映不同层次和不同职业要求、具有切实引导力和规范力的社会主义思想道德体系。

其次，要立足现实生存与发展的需求，着眼社会、行业与单位、家庭、个人四个道德建设主体，“大力加强社会公德、职业道德、家庭美德、个人品德建设，营造全社会崇德向善的浓厚氛围”③。道德本身所蕴含的引导力和规范力是人们立足人与人关系正常化、人的权利保护常态化的现实

① 习近平. 习近平谈治国理政：第2卷［M］. 北京：外文出版社，2017：324.

② 中共中央文献研究室. 习近平关于社会主义文化建设论述摘编［M］. 北京：中央文献出版社，2017：112.

③ 同①.

需求而产生的基本需求；社会、行业与单位、家庭、个人是人们生产、生活的基本关系和基本单位，是社会治理的基本主体和基本单位，也构成建设社会主义道德规范体系的四个基本主体。从人们生产、生活的基本关系和基本单位入手，要发挥好“四个基本主体”植根现实、贴近群众的优势，从实际需要出发，积极倡导爱国、敬业、诚信、友善的道德价值，坚持先进性要求同广泛性要求结合起来，从人们对身边道德规范、行为准则的认同感和归属感出发，增强对社会主义核心价值观的认同感和归属感。开展道德宣传教育、心理健康疏导、人际关系和谐建设，展开社会公德、职业道德、家庭美德、个人品德有关规范的建立和建设，健全各行各业规章制度，完善市民公约、乡规民约、学生守则等行为准则和礼仪制度，并坚持以德治国和依法治国相结合，“要用法律来推动核心价值观建设”①，立足实践、规范引导、鼓励先进，制约和惩治违背社会主义核心价值观的行为，使社会主义核心价值观成为人们日常工作生活的基本遵循，立足主流价值，传播社会主义正能量。

最后，要着眼于激发党员干部主动性、积极性、创新性，发挥其独特优势和先锋模范作用，全社会总动员。“榜样的力量是无穷的，广大党员、干部必须带头学习和弘扬社会主义核心价值观，用自己的模范行为和高尚人格感召群众、带动群众。”② 要以不断加强和改进党员干部的思想政治工作为着力点，以党的各级组织职责明确、齐抓共管、全面从严和党员干部自身的自觉行动为抓手，不断增强党员干部思想政治工作的针对性、实效性，着力提升党员干部的思想品德、政治品格，使其有能力、有底气发挥自身的政治优势、组织优势、群众基础优势，着重关注党的老干部、领导干部、教师党员等重点人群，使之成为社会主义道德的榜样、标杆，成为社会主义核心价值观的坚定信仰者、真正倡导者、实际践行者、模范推动者，并以党员干部在社会网络节点上的关键位置为中心，在党风、政风与社风、家风、民风之间形成良性互动，将公民道德素质、思想品格建设不断向前推进，进而全面提高公民道德素质，培育知荣辱、讲正气、做奉

---

① 习近平．习近平谈治国理政［M］．北京：外文出版社，2014：165.

② 同①164.

献、促和谐的良好风尚，将社会主义核心价值观回归于生活、还原于社会，使社会主义核心价值观内化为人们的精神追求，外化为人们的自觉行动，“把社会主义核心价值观融入法治建设、融入社会发展、融入日常生活”①，“使核心价值观的影响像空气一样无所不在、无时不有”②。

三、深入推进主题教育常态化制度化科学化

2023 年 4 月 1 日，党中央下发《中共中央关于在全党深入开展学习贯彻习近平新时代中国特色社会主义思想主题教育的意见》。2023 年 4 月 3 日，习近平总书记发表《在学习贯彻习近平新时代中国特色社会主义思想主题教育工作会议上的讲话》③ 强调，一要深刻认识开展这次主题教育的重大意义：这次主题教育是统一全党思想意志行动、始终保持党的强大凝聚力、战斗力的必然要求，是推动全党积极担当作为、不断开创事业发展新局面的必然要求，是深入推进全面从严治党、以党的自我革命引领社会革命的必然要求；二要全面准确把握主题教育的目标要求：牢牢把握总要求、紧紧锚定目标任务、全面落实重点措施；三要切实加强对主题教育的领导：明确领导责任、强化督促指导、注重统筹兼顾、加强宣传引导，深入推进主题教育常态化、制度化、科学化。

（1）科学安排、制定、执行主题教育的内容和计划。

这次主题教育的总要求是“学思想、强党性、重实践、建新功”，强调认识与实践相结合、理论与实际相联系、改造主观世界与改造客观世界相统一；其根本任务是坚持学思用贯通、知信行统一，把新时代思想转化为坚定理想、锤炼党性和指导实践、推动工作的强大精神力量，“使全党始终保持统一的思想、坚定的意志、协调的行动、强大的战斗力，努力在以学铸魂、以学增智、以学正风、以学促干方面取得实实在在的成效”④。主题教育的基础在“学”、关键在“做”，科学安排、制定和执行学习计划

---

① 习近平．高举中国特色社会主义伟大旗帜　为全面建设社会主义现代化国家而团结奋斗：在中国共产党第二十次全国代表大会上的报告［M］．北京：人民出版社，2022：44．

② 习近平．习近平谈治国理政［M］．北京：外文出版社，2014：165．

③④ 习近平．在学习贯彻习近平新时代中国特色社会主义思想主题教育工作会议上的讲话［J］．求实，2023（9）．

并严格执行是落实“基础在‘学’”的首要环节。首先，要按照习近平总书记“把思想政治工作贯穿教育教学全过程”和做政治合格党员的要求，始终把思想政治教育作为第一位的任务。把“始终把思想政治教育作为第一位的任务”的原则贯穿于安排、制定和执行学习计划的全过程。不仅要把这一原则作为学习计划的核心思想，而且要把这一原则作为实现“学”向“做”转化的关键，通过“学”与“做”的反复，实现党员干部思想政治素质、能力和水平的持续循环改进。抓好思想建党重要抓手，着力从思想政治建设上攻克全面从严治党的难题。其次，要按照做执行纪律合格党员的目标要求，把全面深入学习党章党规，树立规矩意识、看齐意识，对照党章党规开展批评与自我批评，作为主题教育的难点学习内容。应当明确，主题教育是对全体党员的长期要求和全面从严治党的长期战略部署。严正党风党纪、清明政治生态，是全面从严治党当前阶段的重点目标和难点所在。因此，必须把以党章为根本、党规党纪为主干的党内制度规范体系的内容作为学习的难点内容，着力树立全党同志规矩意识和看齐意识。重点把《中国共产党纪律处分条例》《关于新形势下党内政治生活的若干准则》《中国共产党党内监督条例》作为该部分的核心内容。再次，要按照进一步用习近平新时代中国特色社会主义思想武装全党和确保全党更加紧密地团结在以习近平同志为核心的党中央周围的要求，把深入学习贯彻落实习近平新时代中国特色社会主义思想作为主题教育的重点学习内容。着重体悟习近平新时代中国特色社会主义思想中所蕴含的全局观、政治观、群众观，着重把握习近平新时代中国特色社会主义思想的科学性、整体性、系统性，着重学习贯彻习近平系列重要讲话精神中所指出的治国理政新理念、新思想、新战略，着重领会习近平新时代中国特色社会主义思想与中国特色社会主义理论体系、马克思主义中国化时代化的关系和创新。一方面把习近平新时代中国特色社会主义思想中有关坚持和发展中国特色社会主义、新发展理念、“四个全面”战略布局、全面从严治党、科学的思想方法和工作方法等论述内容作为必学内容和重点内容；另一方面根据工作、学习实际，在全面掌握习近平新时代中国特色社会主义思想的基本原则、基本要点、核心精髓、逻辑体系等基本问题的基础上，开展深入系统的学习。最后，要按照制度治党、加强和规范党内政治生活的要求，严格执行学习计划。把主题教育作为加强和规范党内政治生活，实现党内政治生活正常化的重要抓手，把学习计划的执行情况作为党内政治生活是否正常化的一条检验标准。

（2）根据支部和工作实际，细化“合格”标准。

党的十八大以来，以习近平同志为核心的党中央下标底线、中立标准、上树榜样，已经形成了全面从严治党的三条“标准线”，实际上就是对“全面从严治党”标准的进一步细化，直接推动了全面从严治党的进程。首先，在“合格”标准之上，按照建设“具有铁一般信仰、铁一般信念、铁一般纪律、铁一般担当的干部队伍”的要求，对领导干部树立更高更严的标准；其次，对全体党员，根据支部和工作实际，把“合格”标准细化，制定符合本支部、本单位工作实际要求的思想政治合格、纪律执行合格、道德品质合格、责任担当合格的指标体系，并制定与之相配套的检查测评体系及制度机制、测评结果反馈与整改机制；最后，按照“合格”标准内容，设置与之匹配的模范要求，真实、及时、高标准地培育和树立榜样和模范，并制定鼓励和奖励的标准和措施。

（3）坚持问题导向，经常查找问题、解决问题。

坚持目标导向和问题导向是完成党的建设任务的重要经验。增强党的凝聚力和战斗力必须不断加强党员干部先进性和纯洁性，必须在党内全面深入地坚持问题导向，经常查找党组织、党员干部自身存在的思想政治、纪律执行、道德品质、责任担当、工作方法等方面的问题，在经常化、正常化的党内政治生活中分析问题、解决问题。在查找问题方面，党组织和党员个人必须经常自觉地对照党章党规查找问题，自省修身、打扫思想灰尘；上级党组织要以对下级党组织和党员负责的态度，担负起管党治党的领导和监督职责，定期开展巡视和巡察，一级抓一级，层层查问题，及时对其提出问题和整改建议，层层抓整改抓落实；党员之间要在党内组织生活中通过开展批评与自我批评查找问题；党员要在自觉履行义务的同时，敢于、善于对党组织提出问题。另外，任何党组织和全体党员都必须接受群众的监督和批评，并从中检查自身存在的问题。在解决问题方面，除党员个体要自觉地、深入地、全面地、彻底地分析和解决自身存在的问题外，党的各级组织领导干部要担负起管党治党的主体责任，党组织一把手要真正履行好“第一责任人”的责任和义务，党的各级组织和全体党员都要重视各种批评意见和建议。

（4）率先垂范，紧抓关键环节和关键少数。

重视领导机关和领导干部的示范作用，坚决惩治、处理不符合“合格”标准的党组织和领导干部，真正发挥其正面的领导作用和先锋模范作用。党的领导机关和领导干部既要从全局出发，不断改进和提升领导素养和工作思路、工作方式，时时处处都要以率先垂范的态度，做好各项工作。同时，必须紧抓领导干部特别是高级领导干部这一关键少数，抓好领导干部特别是高级领导干部在思想政治教育、选人用人管人、遵守法律纪律、执行路线方针政策、严格要求自己和身边人等几个关键环节的工作。领导干部自身要始终以忠诚、干净、担当的高标准要求自己，用“向我看齐”的气魄，严格自律、严以齐家、严以用权，始终保持清正廉洁的政治本色。

（5）创新工作思路和方式，强化支部日常管理。

各级党组织特别是党的基层组织，要严格贯彻从严治党、制度治党的要求，严格落实管党治党的主体责任，真正把思想政治教育工作、从严教育管理监督党员、党的群众路线和群众工作落实到党的每个支部。党的每一个支部，特别是经济组织和社会组织中的党支部，首先必须运用好“三会一课”制度、运用好民主生活会和组织生活会等平台，切实抓好主题教育，落实好管党治党和教育管理监督党员的主体责任，真正成为教育党员的学校、团结群众的核心、攻坚克难的堡垒，不断强化党员政治意识、大局意识、核心意识和看齐意识，切实维护党的形象、夯实党的群众基础，不断提高党在基层的凝聚力、战斗力。其次要根据工作实际，创新管党治党，尤其是创新教育管理监督党员的工作思路和工作方式，坚持制度治党的原则，创新丰富和发展党的基层组织制度体系。最后，每个支部要做好发展党员、管理党员和档案资料等工作，尤其是要加强和规范党内政治生活特别是组织生活的正常化和经常化，并认真、严格、如实地做好记录。

第二节　提高党的凝聚力，加强党的组织建设

“管党治党责任是最根本的政治责任”，“全面从严治党基础在全面，关键在严，要害在治”①。“严密的组织体系是党的优势所在、力量所在。”② 管党治党从哪里开始严、从哪里开始治？要从思政政治、从理想信念开始严、开始治；管党治党在哪里严、在哪里治？要在组织建设特别是党内政治生活落实严与治。团结统一是我们党的物质力量，从严管党治党、加强党的组织建设的目的就是凝心聚力，心往一处想、劲往一处使，才能不断提高党的创造力、凝聚力、战斗力，为事业胜利提供根本保证。因此，必须以提高党的凝聚力为着眼点加强党的组织建设，这就抓住了组织建设的根本。

一、贯彻民主集中制，完善党的领导制度

“坚持科学执政、民主执政、依法执政，贯彻民主集中制”③。民主集中制既是我国政权的组织原则又是中国共产党的根本组织原则。健全民主集中制是完善党的领导制度，加强党的领导的内在要求和必要准备。“要党有力量，依靠实行党的民主集中制去发动全党的积极性。”④ 党的领导在“在民主基础上的集中，在集中指导下的民主”的辩证关系中发挥作用。首先，“用民主制的实行，发挥全党的积极性”⑤，由此创造出管党治党的创新成果；其次，通过民主基础上的集中，将分散的创新成果转化为管党治党的决策；最后，决策执行效果再通过集中指导下的民主反馈上来，经

① 中共中央宣传部. 习近平总书记系列重要讲话读本（2016 年版）[M]. 北京：学习出版社，2016：105.

② 习近平. 高举中国特色社会主义伟大旗帜　为全面建设社会主义现代化国家而团结奋斗：在中国共产党第二十次全国代表大会上的报告 [M]. 北京：人民出版社，2022：67.

③ 同②65.

④⑤ 毛泽东选集：第 1 卷 [M]. 2 版. 北京：人民出版社，1991：278.

过民主讨论进入下一个决策过程。这是民主集中制在党的组织生活中的一般过程，其关键环节在于通过民主产生积极的成果和通过集中产生科学的决策。过程中的关键节点是党的领导干部，基础环境是完善的党的领导制度。党的领导制度完善且得到严格执行，党的领导干部就能用好手中的权力，就能锻炼出更多的好干部、产生更科学的管党治党决策。邓小平在1980年的中共中央政治局扩大会议上就指出："领导制度、组织制度问题更带有根本性、全局性、稳定性和长期性。这种制度问题，关系到党和国家是否改变颜色，必须引起全党的高度重视。"①

（1）坚持集体领导制度，规范党内政治生活。

党的十八届六中全会通过的《关于新形势下党内政治生活的若干准则》指出：集体领导制度是民主集中制的重要组成部分，必须始终坚持，任何组织和个人在任何情况下都不允许以任何理由违反这项制度。"三个任何"的强调，足见集体领导制度在坚持民主集中制和党内政治生活正常化中的重大意义。首先，按照集体领导、民主集中、个别酝酿、会议决定的原则，规范和落实党的各级组织的议事规则和决策程序。"党的民主集中制的基本要求之一，是党的各级代表大会的定期召集和充分发挥作用。"② "一个班子强不强、有没有战斗力，同有没有严肃认真的组织生活密切相关。"③ 严格执行"三会一课"制度，按时、依规召开"三会"，强化"三会"之间组织程序和组织制度的执行和监督，尤其是要不断完善和严格执行请示报告制度、接受监督制度、意见征求制度，落实好领导工作责任分工报备制度。其次，党的各级组织中的领导干部必须在坚持党性原则的基础上，增强全局观念和责任意识，坚决维护领导班子、党委（党组）和党组织的团结统一。坚持党性原则的程度是由党员干部思想政治素质和水平所决定的，在实践中主要表现为理想信念的坚定、民主观念全局观念组织观念的清晰、纪律规矩执行的严格、责任担当精神和改革创新精神等。据此，党的各级组织中的领导干部必须从以下几个方面维护团结统

① 邓小平．邓小平文选：第2卷［M］．2版．北京：人民出版社，1994：333.
② 邓小平．邓小平文选：第1卷［M］．2版．北京：人民出版社，1994：232.
③ 习近平．习近平谈治国理政：第2卷［M］．北京：外文出版社，2017：182.

一：一是立足党的宗旨和使命担当，以思想政治教育为主线，始终注重“四自能力”的提升，不断巩固自身思想信念、提升自身思想政治素质和水平，使其贯穿于自己认识问题、分析问题、解决问题的全过程。二是立足于所在党组织领导集体，高度重视基层党组织的战斗堡垒作用，准确把握所在党组织在推动地方、区域、全国经济社会发展和党的建设，尤其是加强组织建设全局中的定位，认真谋划思考所在组织中的工作，切实开展各项工作；立足于党员个体身份，不断强化共产党的“第一身份”和为党工作的“第一责任”，结合全局观念和全局担当，以严格的党性原则、规矩意识、纪律意识，参与、参加党内政治生活，充分发挥组织制度优越性。三是立足于党组织的具体工作，贯彻民主集中制的各项组织制度，严格遵守、严格执行党的纪律规矩，认真对待党内外监督和批评与自我批评，落实政治担当、使命担当、职责担当，与同志们一道认识问题、分析问题、解决问题，切实推动党的组织建设。四是以对党的事业负责、对党组织负责、对党的同志负责的态度，本着爱护班子、爱护同事的真诚心愿，提醒和及时纠正违反民主集中制原则、违反党的各项纪律、违反党的各项制度规范、违反组织生活程序、侵害人民群众根本利益的思想和行为，努力在全党营造一个又有集中又有民主、又有纪律又有自由、又有统一意志又有个人心情舒畅生动活泼的政治局面，坚决维护党的团结统一。最后，党的各级组织的领导干部要明确权力归属、明确责任担当，依法依规用权，有权不任性、敢担当，用权不滥权、守规矩，担责不越位、不缺位，切实将手中权力用于党的建设和为人民服务。

（2）扩大党内民主，提高完善党的领导制度的积极性。

党内民主是党的生命。发扬和扩大党内民主，保证党组织的集中统一，是党组织成长壮大的重要经验。“扩大党内民主，应看作是巩固党和发展党的必要的步骤，是使党在伟大斗争中生动活跃，胜任愉快，生长新的力量，突破战争难关的一个重要的武器。”[①] 由此可以看出，要这个“重要武器”发挥作用，前提是党的决策科学正确，其中，决策民主化是发扬党内民主的重要内容。其根本就在于党内民主原则的严格贯彻和党内民主

---

① 毛泽东选集：第2卷［M］. 2版. 北京：人民出版社，1991：529.

精神的发扬。党内民主对于组织建设的重要性就在于它是党员干部积极性的逻辑前提，从而为党组织的科学决策提供实现条件。在这一过程中，党的领导制度贯彻执行和不断完善是关键环节。因此，扩大党内民主，也就成为完善党的领导制度，提供民主积极性的必要渠道，也成为“切实提高科学执政、民主执政、依法执政水平，使党的执政方略更加完善、执政体制更加健全、执政方式更加科学、执政基础更加巩固”① 的必要条件。

首先，充分尊重和保障党员民主权利，提高党员干部积极性。《中国共产党章程》明确规定了党员享有的八项基本权利；《中国共产党党员权利保障条例》不仅细化了《中国共产党章程》对党员基本权利的规定，而且提出了完善的保障措施；《关于新形势下党内政治生活的若干准则》再次强调了尊重党员主体地位和保障党员民主权利，以及进一步建立健全保障党员民主权利的相关制度和工作机制的要求。这三个主要党内文件为充分尊重和保障党员民主权利提供了制度性保障基础，也为党员干部积极性的有效激发和有序发挥提供了制度支撑。在此基础上，还需要从以下几方面进一步做好党员民主权利的保障工作：一是建立民主平等的同志关系，尊重党员主体地位。这不仅要求在党内的一切场合、一切活动、一切关系中都以“同志”相称，平等享受权利、履行义务、遵守纪律，而且要求领导干部彻底清除特权思想、纠正特权行为，切实以普通党员身份参加党内组织生活，与普通党员一道共同营造同志观念和主体意识。后者更为重要和关键。二是进一步完善相关制度和工作机制。通过民主程序，在党内同志共同参与下，进一步细化党内情况通报制度，创新党务公开形式，完善党务公开制度体系和党务公开有序运行机制；在保证体现选举人意志的基础上，规范和完善选举制度和具体规则，以零容忍的态度坚决杜绝拉票贿选等侵害党内民主的现象。三是强化党员民主监督，强调“党员民主监督是党内监督的基本方式。党员的民主监督不仅是权利，更是不容推卸的义务，是对党应尽的责任”②。健全的、健康的民主监督是

---

① 中共中央宣传部. 习近平总书记系列重要讲话读本（2016 年版）[M]. 北京：学习出版社，2016：103.

② 习近平. 习近平谈治国理政：第 2 卷 [M]. 北京：外文出版社，2017：187.

党员同志发现党内各类问题，使其及时纠正的重要途径，也是党员同志发挥积极性的重要方式。强化党员民主监督，正是要发挥好监督在发现问题、纠正错误时的及时性优势，抓早抓小抓苗头，避免给党的工作造成更大损失。

其次，拓展民主渠道，广泛听取意见和建议。“发展全过程人民民主，保障人民当家作主”[①]，兼听则明，偏信则暗。通过多种方式、多种渠道不断扩展民主，广泛听取意见和建议，不仅是党内民主正常化的重要表现，而且也是科学决策、民主决策、依法决策的主要方式。一是要重点关注和监督，坚决纠正、坚决杜绝领导干部在党内组织生活中“独断专行”“家长制”“一言堂”“搞团团伙伙和拉帮结派”等违反民主集中制原则及相关制度规范、侵害党内民主和团结的思想及行为。二是创新工作方法，畅通党员民主参与的渠道，不断健全民主参与制度机制。党的重大决策都要严格按照程序办事，充分发扬民主，广泛听取意见和建议。三是在党内应当民主决定、民主参与的一切组织活动，都必须发扬民主，充分地、积极地营造党内民主参与、民主讨论、民主决策的政治氛围，使民主批评无所顾忌，让民主意见和建议充分表达。

再次，在严格落实既定民主决策程序的基础上，鼓励思考、奖励创新，不断改进和完善党内民主程序，保障积极性有序转化。实现科学决策、民主决策、依法决策是制定党内民主制度、发挥党员积极性的最终目标。一方面，党的各级组织尤其是基层党组织的领导干部和党员，必须牢固树立目标意识和问题意识，尽快根据工作实际和具体问题制定鼓励思考、奖励创新的工作制度和机制，进一步激发党员干部的积极性，不断改进和完善党内民主程序。另一方面，党的各级组织中的领导干部在实际工作中要善于发现、乐于思考、勤于总结，用敢于担当的责任态度和勇于创新的改革精神，结合党员民主建议和民主参与，及时、客观、科学地对集中领导制度的具体实施环节、程序和方式，以及党内政治生活的具体流程、具体制度、具体实施进行创新性改进和创造性改造。

---

① 习近平. 高举中国特色社会主义伟大旗帜　为全面建设社会主义现代化国家而团结奋斗：在中国共产党第二十次全国代表大会上的报告［M］. 北京：人民出版社，2022：37.

（3）建立密切联系群众的工作机制，克服官僚主义。

党的领导本身就蕴含着党与群众密不可分的关系。1943 年毛泽东在《关于领导方法的若干问题》一文中就指出："我们共产党人无论进行何项工作，有两个方法是必须采用的，一是一般和个别相结合，二是领导和群众相结合。"① 同时，他还强调指出"从群众中集中起来又到群众中坚持下去，以形成正确的领导意见，这是基本的领导方法"②；"在我党的一切实际工作中，凡属正确的领导，必须是从群众中来，到群众中去"③。自此，"领导与群众相结合"，充分发挥领导和群众两个方面的积极性，就成为加强党的领导和落实群众路线的基本方式。但是，这两个方面的积极性必须通过建立和完善三个工作机制才能够实现。

一是群众民主锻炼机制。在我国民主体制中，基层民主是最广泛的民主制度，群众民主自治组织，包括村民自治委员会、居民自治委员会等自治组织是基层民主建设和发展的主体和载体。但是，基层民主制度和主体的建立并不能直接发挥作用，更不能直接在领导和群众相结合中发挥作用。必须通过加强基层民主法制建设，建立和完善群众民主锻炼机制，不断加深群众对社会主义民主的认识，锻炼和增强群众的民主意识、民主观念，使之与社会主义民主理念、民主制度真正结合起来，与党的领导、依法治国结合起来，增强基层群众自我教育、自我管理、自我服务、自我监督的能力。首先，加强基层民主法制建设，进一步完善基层民主相关法律和配套制度机制建设，让基层民主与法制制度并行，使党的领导、充分发扬民主保障人民群众民主权利、严格依法办事有机结合起来；其次，发挥基层党组织的积极作用，积极引导基层自治组织开展民主锻炼，增强基层群众对社会主义政治民主、法治民主的认识水平，增强他们的民主意识、民主思维、民主观念，提升基层群众当家作主的能力，使之遇事想到民主，用民主的方式、方法分析问题、解决问题，为基层群众有序、有效参与社会治理和国家治理以及提高党的建设水平奠定基础；再次，进一步完

---

① 毛泽东选集：第 3 卷［M］. 2 版. 北京：人民出版社，1991：897.

② 同①900.

③ 同①899.

善和改进基层民主议事、选举程序，使之既能够充分表达群众利益需求、民主要求，又能与党的领导、依法治国充分结合起来，提升群众参与水平，实现自主参与、理性参与，自我管理、自我服务；最后，健全基层群众民主监督制度和程序，规范监督主体，处理好监督机构与其他基层组织的关系，使之成为群众民主锻炼和基层民主建设的新增长点。

二是“主动参与式民主”机制，广泛听取群众意见。“如果只有广大群众的积极性，而无有力的领导骨干去恰当地组织群众的积极性，则群众积极性既不可能持久，也不可能走向正确的方向和提到高级的程度”①，这样群众的积极性和群众的意见就不能得到有效的发挥和利用。首先要加强党内民主、增强党的领导，将四大民主制度充分结合起来，以此拓宽群众民主参与的渠道，提高群众积极性；其次，党的基层组织要发挥好战斗堡垒作用，发挥党发动群众、组织群众、教育群众、领导群众的思想优势、政治优势和组织优势，主动组织群众参与到社会主义民主体制中来，引导群众充分表达意见、充分享有民主权利、充分享受社会主义民主成果；最后，党的领导干部要真正学会党的群众工作方法，贯彻党的宗旨，主动深入基层、深入群众，与群众打成一片，广泛听取群众真实的意见，并将群众意见转化为改善党的领导，尤其是改进基层党组织工作作风、工作方法、工作制度规范的重要资源和主动推动力量。

三是克服官僚主义的机制。官僚主义是违反党的民主集中制、破坏党的团结统一、破坏党的群众基础的最可怕敌人。提高党的凝聚力和加强党的组织建设，必须时刻高度重视官僚主义的思想倾向和行为倾向，建立健全党组织克服官僚主义的制度机制，坚决打击、处理、清除党内的官僚主义作风和行为。首先，民主集中制是“党的工作中的群众路线在党的生活中的应用”②。重视民主集中制在处理群众意见、获得正确决策、处理上下级关系、明确职权与监督、讨论与执行政策问题、处理集体领导等问题中的重要作用，坚持民主集中制在党的领导与群众路线中的应用。其次，坚决打击党员干部特别是领导干部的特权现象，格外重视“使自己的领导变

---

① 毛泽东选集：第3卷［M］. 2版. 北京：人民出版社，1991：898.

② 邓小平. 邓小平文选：第1卷［M］. 2版. 北京：人民出版社，1994：225.

成脱离群众的官僚主义的领导”① 的现象，注重在思想政治方面肃清封建主义和资产阶级思想残余影响②，注重和善于团结党内能干事、肯干事，有责任、肯担当，爱护群众、有群众基础的同志，使之成为党组织的领导干部，用之组成党的领导核心，使党的领导始终与群众充分结合起来，党的工作与群众利益紧密联系起来。最后，“注意工作方法，克服官僚主义”③。批评与自我批评是我们党强身治病、保持肌体健康的锐利武器，也是克服官僚主义的最有效方法。健全党内政治生活特别是组织生活的制度机制，坚持讲事实、讲党性，不讲私情、不讲面子，坚持“团结——批评——团结”的方法，按照“照镜子、正衣冠、洗洗澡、治治病”的要求，不仅使党的下级组织有充分地、无所顾忌地批评上级组织工作错误和缺点的便利和保证，而且要在与群众的紧密联系中，接受群众意见和批评，让党的组织生活“成为充分反映群众意见、开展批评和争论的讲坛”④。

二、建立富有生机与活力的用人机制

中国特色社会主义是我们党领导的前所未有的伟大事业，全面推进党的建设新的伟大工程，是这一伟大事业取得胜利的关键所在⑤。领导干部始终是加强党的组织建设、提升党的凝聚力的“世界上所有宝贵的资本中最宝贵最有决定意义的资本”⑥，也是中国共产党领导建设中国特色社会主义伟大事业和推进党的建设伟大工程的“关键少数”。中国共产党的历届领导人都非常重视党的组织建设，尤其是如何造就一支高素质的、德才兼备的、经得起各种考验的干部队伍。毛泽东多次指出：“指导伟大的革命，要有伟大的党，要有许多最好的干部。”⑦ 中国共产党领导的党的事业，

---

① 毛泽东选集：第3卷［M］. 2版. 北京：人民出版社，1991：899-900.

② 邓小平. 邓小平文选：第2卷［M］. 2版. 北京：人民出版社，1994：334-338.

③ 同②281.

④ 邓小平. 邓小平文选：第1卷［M］. 2版. 北京：人民出版社，1994：224.

⑤ 中共中央宣传部. 习近平总书记系列重要讲话读本（2016年版）［M］. 北京：学习出版社，2016：101.

⑥ 斯大林. 斯大林选集：下卷［M］. 北京：人民出版社，1979：373.

⑦ 毛泽东选集：第1卷［M］. 2版. 北京：人民出版社，1991：277.

“没有多数才德兼备的领导干部，是不能完成其历史任务的”①。邓小平也一再强调：“思想路线政治路线的实现要靠组织路线来保证。”② 江泽民更是从社会主义是否变色的高度指出党员干部的重要性：“要保证我们的社会主义江山永不变色，保证党和国家永远兴旺发达，要靠制度、靠法治，而归根到底要靠高素质的能经得起各种考验的人。”③ 新形势下，习近平总书记再次指出，“进行具有许多新的历史特点的伟大斗争，实现党的十八大确定的各项目标任务，关键在党，关键在人”④，关键要建设一支宏大的高素质干部队伍。从以上阐述已经足以看出我们党对党员干部的高度重视和密切关注，因为，在党的历史上，在一定条件下，“干部决定一切”⑤。“尚贤者，政之本也”，而“为政之要，莫先于用人”。无论是建设一支宏大的高素质干部队伍，还是加强党的组织建设、提升党的凝聚力，始终离不开如何用人。因此，必须建立、健全和不断完善能上能下、富有生机、充满活力、促进优秀人才脱颖而出的用人机制。

（1）坚持党的组织路线，坚持正确的选人用人导向。

诸葛亮在《出师表》中用“亲贤臣，远小人，此先汉所以兴隆也；亲小人，远贤臣，此后汉所以倾颓也”概括汉室兴衰，习近平总书记也同样告诫全党：“用一贤人则群贤毕至，见贤思齐就蔚然成风。选什么人就是风向标，就有什么样的干部作风，乃至就有什么样的党风。”⑥ 坚持党的组织路线，必须首先坚持党管干部原则，坚持正确的选人用人导向，坚持德才兼备、以德为先，坚持公道正派、选贤任能，坚持用当其时、知人善任，才能人尽其才、才尽其用。与此同时，党的各级组织必须自觉防范和纠正用人上的不正之风和种种偏向。首先，要坚决禁止跑官要官、买官卖官、拉票贿选等严重违反党的组织纪律的行为，坚决禁止向党伸手要职务、要名誉、要待遇等自大自傲的行为，坚决禁止向党组织讨价还价、不

① 毛泽东选集：第2卷［M］. 2版. 北京：人民出版社，1991：526.
② 邓小平. 邓小平文选：第2卷［M］. 2版. 北京：人民出版社，1994：190.
③ 江泽民. 江泽民文选：第2卷［M］. 北京：人民出版社，2006：556.
④ 习近平. 习近平谈治国理政［M］. 北京：外文出版社，2014：411.
⑤ 斯大林. 斯大林选集：下卷［M］. 北京：人民出版社，1979：373.
⑥ 同④418.

服从组织决定等违反党的“服从”原则的行为。其次，领导干部要在选人用人关头带头执行党的干部政策。在选人用人之前，要全面考察和评价干部，绝不借封官许愿、跑风漏气来收买人心，坚决抵制任何人以任何形式打招呼、递条子，坚决纠正唯票、唯分、唯生产总值、唯年龄等片面的取人偏向；在进入选人用人程序后，要坚持党的集中领导、民主决策的原则和制度，不搞任人唯亲、不搞亲亲疏疏，坚决克服由少数人在少数人中选人的倾向。最后，选人用人的党组织之外的任何人、任何组织都不得以任何形式干涉、干预该组织的干部选拔任用工作，有关地方和单位党组织要抵制这种违反党的组织原则的行为。

（2）严格制定和落实选人用人标准。

“好干部的标准，大的方面说，就是德才兼备。同时，好干部的标准又是具体的、历史的。不同历史时期，对干部德才的具体要求有所不同。”① 所以，要既一以贯之地坚持原则，又立足实践、与时俱进地制定党的选人用人标准。中国共产党一以贯之的选人用人原则和标准是“选贤任能”。“我们党历来高度重视选贤任能，始终把选人用人作为关系党和人民事业的关键性、根本性问题来抓。”② 毛泽东在 1937 年就党的干部的标准做过经典的描述：“懂得马克思列宁主义，有政治远见，有工作能力，富于牺牲精神，能独立解决问题，在困难中不动摇，忠心耿耿地为民族、为阶级、为党而工作”，“这些人不要自私自利，不要个人英雄主义和风头主义，不要懒惰和消极性，不要自高自大的宗派主义，他们是大公无私的民族的阶级的英雄”③。我们党也正是依靠这样一批干部联系、领导党员和广大人民群众而达到打倒敌人的目的的。这是我们党在革命战争年代对党的领导干部的标准要求，极富战争年代的色彩。这是由我们党在当时的革命形势、革命任务和斗争需要所决定的。在具有许多新的历史特点的伟大斗争的新时代，以习近平同志为核心的党中央也提出了新的好干部标准：“概括起来说，好干部要做到信念坚定、为民服务、勤政务实、敢于担当、

① 习近平. 习近平谈治国理政［M］. 北京：外文出版社，2014：412.

② 同①411.

③ 毛泽东选集：第1卷［M］. 2版. 北京：人民出版社，1991：277.

清正廉洁。”[①] 这是习近平总书记对党组织选人用人的殷勤嘱托。本质上是对“对党忠诚、个人干净、敢于担当”的党员标准的更高更严的标准提升，是党管干部、从严治党、抓关键少数的直接表现。其中，“理想信念坚定，是好干部第一位的标准”，“只有理想信念坚定，用坚定理想信念炼就了‘金刚不坏之身’，干部才能在大是大非面前旗帜鲜明，在风浪考验面前无所畏惧，在各种诱惑面前立场坚定，在关键时刻靠得住、信得过、能放心”[②]。“为民服务、勤政务实、敢于担当”是对领导干部切实践行党的宗旨、履行职责，切实推动党的组织建设和党的事业前进而提出的责任担当要求。“清正廉洁”是共产党员的政治本色，是我们党宝贵的政治特点和政治优势，也是我们党带领全国人民经受得住任何考验、战胜得了任何困难的传家之宝，更是领导干部政治上靠得住的基本要求。除此之外，还必须把良好的家庭家教家风作为好干部的标准，这是关系到领导干部先进性和先锋模范作用的重要政治影响问题，“各级领导干部的家风很好，就会带动和促进广大党员、干部和群众保持良好的家风”[③]。

（3）深化干部体制改革，建立容错纠错机制。

深化干部体制改革是推进政治体制改革的关键环节，也是党要管党、从严治党，进一步激发党员干部积极性，提升党组织凝聚力和组织力的重要抓手。首先，针对党管干部、选人用人的各个环节开展改革，重点是对干部选拔、考核、任用、交流、监督等制度的改革，努力形成公开透明、平等竞争、择优录用的用人环境。其次，提高领导干部特别是高级领导干部知人善任的能力。“领导者的责任，归结起来，主要地是出主意、用干部两件事。”[④] 知人才能善任，必须从两个方面培养领导干部特别是高级领导干部识人用人的能力。一方面是善于识别好干部的能力，要有从思想上、政治上、行动上全面而科学地评价好干部的标准，“必须健全考察机制和办法，多渠道、多层次、多侧面深入了解”[⑤]，既要从纵向上将一时成

---

① 习近平．习近平谈治国理政［M］．北京：外文出版社，2014：412.

② 同①413.

③ 江泽民．江泽民文选：第2卷［M］．北京：人民出版社，2006：187.

④ 毛泽东选集：第2卷［M］．2版．北京：人民出版社，1991：527.

⑤ 同①418.

绩与全部历史结合起来，又要在横向上将一事与全部工作结合起来考察干部，坚决纠正唯票、唯分、唯生产总值、唯年龄等片面的取人偏向；另一方面是善于使用干部的能力，坚持德才兼备、以德为先、任人唯贤的原则使用干部，关键在领导干部尤其是高级领导干部落实不具私心、不谋私利，为党选人、为党用人的观念的培养上。另外，必须培养领导干部特别是高级领导干部尊重干部、关心干部、爱护干部的品质，这也是领导干部知人善任的前提要素之一。对党的领导干部既要严格教育、严格管理、严格监督，又要在政治上、思想上、工作上、生活上真诚关爱，鼓励干部干事创业、大胆作为。只有尊重干部才能发扬民主、激发积极性，只有经常关心干部、爱护干部，指导、检查、改进他们的工作，提高他们的能力、照顾他们的困难，才能从根本上了解干部工作学习生活的全部。再次，注重领导干部的革命化、年轻化、专业化。“从组织上发挥社会主义的优越性，自觉地更新各级党政领导机关，逐步实现领导人员年轻化、专业化”①，是邓小平当年对干部队伍的一个要求，也是当前形势下建设高素质干部队伍的内在要求。在具有许多新的历史特点的新时代，党必须依靠具有坚定的革命理想信念、具有健康的身体素质、具有前沿专业知识的干部，才能勇往直前。最后，从教育和管理两个方面切入，形成严格的能上能下机制。一方面，必须建立科学系统的党员干部培养机制。“干部队伍建设的基础是教育”，“对人才培养的投入，是收益最大的投入”②。“新形势下，我们必须更加重视干部教育培训工作”③，这是好干部成长的必要条件。其中，思想政治教育是基础，也是干部队伍革命性的基础。只有打牢思想政治基础，筑牢思想政治防线，干部队伍建设才能越搞越好。重点是抓好党性教育这个核心，抓好道德建设这个基础，加强宗旨意识、公仆意识教育④。另一方面，坚持严格教育、严格管理、严格监督的全面从严标准，在抓好教育的同时，对那些确实不符合党员标准的要采取必要的处理措施。这是落实《中国共产党章程》及其他党内规章制度，保证其严肃

---

① 邓小平. 邓小平文选：第2卷［M］. 2版. 北京：人民出版社，1994：323.

② 江泽民. 江泽民文选：第3卷［M］. 北京：人民出版社，2006：418，319.

③ 习近平. 在全国党校工作会议上的讲话［J］. 求是，2016（9）.

④ 习近平. 习近平谈治国理政［M］. 北京：外文出版社，2014：417.

性、权威性的必要手段，也是爱护党员同志、保证党员队伍先进性和纯洁性、保持党员队伍活力、形成党员队伍能上能下机制的必要举措。此外，“各级领导干部要做到敢管敢治、严管严治、长管长治，营造风清气正的政治生态”①。要规范和纯洁党内同志的各类交往活动，任何人都不准把党的干部当作私有财产，党内不准搞人身依附关系。领导干部特别是高级领导干部对党员不能颐指气使，不能搞家长制、搞唯命是从那一套，不能要求下级办违反党纪国法的任何事情；党员对领导干部不能阿谀奉承，不能搞吹吹拍拍。

三、加强马克思主义学习型基层党组织建设

“我们党历来重视抓全党特别是领导干部的学习，这是推动党和人民事业发展的一条成功经验。”② 党的十七届四中全会提出了建设马克思主义学习型政党的重大战略任务。在新形势下继续加强马克思主义学习型政党建设，尤其是马克思主义学习型基层党组织建设，是切实增强政治意识、大局意识、核心意识、看齐意识，提高保持党员干部先进性、纯洁性，提高党的科学执政、依法执政能力，提高党的凝聚力、战斗力的重要基础。对于共产党员，尤其是基层党组织领导干部来说，他们“是实事求是的模范，又是具有远见卓识的模范。因为只有实事求是，才能完成确定的任务；只有远见卓识，才能不失前进的方向。因此，共产党员又应成为学习的模范”③，这样才能对工作实事求是、对前途有远见卓识。而在保持纯洁性方面，“党的基层组织是我们党的细胞。如果细胞发生了病变，党的整个肌体就不可能健康，最后甚至可能垮掉”④。防止党的组织和党员发生“病变”最根本、最有效的方法就是加强学习，尤其是加强思想政治的学习。“党的基层组织是党联系广大群众的基本纽带，经常检查和改进基层

---

① 中共中央宣传部. 习近平总书记系列重要讲话读本（2016 年版）[M]. 北京：学习出版社，2016：106.

② 习近平. 习近平谈治国理政 [M]. 北京：外文出版社，2014：401.

③ 毛泽东选集：第 2 卷 [M]. 2 版. 北京：人民出版社，1991：522-523.

④ 江泽民. 江泽民文选：第 2 卷 [M]. 北京：人民出版社，2006：555.

组织的工作，是党的领导机关的重要政治任务。”① 完成这一重要政治任务的前提也是不断学习，通过学习提升自己在基层工作中发现问题、分析问题、解决问题的能力。还有就是面对改革开放这场深刻而伟大的历史变革，基层党组织的领导干部“不在改造客观世界的同时努力改造主观世界，怎么能够当好领导，又怎么能够始终经受住权力、金钱、美色的考验?”② 在面对“四个挑战”时我们出现了“四种危险”，这个时候“我们的干部要上进，我们的党要上进，我们的国家要上进，我们的民族要上进”才能克服“四种危险”、战胜“四个挑战”，这就要求我们必须不断地加强马克思主义学习型党组织建设，尤其是基层党组织，“必须大兴学习之风，坚持学习、学习、再学习，坚持实践、实践、再实践”③。

（1）加强对基层领导干部的教育培养。

党的基层组织中的领导干部对该组织的培养和教育负有直接责任。在实践中，党员干部的组织培养主要通过党校、行政学校而开展，培训方式一般为脱产和半脱产培训。党的十八大之后，尤其是在2015年底全国党校工作会议召开之后，党员干部在党校和行政学校培训的机会更密集、形式更多样、要求更严格，还有很多培训主体也不断加入，要求党员干部要以不同的身份参加各类培训和学习。时间上，少则一天，多则长达两个月，客观上一定程度地影响了所在单位的岗位工作和日常安排。在这种情况下，有一些不重视党员干部教育培训的领导干部就借题发挥，以培训直接影响了甚至是打乱了单位日常工作为由，阻碍甚至拒绝单位党员干部参加培训，有的单位则出现了专门参加培训的“培训专业户”怪象。因此，领导干部是否重视学习直接影响着其是否支持单位党员干部参与或参加上级组织的党员干部培训或培养计划，如果不重视、不支持，则在一定程度上侵害了党员干部接受组织培养和培训的基本权利。这种情况在基层党组织中更为普遍。究其原因，主要是领导干部不重视学习，既包括不重视自身的学习、培养，又包括不重视对其他党员干部进行教育培训。因此，必须

① 邓小平．邓小平文选：第1卷［M］．2版．北京：人民出版社，1994：253.

② 江泽民．江泽民文选：第1卷［M］．北京：人民出版社，2006：484.

③ 习近平．习近平谈治国理政［M］．北京：外文出版社，2014：407.

加强对基层党组织的领导干部的教育培养。一方面，党员干部教育培训主管部门、培训单位，以及教育培训的主办单位和培养单位，一是要根据被培训单位党员干部的实际工作密度、任务强度，科学制订培训计划，合理安排培训时间；二是要根据当前当地党员干部实际情况，尤其是结合当地全面从严治党实际情况，提高党员干部教育培训纪律的要求，配套制定相关纪律、制度，并严格执行教育培训纪律；三是根据当地党的建设，尤其是针对党性锻炼程度和理论水平，针对当地经济社会发展的人才缺口和不足，科学合理地安排教育培训内容。另一方面，以领导干部尤其是基层党组织的党政一把手和领导班子核心成员为主要教育对象，并按照要求，加强对领导干部的党性教育和党的理论教育，增强领导干部的政治意识、大局意识、核心意识、看齐意识，对不重视党员干部教育甚至是阻碍党员干部参加教育培训的领导干部，要重点培育该领导干部的组织意识和看齐意识，使其能够高度重视党员干部的学习教育和党组织的培训。

（2）借学习贯彻习近平新时代中国特色社会主义思想主题教育之东风，完善基层党组织学习制度体系。

学习贯彻习近平新时代中国特色社会主义思想主题教育是在全党范围内进行的，学习标准之高、要求之严，可谓空前。这次主题教育不仅为马克思主义学习型基层党组织建设提供了重要契机，而且为基层党组织的学习制度体系建设和完善提供了实践基础。首先，基层党组织的上级组织，应当从深入学习贯彻习近平新时代中国特色社会主义思想入手，督促其在学好、弄懂习近平新时代中国特色社会主义思想的目标指引下进一步完善和改进已经形成的学习计划、学习制度；其次，基层党组织应当严格落实学习制度与党内政治生活相关制度，共同构成基层党组织学习制度体系的框架；最后，在基层党组织的党内政治生活正常化制度化过程中，不断完善基层党组织的学习制度体系。

（3）加强基层党校与基层党组织的联合联动。

基层党校和基层党组织之间具有天然的密切联系。一般情况下，在基层党委组织的日常培训和专题培训中，基层党校是基层党组织党员干部的主要教育培训主体，基层党组织的党员干部是基层党校的培训工作客体。

这种关系的客观存在，为在基层党校和基层党组织之间构建联合联动的学习教育模式提供了现实基础。二者实践的联合联动，可以通过建立优势互补的合作来完成。基层党校为基层党组织提供学习教育的必要资源，如师资、场地、政策咨询、图书资料等；基层党组织则可以为基层党校的教学、科研提供必要资源，如现场教学基地、教学改革实验对象、调查研究数据源等。在这种学习模式下，基层党组织的党员干部可以轻松获取更多的学习机会和学习资源，并在合作中，更为深入地发掘本地资源，为发现、分析、解决本组织问题提供更多更积极的可能性。

第三节　密切党群联系，夯实党的执政之基

“过去的一切运动都是少数人的，或者为少数人谋利益的运动。无产阶级的运动是绝大多数人的，为绝大多数人谋利益的独立的运动。”① 这是我们共产党人的宣言。作为依靠人民群众的拥护和支持走到今天，并且还将继续依靠人民群众走向未来的中国共产党人，我们的根基在人民、血脉在人民、力量也在人民，我们在任何时候都必须牢记而不能忘却“水能载舟，亦能覆舟”这个道理。“忘记了人民，脱离了人民，我们就会成为无源之水、无本之木，就会一事无成。”② 这是中国共产党人取得革命胜利的基本规律，也是在新时代取得新的胜利的基本规律。马克思主义基本原理告诉我们，“社会存在决定社会意识”，而当今中国最基本的社会存在，就是中国共产党领导人民、依靠人民、为了人民而将中国特色社会主义这一伟大事业不断推向前进。这个基本的社会存在是由人民群众的思想意识所决定的，如果我们不能从这个基本社会存在去把握人民群众的思想意识和意志意愿，我们是不可能代表人民、领导人民的。我们还必须牢记，在 21 世纪初，江泽民就指出：“经过苏联解体、东欧剧变，不少国家的共产党

① 马克思，恩格斯．马克思恩格斯选集：第 1 卷［M］．3 版．北京：人民出版社，2012：411.

② 习近平．习近平谈治国理政：第 2 卷［M］．北京：外文出版社，2017：53.

丧失了执政地位，一些国家的共产党衰落甚至瓦解了。这里面固然有复杂的原因，但很重要的一个原因就是阶级基础和群众基础的问题没有处理好。”①

因此，我们必须要“坚持党的群众路线，始终保持党同人民群众的血肉联系，始终接受人民群众批评和监督，心中常思百姓疾苦，脑中常谋富民之策，使我们党永远赢得人民群众信任和拥护，使我们的事业始终拥有不竭的力量源泉”②。一是要继续加强贯彻党的群众路线的自觉性和坚定性，进一步强化人民是历史的创造者，强化全心全意为人民服务的宗旨意识，进一步加强党同人民群众的血肉联系，继续增进党同群众的感情、拉近同群众的距离，增强同群众一块过、一块苦、一块干的自觉性，进一步加强贯彻群众路线工作方法的学习和提升，深入根源找联系群众、服务群众的工作差距，不断增强做好群众工作的本领。二是要以转作风、改作风为重点，继续完善和改进有关制度体系，增强制度的执行力和约束力，坚决贯彻落实中央八项规定精神，坚决整治形式主义、官僚主义、享乐主义和奢靡之风，坚决查处政治问题和腐败问题，坚决整治不收敛、不收手的违纪违法问题，坚决而彻底地解决影响群众切身利益、群众反映强烈的突出问题，重点关注问题线索反映集中、现在身处重要岗位且可能还要被提拔重用的领导干部，不断稳固和加强党的执政基础。三是要深入、彻底地恢复和发扬批评和自我批评的优良传统，探索新形势下严肃党内政治生活的有效途径。除此之外，密切党群联系，夯实党的执政基础还必须在树立正确的世界观、人生观、价值观的基础上，坚持马克思主义的群众观和权利观。

一、树立正确的世界观、人生观、价值观

正确的世界观、人生观、价值观是我们正确认识世界、改造世界的基础。其中，世界观具有决定性作用。毫无疑问，“我们共产党员的世界观，只能是共产主义的世界观。这种世界观是无产阶级的思想体系，也就是我

---

① 江泽民. 江泽民文选：第3卷［M］. 北京：人民出版社，2006：342.

② 习近平. 习近平谈治国理政：第2卷［M］. 北京：外文出版社，2017：53.

们共产党人的方法论”①。坚持马克思主义的世界观、人生观、价值观是共产党人的“总开关”。中国要出问题，一定出在共产党身上；中国共产党出现这样那样的问题，“根子还是一些党员、干部理想信念这个‘压舱石’发生了动摇，世界观、人生观、价值观这个‘总开关’出现了松动”②。因此，全体党员尤其是领导干部，不论职务高低、党龄长短，都必须积极主动地在改造客观世界的同时，努力改造自身的主观世界，树立正确的马克思主义世界观、人生观、价值观，严于律己、防微杜渐，拧紧这个“总开关”。

首先，要认真学习马克思主义经典著作，掌握马克思主义基本原理。马克思主义基本原理是马克思主义基本立场、观点、方法的综合，包括了马克思主义世界观和方法论。它具有极强的系统性和整体性，以多种文体和多种形式散见于马克思主义经典著作中。必须通过认真学习、深刻领会才能真正获取马克思主义的世界观和方法论，具体的方式方法已经在本章第一部分有过详细论述，此处不再赘述。其次，要通过对党的历史的学习，加深对马克思主义世界观、人生观、价值观的认识。重点学习已经经过党的革命、建设、改革实践检验过的基本路线、基本经验、基本传统，学习党的历史上为党的成长壮大和取得一个又一个胜利做出突出贡献的先进模范的先进事迹，在学习中进一步加深对共产党人的世界观、人生观、价值观的认识。在这个过程中，要以马克思主义的世界观为基础，逐步培养出与之相适应、相配套、相协调的马克思主义人生观、价值观。有没有培养正确的世界观、人生观、价值观，有没有牢固树立马克思主义的世界观、人生观、价值观，会产生完全不同的结果：“如果放弃世界观的改造，背离为人民服务的宗旨，把党和人民赋予的权力作为谋取私利的手段，就会身败名裂”③；“有了正确的世界观、人生观、价值观，有了高尚的精神境界和道德情操，就一定能够经得起公与私的考验，就什么香风也刮不

① 刘少奇. 论共产党员的修养 [M]. 北京：人民出版社，2018：44.

② 习近平. 习近平谈治国理政：第 2 卷 [M]. 北京：外文出版社，2017：180-181.

③ 江泽民. 江泽民文选：第 1 卷 [M]. 北京：人民出版社，2006：456.

倒，什么糖弹也击不中”①。最后，要在自身实践中不断巩固马克思主义世界观、人生观、价值观。自身实践情况是直接检验党员干部自身已经形成的马克思主义世界观、人生观、价值观的重要标准。应当注意的是，必须在马克思主义的指导下，不断把马克思主义基本原理同中国具体实际相结合、同中华优秀传统文化相结合。

二、坚持马克思主义群众观

马克思主义群众观是对马克思主义世界观、人生观、价值观的更深层次的理解，是马克思主义的基本立场之一。党员干部坚持党的群众观，必须在深刻理解马克思主义关于人民群众是历史的创造者的基础上，切实贯彻党的群众路线；对于领导干部来说，还必须把马克思主义群众观与马克思主义权力观充分结合起来，才能真正地贯彻落实党的群众路线。

（1）深刻认识人民群众是历史的创造者。

首先，鲍威尔和马克思当年关于“英雄”和“群众”谁创造了历史的争论，依然存在于当今世界，其本质上是主张“英雄”创造历史的唯心史观与主张“人民群众是历史的创造者”的唯物史观的争论。前者是由旧阶级社会中的少数统治者在垄断政治统治和精神文化生活的客观现实与带有偏见的主观判断的基础上，以停留在历史现象表面所谓的事实为依据，把活动在历史舞台上的少数人的作用，尤其是他们主观意识的作用，加以夸大并绝对化而产生的，并在阶级统治中得以延续。而马克思主义的唯物史观则认为，必须立足于整体的社会历史过程来看待历史创造者的问题，人民群众的劳动创造了现实中的人本身，现实中的人的本质是一切社会关系的总和，现实中的人及其活动构成了社会历史存在，人民群众不仅是社会物质财富和精神财富的创造者，而且还是社会变革的决定力量，人民群众才是推动历史发展的主体，他们的活动是社会历史发展的前提，在社会历史发展过程中，人民群众起着决定性作用。深刻理解马克思主义关于“人民群众是历史的创造者”的基本观点，是理

① 江泽民. 江泽民文选：第2卷［M］. 北京：人民出版社，2006：190.

解和把握党的群众路线和马克思主义权力观的基础，人民群众是党的阶级基础、执政基础。其次，党员干部必须认识到人民群众创造历史的活动受到一定社会历史条件的制约。其中，最首要的是经济条件的制约，达到一定生产力水平是人民群众创造历史的物质基础和前提；政治制度和精神文化条件也能够对人民群众的创造活动形成直接或间接的影响。最后，社会主义制度是人民创造历史活动的极有利条件。社会主义政治制度的建立，使人民群众成为国家的主人，实现了人民群众的最广泛的民主和真正的当家作主，充分地激发了人民群众创造历史的主动性、积极性、创造性；社会主义经济制度的建立，保障了人民群众作为劳动者的权利，为创造更高的生产力创造了条件，在使人民群众成为国家经济、政治的直接建设者和管理者的基础上，又为人民群众直接创造和繁荣社会主义精神文化奠定了基础。因此，社会主义制度是人民群众创造历史活动的极有利条件。但是应当注意，这并不意味着人民群众只有在社会主义制度建立之后才能创造历史，而是此时能够更好更快地创造历史。

（2）贯彻落实党的群众路线，把党的领导与人民当家作主结合起来。

历史和现实都告诉我们，“我们党来自人民、植根人民、服务人民，党的根基在人民、血脉在人民、力量在人民。失去了人民拥护和支持，党的事业和工作就无从谈起”①，“群众路线是我们党的生命线和根本工作路线”②。在任何历史阶段、任何情况下，每一个党员都必须切实贯彻党的群众路线，始终坚持立党为公、执政为民的基本理念，始终保持党同人民群众的血肉联系，始终坚持与人民同呼吸、共命运、共甘苦的基本立场，始终坚持全心全意为人民服务的根本宗旨，始终坚持人民群众是历史的创造者的基本观点。这不仅是我们“党的性质和宗旨的体现，是中国共产党区别于其他政党的显著标志”③，而且是我们党在任何挑战和困难面前无所畏惧、披荆斩棘的必备条件。党员干部尤其是领导干部贯彻党的群众路线必

① 习近平. 习近平谈治国理政［M］. 北京：外文出版社，2014：367.

② 同①365.

③ 同①366-367.

须做好以下几点：

首先，深刻认识党的领导在人民群众自己解放自己的过程中的使命和责任。在马克思主义理论中，人民群众必须自己解放自己，但是人民群众中的先进分子首先觉醒、获得共产主义觉悟，并与科学社会主义的理论充分结合才构成马克思主义政党产生的可能性。这是共产党人的先进性的来源，也是其思想优势和政治优势的来源。而这种优势是相对于人民群众来说的，要发挥共产党的这两大优势也必须在人民群众之中才能够实现。共产党产生于人民群众，是人民群众不可分割的一部分，人民群众则是共产党的阶级基础和力量来源。共产党的先进性还必须体现为教育、团结、领导人民群众自己解放自己。人民群众是共产党的阶级基础和力量来源，而共产党的历史使命就是为人民群众的自我解放努力奋斗，为人民群众的彻底解放不断奋斗。“无产阶级不能只是自己解放自己，它必须争取一切劳动人民的解放，争取自己民族的解放，争取人类的解放，才能实现自己的彻底解放。”① 换句话说，共产党必须在争取人民群众的解放之后才能实现自己的彻底解放。这是我们党一切依靠人民、一切为了人民，全心全意为人民服务的宗旨，是立党为公、执政为民的执政理念的渊源。其次，从实践上看，在革命年代，“革命战争是群众的战争，只有动员群众才能进行战争，只有依靠群众才能进行战争”②；“一切群众的实际生活问题，都是我们应当注意的问题”③，共产党人成了人民群众生活的组织者，这样人民群众才能团结在党的周围，真心拥护党并认为党是他们的代表，才能壮大党的力量。如今，习近平总书记依然强调“得民心者得天下，失民心者失天下，人民拥护和支持是党执政的最牢固根基。人心向背关系党的生死存亡”。同人民群众保持血肉联系是共产党完成历史使命、担当历史责任的根基，只有与人民群众保持密切联系才能使“巩固党的执政基础和执政地位具有广泛、深厚、可靠的群众基础”④。可以看出，党与人民群众是天然联系在一起的，党的领导与人民当家作主是相辅相成、互为存在前提的。

---

① 刘少奇．论共产党员的修养［M］．北京：人民出版社，2018：37.

② 毛泽东选集：第1卷［M］．2版．北京：人民出版社，1991：136.

③ 同②137.

④ 习近平．习近平谈治国理政［M］．北京：外文出版社，2014：368.

再次，贯彻党的群众路线必须坚持从群众中来，到群众中去的工作方法。“党的领导工作能否保持正确，决定于它能否采取‘从群众中来，到群众中去’的方法。”① 共产党是人民群众中的先进代表，必须在同人民群众保持血肉联系的同时，教育人民、领导人民，提高人民群众的政治觉悟和积极性创造性，只有这样，共产党人的事业才能不断向前发展。“党的工作中的群众路线，本身就要求党的领导保持谦虚和谨慎的态度。骄傲，专横，鲁莽，自作聪明，不同群众商量，把自己的意见强加于人，为了自己的威信而坚持错误，是同党的群众路线根本不相容的。”② 尤其是在教育人民、领导人民的时候，更应当尊重人民群众的主体地位。最后，必须牢固树立人民至上的意识，时刻提醒自己：“马克思主义执政党的最大危险就是脱离群众。”③ 时刻提醒自己，贯彻落实党的群众路线，“解决好保持党同人民群众的血肉联系问题，不可能一劳永逸，不可能一蹴而就，要常抓不懈”④，要采取从群众中来，到群众中去的工作方法，不断加强党的领导，不断解决群众反映强烈的突出问题，不断改善群众生活。

（3）坚持马克思主义的权力观，坚决反对“四风”。

密切党群联系，夯实党的执政基础，领导干部尤其是高级领导干部还要牢固树立正确的权力观、地位观、利益观。其中，正确的权力观是基础性的、起决定性作用的。领导干部有了正确的权力观，其地位观和利益观就不会发生偏差。因此，领导干部尤其是高级领导干部牢固树立正确的地位观、利益观的关键在牢固树立和不断巩固正确的权力观，坚决反对与党的群众路线相悖的形式主义、官僚主义、享乐主义和奢靡之风。

首先，领导干部特别是高级领导干部必须敬畏人民、敬畏权力，树立正确的权力观。一方面必须正确认识我们手中权力的性质和来源。十月革命一声炮响送来了马克思列宁主义，从此开启了中华民族的独立、复兴之路。从那时起直到如今，中国共产党始终是为人民而斗争的：为了让中国人民站起来，共产党人团结和带领人民进行了艰苦卓绝的斗争；为了让中

① 邓小平．邓小平文选：第1卷［M］．2版．北京：人民出版社，1994：217.

② 同①219.

③ 习近平．习近平谈治国理政［M］．北京：外文出版社，2014：366.

④ 同③394.

国人民富起来、强起来，共产党人又代表人民并领导人民掌握和行使好国家的各项权力，团结和带领全国各族人民进行了社会主义建设和改革，走出了一条具有中国特色的社会主义道路。在这个过程中，中国共产党不仅代表人民并领导人民夺取了全国政权，成为执政党，而且坚持了一切权力来自人民，使人民成为国家的真正主人。所以，领导干部手中的权力是人民授予的，而非属于自己的，可以由自己任意支配、随意享用的内生权力。这不仅是中国共产党立党为公、执政为民的历史渊源，而且是领导干部为民秉权、为民用权的根本要求。因此，共产党人尤其是领导干部必须敬畏人民、敬畏权力，牢固树立马克思主义的权力观。

其次，领导干部要切实摆正自身位置。这是牢固树立正确权力观的具体体现，只有树立了正确的权力观，领导干部才能真正摆正自身位置；只有真正摆正自身位置，才能真正进一步巩固和落实正确的权力观。一是在党内要认清共产党员是自己的“第一身份”，以普通党员身份参加党内政治生活，尤其是党内组织生活。二是要在贯彻落实党的群众路线的实践中，认清领导干部和群众之间的关系。“共产党员在民众运动中，应该是民众的朋友，而不是民众的上司，是诲人不倦的教师，而不是官僚主义的政客。”① 三是要坚持人民立场，敬畏人民、人民至上，这是马克思主义政党的根本政治立场。“人民利益是我们党一切工作的根本出发点和落脚点。中南海要始终直通人民群众，我们要始终把人民群众放在心中脑中。”② 四是必须用正确的权力观去不断地建立和巩固自己人民至上的地位观和代表、维护、实现人民群众根本利益的利益观，进一步巩固和拧紧马克思主义的世界观、人生观、价值观这个“总开关”。

最后，改善和创新群众工作方法，从根本上解决好如何始终保持党同人民群众血肉联系的问题。一是要去粗取精，改善文山会海等形式主义的文风、会风，改革与人民群众根本利益不一致、不相符的工作方法，使领导干部有时间、有精力深入基层、深入群众，将时间和精力投入调查研究群众生活、群众问题中去，投入全心全意为人民服务中去。二是要增强领

① 毛泽东选集：第2卷［M]. 2版. 北京：人民出版社，1991：522.

② 习近平. 习近平谈治国理政：第2卷［M]. 北京：外文出版社，2017：189.

导干部运用调查分析方法的能力，使领导干部有条件、有能力深入群众，展开调查研究，研究群众情况、经验和意见，直至其成为善于运用典型调查方法、研究群众生活、解决群众问题的行家里手。三是纪检监察机关等党的纪律执行、监督机关要贯彻落实中央八项规定精神、严肃开展反腐败和监督执纪，切实抓紧抓好领导干部特别是高级领导干部这个“关键少数”，廉洁自律、勤勉工作，抓出典型、抓出成效，彻底克服党内存在的形式主义、官僚主义、享乐主义和奢靡之风，以党风的彻底转变带动社风民风的快速彻底转变。四是继续深入党的群众路线实践教育活动，使党的思想政治教育工作与党的群众路线的贯彻落实充分结合起来。

三、增强党员干部的勤政意识

清、勤、慎是中华民族文化中的优秀为官哲学。其中，勤政不仅是对官员的最好评价，而且是人民群众对官员的最根本、最殷切的期望，同时也是中国共产党对党员干部的基本要求。在中国的词语中，“勤政”总是与“爱民”紧密联系，这是中国人民对勤政与爱民两种现象之间关系的总结：勤政是以爱民为基础的，也是勤政的动力所在，只有真正地爱民才能产生真正的勤政意识和勤政动力。对于中国共产党的领导干部来说，领导干部只有心中有远大的理想和爱民为民的情怀，才可以做到勤政。习近平总书记在十八届中央政治局常委同中外记者见面时，就代表中国共产党人庄严地向世界宣告：“我们一定要始终与人民心心相印、与人民同甘共苦、与人民团结奋斗，夙夜在公，勤勉工作，努力向历史、向人民交出一份合格的答卷。”① 李克强也多次强调：政府工作人员要“坚持勤勉履职，提高执行力和公信力”，“恪尽职守、夙夜在公，主动作为、善谋勇为”②。以习近平同志为核心的党中央，身体力行、率先垂范、兢兢业业、廉洁奉公地践行承诺、兑现诺言，让中国人民真正感受到了什么叫“夙夜在公，勤勉工作”，尤其是“克强节奏”，还让世界人民对党的新一届领导人的勤政风

---

① 习近平. 习近平谈治国理政［M］. 北京：外文出版社，2014：5.

② 中共中央党史和文献研究院. 十八大以来重要文献选编：下［M］. 北京：中央文献出版社，2018：281.

范为之一惊。“勤奋”不仅是中华民族的传统美德，而且是中国优秀的政治文化内核。党员干部牢固树立和不断增强勤政意识，不仅是继承和弘扬中华优秀传统文化的表现，而且是中国人民对执政者的殷切期望和基本要求，更是中国共产党全心全意为人民服务根本宗旨的直接体现和共产党人先进性的必然要求。

（1）切实把人民对美好生活的向往作为我们的奋斗目标。

增强勤政意识的首要条件是，切实把人民对美好生活的向往作为我们的奋斗目标。“内心净化、志向高远便力量无穷。”[①] 把人民对美好生活的向往作为我们的奋斗目标，这是由党的根本性质、根本宗旨所决定的，是党的根本性质、根本宗旨的直接体现，也是我们党的共产主义远大理想和中国特色社会主义近期目标的朴素表达，这是全面从严治党、加强党的建设尤其是党的组织建设的重要目标，是全党统一共识、团结一致，取得中华民族“最大公约数”的内核所在，是全党思想上、政治上、行动上与党中央保持高度一致的基本要求。首先，这是习近平总书记在世界人民面前对中国人民的庄严承诺，更是以习近平同志为核心的党中央对全党同志的基本要求，全体党员尤其是领导干部必须与党中央保持高度一致，坚决贯彻落实。其次，将“两个一百年”奋斗目标和中华民族伟大复兴的中国梦作为实现人民对美好生活的向往的阶段性目标，而把人民对美好生活的向往与党的政治路线、思想路线、组织路线充分结合起来，与“四个全面”战略布局的完全展开和积极推进充分结合起来，将“五位一体”总体布局与人民对美好生活的向往充分结合起来。最后，把人民对美好生活的向往作为我们的奋斗目标，就是要全体党员尤其是领导干部把它与自己的具体岗位、实际工作充分结合起来，并在主动作为、积极实践中，不断提高人民的生活水平和质量，逐步实现人民对美好生活的向往。

（2）切实认识到自身认识的局限性和力量的有限性。

自身认识的局限性和力量的有限性，是马克思主义对一定阶段认识能力和自身影响主客观世界能力的描述。切实认识到自身认识的局限性和力

① 中共中央文献研究室．习近平关于全面从严治党论述摘编［M］．北京：中央文献出版社，2016：68.

量的有限性，就坚持了马克思主义的基本观点和基本立场。我们在具有许多新的历史特点的历史条件下全力推进中国特色社会主义伟大事业，是前所未有的，也是力度空前的，复杂的世情、国情、党情使之变得更加复杂、更加艰难。切实认识到自身认识的局限性和力量的有限性是我们真正认识世情、国情、党情的需要，是我们党领导人民群众开展斗争、战胜困难、真正担当起历史使命的需要，也是体现我们党对历史负责、对人民负责的需要。首先，领导干部切实认识到自身认识的局限性和力量的有限性，就是要求领导干部在团结和领导人民群众、担当起“为民服务、为民担当”的责任时，要有怕自己做不好、怕辜负党的信任和人民期待而产生的战战兢兢、如临深渊、如履薄冰的感觉。这种感觉是领导始终把人民放在心中最高的位置，牢记人民重托，牢记责任重于泰山的责任自觉、担当自觉、使命自觉。其次，切实认识到自身认识的局限性和力量的有限性，不应当成为领导干部懒政怠政的理由，而应当成为领导干部不断加强自身学习、提高自身素质和能力，尤其是提高执政能力和执政水平的理由。要求领导干部在面对复杂的世情、国情、党情所带来的一切挑战时，要广泛了解国际形势的新变化、深刻了解和掌握国内特别是地区具体情况，深入、深刻地了解人民群众的所思所盼，了解人民群众的利益诉求和民生疾苦，充分认识自身不足，不断弥补、不断进取、不断提升。再次，切实认识到自身认识的局限性和力量的有限性，就是要领导干部为党、为国家、为人民勤恳工作、勤勉服务，“要有‘治大国若烹小鲜’的态度，丝毫不敢懈怠，丝毫不敢马虎，必须夙夜在公、勤勉工作”①。最后，切实认识到自身认识的局限性和力量的有限性，就是要领导干部深刻认识、彻底领悟到“人民是我们力量的源泉”，只有依靠和团结人民，才能克服自身不足，扩大和增强自身力量；只有团结和带领人民群众，与人民同呼吸、共命运、同甘共苦，才能克服困难、完成任务、走向胜利。

（3）进一步严厉惩治懒政怠政行为，强化制度建设，形成长效机制。

2015 年 4 月，李克强在东北三省经济工作座谈会上发出警告：“对于忽视民生、为官不为的‘庸政’‘懒政’，要‘动刀子’、‘出重拳’、公开

① 习近平．习近平谈治国理政［M］．北京：外文出版社，2014：409-410.

曝光，坚决追责!”① 2016年3月5日，李克强在第十二届全国人民代表大会第四次会议上提出“坚决整肃庸政懒政怠政行为，决不允许占着位子不干事”②。随之，一场重在提高政府效率的勤政改革正式推开。严厉惩治懒政怠政的“软腐败”行为，不仅是党和国家进一步推进全面从严治党、全面深化改革的重要抓手，而且是提醒党员干部要坚持勤勉履职，提高政府效率，提高执行力和公信力的重要举措，更是不断加强组织建设、提高党的干部队伍先进性和纯洁性的必要手段。

首先，高度重视懒政怠政“软腐败”。一是要认识到为官不为、懒政怠政是直接损害人民群众的切身利益、隔断党和人民群众的血肉联系、削弱党和政府的执行力和公信力的具有严重危害力的行为。这是一种典型的尸位素餐、庸庸碌碌的行为，在公位不谋公事、食公禄不办公差、当公仆不为人民、掌公权不担公责；这是一种典型的墨守成规、得过且过的行为，直接表现为和尚撞钟、推诿扯皮，不作为、懒作为、乱作为。该办的事情不办，该担的责任不担，不仅损害来办事的人民群众的直接利益，而且削弱了党和国家路线方针政策的执行力，更直接成为党和国家与人民群众之间的隔阂、挡板、鸿沟，损害了党和政府的形象，影响了党和政府的公信力。二是要认识到为官不为、懒政怠政不是“明哲保身”之选，而是自绝于党、自绝于人民的行为，只会断送前程、断送自己的政治生命。自2015年李克强在东北三省经济工作座谈会上发出警告后，全国各地方、各级机关单位都认真深入地开展了关于惩治为官不为、懒政怠政的专项治理行动，和“零容忍”地坚决打击腐败行为一样，惩治懒政怠政行为在全党和全国形成高压态势。必须进一步加强对懒政怠政的惩治力度，使全体党员干部都清醒地认识到，在全面从严治党和全面深化改革的大潮中，党员干部是推进改革、担当责任、达成目标的领导力量，不“进”则“退”，任何理由、任何借口、任何单位、任何的懒政怠政行为都不可能成为“明哲保身”之选。

---

① 贾立政，陈阳波，魏爱云，等. 官员懒政原因调查［J］. 人民论坛，2015（15）.

② 中共中央党史和文献研究院. 十八大以来重要文献选编：下［M］. 北京：中央文献出版社，2018：281.

其次，加强思想教育，增强党员干部的责任意识。在群众心中，勤勉履职是公职人员的本分所在、道德所在，尤其是在社会主义国家，勤勉履职更是公职岗位的职责所在、形象所在，否则就不符合担当公职的基本条件。党员干部应不断加强自身思想政治教育，加强宗旨意识和责任担当精神。一是要时刻有"衙斋卧听萧萧竹，疑是民间疾苦声"的精神和态度，真切关注人民群众切身利益，时时处处为保障、维护、实现人民群众的根本利益着想，一切工作都以此为根本目标；二是增强政治意识、大局意识、核心意识、看齐意识，加强作风和能力建设，不要小视自身岗位的重要作用，不轻视自身职责、自身能力，以"些小吾曹州县吏，一枝一叶总关情"的精神和态度，以人民忧乐为忧乐，以人民甘苦为甘苦，全心全意为人民服务，务实担当、实干创业，兢兢业业、勤勉履职；三是坚持党性原则和人民至上原则，切实履行党员权利和义务，切实担当起党员干部的监督责任，要敢于亮剑、善于挥剑、勇于担责，坚决反对、制止、纠正、报告身边懒政怠政的行为和歪风邪气。

最后，进一步严厉惩治懒政怠政行为，强化制度建设，形成长效机制。一是要确立惩治懒政怠政的主体，明确主体责任。在进一步惩治懒政怠政行为过程中，各级党委（党组）要切实担负起主体责任，书记是第一责任人，党委常委会委员（党组成员）和党委委员在职责范围内履行监督职责，在本单位、本组织内树立和抓紧两个方面的典型，全面、认真、深入开展严厉惩治懒政怠政的专项行动，有针对性地解决现实存在的问题，根据具体工作实际，制定严厉惩治懒政怠政行为的工作方案、工作细则、制度规则，形成抓早抓小抓苗头的严厉惩治懒政怠政行为的局部气候。纪检监察机关要切实承担职责担当，认真开展监督执纪问责，以严厉惩治腐败的"零容忍"态度和"打虎""拍蝇"的手段，严厉惩治懒政怠政行为，在更大范围内，直至全党形成人人喊打、人人纠正、人人监督、人人鞭策懒政怠政行为的大环境、大趋势，形成有权必有责、用权受监督、违法要追究的政治生态。另外，必须贯彻优胜劣汰的原则，建立和完善不"进"则"退"的干部管理机制。严厉惩治懒政怠政行为，重点要完善促进优秀人才脱颖而出的选人用人机制和退出机制，形成让贪、懒、庸、昏的党员干部无所遁形、无路可走的组织压力和组织手段。

第四节　加强党风廉政建设，保持党的先进性和纯洁性

中国共产党始终围绕着思想建党和组织建党两条主线开展党的建设。在党的十八大之后，在两条主线上的一系列战略举措取得了明显的成效和显著的成果。尤其是以党风廉政建设和反腐败斗争为抓手，在两条主线上一面抓党员干部思想先进性、纯洁性，如党的群众路线教育实践活动、“三严三实”专题教育、“两学一做”学习教育，一面抓组织先进性、纯洁性，如中央八项规定精神、“打虎”“拍蝇”“猎狐”兼顾、打击不作为懒作为乱作为和吃空饷等专项治理行动，不断增强党员干部的思想政治素质和组织观念、纪律观念，不断增强全面从严治党的系统性、创造性、实效性，全面系统地将全面从严治党伟大工程推向前进。“党风廉政建设和反腐败斗争是全面从严治党的重要方面，是新形势下进行具有许多新的历史特点的伟大斗争的重要内容，是协调推进‘四个全面’战略布局的重要保证。”[①] 2017年1月，习近平总书记在中国共产党第十八届中央纪律检查委员会第七次全体会议上发表重要讲话，更是全面总结了党的十八大以来开展党风廉政建设和反腐败斗争的重要经验和启示，为我们进一步加强党风廉政建设，保持党员干部先进性和纯洁性奠定了坚实基础。同时，全党同志应当更加清醒地认识到，“安不忘危，才是生存发展之道”[②]。在当今世情、国情、党情风云变幻的今天，我们党要在新形势下进行具有许多新的历史特点的伟大斗争、有效应对各种风险和挑战，实现第二个百年奋斗目标、实现中华民族伟大复兴的中国梦，必须把我们党建设好、建设强，必须在牢牢把握加强党的执政能力建设和先进性建设这条主线的基础上继续

---

① 中共中央文献研究室. 习近平关于协调推进“四个全面”战略布局论述摘编［M］. 北京：中央文献出版社，2015：19.

② 中共中央文献研究室. 习近平关于全面从严治党论述摘编［M］. 北京：中央文献出版社，2016：90.

推进全面从严治党，深刻认识到反腐倡廉建设的长期性、艰巨性和复杂性，不断加强和完善反腐倡廉宣传教育工作，“全面推进党的自我净化、自我完善、自我革新、自我提高”①，不断完善、推进反腐倡廉防控、监督等法律法规和制度体系建设，不断巩固党风廉政建设成果，不断获得党风廉政建设新成就，确保党始终成为中国特色社会主义伟大事业的坚强领导核心。

一、深刻认识反腐倡廉建设的长期性、艰巨性和复杂性

2016 年 1 月，习近平总书记在第十八届中央纪律检查委员会第六次全体会议上指出：“3 年来，我们着力解决管党治党失之于宽、失之于松、失之于软的问题，使不敢腐的震慑作用充分发挥，不能腐、不想腐的效应初步显现，反腐败斗争压倒性态势正在形成。”② 但是，习近平总书记早就强调，“广大干部群众最担心的是问题反弹、雨过地皮湿、活动一阵风，最盼望的是形成常态化、常抓不懈、保持长效”③，还指出“要牢记‘蠹众而木折，隙大而墙坏’的道理”，“反腐倡廉必须常抓不懈，拒腐防变必须警钟长鸣”④，“必须永远吹冲锋号”⑤。因此，必须不断加强党风廉政建设，始终保持党的先进性和纯洁性，使党始终是中国特色社会主义伟大事业的坚强领导核心。

（1）反腐倡廉建设的长期性、艰巨性和复杂性根源于利益与权力的扩张。

首先，利益是人们的永恒追求。趋利避害是人之共性，管子有云：“夫凡人之情，见利莫能勿就，见害莫能勿避。”利益，简单说就是人的需求的社会形态，即获得了社会内容和特性的人的需要。利益的主体是人，

① 习近平. 高举中国特色社会主义伟大旗帜 为全面建设社会主义现代化国家而团结奋斗：在中国共产党第二十次全国代表大会上的报告［M］. 北京：人民出版社，2022：64.

② 习近平. 在第十八届中央纪律检查委员会第六次全体会议上的讲话［N］. 人民日报，2016-05-03.

③ 习近平. 在党的群众路线教育实践活动总结大会上的讲话［M］. 北京：人民出版社，2014：12.

④ 习近平. 习近平谈治国理政［M］. 北京：外文出版社，2014：392.

⑤ 同①69.

人的需要得到满足，也就实现了主体的利益。在这个过程中，人的主观性始终具有一定的决定性意义。也就是说，利益的形式以及利益的达成标准都是由人的主观性决定的，因而利益本身带有极强的主观性。但是利益的内容却是客观的，与一定历史条件下的社会经济、政治有紧密联系，它不仅决定着利益的具体内容，而且决定着利益实现的具体手段、方式和活动。之所以说利益是人们的永恒追求，一方面是因为人的趋利避害的天性，另一方面则是在一定历史条件下，利益的具体内容和实现条件或手段是有限的，而人的主观性决定的利益形式、利益达成标准以及利益发展是无限的，它们之间的矛盾就构成了人的利益的永恒追求性。其次，权力具有自然的扩张性。权力本身就意味着实质意义上的和形式意义上的强制支配地位，而支撑和维护这种支配地位及其效用的就是掌握权力的主体的能量聚集性，这就使得权力主体可以不断增进权力的能量，从而构成了权力的扩张性。权力的扩张性就表现为其作用范围的扩张、作用层次的扩张和利益含量的扩张。最后，公利和私利在权力面前更难选择。社会关系的现实形态就是人们的利益与利益的关系，在特定的社会关系中，拥有权力的一方必然会将权力的权威性和强制性发挥到极致来实现和维护自身利益。德谟克利特形容权力时说，公共权力就像是没有刺的鱼，人人都想大快朵颐。因此，在一定的社会关系中，或者是在利益与利益的关系中，利益的总量一定时，拥有权力的人就因掌握着分配权而具有更大的占有可能性。利益的扩张性促使掌握权力的主体在使用权力时具有扩张权力中利益含量的可能性。

（2）封建思想残余的存在和资产阶级思想的冲击。

在封建社会和资本主义社会等私有制占主体的阶级社会里，掌握权力往往是成为统治阶级的基本条件，此时，权力为统治阶级所垄断，本质上具有剥削阶级的性质并为他们的私有利益服务，在这里，“社会权力就成为私人的私有权力”①。同时，他们为了更快地掌握公共权力，以及为了更好地维护和扩展已经掌握的权力，必然形成和维护支撑他们变公权为私利

① 马克思，恩格斯. 马克思恩格斯全集：第 44 卷［M］. 2 版. 北京：人民出版社，2001：156.

进而获得巨大利益的思想理论，并一定会不断地使其丰富、巩固、发展。在数千年的封建王朝更迭中，中华民族的传统文化中隐藏着众多由此而产生的文化元素，有些已沁入骨髓，很难肃清。在改革开放的40多年里，残余的封建主义思想与资本主义尤其是帝国主义霸权思想、文化入侵、和平演变相裹挟，在多种社会思潮之中沉渣泛起。尤其是经济全球化向深层次发展，信息化加快发展，国内各种社会思潮以多元、多变的手段和更加隐蔽的形态发展，形式主义、官僚主义、享乐主义和奢靡之风更是与自由主义、无政府主义、历史虚无主义等多种错误思潮相互融合、互鉴共长，深层次地侵入我国思想文化阵地，严重影响我国主流意识形态的地位。在改革开放初期，邓小平在谈到党和国家领导制度改革时强调，要在思想政治方面肃清封建主义和资产阶级思想残余影响①。2014年10月，习近平总书记在党的十八届四中全会第二次全体会议上讲到党员、干部特别是领导干部要严守政治纪律和政治规矩时强调了“七个有之”，无不与封建思想残余和资产阶级自私自利、唯利是图的思想有关，甚至“有的人已经到了肆无忌惮、胆大妄为的地步”②。显然，封建思想残余的存在和资产阶级思想的冲击，早就成为反腐倡廉建设的长期性、艰巨性和复杂性的重要影响因素，必须引起高度重视，必须从讲政治的高度坚决予以肃清。

（3）制度体系的不完善。

在加强党风廉政建设和反腐败斗争中，制度建设具有全局性、根本性、基础性等特征，思想建党、组织建党及与之相配套的制度建党是中国共产党不断取得党风廉政建设和反腐败斗争新胜利的基本经验和重要抓手。党的十八大以来，中国共产党着力解决管党治党失之于宽、失之于松、失之于软的问题，已经取得了初步成就，“不敢腐”的震慑作用已经充分发挥出来，“不能腐”和“不想腐”的效应已经初步显现，反腐败斗争的压倒性态势正在形成。但是，我们应当承认，鉴于党风廉政问题的严重性和反腐败斗争的长期性、艰巨性、复杂性，党风廉政建设和反腐败斗

① 邓小平. 邓小平文选：第2卷［M］. 2版. 北京：人民出版社，1994：334-338.

② 中共中央文献研究室. 习近平关于全面从严治党论述摘编［M］. 北京：中央文献出版社，2016：106.

争的制度体系还不健全、不完善。党风廉政建设和反腐败斗争之所以具有长期性、艰巨性、复杂性，就是因为当前的党风廉政建设问题，尤其是腐败问题的产生主要与制度缺失、制度漏洞、制度执行不严格、制度与制度之间不衔接有关，这不仅增加了斗争的隐蔽性和复杂性，而且增加了完善制度的紧迫性和必要性。各种形式的腐败案例，尤其是不断堕落直至走向腐败深渊的过程，从反面说明了腐败的隐蔽性、复杂性，也反映了制度缺失、制度漏洞、制度执行不严格、制度与制度之间不衔接等制度问题是当前腐败问题多发的根本原因。因此，要想真正实现干部清正、政府清廉、政治清明的政治目标，要想“反腐败斗争的压倒性态势”最终形成、党风廉政建设和反腐败斗争彻底取得胜利，全党同志尤其是领导干部，必须主动地、积极地发挥道路自觉、理论自觉、制度自觉、文化自觉、监督自觉，充分发挥自身优势，不断建立和完善坚持标本兼治、综合治理、惩防并举、注重预防的惩治和预防腐败体系，不断建立健全党风廉政建设和反腐败斗争的制度体系。

二、加强和完善反腐倡廉宣传教育工作

加强反腐倡廉宣传教育不仅是我们党加强党风廉政建设和反腐败工作中的基础工作、首要任务和治本之策，而且是从思想上保持党的先进性和纯洁性的重要环节和重要手段。加强和完善反腐倡廉宣传教育工作是我们党的一贯要求和优秀传统经验。但是我们的反腐倡廉宣传教育工作长期融合于思想政治教育之中，并没有突出其重要地位和紧迫性、必要性。尤其是有的党组织在开展反腐倡廉宣传教育工作的过程中，忽视反腐倡廉宣传教育的规律，重形式、走过场、乱创新；有的甚至是违反组织规定和组织纪律，在反腐倡廉宣传教育过程中搞“灯下黑”，成了以宣传反腐败的形式搞腐败的内容；有的则用形而上学的观点看待反腐倡廉宣传教育，在“教育万能论”和“教育无用论”之间无所适从。总而言之，忽视了反腐倡廉宣传教育规律、目标、核心内容的宣传教育，无论是哪种形式的问题，都无法达到期望效果和预期目标，既损害党员干部的权利，又损害党的形象。因此，必须深刻地认识反腐倡廉宣传教育的规律、目标、核心内

容，才能科学地开展反腐倡廉宣传教育，才能真正取得效果。

反腐倡廉宣传教育有其自身规律。反腐倡廉宣传教育是一个教化、悟化、感化的过程，是一个潜移默化、循序渐进、日积月累的过程，不可能立竿见影，更不可能一蹴而就。所有的反腐倡廉宣传教育，对于受教育者来说，本质上都是外在的，并不能直接对其产生立竿见影的影响，更不可能在一时间发生翻天覆地的变化。其根本在于，受教育者要在反腐倡廉宣传教育过程中入脑入心，潜移默化地点滴积累，达到心灵上的震颤和灵魂上的感悟，最终经由不敢腐到不能腐最终到不想腐。其重点在于，受教育者本身从宣传教育活动中，获得与宣传教育目标相一致的感悟和体会，产生和增强思想意识层面的转变，进而影响其实践活动。这才是反腐倡廉宣传教育的一般过程。反腐倡廉宣传教育的目标在于，通过宣传教育提高受教育者对腐败和廉政的认识，提高其对反腐倡廉宣传教育与党的建设尤其是党的组织建设的关系的认识，增强其坚决反对腐败的决心和毅力，增强其勤政廉洁的积极性、主动性、创造性，使其不敢腐、不能腐、不想腐的思想意识体系逐步完善，在不断增强自身先进性和纯洁性、不断践行勤政廉洁的道路上坚定有力地前行，将受教育者的思想真正统一于党的伟大斗争、伟大事业、伟大工程上来。其中，增强其坚决反对腐败的决心和毅力，增强其勤政廉洁的积极性、主动性、创造性，是反腐倡廉宣传教育的核心内容。

（1）多部门联合行动，群策群力，共建反腐倡廉宣传教育工作网络。

首先，党的宣传教育等职能部门要切实承担起反腐倡廉宣传教育的主体责任，切实把反腐倡廉宣传教育工作纳入党委（党组）工作规划，统筹安排、齐抓共管、形成合力。党的组织部门、宣传部门、纪检监察部门、统战部门、党校、行政院校、社会主义学院，还有教育部门、人力资源与社会保障部门、文化广电部门、传播媒体、反腐倡廉宣传教育基地等部门以及党的各级组织，要充分认识反腐倡廉宣传教育在党加强党风廉政建设和反腐败工作中的基础性、重要性和根本性，恪尽职守、尽职尽责，共建反腐倡廉宣传教育工作网络。其中，党的组织部门、宣传部门、纪检监察部门、统战部门是反腐倡廉宣传教育的主要组织者和统筹协调的责任承担者，要在党委（党组）的领导下，群策群力、联合行动，共同统领反腐倡廉宣传教育的大局；党校、行政院校、社会主义学院，以及教育部门、人力资源与社会保障部门、文化广电部门、传播媒体、反腐倡廉宣传教育基地等部门是反腐倡廉宣传教育的主要实施部门，具体承担反腐倡廉宣传教育的施教责任；党的各级组织是反腐倡廉宣传教育的责任主体和具体的管理主体，负责反腐倡廉宣传教育具体日常工作的管理。

其次，各部门之间要协力奋进、协同作为，共同构建反腐倡廉宣传教育的大格局和大局面。各部门应从自身实际出发，立足反腐倡廉宣传教育工作网络的建立和完善，加强交流、群策群力、精心策划、务实组织、统筹管理，既各展所长，又协力奋进、协同作为，把反腐倡廉宣传教育工作网络的平台建设好、优势发挥好、力量凝聚好，在各个节点上狠抓、严抓、实抓，形成网络合力，共铸反腐倡廉宣传教育的强大势能，使反腐倡廉宣传教育全覆盖、无死角、有作为、有成效，提高党员干部的思想觉悟和综合素质，增强其坚决反对腐败的决心和毅力，增强其勤政廉洁的积极性、主动性、创造性，逐步构建党员干部不敢腐、不能腐、不想腐的思想意识体系，不断增强党员干部的先进性和纯洁性，不断增强党组织的凝聚力、战斗力、创造力。

最后，各部门之间要立足实际，有针对性地开展反腐倡廉宣传教育。在反腐倡廉宣传教育的具体组织过程中，各部门要立足实际，分层次、分类别、有针对性地开展工作。其中，“实际”有两个实际，一是党的建设实际，二是反腐倡廉宣传教育工作的实际。立足党的建设实际，就是党的各个部门、党的各级组织，尤其是反腐倡廉宣传教育网络成员单位，要根据党的建设全局的要求，尤其是在“四个全面”战略布局与全面从严治党的关系大局中切实把握反腐倡廉宣传教育的重要地位和重要作用；立足各部门、各组织、各单位的实际，就是在立足全局和大局的基础上，具体把握自身反腐倡廉宣传教育的工作开展情况和单位所属党员干部的反腐倡廉宣传教育具体情况，分层次、分类别、分批次，准确、科学、协调、创造性地安排反腐倡廉宣传教育。另外，在教育过程中，还要体现时代性、把握规律性，不断创新宣传教育内容、形式和方法手段，富有针对性、创造性地科学合理安排主题教育、警示教育、法规教育、榜样教育、形象教育，不断克服以往反腐倡廉宣传教育中存在的重形式、走过场、一阵风、一刀切、满堂灌等弊端，切实开展反腐倡廉宣传教育工作。

(2) 运用历史智慧推进反腐倡廉宣传教育。

习近平总书记指出："研究我国反腐倡廉历史，了解我国古代廉政文化，考察我国历史上反腐倡廉的成败得失，可以给人以深刻启迪，有利于我们运用历史智慧推进反腐倡廉建设"①，要运用历史智慧推进反腐倡廉宣传教育。

首先，借鉴我国历史上的优秀廉政文化。积极借鉴我国历史上的优秀廉政文化，不断提高党的领导水平和执政水平、提高拒腐防变和抵御风险的能力，是我们党长期开展反腐倡廉宣传教育的基本经验，必须长期坚持。中国历代执政者的操守要求与为政原则不外乎五个方面，即重民生而知根本、畏法度而能自律、明廉耻而守气节、崇节俭而重情操，知恩惠而思报国。我们应倡导中华廉政文化中的"谦谦君子之清风""穷且益坚不坠青云之志""知耻责己之清白""忠诚爱民之清正""人际交往之清雅""勤政廉政之清苦"。这基本概括了当前推进反腐倡廉宣传教育工作应当借鉴的我国历史上的优秀廉政文化内涵。除此之外，还要从两个方面，继续继承和弘扬中华优秀廉政文化。一方面要不断加大力度、创新形式扩充中华优秀廉政文化载体，重点是反映中华优秀廉政文化的经典著作（如《论语》《大学》《荀子》《韩非子》《贞观政要》《资治通鉴》《曾文正公全集》等)、历史典故（如"公仪休拒鱼""房梁挂钱""一钱太守""两袖清风"等)；另一方面要根据中华优秀廉政文化，结合时代特征、民族特色，创造出符合中国特色社会主义先进文化方向和要求的当代廉政文化。

其次，借鉴我们党的历史上的优秀廉政经验。"历史的经验值得注意，历史的教训更应引以为戒。"② 深入推进党风廉政建设和反腐败斗争，还需要坚持发扬我们党在反腐倡廉建设长期实践中积累的成功经验，汲取反面教材中的历史教训，为当前的反腐倡廉宣传教育增加素材、增添能量。一

①② 习近平．习近平谈治国理政［M]．北京：外文出版社，2014：390.

是要学习党的反腐倡廉宣传教育的成功经验，如坚持思想教育与制度约束相结合，坚持惩防并举、注重预防，坚持惩前毖后、治病救人，坚持发动群众，发挥群众力量，等等；二是要学习党的历史上的先进典型和先进人物的廉政佳话、先进事迹，如“21 年从未领过元帅工资的朱德”“习仲勋教育子女‘夹着尾巴做人’”“焦裕禄与兰考”“董必武为六角钱写检讨”“周恩来与家人们”等等；三是学习党的十八大之后的党风廉政建设和反腐败斗争的经验和启示，如“坚持高标准和守底线相统一”“坚持抓惩治和抓责任相统一”“坚持查找问题和深化改革相统一”“坚持选人用人和严格管理相统一”①，等等。

最后，借鉴世界各国反腐倡廉的有益做法。腐败是一个世界性难题，反腐败更是世界各国政党和政府长期的核心工作之一。世界各国政党和政府在反腐败斗争过程中，积累了众多有益的制度和做法，应当成为我们进一步推进党风廉政建设和反腐败斗争的重要资源。一是立足社会主义市场经济体制建设的需要，积极借鉴国外在完善市场经济制度和体制过程中的先进经验，确保我国在社会主义市场经济体制改革中，既保持经济的持续健康发展，又逐步建立和完善市场在资源配置中起决定性作用、更好发挥政府作用的市场经济制度体系，使政府与市场之间的关系正常化、制度化、法制化，不断压缩腐败分子的“寻租”空间；二是立足政治体制改革的现实需要，借鉴国外在政府治理和公务员管理、民主与法治建设等领域的有益成果，不断提升和加强党的执政能力与防腐拒变能力，推进国家治理体系和治理能力现代化；三是立足我国国情以及党风廉政建设和反腐败斗争实际，积极借鉴国外政党建设、党员管理、反腐败斗争等方面的有益做法。

(3) 抓住人的思想和思想战线这个重点领域。

加强和完善反腐倡廉宣传教育工作本质上对人的思想的改造，必须抓住人的思想和思想战线这个重点领域。首先要抓住重点人群，坚持用习近平新时代中国特色社会主义思想凝心铸魂。第一，党的领导干部尤其是高

---

① 习近平在十八届中央纪委七次全会上发表重要讲话强调：全面贯彻落实党的十八届六中全会精神　增强全面从严治党系统性创造性实效性［N］. 人民日报，2017-01-07.

级领导干部是宣传教育的核心人群。反腐倡廉建设的长期性、艰巨性和复杂性的根源就在于利益和权力的天然扩张性，而党的领导干部尤其是高级领导干部等“关键少数”，特别是一把手，他们不仅是公共权力的直接掌握者，而且是公共权力的直接使用者，他们能否在具体工作中科学、合理、规范地使用权力，直接关系到依法用权的落实程度；同时，他们的领导地位直接决定了他们在地方、部门、单位中的示范带头作用，他们是否能够依法依规用权，直接影响到局部政治生态是否健康。第二，在重点关注领导干部这个“关键少数”的基础上，还要重点关注拥有执纪监督权力的纪检监察干部，他们是否能够依法依纪履行职责、合法合规用好手中监督执纪的“达摩克利斯之剑”，直接关系到党的反腐败斗争的成败，要严防纪检监察部门搞“灯下黑”。第三，重点关注基层党组织中的党员干部，他们的工作与人民群众的切实利益直接联系，是党在基层的触角和路线方针政策的具体宣传者、执行者，是党和人民群众之间的重要桥梁，更是党的形象所在，若他们出现腐败行为和作风问题，将直接削弱党的威信和形象，必须严防基层党组织中的党员干部搞“小官大贪”等影响恶劣的腐败行为。第四，重点关注领导干部的身边人，如秘书、家庭成员、朋友等。第五，重点关注思想领域及思想战线的工作者。党历来重视思想战线的统一和统战工作，党的历次“文艺工作者座谈会”都一再强调党风廉政建设和反腐败斗争宣传教育，邓小平就曾对理论界、文艺界工作者提出“思想战线不能搞精神污染”① 的要求，习近平总书记更是直接提出“文艺不能当市场的奴隶，不要沾满了铜臭气”② 的要求。要用马克思主义指导思想战线的工作，广泛践行社会主义核心价值观成为思想战线的主轴，让思想战线和理论界、文艺界的工作者成为党风廉政建设和反腐败斗争的坚定支持者、积极参与者、主动推动者，“坚持用中国特色社会主义思想统一思想、统一意志、统一行动”③。

---

① 邓小平. 邓小平文选：第 3 卷［M］. 北京：人民出版社，1993：39.

② 习近平. 习近平谈治国理政：第 2 卷［M］. 北京：外文出版社，2017：320.

③ 习近平. 高举中国特色社会主义伟大旗帜 为全面建设社会主义现代化国家而团结奋斗：在中国共产党第二十次全国代表大会上的报告［M］. 北京：人民出版社，2022：65.

三、完善反腐倡廉法律法规和制度体系建设

仅仅加深对反腐倡廉建设的长期性、艰巨性和复杂性的认识，加强和完善反腐倡廉宣传教育工作，是不能从根本上解决党风廉政建设和党的先进性、纯洁性问题的，最终必须落脚在法律法规和制度体系建设上来。结合当前全面从严治党的目标要求，必须建立健全以惩治和预防腐败体系为核心的反腐倡廉联防联控体系。

（1）以建立健全惩治和预防腐败体系为核心。

“建立健全惩治和预防腐败体系是国家战略和顶层设计。”① 2013 年 12 月，中共中央印发了《建立健全惩治和预防腐败体系 2013—2017 年工作规划》（以下简称《规划》），这是全面推进惩治和预防腐败体系建设的重要举措，是切实落实党的十八大“全面提高党的建设科学化水平”要求，落实党要管党、从严治党，深入开展党风廉政建设、坚决打赢反腐败斗争的重大举措，是指导 2013—2017 年党风廉政建设和反腐败斗争的重要依据，更为进一步建立健全以惩治和预防腐败体系为核心的反腐倡廉联防联控体系奠定了核心基础。习近平总书记指示：“各级党委要认真执行，把这项重大政治任务贯穿到改革发展稳定各项工作之中”②。之所以要以惩治和预防腐败体系为核心来建立健全反腐倡廉联防联控体系，有两个方面的原因：第一，《规划》是坚持党要管党、从严治党，深入开展党风廉政建设和反腐败斗争，永葆党的先进性和纯洁性的重要组成部分，为进一步建立健全反腐倡廉联防联控体系提供了思想基础和目标基础。其中，“全面提高党的建设科学化水平”和“确保党始终成为中国特色社会主义事业的坚强领导核心”是未来全面从严治党的基本目标，“推进国家治理体系和治理能力现代化，实现‘两个一百年’奋斗目标和中华民族伟大复兴的中国梦”是阶段性目标。第二，《规划》第五部分“加强党对党风廉政建设和反腐败工作的统一领导”，从“各级党委要承担党风廉政建设和反腐败工作主体责任”“加强反腐败体制机制创新和制度保障，改革党的纪律检查

①② 习近平．习近平谈治国理政［M］．北京：外文出版社，2014：394.

体制”“增强惩治和预防腐败体系建设工作合力”“狠抓任务落实”四个方面，为进一步建立健全反腐倡廉联防联控体系提供了基本框架。

（2）抓住七个重点，全面建立健全反腐倡廉联防联控体系。

《规划》为进一步建立健全反腐倡廉联防联控体系提供了基本框架。其中，“各级党委要承担党风廉政建设和反腐败工作主体责任”明确了反腐倡廉联防联控体系的工作主体，“加强反腐败体制机制创新和制度保障，改革党的纪律检查体制”对反腐倡廉联防联控体系的制度机制做出了要求，“增强惩治和预防腐败体系建设工作合力”可以作为反腐倡廉联防联控体系的运行机制，“狠抓任务落实”是反腐倡廉联防联控体系的工作重点。此外，建立健全反腐倡廉联防联控体系还必须从以下五个方面具体开展：

其一，严抓监督执纪，形成和巩固“四种常态”。纪律严明是党的光荣传统和独特优势。建立健全权力运行制约和监督体系，加强党内监督、民主监督、法律监督、舆论监督，让人民监督权力，让权力在阳光下运行，是党的十八大提出的基本要求。首先要加强党内监督。党内监督是“第一位”的监督，是所有监督手段中的基础。要坚持党内监督“没有禁区、没有例外”的原则，坚持信任不能代替监督的基本理念，把信任激励同严格监督结合起来，促使党的领导干部真正做到“有权必有责、有责要担当，用权受监督、失责必追究”，构建和落实党委（党组）的主体监督责任、纪检监察机关的职能监督责任、基层党组织日常监督、党员民主监督，党内监督与党外监督充分结合起来的立体监督体系，使党的领导干部自我监督、自我约束、自我革新、自我提升成为自觉，遵守党内政治生活准则、廉洁自律准则成为自觉，加强党性修养、陶冶道德情操，永葆共产党人政治本色成为自觉，不断为形成和巩固监督执纪的“四种常态”提供力量源泉和组织基础、实践基础。

其二，严抓思想作风，形成“不想腐”的基本态势。思想建设与作风建设、组织建设相互联系、相互促进，关乎党的形象和生死存亡，关乎党的创造力、凝聚力、战斗力的提高，关乎党的建设伟大工程的成败，“是一项经常、长期、艰巨的任务”①，必须常抓不懈。这是以习近平同志为核

① 江泽民. 江泽民文选：第3卷［M］. 北京：人民出版社，2006：323.

心的党中央对全党同志、党的思想作风建设工作的核心要求。严抓党的思想作风建设，就抓住了党的建设的主脉络，就抓住了党要管党、从严治党的根本。严抓党的思想作风建设，首先要从理想信念抓起，使党员干部“牢记党的性质和宗旨，牢记党对干部的要求”①，牢固树立“革命理想高于天”，在公权与私利之间筑起政治意识、大局意识的高墙，筑起纪律和规矩的高墙。其次要坚持和发扬艰苦奋斗精神，从严抓、常抓“中央八项规定精神”切入，针对“四风问题”，以身作则、率先垂范，“要以踏石留印、抓铁有痕的劲头抓下去，善始善终、善做善成，防止虎头蛇尾，让全党全体人民来监督，让人民群众不断看到实实在在的成效和变化”②，将党的性质、党的宗旨真实地体现在党员干部的具体工作、生活、学习的每个角落当中，坚守共产党员的政治本色。最后，要进一步夯实党员干部的权力观、群众观，拧紧“总开关”，从思想上把贯彻落实党的群众路线当作一项重要的、长期的政治任务，经过一系列反腐败斗争，彻底从思想上逐步建立不敢腐的惩戒机制、不能腐的防范机制、不易腐的保障机制。

其三，严抓廉政文化，共建清明政治生态。清明政治生态是以习近平同志为核心的党中央提出的当前党的建设的阶段性总目标。首先要以马克思主义为指导，借鉴中华优秀廉政文化、我们党的历史上的优秀经验和国外有益的廉政文化元素，不断加强反腐倡廉教育和廉政文化建设，从文化基因的深处，“不断夯实党员干部廉洁从政的思想道德基础，筑牢拒腐防变的思想道德防线”③，共建共产党员美好精神家园。其次，要抓好党员干部的党性教育和党性修养、思想道德和廉洁操守，始终让党员干部敬畏权力、敬畏人民，在思想根源上培育为民执权、为民用权的文化土壤。最后，提高党员干部的文化素养和专业技能，建设专业能力强、人格魅力高、文化素养好，一身正气、一尘不染的党员干部队伍。

其四，严抓责任落实，完善制度体系。制度问题更带有根本性、全局性、稳定性、长期性，关键要健全权力运行制约和监督体系，把权力关进

① 习近平．习近平谈治国理政［M］．北京：外文出版社，2014：394．

② 同①387．

③ 同①391．

制度的笼子里，让人民监督权力，让权力在阳光下运行。首先要全面推进惩治和预防腐败体系建设，不断完善反腐倡廉制度体系，最大限度地减少和压缩因制度缺失、制度漏洞、制度执行不严格、制度与制度之间不衔接而造成的腐败。其次，要通过全面深化改革，尤其是政治体制改革和社会主义市场经济体制改革，“不断铲除腐败现象滋生蔓延的土壤”[①]。最后，严抓制度执行和责任落实，强化责任问责和追究，真正让制度建设为党的各方面建设、为“四个全面”战略布局的全面深入推进保驾护航。

其五，严抓组织生活，健康党内政治生活。党要管党，必须从党内政治生活管起；从严治党，必须从党内政治生活严起。这是党的建设的一条重要历史经验。必须全面加强和规范党内政治生活，党内政治生活是我们党坚持党的性质和宗旨、保持先进性和纯洁性的重要法宝，是解决党内矛盾和问题的“金钥匙”，是广大党员、干部锤炼党性的“大熔炉”，是纯洁党风的“净化器”。我们要用好这个“法宝”，管好用好这把“金钥匙”，巩固好这座“大熔炉”。首先，必须坚持民主集中制，将其贯穿于党内政治生活正常化、常态化的始终，贯穿于全面加强和规范党内政治生活的始终。其次，用好组织生活这个经常性手段，要严抓党内组织生活，使其真正成为加强和规范党内政治生活的内容载体，重点革除一切特权思想和特权意识，确保党内组织生活认真、严肃。最后，抓住继承和创新这两个关键环节，形成又有集中又有民主、又有纪律又有自由、又有统一意志又有个人心情舒畅生动活泼的政治局面。

第五节 贯彻落实“四个全面”战略布局和新发展理念，不断改善民生

“四个全面”战略布局和新发展理念是以习近平同志为核心的党中央以实现中华民族伟大复兴为中心的治国理政顶层设计的核心内容。其中协调推进全面建设社会主义现代化国家、全面深化改革、全面依法治国、全面从严

① 习近平．习近平谈治国理政［M］．北京：外文出版社，2014：392.

治党“四个全面”战略布局，是实现中华民族伟大复兴的重要保障；牢固树立创新、协调、绿色、开放、共享的新发展理念，为实现中华民族伟大复兴凝聚强大精神力量。而其最终目的在于统筹推进经济、政治、文化、社会、生态文明五位一体建设，不断地改善民生，持续提高人民群众的生活水平和生活质量。这样，贯彻落实“四个全面”战略布局和新发展理念，同不断改善民生之间就形成了一个动态的作用机制。首先，新发展理念是贯彻落实“四个全面”战略布局和统筹推进经济、政治、文化、社会、生态文明五位一体建设，不断改善民生，持续提高人民群众的生活水平和生活质量的理念和精神内核；在新发展理念的引导下，才能真正地协调推进全面建设社会主义现代化国家、全面深化改革、全面依法治国、全面从严治党“四个全面”战略布局，使这“四个重大战略举措”科学、合理、高效地落实在统筹推进经济、政治、文化、社会、生态文明五位一体建设上面，最终推动民生的不断改善与人民群众生活水平和生活质量的持续提高。

一、完整、准确、全面贯彻新发展理念，把发展作为党建与执政兴国的第一要务

（1）新发展理念的核心在于发展。

新发展理念是在全面建成小康社会决胜阶段围绕解决我国发展中的突出矛盾和问题而提出的关于如何发展、实现什么样的发展的重大发展理论创新。它体现了发展的历史逻辑和理论逻辑的高度统一。首先，它是充分结合世情、国情、党情的复杂变化，面对国内外形势的深刻复杂变化，特别是经济下行压力加大的挑战，基于我国发展仍处于可以大有作为的重要战略机遇期，也面临诸多矛盾叠加、风险隐患增多的严峻挑战的基本判断，在准确把握战略机遇期内涵的深刻变化，更加有效地应对各种风险和挑战，继续集中力量把自己的事情办好的基本目标基础上，提出的“不断开拓发展新境界”的发展理论。从根本上说，新发展理念是关于发展的理论创新，是科学发展观在新的历史条件下的具体展开和创新发展：它的提出源于发展、核心内容在于如何发展、根本目标在于实现发展。其次，新发展理念的阶段性目标是全面建成小康社会，这是对历代领导人有关小康

社会建设的理论和经验的继承与创新，是对改革开放40多年来的发展经验的高度总结。它深刻地体现了中国经济社会发展的规律性，是以习近平同志为核心的党中央对中国特色社会主义建设规律认识的进一步完善，是对中国发展规律认识的又一次飞跃。再次，新发展理念是基于国内国际两个大局的深刻变化、基于党对中国发展实际，尤其是对经济发展新常态的充分认识、把握，而进行的发展理念的创新性转变，表达了党中央以新发展理念适应、把握、引领经济发展新常态的坚强决心和巨大勇气。最后，新发展理念的核心是发展，党中央把握新机遇，促进更大更持续更健康发展的重大战略决策，重点在于应对和解决发展过程中的新矛盾、新挑战，其目标的针对性全在于如何实现发展、实现什么样的发展。

（2）把发展作为党的建设与执政兴国的第一要务，才能落实新发展理念。

新发展理念是对党的执政规律、社会主义建设规律、人类发展规律认识的新发展，其核心在于发展，只有切实把发展作为党的建设与执政兴国的第一要务，才能真正地坚持和落实新发展理念。首先，坚持人民的主体地位，发动人民、依靠人民，全面建设社会主义现代化国家。全面建成社会主义现代化强国是改革开放以来共产党人全面建成小康社会后的基本目标，也是党执政兴国的第一要务的阶段性目标，更是亿万中国人民热切期盼的共同事业，必须发动群众共同建设，必须依靠群众全面推进，必须为了群众共享建设成果。这是党全心全意为人民服务的根本宗旨的具体体现，是党立党为公、执政为民的执政原则的具体体现。在这个过程中，实现党内的团结一致是基础，同时，全面建成社会主义现代化强国这一具体目标也为党的团结一致和党的凝聚力、战斗力、创造力的提升创造了条件。但是，还必须清醒地认识，完成全面建成社会主义现代化强国的第二个百年奋斗目标对于中国共产党来说至关重要，是推进五大发展、实现中华民族伟大复兴中国梦的前提要件。因此，全面建成社会主义现代化强国是党执政兴国第一要务中的第一要务，只有实现这一目标，才能有机会、有资格展开新的发展和新的建设。其次，理念是行动的先导，必须在发展科学的理念中才能实现科学发展。党执政兴国的第一要务是发展，实现什么样的发展和如何实现发展，是全党同志必须思考和研究的问题。新发展理念是中国共产党在准确把握世情、国情、党情，准确把握经济发展新常态的基础上，结合全面建成社会主义现代化强国和中华民族伟大复兴的中国梦的发展目标，对原有发展理念的理论升华和创新。代表着中国经济社会发展的新方向，凝聚着中国共产党和中国人民对实现什么样的发展和如何实现发展的问题的深入思考和深刻总结。发展理念的转变意味着发展方式和发展方向的转变，只有坚持贯彻创新、协调、绿色、开放、共享的新发展理念，才能实现创新的发展、协调的发展、绿色的发展、开放的发展和共享的发展。最后，只有在不断推动发展中才能真正实现高质量发展。发展是逐次展开、逐步前进的，不可能一蹴而就，发展理念的转变也不可能为发展带来立竿见影的效果。必须以新发展理念为指导，在创新、协调、绿色、开放、共享的发展方法论指引下，不断突破各个领域的创新，才能破解中国发展的阿喀琉斯之踵，提高中国的发展能力和发展后劲；只有持续打破城乡、区域、领域发展之间的不协调、不平衡，才能实现协调地发展；只有在发展中尊重发展规律、尊重自然、处理好人与自然的关系，切实实现由工业革命时代粗放型、资源型发展向资源集约型、环境友好型发展方式转变，才能实现绿色发展，推进生态文明建设，保护好人类赖以生存和发展的绿水青山；只有更好地开放，参与到经济全球化大潮和全球性社会化大生产之中，才能充分地利用好国内国外两种资源、两个市场，保障中国经济社会的持续健康发展；只有坚持发动人民、依靠人民推动发展，才能更好地将更大更好的发展成果分享给人民群众，实现共建共享的发展，才能切实提高人民群众的生活水平和质量。因此，必须在发展中不断推动发展，才能真正完整、准确、全面贯彻和落实新发展理念。

二、贯彻落实“四个全面”战略布局，坚持民生优先的党建与执政理念

协调推进“四个全面”战略布局是新的历史条件下党带领全国各族人民治国理政的总方略，它适应了中国经济社会发展的新需要，顺应了人民群众的愿望和期盼，蕴含着科学统筹、协调平衡的思想方法，其着眼点在于实现统一思想、推动发展，其落脚点在于激发创造活力、坚定推进改

革，从而扎实地推进经济发展、有效地维护公平正义、有力地保障和改善民生、深入地改进党风政风。因此，“四个全面”战略布局不仅是有机统一的整体，而且是统筹推进“五位一体”总体布局和党的建设的有机统一整体。

（1）全面建设社会主义现代化国家是“四个全面”战略布局中居于引领地位的重大战略目标。

从解决好人民群众普遍关心的突出问题入手，必须推进全面建设社会主义现代化国家，我们所有奋斗都要聚焦于此。实现全面建设社会主义现代化国家不仅是实现第二个百年奋斗目标和实现中华民族伟大复兴的中国梦的关键一步，而且是前提和根本基础。必须以全面建设社会主义现代化国家作为“四个全面”战略布局的总引领，一方面必须坚持以经济建设为中心，以发展成果解决发展过程中出现的矛盾、问题，尤其是与人民群众切身利益和根本利益密切相关的民生问题，以此来团结人民，汇聚人民力量，争取更大的发展；同时不断以新的发展成果来真正惠及人民，从经济、政治、文化、社会、生态文明五个方面推动人民群众生活水平的全面提高，为实现第二个百年奋斗目标、实现中华民族伟大复兴的中国梦奠定更加坚实的基础。另一方面，全面建设社会主义现代化国家，必须始终贯彻落实以人民为中心的发展思想，想群众之所想、急群众之所急、解群众之所困，始终关注民生疾苦、始终重视民生问题的解决，在学有所教、劳有所得、病有所医、老有所养、住有所居上持续取得新进展。全面建设社会主义现代化国家的根本在于持续不断地推动发展，发展是党执政兴国的第一要务，是全党同志全心全意为人民服务的根本形式，也是解决好人民群众普遍关心的突出问题的根本之策。进入经济新常态，坚持新发展理念，将发展速度从高速主动降至中高速，是如期全面建成小康社会的根本保证；在适度扩大总需求的同时，着力加强和推进供给侧结构性改革这一条改革主线，着力提高供给体系质量和效率，推进经济发展方式转变，创造新的经济增长点，提高长期增长的潜力和预期，保证更有质量更有效益地发展。二者的着力点和落脚点都在经济发展领域，而二者的发展动力和最终归宿都是解决人民群众普遍关心的突出问题。

（2）全面深化改革为全面建设社会主义现代化国家提供根本动力。

改革是发展的强大动力，全面深化改革为实现全面建设社会主义现代化国家战略目标提供动力保障。完善和发展中国特色社会主义制度、推进国家治理体系和治理能力现代化的全面深化改革总目标，一方面直接体现了党坚持和发展中国特色社会主义的制度自信，体现了矢志不渝的治国担当。新中国成立后，党始终团结和带领全国各族人民不断探索什么是社会主义、怎样建设社会主义的全新课题，经历了在曲折探索中前进，经历了摸着石头过河，经历了从建设有中国特色社会主义到坚持和发展中国特色社会主义的转变，在坚持一个中心两个基本点的基本路线的指引下，中国的经济社会发展取得了举世瞩目的成就，综合国力、国际影响力以及人民群众的生活水平得到了前所未有的提升。究其根本，就在于我们找到了一条中国特色社会主义道路，形成了中国特色社会主义理论体系，发展出了一套中国特色社会主义制度，打造出了一种中国特色社会主义文化，不断推进“四个现代化”进程，并提出了“第五个现代化”——国家治理体系和治理能力的现代化。当然，中国特色社会主义的道路、理论、制度、文化都还在发展中，需要与顶层设计相结合才能持续推进，“四个自信”不仅在于我们在道路、理论、制度、文化上的建设经验和改革成就，还在于我们将在已有的成就之上不断向前推进、向前发展。而全面深化改革就是继续完善我们的道路、理论、制度、文化的根本路径，是使中国特色社会主义制度体系更加完善、更加定型，继续推进“五个现代化”，尤其是国家治理体系和治理能力现代化的根本路径，同时也是我们继续坚持和发展“四个自信”、提高国家治理体系和治理能力现代化的根本动力。另一方面，以经济体制改革为重点，加快完善各方面体制机制，破除一切不利于科学发展的体制机制障碍，直接体现了党坚定推进改革、勇于改革自我的坚定不移的改革担当。中国共产党是正在执政并将长期执政的唯一执政党，全面深化改革最关键的是改革党和政府之间的关系，实现党政分开；改革政府与市场之间的关系，实现政企分开；改革政府自身管理，提高行政能力和行政效率。说到底都是党和政府的自身改革、自身革命。其中牵扯到众多利益关系，尤其是在改革开放过程中已经形成和固化了的既得利益。但是不改革就不能顺利实现既定的奋斗目标，也就无法从根本上实现中华民族伟大复兴的中国梦。因此，必须要具有壮士断腕的决心和勇气，才能推进和完成这一项改革。也只有有着强烈历史担当精神的中国共产党才能做出如此宏大的改革决策，只有有着坚定不移的改革精神的中国共产党才会敢于推进如此深刻的改革。另外，改革是最大的红利，只有在坚定不移地改革的过程中，才能更多更好地为人民群众提供发展机会、分享改革红利，才能更加深入地、更加持续地维护和保障人民群众的发展权利。这是全心全意为人民服务的根本宗旨所在。

（3）全面依法治国为全面建设社会主义现代化国家提供根本保障。

法治是发展最可靠的保障。“全面依法治国是国家治理的一场深刻革命，关系党执政兴国，关系人民幸福安康，关系党和国家长治久安。”① 全面依法治国同全面深化改革紧密结合在一起，共同为全面建设社会主义现代化强国保驾护航。全面依法治国是全面深化改革的需要。全面深化改革是以经济建设为重点的改革，关键在于健全使市场在资源配置中起决定性作用、更好发挥政府作用的社会主义市场经济制度体系。首先，全面依法治国为完善中的社会主义市场经济制度提供法制依据和法治保障。改革一定会触及利益关系的调整，进而一定会激化一些隐藏在发展和稳定背后的矛盾。在改革中出现的利益调整和矛盾解决，必须经过法制的规范和法治的影响，才能合理实现，才能逐步建立其与社会主义市场经济体制相适应的制度体系，进而保障全面深化改革的顺利进行。其次，全面深化改革的成果为全面依法治国的推进奠定制度基础。从定型的制度经过法定程序上升为国家法律，是全面深化改革和全面依法治国之间互动的逻辑产物。这不仅是不断完善与社会主义市场经济体制相适应的法治体系的内在要求，也是不断完善与社会主义市场经济体制相适应的制度体系的内在要求。最后，社会主义市场经济本质上是法治经济。在全面深化改革和全面依法治国的互动中，社会主义市场经济体制所需要的法治保障和法治环境逐步建立，尤其是清晰的经济主体关系、利益分配关系、权利义务关系，这些都

① 习近平．高举中国特色社会主义伟大旗帜　为全面建设社会主义现代化国家而团结奋斗：在中国共产党第二十次全国代表大会上的报告［M］．北京：人民出版社，2022：40.

是全面依法治国所要解决的问题。

（4）全面从严治党是顺利协调推进“四个全面”战略布局的根本政治保证。

“四个全面”战略布局是在中国特色社会主义制度之内关于党治国理政的顶层设计，必须坚持党的领导，发挥党的领导在中国特色社会主义建设中的最大优势，是实现经济社会持续健康发展的根本政治保证。一方面，坚持全面从严治党就是要将全党的智慧和力量统一于“四个全面”战略布局之中。“四个全面”战略布局是党领导的中国特色社会主义建设的目标所在、动力所在、保障所在，是全体党员的事业所在、责任所在。中国共产党不仅是中国特色社会主义事业的领导核心，更是推进中国特色社会主义事业向前发展的力量核心。中国共产党作为人民群众中最有组织力、最具改革魄力的庞大主体，必须将全党智慧与力量统一于“四个全面”战略布局之中，必须不断增强党的创造力、凝聚力、战斗力，才能真正发挥其思想优势、组织优势、政治优势，协调推进“四个全面”战略布局。另一方面，坚持全面从严治党，必须不断提高党的执政能力和执政水平，为“四个全面”战略布局的顺利协调推进提供高效的服务。党管干部是党的建设和干部队伍建设的基本原则。中国共产党作为中国唯一并将长期执政的党，掌握着全国各个层级的干部资源，切实提高党的执政能力和执政水平，本质上就带动了国家治理体系和治理能力的现代化。党员干部切实践行党的群众路线和党的根本宗旨，不断推进服务型政党建设，为“四个全面”战略布局的顺利协调推进提供了一支高效的、无私奉献的服务团队。

三、正确处理改革发展稳定的关系，推动高质量发展

改革发展稳定之间存在互为因果、螺旋上升的辩证关系。一般地，改革是动力，发展是目标，稳定是前提。正确处理改革发展稳定之间的关系，是构建新发展格局、推动高质量发展的基本条件。因此，必须以改革促进发展和稳定问题的解决。

当前，中国经济社会发展的最大阻力不在于发展本身和稳定本身，而

在于改革本身，有以下几点：第一，我国当前发展的基本形势判断是，发展仍处于可以大有作为的重要战略机遇期，也面临诸多矛盾叠加、风险隐患增多的严峻挑战。简单说，就是发展有机遇，但矛盾叠加、风险增多阻碍着发展。化解矛盾和防范风险正是全面深化改革的重点目标。第二，应对之策是，准确把握战略机遇期内涵的深刻变化，更加有效地应对各种风险和挑战，继续集中力量把自己的事情办好，简单说，就是把握机遇、应对挑战，继续集中力量把自己的事情办好。“集中力量把自己的事情办好”，就是集中力量，全面深化改革。第三，当前，我国改革的顶层设计已经就绪，关键问题是如何将改革方案执行下去。如果改革方案执行不下去，不能为社会提供实在的改革成果，那么社会对改革和政府的信任就会持续下降，政府就会面临越来越大的压力。可以说，改革方案能够实施下去也是一场输不起的战争。第四，以习近平同志为核心的党中央在党的十八大之后，走出了以合作共赢为最大特点的大国外交之路，“一带一路”倡议更是在世界范围内被广泛认可，同时，“四个全面”战略布局尤其是全面从严治党的逐步铺开和强势推进，在国际国内两个大局上为我国当前一心一意全面推进改革创造了稳定的环境。因此，改革是解决发展问题、实现国家长治久安的基本方向。必须坚持以改革为基本方向和重点，全力推进改革进程，才能以改革的动力促进发展和稳定问题的解决。

首先，必须坚定不移地走新时代中国特色社会主义道路，不断推动社会主义制度的自我完善和发展。全面深化改革本质上是中国特色社会主义的一次深刻自我革命，坚持和发展中国特色社会主义是全面深化改革的基本方向。其基本道路是中国特色社会主义道路，绝不是封闭僵化的老路，更不是改旗易帜的邪路，其基本指导思想和理论支撑是不断完善和发展的中国特色社会主义理论体系、习近平新时代中国特色社会主义思想，改革的基本目标是在坚持中国特色社会主义基本制度之上不断推动中国特色社会主义制度的自我完善和发展，改革的重要资源是中国特色社会主义文化。

其次，“改革开放是前无古人的崭新事业”，更是“一个系统工程”，必须坚持顶层设计和摸着石头过河相结合，注重改革的整体性、系统性、协同性。摸着石头过河是在不识道路、没有经验的条件下推进改革的方法。在 40 多年的改革开放实践历程中，中国共产党逐渐摸出了规律、摸出了真知，更摸出了一条中国特色社会主义道路，总结出了中国特色社会主义理论体系，完善了一套中国特色社会主义制度，继承和创新了一系列中国特色社会主义文化，这都是我们当前有信心、有能力对我们的事业进行顶层设计的理由。摸着石头过河与顶层设计相结合，就是中国共产党坚持和发展中国特色社会主义的基本方法。而顶层设计的整体性、系统性、协同性决定了改革的整体性、系统性、协同性原则，要从整体谋划，在大胆实验、大胆突破的同时注重各项改革之间的系统性、协同性，将各项改革统筹于顶层设计之下，实现各项改革之间的相互促进、良性互动，最终形成强大合力，不断突破重点，不断推进改革的整体进程。

最后，必须坚持把加强和改善党的领导与激发人民群众的主动性、积极性、创造性结合起来。“民心是最大的政治，正义是最强的力量。党的最大政治优势是密切联系群众，党执政后的最大危险是脱离群众。”① 人民群众是历史的创造者，更是改革的主要推动者，亿万中国人民的智慧和力量是全面推动改革的根本力量。但是，人民群众参与改革，不仅需要方向指引，而且需要主动性、积极性、创造性的有效激发。这是党的任务，更是党的责任。“改革发展稳定任务越繁重，我们越要加强和改善党的领导，越要保持党同人民群众的血肉联系”②。因此，必须坚持把加强和改善党的领导，同激发人民群众的主动性、积极性、创造性结合起来，使党切实承担起团结和领导人民群众积极主动地参与改革、创造性地推动改革的责任。这就要求党员干部善于利用群众工作法提出和贯彻准确的路线方针政策，从人民群众的实践中总结和完善政策主张，善于发挥自身思想优势、政治优势、组织优势，团结带领人民群众取得更大的改革成果，善于践行党的宗旨和发展为了人民、发展依靠人民、发展成果由人民共享的发展观，使改革成果更多更公平地惠及全体人民。因此，全面从严治党常态化

① 中共中央关于党的百年奋斗重大成就和历史经验的决议 [N]. 人民日报，2021-11-17.

② 习近平. 习近平谈治国理政 [M]. 北京：外文出版社，2014：68.

制度化科学化，目的是在推动改革、推动发展的过程中，不断提高人民群众的生活质量和生活水平，不断满足人民群众对美好生活的需要，不断加强党与人民群众的血肉联系，不断巩固党的执政基础和群众基础，“为全面建设社会主义现代化国家、全面推进中华民族伟大复兴而团结奋斗！”①

① 习近平. 高举中国特色社会主义伟大旗帜　为全面建设社会主义现代化国家而团结奋斗：在中国共产党第二十次全国代表大会上的报告［M］. 北京：人民出版社，2022：71.

参考文献

一、经典著作类

马克思，恩格斯．马克思恩格斯选集：第1卷［M］．2版．北京：人民出版社，1995.

马克思，恩格斯．马克思恩格斯全集：第17卷［M］．北京：人民出版社，1963.

马克思，恩格斯．马克思恩格斯全集：第19卷［M］．北京：人民出版社，1963.

马克思，恩格斯．马克思恩格斯全集：第44卷［M］．2版．北京：人民出版社，2001.

列宁．列宁全集：第6卷［M］．2版．北京：人民出版社，1986.

列宁．列宁全集：第7卷［M］．2版．北京：人民出版社，1986.

列宁．列宁全集：第8卷［M］．2版．北京：人民出版社，1986.

列宁．列宁全集：第9卷［M］．2版．北京：人民出版社，1987.

列宁．列宁全集：第10卷［M］．2版．北京：人民出版社，1987.

列宁．列宁全集：第21卷［M］．2版．北京：人民出版社，1990.

列宁．列宁全集：第24卷［M］．2版．北京：人民出版社，1990.

列宁．列宁全集：第37卷［M］．2版．北京：人民出版社，1986.

列宁．列宁全集：第39卷［M］．2版．北京：人民出版社，1986.

列宁．列宁全集：第43卷［M］．2版．北京：人民出版社，1987.

列宁．列宁全集：第49卷［M］．2版．北京：人民出版社，1988.

列宁．列宁选集：第1卷［M］．3版．北京：人民出版社，1995.

斯大林. 斯大林全集：第 11 卷［M］. 北京：人民出版社，1955.

毛泽东选集：第 1—4 卷［M］. 2 版. 北京：人民出版社，1991.

中共中央文献研究室. 毛泽东文集：第 1 卷［M］. 北京：人民出版社，1993.

中共中央文献研究室. 毛泽东文集：第 2 卷［M］. 北京：人民出版社，1993.

中共中央文献研究室. 毛泽东文集：第 7 卷［M］. 北京：人民出版社，1999.

邓小平. 邓小平文选：第 1 卷［M］. 2 版. 北京：人民出版社，1994.

邓小平. 邓小平文选：第 2 卷［M］. 2 版. 北京：人民出版社，1994.

邓小平. 邓小平文选：第 3 卷［M］. 北京：人民出版社，1993.

中共中央文献研究室. 邓小平文集（一九四九—一九七四年）：上卷［M］. 北京：人民出版社，2014.

中共中央文献研究室. 邓小平关于建设有中国特色社会主义的论述专题摘编［M］. 北京：中央文献出版社，1992.

江泽民. 江泽民文选：第 1—3 卷［M］. 北京：人民出版社，2006.

江泽民. 论社会主义市场经济［M］. 北京：中央文献出版社，2006.

本书编写组. 胡锦涛总书记关于加强党的先进性建设重大战略思想学习读本［M］. 北京：人民出版社，2006.

胡锦涛. 胡锦涛文选：第 1—3 卷［M］. 北京：人民出版社，2016.

胡锦涛. 坚定不移沿着中国特色社会主义道路前进　为全面建成小康社会而奋斗：在中国共产党第十八次全国代表大会上的报告［M］. 北京：人民出版社，2012.

习近平. 习近平谈治国理政［M］. 北京：外文出版社，2014.

习近平. 习近平谈治国理政：第 2 卷［M］. 北京：外文出版社，2017.

习近平. 习近平谈治国理政：第 3 卷［M］. 北京：外文出版社，2020.

习近平. 习近平谈治国理政：第 4 卷［M］. 北京：外文出版社，2022.

人民日报评论部. 习近平用典［M］. 北京：人民日报出版社，2015.

中共中央纪律检查委员会，中共中央文献研究室. 习近平关于党风廉政建设和反腐败斗争论述摘编［M］. 北京：中央文献出版社，2015.

中共中央文献研究室. 习近平关于全面从严治党论述摘编［M］. 北京：中央文献出版社，2016.

习近平. 在庆祝中国共产党成立 95 周年大会上的讲话［M］. 北京：人民出版社，2016.

习近平. 在第十八届中央纪律检查委员会第六次全体会议上的讲话［M］. 北京：人民出版社，2016.

习近平. 在纪念红军长征胜利 80 周年大会上的讲话［M］. 北京：人民出版社，2016.

习近平. 决胜全面建成小康社会　夺取新时代中国特色社会主义伟大胜利：在中国共产党第十九次全国代表大会上的报告［M］. 北京：人民出版社，2017.

习近平. 高举中国特色社会主义伟大旗帜　为全面建设社会主义现代化国家而团结奋斗：在中国共产党第二十次全国代表大会上的报告［M］. 北京：人民出版社，2022.

习近平. 在庆祝中国共产党成立 100 周年大会上的讲话［M］. 北京：人民出版社，2021.

中国共产党纪律处分条例［M］. 北京：人民出版社，2024.

中共中央纪律监察委员会，中共中央文献研究室. 习近平关于严明党的纪律和规矩论述摘编［M］. 北京：中央文献出版社，2016.

《中共中央关于进一步全面深化改革、推进中国式现代化的决定》辅导读本［M］. 北京：人民出版社，2024.

中国共产党第十九届中央委员会第六次全体会议文件汇编［M］. 北京：人民出版社，2021.

中共中央文献研究室，中央档案馆. 建党以来重要文献选编（1921—1949）：第 1 册［M］. 北京：中央文献出版社，2011.

中共中央文献研究室，中央档案馆. 建党以来重要文献选编（1921—1949）：第 22 册［M］. 北京：中央文献出版社，2011.

中共中央文献研究室. 江泽民论有中国特色社会主义（专题摘编）

［M］. 北京：中央文献出版社，2002.

中共中央文献研究室. 三中全会以来重要文献选编：下［M］. 北京：人民出版社，1982.

中共中央文献研究室. 十四大以来重要文献选编：上［M］. 北京：人民出版社，1996.

中共中央文献研究室. 十四大以来重要文献选编：中［M］. 北京：人民出版社，1997.

中共中央文献研究室. 十五大以来重要文献选编：下［M］. 北京：人民出版社，2003.

中共中央文献研究室. 十六大以来重要文献选编：中［M］. 北京：中央文献出版社，2006.

中共中央文献研究室. 十六大以来重要文献选编：下［M］. 北京：中央文献出版社，2008.

中共中央文献研究室. 十八大以来重要文献选编：上［M］. 北京：中央文献出版社，2014.

中共中央文献研究室. 十八大以来重要文献选编：中［M］. 北京：中央文献出版社，2016.

中共中央宣传部. 习近平总书记系列重要讲话读本［M］. 北京：学习出版社，2014.

中共中央宣传部. 习近平总书记系列重要讲话读本（2016 年版）［M］. 北京：学习出版社，2016.

中共中央组织部. 马克思恩格斯列宁斯大林论党的组织工作［M］. 北京：中共中央党校出版社，1988.

全国党的建设研究会，中共中央组织部党建研究所课题组. 党的建设科学化研究［M］. 北京：党建读物出版社，2011.

全国党的建设研究会，中共中央组织部党建研究所. 改革开放以来党的建设［M］. 北京：党建读物出版社，2008.

中共中央关于加强党的执政能力建设的决定［M］. 北京：人民出版社，2004.

中共中央关于加强和改进新形势下党的建设若干重大问题的决定［M］. 北京：人民出版社，2009.

中共中央关于全面深化改革若干重大问题的决定［M］. 北京：人民出版社，2013 .

刘少奇. 论共产党员的修养［M］. 北京：人民出版社，2018.

刘少奇选集：上卷［M］. 北京；人民出版社，1981.

习仲勋. 习仲勋论统一战线工作［M］. 北京：中央文献出版社，2013.

陈云. 陈云文选：第1卷［M］. 北京：人民出版社，1995.

本书编写组. 十八大报告辅导读本［M］. 北京：人民出版社，2012.

中共中央文献研究室. 深入学习实践科学发展观活动领导干部学习文件选编［M］. 北京：中央文献出版社，2008.

中共中央文献研究室. 关于建国以来党的若干历史问题的决议注释本［M］. 北京：人民出版社，1983.

周敬青，谷雨，宋薇. 党内非正式制度研究：审思党内潜规则［M］. 北京：中央编译出版社，2014.

陈刚. 学习型政党的理论与实践［M］. 北京：中共中央党校出版社，2011.

崔耀中. 全面从严治党新要求、新特点、新部署［M］. 北京：人民出版社，2016 .

邓胜国. 非营利组织评估［M］. 北京：社会科学文献出版社，2001.

董幼鸿. 我国地方政府政策评估制度化建设研究［M］. 上海：上海人民出版社，2012.

方建移. 民意研究：理论、方法与应用［M］. 北京：中国社会科学出版社，2015.

郭亚丁. 党建热点新说：郭亚丁教授与您面对面［M］. 北京：中国经济出版社，2011.

韩庆祥. 思想的力量：新一届中央领导集体治国理政的基本思路［M］. 北京：中共中央党校出版社，2014 .

黄明哲. 党内和谐论［M］. 北京：人民出版社，2009.

建立健全惩治和预防腐败体系 2008—2012 年工作规划［M］. 北京：中国方正出版社，2008.

李辉. 信息网络时代中国共产党执政效率研究［M］. 北京：光明日报出版社，2016 .

李慎明. 居安思危：苏共亡党 20 年的思考［M］. 北京：社会科学文献出版社，2011.

孟东方，等. 保持党的先进性长效机制［M］. 北京：人民出版社，2011.

王浦劬. 政治学基础［M］. 北京：北京大学出版社，1995.

王庭大. 党的制度建设科学化研究［M］. 北京：党建读物出版社，2011.

王亚楠. 中国官僚政治研究［M］. 北京：商务印书馆，2010.

王勇. 全面从严治党［M］. 北京：人民出版社，2016.

王真，等. 中国共产党抵御执政风险研究［M］. 北京：人民出版社，2011 .

吴江. 新形势下党员领导干部党史、党性、党风、党纪教育学习指导手册：第 4 卷［M］. 北京：中央党校出版社，2011.

徐锋. 政治参与发展条件下中国共产党的政策制定［M］. 北京：知识产权出版社，2007.

杨喜燕，等. 党的基层组织工作方法手册［M］. 北京：人民出版社，2011.

张文. 现代官僚主义及其防治对策研究［M］. 北京：线装书局，2012.

郑永年，杨丽君. 中国崛起不可承受之错［M］. 北京：中信出版社，2016.

施托克曼. 非营利机构的评估与质量改进：效果导向质量管理之基础［M］. 北京：中国社会科学出版社，2008.

罗斯金，等. 政治科学［M］. 北京：华夏出版社，2001.

亨廷顿. 变化社会中的政治秩序［M］. 北京：生活·读书·新知三联书店，1989 .

艾伯利. 市民社会基础读本：美国市民社会讨论经典文选［M］. 北京：商务印书馆，2012.

布莱恩，等. 社会评估：理论、过程与技术［M］. 重庆：重庆大学出版社，2009.

费希尔. 公共政策评估［M］. 北京：中国人民大学出版社，2003.

纽金特，等. 21 世纪评估实务［M］. 重庆：重庆大学出版社，2006.

邓金，等. 定性研究：第 4 卷［M］. 重庆：重庆大学出版社，2007.

格莱斯. 质性研究方法导论：第 4 版［M］. 北京：商务印书馆，2013.

莱文森. 组织评估：提高咨询效率的方法［M］. 重庆：重庆大学出版社，2007.

伊斯顿. 政治生活的系统分析［M］. 北京：人民出版社，2012.

英格尔哈特. 发达工业社会的文化转型［M］. 北京：中国社会科学文献出版社，2013.

萨托利. 政党与政党体制［M］. 北京：商务印书馆，2006.

帕尼比昂科. 政党：组织与权力［M］. 上海：上海人民出版社，2013.

拜德勒克斯，杰弗里斯. 东欧史［M］. 北京：东方出版中心，2013.

阿克顿. 自由与权力［M］. 北京：商务印书馆，2001.

二、期刊报纸类

江泽民在中央纪委第四次全体会议上发表重要讲话强调：治国必先治党 治党务必从严［N］. 人民日报，2000-01-15.

江泽民. 全面建设小康社会，开创中国特色社会主义事业新局面：在中国共产党第十六次全国代表大会上的报告［N］. 人民日报，2002-11-18.

胡锦涛. 高举中国特色社会主义伟大旗帜 为夺取全面建设小康社会新胜利而奋斗：在中国共产党第十七次全国代表大会上的报告［N］. 人民日报，2007-10-25.

胡锦涛. 在纪念党的十一届三中全会召开 30 周年大会上的讲话 [N]. 人民日报，2008-12-19.

胡锦涛. 在庆祝中国共产党成立 85 周年暨总结保持共产党员先进性教育活动大会上的讲话 [N]. 人民日报，2006-07-01.

胡锦涛. 在庆祝中国共产党成立 90 周年大会上的讲话 [N]. 人民日报，2011-07-02.

胡锦涛. 在全党深入学习实践科学发展观活动总结大会上的讲话 [N]. 人民日报，2010-04-07.

习近平. 全面贯彻落实党的十八大精神要突出抓好六个方面工作 [J]. 求是，2013 (1).

习近平. 深化伙伴关系 增强发展动力：在亚太经合组织工商领导人峰会上的主旨演讲 [N]. 人民日报，2016-11-21.

习近平. 在党的群众路线教育实践活动总结大会上的讲话 [N]. 人民日报，2014-10-09.

习近平. 在第十八届中央纪律检查委员会第六次全体会议上的讲话 [N]. 人民日报，2016-05-03.

习近平. 在纪念毛泽东同志诞辰 120 周年座谈会上的讲话 [N]. 人民日报，2013-12-27.

习近平. 在庆祝中国共产党成立 95 周年大会上的讲话 [N]. 人民日报，2016-07-02.

习近平在江苏调研时强调 主动把握和积极适应经济发展新常态 推动改革开放和现代化建设迈上新台阶 [N]. 人民日报，2014-12-15.

习近平在全国组织工作会议上强调：建设一支宏大高素质干部队伍 确保党始终成为坚强领导核心 [N]. 人民日报，2013-06-30.

习近平在十八届中央纪委七次全会上发表重要讲话强调：全面贯彻落实党的十八届六中全会精神 增强全面从严治党系统性创造性实效性 [N]. 人民日报，2017-01-07.

刘奇葆. 坚定理想信念是开展党内政治生活的首要任务 [N]. 人民日报，2016-11-09.

王岐山. 全面从严治党 把纪律挺在前面 忠诚履行党章赋予的神圣职责：在中国共产党第十八届中央纪律检查委员会第六次全体会议上的工作报告［N］. 人民日报，2016-01-25.

王岐山. 推动全面从严治党向纵深发展 以优异成绩迎接党的十九大召开：在中国共产党第十八届中央纪律检查委员会第七次全体会议上的工作报告［N］. 人民日报，2017-01-20.

陈元中，李琳. 越南革新30年来党建工作的革新发展［J］. 当代世界与社会主义，2016（6）.

储新宇. 推进党的制度建设科学化［J］. 中国特色社会主义研究，2014（5）.

邸乘光. “全面从严治党”：依据、核心和关键［J］. 观察与思考，2016（6）.

段鹏飞. 从党的建设“伟大的工程”到党的建设“新的伟大工程”［J］. 理论导刊，2011（11）.

冯书泉. 全面从严治党的理论内涵与实践要求［J］. 科学社会主义，2015（3）.

古小松. 越南共产党管党治党的经验与挑战. 当代世界与社会主义［J］，2016（16）.

郭广银. 全面从严治党 必须准确把握“三对关系”［J］. 唯实，2017（1）.

韩冰. 全面从严治党视阈下的反特权问题探析［J］. 中共中央党校学报，2016（5）.

韩庆祥，王海滨. “伟大斗争”的基本内涵及新形式、新特点［J］. 马克思主义研究，2014（11）.

侯远长. 充分发挥中国特色政党制度的独特优势［J］. 中州学刊，2013（1）.

黄明哲，等. 胡锦涛关于党的先进性建设思想研究［J］. 求实，2006（11）.

蒋国海. 论建国初期党执政的历史经验［J］. 当代世界与社会主义，2010（5）.

梁柱．历史虚无主义思潮的泛起、特点及其主要表现［J］．马克思主义研究，2013（10）．

林德山．欧洲中左翼政党面临的挑战［J］．探索与争鸣，2012（3）．

孙勇，李申．发达国家共产党的生存现状及其未来前景［J］．当代世界与社会主义，2010（1）．

刘宁宁，汪海燕．论“全面从严治党”思想的理论与实践［J］．马克思主义研究，2015（7）．

刘伟．习近平全面从严治党思想的战略深意与实践要求［J］．社会主义研究，2017（1）．

龙秀雄．正确把握全面从严治党战略思想的三个重要维度［J］．求实，2015（10）．

陆仁权．党的建设伟大工程的历史内涵及相关问题［J］．毛泽东思想研究，2011（1）．

骆梅芳．东欧社会主义国家的领导腐败剖析［J］．中共中央党校学报，2001（4）．

齐卫平．贯彻五大发展理念对党的建设提出新要求［J］．理论探讨，2016（3）．

秦德君，李坤晓．从“党要管党”、“从严治党”到“全面从严治党”：构筑面向新时代的“全面从严治党”战略体系的思考［J］．当代世界与社会主义，2017（2）．

田旭明．党内政治生活中非制度化行为治理探析［J］．中州学刊，2017（2）．

王瑜．坚持走自己的路：东欧共产党垮台的历史教训［J］．当代世界与社会主义，2001（2）．

王正宁．党的先进性建设是马克思主义政党建设的根本性问题［J］．探索，2006（4）．

韦仕祺．合法性视阈下中国共产党长期执政的历史探源［J］．安徽行政学院学报，2016（6）．

谢志岿，曹景钧．低制度化治理与非正式制度：对国家治理体系与能力现代化一个难题的考察［J］. 国外社会科学，2014（5）.

杨志超. 党的建设科学化的理论与实践研究［D］. 兰州：兰州大学，2012.

姚东. 全面从严治党所遵循的十个辩证统一：习近平的新论述和党中央的新要求［J］. 毛泽东邓小平理论研究，2016（12）.

于海燕. 公共治理视角的政府绩效评估主体多元化［J］. 重庆社会科学，2014（6）.

俞可平. 特权是一种制度性的腐败［N］. 法制日报，2012-11-20.

中共天津市委党校课题组. 邓小平对党的先进性建设的历史性贡献［J］. 中共天津市委党校学报，2006（4）.

钟哲明. 共产党与新中国［J］. 思想理论教育导刊，2009（12）.

仲伟通. 政党治理视域下全面从严治党的发展路向［J］. 中国特色社会主义研究，2016（4）.

周新城. 新自由主义的核心观点及其对我国改革的影响［J］. 学习论坛，2010（1）.

祝灵君，郭玥. 美国政党政治中的党建问题［J］. 经济社会体制比较，2015（3）.

附录　全面从严治党常态化、制度化、科学化指标研究调查问卷

尊敬的各位专家、学者：

你们好！

本问卷调查内容是依据《中国共产党党员权利保障条例》《党政领导干部选拔任用工作暂行条例》《中国共产党党员领导干部廉洁从政若干准则（试行）》《关于党员领导干部述职述廉的暂行规定》《关于党内政治生活的若干准则》《关于实行党风廉政建设责任制的规定》《中国共产党廉洁自律准则》《中国共产党纪律处分条例》《关于新形势下党内政治生活的若干准则》《中国共产党党内监督条例》等文件规定和党的十七届四中全会《中共中央关于加强和改进新形势下党的建设若干重大问题的决定》、胡锦涛的相关讲话精神如在庆祝中国共产党成立90周年大会上的重要讲话中从“五个必须”来提高党的建设科学化水平的论述，以及党的十八届六中全会，特别是习近平总书记在庆祝中国共产党成立95周年大会上的重要讲话如八个“不忘初心”的论述来为全面从严治党常态化、制度化、科学化指标研究而设计的，敬请按提示而做，希望得到您的支持和协助，不胜感谢！

全面从严治党常态化、制度化、科学化指标研究课题组

2017年5月

姓名　　　　　　　　职称或职务　　　　　　　　　工作单位

一、全面从严治党常态化、制度化、科学化指标研究：一级指标的咨询调查（请您在认可的选项的数字上打6个√并除此再写2个）

1. 政治思想建设常态化、制度化、科学化　2. 组织建设常态化、制度化、科学化　3. 作风建设常态化、制度化、科学化　4. 制度建设常态化、制度化、科学化　5. 廉政建设常态化、制度化、科学化　6. 推动工作创新　7. 资政育人　8. 作用发挥

还有：

二、全面从严治党常态化、制度化、科学化指标研究：二级指标的咨询调查（请您在认可的选项的数字上打18个√并除此再写2个）

1. 政治方向	2. 理论学习	3. 主题活动
4. 信息掌握	5. 班子建设	6. 队伍建设
7. 资源建设	8. 服务型组织建设	9. 党内监督
10. 调查研究	11. 完善制度	12. 执行制度
13. 党风廉政教育	14. 党风廉政监督	15. 违纪查处工作
16. 工作思路创新	17. 突出实践特色	18. 推动理论创新
19. 密切联系群众	20. 一切从实际出发	

还有：

三、全面从严治党常态化、制度化、科学化指标研究：三级指标的咨询调查（请您在认可的选项的数字上打65个√并除此再写5个）

（一）政治思想建设常态化、制度化、科学化

1. 政治方向

（1）政治信仰崇高、政治立场坚定；（2）党性锻炼、品德修养好

2. 理论学习

（1）建立中心组理论学习制度

（2）开展党的基本理论、基本路线以及党的章程等教育

（3）完成上级党组织布置的学习教育工作

（4）成立党建研究会，开展党建研究工作
（5）重视党建工作进网络
3. 主题活动
（1）开展中国特色社会主义理论体系教育活动
（2）开展学习型党组织的创建活动
（3）开展创先争优实践活动
（4）开展文体活动
（5）做好经常性思想教育工作
4. 信息掌握
（1）专设党建信息员
（2）开展谈心活动
（3）定期分析党员思想状况
（4）抓好理论学习资料和党报党刊的征订工作
（5）按时上报有关党务材料
（二）组织建设常态化、制度化、科学化
1. 班子建设
（1）班子健全、分工明确，按时换届
（2）强化领导班子思想政治建设、提升领导水平和执政能力
（3）改进领导方法和工作方式、执行民主集中制
（4）班子坚强有力，团结务实，风清气正
（5）书记熟悉党建工作，思想素质高、领导能力强
2. 队伍建设
（1）建立健全科学的选人用人机制
（2）加强干部教育培训、日常管理和监督工作
（3）建立健全教育管理服务党员长效机制
（4）坚持“三会一课”制度
（5）按照规定及时收缴、上缴和管理党费
3. 资源建设
（1）建立党务信息平台

(2) 实行党员信息网络化
(3) 完成党内统计工作和上报各种报表
(4) 开展网上党员民主评议工作
(5) 落实党员活动阵地和党务工作经费
(三) 作风建设常态化、制度化、科学化
1. 服务型组织建设
(1) 制定加强作风和效能建设的规划，探讨作风和效能建设的长效机制
(2) 坚持服务党员、服务群众、服务社会，承诺兑现
(3) 虚心向群众学习，密切联系群众
(4) 勤政为民，开展党内帮扶工作
(5) 群众和服务对象的满意度在90%以上
(6) 建立和完善党员和党员领导干部联系和服务群众工作机制
2. 党内监督
(1) 实行党务公开，落实到位
(2) 定期向党员大会通报情况，征求意见
(3) 重视并及时处理群众来信来访反映的问题
(4) 贯彻执行中央厉行节约八项要求、强化监督管理
(5) 开展批评和自我批评
3. 调查研究
(1) 深入实际，深入生活，深入群众
(2) 调查了解工作对象的需求
(3) 对党建工作中存在的问题认识清楚，提出解决的办法和措施
(四) 制度建设常态化、制度化、科学化
1. 完善制度
(1) 落实党建工作责任制
(2) 坚持党内学习制度
(3) 落实“三会一课”制度
(4) 落实民主生活会制度

（5）落实党内监督机制

（6）联系群众制度

（7）落实长效机制文件

2. 执行制度

（1）严格执行上级有关制度

（2）执行制度取得实效

（五）廉政建设常态化、制度化、科学化

1. 党风廉政教育

（1）学习、贯彻、落实党风廉政建设的相关文件和讲话精神

（2）参加上级纪检机构组织的会议、培训工作

（3）深入开展廉政文化建设（进机关、进社区、进学校活动）

（4）深入开展理想信念、党性党风党纪教育和警示教育活动

2. 党风廉政监督

（1）建立党风廉政和反腐工作的责任制

（2）积极推进党务公开

（3）认真执行述职述廉、诫勉谈话规定

（4）实行领导干部个人重大事项报告等制度

（5）发挥群众团体在管理中的民主参与和民主监督作用

（6）健全权力运行制约和监督机制，完善市场配置资源机制

（7）开展好领导班子民主生活会

3. 违纪查处工作

（1）重视做好来信来访工作

（2）加强违纪违法案件查处

后　记

本书为国家社会科学基金重点项目“新的历史时期提高党的建设科学化水平实证研究”（11AZD040）结项成果的修改稿，项目组从前期调研、写作到结项、修改书稿，历时十年多。项目负责人在《马克思主义研究》《人民日报》《光明日报》《经济日报》等重要报刊发表相关论文50多篇，多篇论文被《新华文摘》《中国社会科学文摘》和人大报刊复印资料等全文转载。感谢国家社会科学基金项目的支持，感谢专家学者讨论和结项评审时的修改建议。

课题组主要成员有唐庆、刘庆芳、冯露、林彦虎、徐茂华、廖小明、吕进、吴兴德、朱丽卉、陈兴亮、张丹、刘民主、刘菁、冯旗等。全书以习近平新时代中国特色社会主义思想为指导，着重从六个方面较全面系统地探讨了全面从严治党常态化制度化科学化主题：重大意义、本质内涵与主要内容、实践举措与主要经验、水平评估、面临的挑战及其原因分析、推进建议。全书着力深入系统探讨全面从严治党的制度及其发展完善的相关重大问题，希望该成果对学深悟透用好习近平新时代中国特色社会主义思想，对认真学习贯彻落实党的十九届六中全会、党的二十大和党的二十届一中、二中、三中全会精神能起到抛砖引玉的效果。

项目结项后，我又修改了近五年，若有不当之处，敬请方家、读者批评指正。

感谢重庆市委宣传部和重庆大学共建马克思主义学院的支持。感谢中国人民大学出版社将该书作为重点图书出版，感谢责任编辑的辛苦付出。

冯颜利

2024年8月30日于重庆大学A校区重大花园

图书在版编目（CIP）数据

全面从严治党常态化制度化科学化研究 / 冯颜利等著. -- 北京：中国人民大学出版社，2024.10. --（党的自我革命与纪检监察研究丛书）. -- ISBN 978-7-300-33077-8

Ⅰ. D26

中国国家版本馆 CIP 数据核字第 20240L8N51 号

党的自我革命与纪检监察研究丛书

全面从严治党常态化制度化科学化研究

冯颜利 等 著

Quanmian Congyan Zhidang Changtaihua Zhiduhua Kexuehua Yanjiu

出版发行	中国人民大学出版社		
社　　址	北京中关村大街 31 号	**邮政编码**	100080
电　　话	010－62511242（总编室）		010－62511770（质管部）
	010－82501766（邮购部）		010－62514148（门市部）
	010－62515195（发行公司）		010－62515275（盗版举报）
网　　址	http://www.crup.com.cn		
经　　销	新华书店		
印　　刷	北京昌联印刷有限公司		
开　　本	720 mm×1000 mm　1/16	**版　　次**	2024 年 10 月第 1 版
印　　张	25.75	**印　　次**	2024 年 10 月第 1 次印刷
字　　数	380 000	**定　　价**	118.00 元